CW01183476

TORFAEN LIBRARIES
WITHDRAWN

Book No.   1685814

Y MEDDWL A'R DYCHYMYG CYMREIG
Golygydd Cyffredinol: Gerwyn Wiliams

Dan olygyddiaeth gyffredinol John Rowlands

1. M. Wynn Thomas (gol.), *DiFfinio Dwy Lenyddiaeth Cymru* (1995)
2. Gerwyn Wiliams, *Tir Neb* (1996) (Llyfr y Flwyddyn 1997; Enillydd Gwobr Goffa Ellis Griffith)
3. Paul Birt, *Cerddi Alltudiaeth* (1997)
4. E. G. Millward, *Yr Arwrgerdd Gymraeg* (1998)
5. Jane Aaron, *Pur fel y Dur* (1998) (Enillydd Gwobr Goffa Ellis Griffith)
6. Grahame Davies, *Sefyll yn y Bwlch* (1999)
7. John Rowlands (gol.), *Y Sêr yn eu Graddau* (2000)
8. Jerry Hunter, *Soffestri'r Saeson* (2000) (Rhestr Fer Llyfr y Flwyddyn 2001)
9. M. Wynn Thomas (gol.), *Gweld Sêr* (2001)
10. Angharad Price, *Rhwng Gwyn a Du* (2002)
11. Jason Walford Davies, *Gororau'r Iaith* (2003) (Rhestr Fer Llyfr y Flwyddyn 2004)
12. Roger Owen, *Ar Wasgar* (2003)
13. T. Robin Chapman, *Meibion Afradlon a Chymeriadau Eraill* (2004)
14. Simon Brooks, *O Dan Lygaid y Gestapo* (2004) (Rhestr Hir Llyfr y Flwyddyn 2005)
15. Gerwyn Wiliams, *Tir Newydd* (2005)
16. Ioan Williams, *Y Mudiad Drama yng Nghymru 1880–1940* (2006)
17. Owen Thomas (gol.), *Llenyddiaeth mewn Theori* (2006)
18. Sioned Puw Rowlands, *Hwyaid, Cwningod a Sgwarnogod* (2006)
19. Tudur Hallam, *Canon Ein Llên* (2007) (Enillydd Gwobr Goffa Ellis Griffith)
20. Enid Jones, *FfugLen* (2008) (Enillydd Gwobr Goffa Ellis Griffith)

Dan olygyddiaeth gyffredinol Gerwyn Wiliams

21. Eleri Hedd James, *Casglu Darnau'r Jig-so* (2009)
22. Jerry Hunter, *Llwybrau Cenhedloedd* (2012)
23. Kate Woodward, *Cleddyf ym Mrwydr yr Iaith?* (2013)
24. Rhiannon Marks, *'Pe Gallwn, Mi Luniwn Lythyr'* (2013)

Y MEDDWL A'R DYCHYMYG CYMREIG

Creithiau:
Dylanwad y Rhyfel Mawr ar Gymdeithas a Diwylliant yng Nghymru

GWASG PRIFYSGOL CYMRU
CAERDYDD
2016

ⓗ Y Cyfranwyr, 2016

Cedwir pob hawl. Ni cheir atgynhyrchu unrhyw ran o'r cyhoeddiad hwn na'i gadw mewn cyfundrefn adferadwy na'i drosglwyddo mewn unrhyw ddull na thrwy unrhyw gyfrwng electronig, mecanyddol, ffotogopïo, recordio, nac fel arall, heb ganiatâd ymlaen llaw gan Wasg Prifysgol Cymru, 10 Rhodfa Columbus, Maes Brigantîn, Caerdydd, CF10 4UP.

www.gwasgprifysgolcymru.org

Mae cofnod catalog i'r llyfr hwn ar gael gan y Llyfrgell Brydeinig.

ISBN   978-1-7831-6892-7
e-ISBN   978-1-7831-6893-4

Datganwyd gan y Cyfranwyr eu hawl foesol i'w cydnabod yn awduron y gwaith hwn yn unol ag adrannau 77 a 79 Deddf Hawlfraint, Dyluniadau a Phatentau 1988.

Coleg Cymraeg Cenedlaethol

TORFAEN COUNTY BOROUGH BWRDEISTREF SIROL TORFAEN	
01685814	
Askews & Holts	01-Feb-2017
942.908	£24.99

Cysodwyd gan Wasg Dinefwr, Llandybïe, Sir Gaerfyrddin
Argraffwyd gan Antony Rowe, Chippenham

Cyflwynedig nid yn unig i'r ddau sydd yn y llun ar y clawr, Daniel Eustis Matthews a'i frawd mawr Thomas Henry Matthews, ond i bawb o'u cenhedlaeth a brofodd amgylchiadau eithafol blynyddoedd 1914–18.

Cynnwys

Diolchiadau	ix
Rhestr o Dablau a Lluniau	x
Rhestr o Dalfyriadau	xi
Manylion y Cyfranwyr	xii

1. Rhwygau
   GETHIN MATTHEWS ... 1

2. Cyn y Gyflafan
   BILL JONES ... 21

3. 'Un o Ryfeloedd yr Arglwydd': Eglwysi Anghydffurfiol Cymru a'r Rhyfel Mawr, 1914–1915
   GETHIN MATTHEWS ... 34

4. Yn Dal i Chwifio'r Faner: Sosialwyr a'r Rhyfel
   MARTIN WRIGHT AC ALED EIRUG ... 63

5. Ymateb Merched Cymru i Ryfel, 1914–1918
   DINAH EVANS ... 92

6. 'Yr ydym yn awr yn Ffrainc yn paratoi am Christmas Box i'r Kaiser': Cymry America a'r Rhyfel Mawr
   IFOR AP GLYN ... 119

7. 'Rhaff ac iddi amryw geinciau': Gwrthwynebiad i'r Rhyfel Mawr yng Nghymru
   ALED EIRUG ... 141

8. 'Un o Flynyddoedd Rhyfeddaf Hanes': Cyflwyno'r Rhyfel Mawr yn Nhudalennau *Cymru* yn 1917
   GETHIN MATTHEWS ... 163

9. 'Segurdod yw Clod y Cledd': David Davies a'r Helfa am Heddwch Wedi'r Rhyfel Mawr
   HUW L. WILLIAMS ... 183

10. Cofio Wncl Tomi — 204
    ELIN JONES

11. Cynan a'i Frwydr Hir â'r Rhyfel Mawr — 217
    GERWYN WILIAMS

12. Rhwng Ffaith a Ffuglen: Atgofion Cyn-filwyr Cymraeg mewn Cyfweliadau Ddegawdau wedi Diwedd y Rhyfel — 241
    GETHIN MATTHEWS

13. 'Buddugoliaeth'/Dadrithio/Creithiau — 258
    GETHIN MATTHEWS

Llyfryddiaeth Ddethol — 270

Mynegai — 275

Diolchiadau

Yn gyntaf, ac yn bwysicaf i'r broses o gynhyrchu'r llyfr, mae'n rhaid cydnabod ymroddiad a llafur y cyfranwyr. Heb eu cefnogaeth a'u brwdfrydedd hwythau, heb sôn am eu dysg a'u hymchwil, ni fyddai'r gyfrol hon yn bod.

Fel rhan o broses cynhyrchu'r llyfr, cynhaliwyd ysgol undydd yn Llyfrgell Genedlaethol Cymru ym mis Ionawr 2014, o dan nawdd hael y Coleg Cenedlaethol Cymraeg, pryd rhannodd y rhan fwyaf o'r cyfranwyr ffrwyth eu hymchwil. Diolch i staff y Llyfrgell am eu croeso, ac i'r gynulleidfa am eu cefnogaeth, ac yn enwedig i'r Athro Paul O'Leary a'r Athro E. Wyn James am gadeirio rhai o'r sesiynau.

Wrth imi weithio ar fy mhenodau i, cefais gymorth gan lu o unigolion a sefydliadau. Yr wyf yn ddyledus i'r prosiect ardderchog *Cymru1914* (a arweinir gan staff Llyfrgell Genedlaethol Cymru) sydd wedi trawsnewid y ffordd o ymchwilio i flynyddoedd 1914–1918 yng Nghymru trwy ddigido trawsdoriad cyfoethog o bapurau newydd. Rwyf hefyd yn cydnabod cymorth llyfrgellydd mewn amryw lyfrgell, yn enwedig prifysgolion Caerdydd ac Abertawe, a chymorth Edith Hughes yn Archif BBC Cymru ac Owain Meredith o Archif ITV Cymru. Roeddwn yn ffodus iawn fy mod wedi gallu ymgynghori â rhai sydd ag arbenigedd mewn materion milwrol: y Parch. Clive Hughes, Bernard Lewis, Dr Gerry Oram a Hywyn Williams. Ar faterion eraill cefais gymorth a chyngor gan fy nghyd-weithwyr yn Adran Hanes a'r Clasuron Prifysgol Abertawe, a chan yr Athro Christine James, Dr Manon Jones, Dr Owain Wyn Jones a Dr Llŷr Lewis.

Am eu cymorth gyda'r lluniau, mae'n rhaid rhoi diolch i Dave Gordon, Eurof Rees a Wyndham Samuel. Rwyf hefyd yn ddyledus i'r ddiweddar Rose Davies am ddiogelu'r llun sydd ar y clawr am ddegawdau, yn ogystal â chadw straeon am ei 'hwncl Tom' hithau'n fyw.

Rwy'n ddyledus i Dr Llion Wigley a staff Gwasg Prifysgol Cymru am eu cefnogaeth a'u gwaith caled i droi'r deipysgrif yn llyfr.

Diolch arbennig personol i Rachel a Rhys am eu hamynedd, ac i fy nhad am ei waith diflino yn darllen drafftiau a chynnig gwelliannau.

Tablau

1. Amlder ymddangosiad y geiriau 'Armagedon' ac 'Armageddon' yng nghasgliad 'Papurau Newydd Cymru Arlein', 1820–1919
4.1. Tanysgrifiadau canghennau'r ILP yng Nghymru
7.1. Nifer o wrthwynebwyr cydwybodol gerbron llys milwrol ym Mhrydain
7.2. Nifer o wrthwynebwyr cydwybodol gerbron llys milwrol yng Nghymru

Lluniau

1. Nyrs Margaret Bevan gyda rhai o'r clwyfedigion yn yr ysbyty yn Deolali
2. William Williams yn *Y Drych*, 7 Tachwedd 1918
3. David Davies a'i fataliwn yn 1915
4. Bataliwn David Davies yn 1937
5. Thomas Bevan Phillips
6. Cerdyn coffa Lemuel Thomas Rees

Talfyriadau

BSP	British Socialist Party
FANY	First Aid Nursing Yeomanry Corps
ILP	Independent Labour Party Y Blaid Lafur Annibynnol
NCC	Non-Combatant Corps
NCF	No-Conscription Fellowship Y Frawdoliaeth dros Wrthod Ymrestru
OTC	Officers' Training Corps
RAMC	Royal Army Medical Corps
RWF	Royal Welsh Fusiliers Ffiwsilwyr Brenhinol Cymreig
SDF	Social Democratic Federation
VADs	Voluntary Aid Detachments
WAAC	Women's Army Auxiliary Corps
WRNS	Women's Royal Naval Service

Manylion y Cyfranwyr

Aled Eirug
Mae Aled Eirug yn astudio ar gyfer cymhwyster PhD ym Mhrifysgol Caerdydd, gan ysgrifennu ei draethawd ar '[W]rthwynebiad i'r Rhyfel Mawr yng Nghymru'. Mae'r gwaith hwn yn adeiladu ar erthygl a ysgrifennodd i gylchgrawn *Llafur* ar y pwnc 'nôl yn 1987. Bu'n bennaeth newyddion a materion cyfoes BBC Cymru am dros ddeng mlynedd, yn ymgynghorydd cyfansoddiadol i lywydd Cynulliad Cenedlaethol Cymru ac ymgynghorydd arbenigol i Lywodraeth Cymru ar bolisi iaith. Mae'n gadeirydd ar y Cyngor Prydeinig yng Nghymru, ac yn aelod o awdurdod S4C.

Dinah Evans
Mae Dinah Evans yn darlithio mewn hanes modern ym Mhrifysgol Bangor, gan arbenigo yn hanes cymdeithasol a gwleidyddol Prydain yn yr ugeinfed ganrif. Mae ei hymchwil yn canolbwyntio ar ganlyniadau rhyfeloedd yr ugeinfed ganrif, yn enwedig ar gymdeithas yng Nghymru.

Ifor ap Glyn
Mae Ifor ap Glyn yn gynhyrchydd teledu sy'n arbenigo mewn cyfresi hanes, ac mae wedi cipio gwobr goffa Gwyn Alf Williams ddwywaith am ei raglenni. Mae wedi cynhyrchu a chyfarwyddo dwy gyfres ar hanes Cymry America gyda Jerry Hunter (*Cymry America a'r Rhyfel Cartref*, 2004; *America Gaeth a'r Cymry*, 2006) ond mae cyfnod y Rhyfel Mawr wedi ei ddiddori erioed. Yn 2008 yn dilyn ei gyfres *Lleisiau'r Rhyfel Mawr*, cyhoeddodd gyfrol o'r un enw yn seiliedig ar lythyron a dyddiaduron Cymraeg o'r cyfnod.

Bill Jones
Y mae Bill Jones yn athro hanes Cymru a chyd-gyfarwyddwr y Ganolfan Uwchefrydiau Cymry America ym Mhrifysgol Caerdydd, lle y mae wedi bod yn dysgu hanes Cymru ers 1994. Y mae ei gyhoeddiadau yn cynnwys

Wales in America: Scranton and the Welsh 1860–1920 (1993), *Welsh Reflections: Y Drych and America 1851–2001* (2001) (gydag Aled Jones) a *Michael D. Jones a'i Wladfa Gymreig* (2009) (gol. gydag E. Wyn James).

Elin Jones
Ar ôl ennill gradd mewn hanes modern a diploma Celtaidd ym Mhrifysgol Rhydychen, aeth Elin Jones i Brifysgol Cymru, Aberystwyth i wneud ail MA a PhD yn hanes a llenyddiaeth Cymru yn yr Oesoedd Canol. Bu'n dysgu mewn ysgolion uwchradd cyn symud i'r Amgueddfa Genedlaethol fel swyddog addysg. Er 1995 bu'n gweithio fel ymgynghorydd annibynnol hanes, addysg, a llywodraeth a gwleidyddiaeth i nifer o sefydliadau. Bu'n cadeirio'r tasglu a sefydlwyd gan y Llywodraeth i adolygu'r Cwricwlwm Cymreig a hanes fel rhan o'r adolygiad cyfredol ar y cwricwlwm yng Nghymru.

Gethin Matthews
Mae Gethin Matthews yn ddarlithydd y Coleg Cymraeg Cenedlaethol mewn hanes ym Mhrifysgol Abertawe. Mae'n awdur y cofiant cyntaf yn y Gymraeg i'r actor Richard Burton, *Seren Cymru* (2001). Testun ei ddoethuriaeth oedd hanes y Cymry yn y Rhuthr Aur i Columbia Brydeinig, ac mae wedi cyhoeddi nifer o erthyglau am helynt y cymunedau Cymraeg tramor yn y bedwaredd ganrif ar bymtheg. Ers rhedeg prosiect 'Cymry'r Rhyfel Mawr Ar-lein' yn 2010–11, mae ei ymchwil wedi canolbwyntio ar ddylanwad y Rhyfel Mawr ar ddiwylliant a chymdeithas yng Nghymru.

Gerwyn Wiliams
Mae Gerwyn Wiliams yn athro yn Ysgol y Gymraeg Prifysgol Bangor. Ymchwiliodd i'r berthynas rhwng llenyddiaeth a rhyfel a chyhoeddi'n helaeth yn y maes, er enghraifft *Y Rhwyg: Arolwg o Farddoniaeth Gymraeg ynghylch y Rhyfel Byd Cyntaf* (1993), *Tir Neb: Rhyddiaith Gymraeg a'r Rhyfel Byd Cyntaf* (1996), *Tir Newydd: Agweddau ar Lenyddiaeth Gymraeg a'r Ail Ryfel Byd* (2004).

Huw L. Williams
Mae Huw Lloyd Williams yn ddarlithydd athroniaeth gyda'r Coleg Cymraeg Cenedlaethol, wedi ei leoli ym Mhrifysgol Caerdydd. Ei faes arbenigol yw athroniaeth wleidyddol, ac mae wedi cyhoeddi yn benodol

ar waith yr athronydd Americanaidd John Rawls a thrafodaethau ynglŷn â chyfiawnder byd-eang. Mae'n ymddiddori yn ogystal ym maes hanes syniadau a thrafodaethau deallusol, yn enwedig yng nghyswllt Cymru.

Martin Wright
Yn enedigol o Loegr, cafodd Martin Wright ei addysg prifysgol yn Llanbedr Pont Steffan yn yr 1980au a'r 1990au. Wedi cyfnod o weithio yng Nghanolfan Addysg Barhaus, Prifysgol Aberystwyth, dychwelodd i astudio'n llawn-amser ym Mhrifysgol Caerdydd, a derbyniodd ddoethuriaeth am draethawd ymchwil ar sosialaeth yng Nghymru o'r 1880au hyd at 1914. Yn awr mae'n darlithio mewn hanes ym Mhrifysgol Caerdydd. Mae wedi cyhoeddi erthyglau am agweddau o'r mudiad sosialaidd ym Mhrydain a Chymru, am hanes ac ymarfer addysg i oedolion ac am dirwedd a thirlun Cymru.

1

Rhwygau

Gethin Matthews

> 'Blynyddoedd y rhyfel yw'r rhaniad dyfnaf yn hanes y genedl;
> gwahanol iawn oedd Cymru 1919 i Gymru 1914'
>
> Gwynfor Evans, *Aros Mae*

Dechreuodd Norman Stone ei ddadansoddiad treiddgar o ddigwyddiadau 1914–18 gyda'r sylw bod y byd wedi teithio o 1870 i 1940 yn y pedair blynedd hyn.[1] Mae'n ddatganiad heriol, ac mae'n dal dŵr mewn sawl ffordd. I raddau helaeth roedd llawer o filwyr 1914 yn edrych fel milwyr o 1870 (blwyddyn y rhyfel rhwng Prwsia a Ffrainc). Gwisgai milwyr Ffrainc eu siacedi glas a'u trowsusau coch, ac roedd tactegau'r uwch-swyddogion yn seiliedig ar y ddamcaniaeth mai rhuthr y marchfilwyr fyddai'r symudiad arwyddocaol a enillai'r frwydr. Ceir ambell atsain o sifalri'r hen ffordd o ryfela yn 1914, megis y gwahoddiad a estynnwyd gan y Cadfridog von Lettow-Vorbeck i swyddogion ei elynion Prydeinig rannu potel o frandi ar ôl diwrnod o geisio lladd ei gilydd.

Ar y llaw arall, mae lluniau o filwyr y British Expeditionary Force (BEF) ar y cyfandir yn 1940 yn edrych cymaint fel eu rhagflaenwyr yn 1918. Roedd y swyddogion yn seilio'u tactegau ar y gwersi caled a ddysgwyd yn y pedair blynedd o ymladd yn erbyn lluoedd y Caiser. Mae'r cardiau post a anfonai'r Tommies o Ffrainc a Fflandrys ar gychwyn yr Ail Ryfel Byd hefyd yn debyg iawn eu golwg a'u harddull i'r rhai a anfonwyd gan genhedlaeth eu tadau yn y rhyfel cynt.

Felly fe ddynoda'r Rhyfel Mawr rwyg yng nghwrs datblygiad y byd. Effeithiwyd ar gymaint o agweddau o ddiwylliant, cymdeithas, economi a gwleidyddiaeth Ewrop a'r byd fel ei fod yn gwneud synnwyr i gyfeirio'n gyson at 'hyd at 1914' ac 'wedi 1918' yn ein llyfrau hanes. I nifer o bobloedd ar draws Ewrop fe sefydlwyd, neu ailsefydlwyd, eu gwladwriaeth genedlaethol yn y cytundebau heddwch a lofnodwyd yn 1919, er i ffaeleddau'r cytundebau hyn achosi drwgdeimlad a chwerwodd wleidyddiaeth Ewrop tan y ffrwydrad nesaf o drais. Felly hefyd yng ngwledydd y Dwyrain Canol, lle cyfnewidiwyd cyfundrefn Ymerodraeth yr Otoman am drefnau llywodraethol amgen, ac ansefydlogrwydd sydd wedi bod yn bla ar y byd yn y degawdau ers hynny. Yn ogystal mae blynyddoedd y rhyfel yn dynodi twf yn nerth a hyder Unol Daleithiau America a dechrau'r cyfnod o dra-arglwyddiaeth ar y llwyfan rhyngwladol sydd wedi parhau hyd y presennol.

I haneswyr Cymru, mae'r ymadroddion 'cyn 1914' ac 'wedi 1918' yn gwneud synnwyr. Yn nhermau gwleidyddol, economaidd, cymdeithasol a diwylliannol ni fyddai amgylchiadau 'cyn 1914' yn gallu cael eu hadfer ar ôl blynyddoedd y rhyfel. Efallai nad oedd y newidiadau sylfaenol i'w gweld yn unionsyth, ond cyn hir fe ddeuai'r rhwyg yn amlwg. Ar y mater hwn mae haneswyr Cymru yn gytûn: yn ysgrifennu yn 1998 cyfeiria Angela Gaffney at 'an unusual degree of consensus', ac nid oes llawer wedi newid yn y blynyddoedd ers hynny.[2] Cytuna'r awduron sydd o argyhoeddiad cenedlaetholgar ynghyd â'r rhai sosialaidd, a'r ychydig sydd â thueddiadau Torïaidd, am arwyddocâd 1914–18 fel trobwynt.[3]

Efallai bod perygl wrth wraidd rhai o'r dadansoddiadau am eu bod yn anfoddhaol ac yn brin o finiogrwydd wedi iddynt ddatgan bod gan effeithiau'r Rhyfel Mawr ddylanwad pellgyrhaeddol ar Gymru. Awgryma Gaffney fod gan haneswyr duedd i ddisgrifio yn hytrach nag egluro'r rhyfel a'i ddylanwad ar Gymru, ac weithiau fe welir bod dadansoddiadau o effeithiau'r rhyfel yn annigonol mewn llyfrau pwysig, clodwiw, am hanes Cymru.[4] Ysgrifennodd David Williams, un o haneswyr pwysicaf y Gymru fodern, ac un a fu byw trwy'r cyfnod, 'Life in Wales in the quarter of a century after 1914 was entirely dominated by the First World War and by its consequences', ond dim ond llai na thudalen sydd am y canlyniadau hyn.[5]

Wrth ysgrifennu yn 2007, fe nododd Matthew Cragoe a Chris Williams ei bod yn rhyfedd na chyhoeddwyd eto gyfrol lawn yn trin effaith y Rhyfel Mawr ar Gymru, mewn gwrthgyferbyniad â'r gweithiau pwysig a oedd yn ymwneud â phrofiadau Iwerddon a'r Alban yn y cyfnod.[6] Eithriad yr oeddent yn gallu ei nodi oedd pennod werthfawr Mari A. Williams am y cyfnod rhwng 1914 a 1945.[7] Un o fanteision y bennod hon yw ei bod yn olrhain effeithiau digwyddiadau'r rhyfel y tu hwnt i derfyn yr ymladd, gan weld y patrymau'n datblygu yn y cyfnod hyd at ddiwedd yr Ail Ryfel Byd.

Wrth i ganmlwyddiant y rhyfel agosáu a chyrraedd, cafwyd llawer o gynnyrch i nodi a choffáu hanes 1914–18, gweithiau Cymreig yn ogystal â'r toreth Prydeinig, ar gyfer cynulleidfaodd cyffredinol yn ogystal â hanesion academaidd. Dwy gyfrol glodwiw a ymddangosodd ym mlwyddyn canmlwyddiant cychwyn y brwydro oedd yr un yn y Gymraeg gan Gwyn Jenkins ac yn y Saesneg gan Robin Barlow. Llwyddodd y ddwy i gyfleu nifer o agweddau lle roedd naratif Cymreig y rhyfel â gwahaniaethau pwysig, diddorol i'r stori a adroddir gan y sawl sydd â'u llygaid yn bennaf ar agweddau Llundain a Lloegr.[8] Canolbwyntiodd Jenkins ar brofiadau trawsdoriad eang o Gymry gan geisio sicrhau nad ystadegau oedd y bobl o gig-a-gwaed a fu byw trwy'r cyfnod, ac felly manteisio ar y toreth o dystiolaeth a gynhyrchwyd gan yr unigolion hyn ar y pryd.[9] Cynhwysodd Barlow astudiaeth o nifer o agweddau o ymwneud Cymru a'r Cymry â'r rhyfel, gan herio nifer o syniadau cyfarwydd (er enghraifft, yr awgrym bod trigolion Cymru wedi'u goddiweddyd gan chwiw o jingoistiaeth ym mis Awst 1914).[10]

Un agwedd sydd yn amlwg iawn yn llyfr Barlow yw'r pwyslais ar y milwyr Cymreig (yn gyffredinol, prin yw gweithiau ar brofiadau morwyr o Gymru yn y rhyfel). Dengys Barlow ei bod yn bosibl cyflwyno naratif â phwyslais cryf ar Gymreictod y milwyr, er gwaetha'r ffaith amlwg bod strwythurau'r fyddin yn hanfodol Brydeinig, a bod ganddynt duedd i fygu gwahaniaethau rhwng cenhedloedd Prydain. Hynny yw, yn ogystal ag ymladd dros y brenin yn Llundain a buddion ei ymerodraeth, roedd y Cymry a ymrestrodd mewn uned Gymreig *yn* credu eu bod yn ymladd dros Gymru. Mae hanes manwl Clive Hughes o'r patrymau recriwtio a welwyd yng Ngwynedd yn y cyfnod cyn gorfodaeth filwrol hefyd yn tanlinellu'r ffaith fod amrywiaeth o ymatebion yng Nghymru, a bod y sefyllfa yn newid gydag amser a hefyd yn amrywio fesul ardal.[11] Pennod arall sydd yn astudio'r patrymau o ymwneud y Cymry â'r fyddin yw astudiaeth Chris Williams o'r 'Taffs in the trenches', ac er mai gwaith meintiol sydd wrth wraidd llawer o'r dadansoddiad, ystyrir hefyd sut yr effeithiodd eu gwasanaeth ar ddynion o bob cwr o Gymru.[12]

Thema sydd wedi ei hastudio mewn amrywiaeth o weithiau yng nghyfnod canmlwyddiant y rhyfel yw canlyniadau'r ymladd ar gymunedau arbennig yng Nghymru. Wrth edrych yn fanwl ar fywydau unigolion a effeithiwyd gan yr ymladd – ac nid dim ond y dynion mewn iwnifform ond eu teuluoedd a'u cymunedau cyfain – fe ddaw'r rhwyg yn eu bywydau yn glir. Un enghraifft yw llyfr Gerwyn James am effeithiau'r rhyfel ar Lanfairpwll, lle mae dyfnder yr ymchwil, yn enwedig yn achos y rhai a syrthiodd, yn dangos bod hwn yn waith o goffâd yn ogystal â bod yn hanes cymdeithasol trylwyr.[13]

Felly, er bod llawer i'w wneud, mae hanesyddiaeth y Rhyfel Mawr yng

Nghymru wedi datblygu, ac yn cynnwys safbwyntiau ffres sydd yn allwedd i ddeall yr amrywiaeth o ffyrdd yr effeithiodd yr ymladd ar y wlad a'i phobl. Nid ydym yn sôn am drawsnewidiad: mae'r naratif o hyd yn canolbwyntio'n benodol ar ddioddefaint y dynion ar ffrynt y gorllewin, ond ceir ystyriaeth hefyd o sut yr effeithiodd amgylchiadau rhyfel cyflawn ar y boblogaeth gyfan.[14]

Felly mae consensws cyffredinol ymysg haneswyr Cymru am rai o'r newidiadau a welwyd yn y tymor hir i agweddau o fywyd y wlad. Yn nhermau gwleidyddol, fe welwyd shifft sylweddol o fewn ychydig flynyddoedd i ddiwedd y rhyfel. Yn etholiad Rhagfyr 1918, enillodd cefnogwyr Lloyd George bron pob sedd yng Nghymru, ond erbyn yr etholiad nesaf roedd y rhod wedi troi, a'r Rhyddfrydwyr yn colli tir ac yn llithro o'u safle fel prif gynrychiolwyr Cymru. O 1922 ymlaen sefydlodd y Blaid Lafur ei hunan fel y blaid a dra-arglwyddiaethai ar wleidyddiaeth yng Nghymru. Datganiad plaen Gwyn A. Williams yw 'It was the war that killed Liberalism': nid oedd y rhethreg gyfforddus hunanfodlon am rinweddau'r genedl fechan yn taro deuddeg ar ôl sioc drydanol y Rhyfel Mawr.[15] Awgryma Kenneth O. Morgan fod y rhyfel yn dynodi rhwyg â'r gorffennol, a bod y gwrthgyferbyniad mewn amgylchiadau cyn ac ar ôl y rhyfel yn amlycach yng Nghymru nag yn yr un rhan arall o Ynysoedd Prydain (a chan fod hynny yn cynnwys Iwerddon, mae'n ddatganiad nerthol).[16] Carfan arall a gollodd eu safle yng nghymdeithas Cymru wedi'r rhyfel oedd y tirfeddianwyr mawr: noda John Davies fod o leiaf chwarter tir Cymru wedi newid dwylo yn y pedair blynedd wedi'r rhyfel.[17]

O'r pwys mwyaf i economi Cymru oedd effeithiau tymor hir y rhyfel ar ddiwydiant glo'r wlad. Yn ystod blynyddoedd yr ymladd, roedd pyllau glo Cymru yn hynod o brysur, gan i'r Llynges Frenhinol hollbwysig ddiwallu'i blys am ynni trwy lyncu holl gynnyrch 'glo ager' y de. Fodd bynnag, un o ganlyniadau'r rhyfel oedd bod marchnadoedd tramor a fu gynt yn allweddol i ffyniant maes glo de Cymru wedi diflannu erbyn i'r gynnau dawelu. Gwaethygwyd y sefyllfa gan rai o gymalau Cytundeb Versailles, a roddodd glo'r Almaen fel iawndal i Ffrainc a gwledydd eraill y Cynghreiriaid.[18] Oherwydd hyn a hefyd y datblygiadau technolegol a ffafriai beiriannau olew ar gyfer llongau yn hytrach na pheiriannau ager, roedd dirywiad a chwymp y diwydiant glo yng Nghymru yn anochel.[19] O ganlyniad, fe droes Cymru o fod yn wlad a oedd yn derbyn nifer helaeth o fewnfudwyr yn y degawdau cyn 1914 i fod yn wlad a ddioddefodd ddiferlif o'i phobl yn y ddau ddegawd wedi 1918.

Gwelir y rhwyg rhwng amgylchiadau cyn ac ar ôl y rhyfel yng Nghymru yn nhermau diwylliannol. Cyniga Gerwyn Wiliams y trosiad o de parti Fictoraidd crand ar lawnt welltog yn cael ei ddistrywio gan 'lori fawr lychlyd o oes wahanol' yn torri ar draws y cyfan gan chwalu cyrff ac eiddo.[20] Ni fyddai modd rhoi'r teilchion yn ôl at ei gilydd nac anghofio am y digwyddiad dinistriol. Yn sicr, gallwn weld nifer o artistiaid Cymry yn mabwysiadu dulliau newydd i fynegi eu hunain ym mlynyddoedd y rhyfel, megis arluniau arswydus Christopher Williams o'r ymladd ar ffrynt y gorllewin, neu'r holl gerddi rhyfelgar a gynhyrchodd beirdd Cymru. Yn ogystal â'r newidiadau a welwyd mewn cynnyrch celfyddydol yn y blynyddoedd 1914–18 fe welwyd nifer o ddatblygiadau yn y tymor hir. Mae beirniaid llenyddol yn nodi twf moderniaeth yn niwylliannau Ewrop yn y blynyddoedd wedi 1918, a heb os fe gafodd y dull artistig hwn hwb yng Nghymru, er y cymerodd amser hir cyn i'r arddull newydd ddisodli'r hen ffyrdd o greu celfwaith.[21]

Ac eto, nid yw'n bosibl gweld newid sylfaenol yn dilyn yn syth o ganlyniad i'r rhyfel ym mhob agwedd o fywyd Cymru. Yn nhermau un o'r symudiadau diwylliannol mwyaf sylfaenol oll, sef colli'r famiaith o gynifer o aelwydydd Cymreig, efallai nad oes cymaint â hynny o gysylltiad uniongyrchol: nid oedd bwledi'r Almaenwyr yn gwahaniaethu rhwng milwyr Cymraeg eu hiaith a'r di-Gymraeg. Dim ond un ffactor ymhlith llawer yn nirywiad yr iaith oedd y Rhyfel Mawr, er bod y rhyfel wedi esgor ar lu o amgylchiadau (megis llymder y Dirwasgiad yng Nghymru) a niweidiodd sefyllfa'r Gymraeg. Ffactor arall a ddenodd sylw W. J. Gruffydd am ei 'effaith gatastrophig… ar y bywyd Cymreig' oedd symud 'miloedd o feibion Cymru o ganol tawelwch a sicrwydd hyder yr hen heddwch Cymreig i ganol dadwrdd ac anwadalrwydd ac ansicrwydd bywyd o ryfela mewn gwledydd tramor'.[22] Pan ddaethant yn ôl (ac wrth gwrs, dychwelodd y mwyafrif helaeth o'r ffosydd) nid oedd yn bosibl i nifer sylweddol ohonyn nhw ailafael yn eu bywyd fel yr oedd cynt. I roi un enghraifft, roedd traddodiad y Fari Lwyd wedi parhau yng nghyffiniau Llangynwyd, â ieuenctid y plwyf yn cynnal yr hen ddefodau. Dyma'r garfan a aeth i ryfela; pan ddaethant yn ôl, nid oedd hwyl a sbri diniwed y Fari Lwyd at eu dant bellach.

Un maes dadleuol yw cwymp y capeli Anghydffurfiol o'u safle fel conglfaen y gymdeithas Gymreig. Nid oes dwywaith fod hyn wedi digwydd yn ystod yr ugeinfed ganrif ac nid oes amheuaeth fod y Rhyfel Mawr â rhan bwysig yn y newid.

O safbwynt y milwyr, gallwn ddyfynnu atgofion Vaughan Hughes am ei daid, John Owen Hughes, un a aeth yn filwr i Ffrainc yn 'hogyn yr Ysgol Sul' ond ar ôl dychwelyd 'daeth o erioed ar gyfyl lle addoliad'. I 'genhedlaeth ddadrithiedig 1914–18' nid oedd modd troi'r cloc yn ôl:

'Roedd yr uffern a brofodd y rhain yn fwy real na'r nefoedd a addawai'r capeli.'[23] Digon tebyg yw crynhoad Ceridwen Lloyd-Morgan, wrth iddi hi nodi fod nifer o ddynion yn ei theulu wedi gadael eu ffydd yn y ffosydd, ac i'r dadrithiad ymledu fel y cefnodd eu teuluoedd ar fyd y capel hefyd.[24]

Fodd bynnag, er bod cysylltiad rhesymegol amlwg mewn rhai teuluoedd rhwng profiadau'r milwyr yn y rhyfel a'r cefnu ar fyd y capel, nid yw'r eglurhad hwn yn foddhaol ym mhob achos. Yn gyntaf, roedd digon o filwyr a gynhaliwyd gan eu ffydd wrth iddynt wasanaethu yn y fyddin. Yn ail, nid oes sicrwydd bod y rhai a gefnodd ar eu ffydd o reidrwydd wedi gwneud hynny'n syth pan ddychwelasant o'u gwasanaeth milwrol. Mae'n bosibl mai'r patrwm mwyaf cyffredin oedd i unigolion ymddieithrio o'u magwraeth yn y capeli dros gyfnod o amser. Yn sicr byddai profiadau'r unigolion a'u teuluoedd yn y rhyfel yn rhannol gyfrifol am y newid, ond hefyd gallwn ystyried y dadrithio a ddaeth yn y degawd wedi'r rhyfel yn ffactor o bwys.

Felly i ba gyfeiriad bynnag y bydd dyn yn troi am dystiolaeth am effaith y rhyfel ar gymdeithas a diwylliant yng Nghymru, fe welir rhyw agwedd lle gadawodd crafangau'r rhyfel eu creithiau. Nid oedd credoau, agweddau nac ymddygiad y Cymry 'wedi 1918' yr un â'r hyn a oedd yn gyffredin 'cyn 1914'. Gellir dweud yr un peth am wledydd eraill ynysoedd Prydain a phob un o'r gwledydd Ewropeaidd a gafodd eu maglu yn y gyflafan.

Un o'r cwestiynau mawr sydd wedi poeni haneswyr yn y degawdau ers y gyflafan yw sut roedd hi'n bosibl i'r tywallt gwaed ddigwydd mewn byd lle roedd hi'n ymddangos nad oedd neb yn barod ar ei gyfer, a neb wedi dymuno cael y fath ryfel. Mae'r dadleuon wedi parhau, gan ystyried nifer fawr o ffactorau a dod i amrywiaeth o gasgliadau, ac nid oes modd mynd ar ôl y cymhlethdodau yn y fan hon.[25] Fodd bynnag, dylid sylwi ar ddwy agwedd gysylltiedig a oedd o bwys yn y rhagarweiniad i'r rhyfel, a lle mae'r cyd-destun Cymreig yn ddiddorol, a'r dystiolaeth yn ddadlennol.

Yn gyntaf, cyfandir o ymerodraethau oedd Ewrop yn 1914. Yn ogystal â'r ymerodraethau mawr tramor a berthynai i Brydain a Ffrainc, roedd tiroedd eang ar draws y byd yn perthyn i nifer o wledydd eraill: Gwlad Belg, yr Iseldiroedd, yr Eidal a'r Almaen. Yn negawdau olaf y bedwaredd ganrif ar bymtheg bu'r rhain yn rheibus yn llyncu darnau o dir ar gyfandiroedd Affrica, Asia ac yn y Môr Tawel. Cymharol fechan oedd Ymerodraeth yr Almaen o'i chymharu â nerth cynyddol y wlad yn economaidd, ond erbyn dechrau'r ugeinfed ganrif nid oedd braidd dim tiroedd ar ôl i'w meddiannu nad oeddent eisoes o dan adain ymerodraeth arall. Felly dyma achos dros anfodlonrwydd i arweinwyr balch yr Almaen.

Roedd hefyd ymerodraethau mawr yn ymledu ar draws cyfandir Ewrop – Rwsia, Awstria-Hwngari a'r Almaen (a feddiannodd ddarnau mawr o Wlad Pwyl) – ac Ymerodraeth yr Otoman, a estynnai o dde-ddwyrain Ewrop trwy Asia Leiaf i Arabia. Yr hyn a oedd gan bob un o'r ymerodraethau yn gyffredin oedd eu bod yn hanfodol gybyddlyd, yn amddiffyn eu tiroedd yn eiddgar ac yn ddrwgdybus o gymhellion unrhyw wlad arall a ffiniai ar eu tiriogaethau. I raddau roedd pob un o'r ymerodraethau yn poeni am ei bodolaeth. Mewn oes lle roedd syniadau Charles Darwin am 'barhad y rhai mwyaf abl' yn cael eu trafod yn frwd, damcaniaeth nifer o sylwebyddion oedd bod yn rhaid i ymerodraethau dyfu, neu byddai eu tranc ar y gorwel.[26] Felly roedd oes yr ymerodraethau yn esgor ar oes o ymryson, a phob gwlad yn cystadlu â'i chymdogion er sicrhau tra-arglwyddiaeth.

Hyd yn oed yn yr ymerodraeth fwyaf a grymusaf ohonynt i gyd, gwelwyd ofnau am y dyfodol. Roedd y mwyafrif helaeth o'r Cymry yn falch i fod yn rhan o'r Ymerodraeth Brydeinig, ac fe welir nifer doreithiog o erthyglau yn y wasg Gymreig sy'n ymhyfrydu yn llwyddiant Britannia, ac yn enwedig yng nghyfraniad meibion Cymru wrth i deyrnas Victoria ac Edward VII gadarnhau ei gafael ar wledydd ym mhedwar ban byd. Y perygl yw yr arweiniai'r ffordd hon o edrych ar sefyllfa'r byd at y casgliad mai rhywbeth hanfodol dda oedd ein hymerodraeth 'ni', yn wahanol i ymerodraethau gwledydd eraill. Fodd bynnag, a oedd sicrwydd na fachludai'r haul ar yr ymerodraeth? Efallai y byddai'n rhaid i 'ni', y Prydeinwyr, fod yn barod i amddiffyn ein buddiannau.

Yr ail agwedd yw nad yn unig oes yr ymryson oedd hon ond hefyd oes y cynghreiriaid. Nid oedd hyn yn rhywbeth newydd, wrth gwrs, gan fod teyrnasoedd Ewrop dros y canrifoedd wedi dod i gytundebau â'i gilydd er mwyn ymosod ar elyn cyffredin. Fodd bynnag, ym mlynyddoedd cyntaf yr ugeinfed ganrif fe wnaeth Prydain gytundebau ffurfiol gyda gwledydd eraill, gyda'r bwriad o ysgafnhau'r pwysau ar amddiffyn yr ymerodraeth eang. Yn 1902 llofnodwyd cytundeb â Japan, grym cynyddol yn y Dwyrain, a sicrhaodd nad oedd yn rhaid clustnodi cymaint o adnoddau'r Llynges yn y Môr Tawel. Yn 1904 fe ddaeth yr *Entente Cordiale* â Ffrainc i rym, pan gytunodd y ddwy ymerodraeth ar derfynau eu ffiniau yn Affrica, Asia a mannau eraill. Tair blynedd yn ddiweddarach, fe lofnodwyd cytundeb â Rwsia (un o gynghreiriaid Ffrainc), a sicrhaodd y ffiniau rhwng Rwsia a thiriogaethau Prydain yng nghanol Asia, ac felly lleddfodd yr ofnau y byddai Rwsia yn ymosod ar India (trysor pennaf yr Ymerodraeth). Ni fwriadwyd i'r cytundebau hyn fod yn gynghrair filwrol, ac nid oedd addewid cadarn y byddai Prydain yn camu i mewn i amddiffyn Ffrainc na

Rwsia pe bai grym arall yn ymosod arnynt. Ond i wleidyddion yr Almaen, fe allai'r sefyllfa ymddangos fel pe bai nifer o wledydd eraill Ewrop yn cynllwynio yn eu herbyn, er mwyn eu hamgylchynu. Un o oblygiadau hyn oedd bod yr Almaen yn closio fwyfwy at ei hunig gynghreiriad dibynadwy, Awstria-Hwngari.

Agwedd arall a dyfodd o'r sefyllfa hon oedd: os lleddfodd cytundebau â Ffrainc a Rwsia yr ofnau yn y tymor-byr, golygai fod diogelwch Prydain a'r ymerodraeth yn dibynnu i raddau ar gryfder gwledydd eraill. O'r herwydd fe gododd pethau newydd i ofidio amdanynt: fel y dywed Mombauer, 'each major power lived in fear of its alliance partners' potential loss of status'.[27] Felly roedd perygl y byddai Prydain yn cael ei maglu yn ymryson ei chynghreiriaid hyd yn oed pan nad oedd buddiannau'r ymerodraeth yn y fantol.

Ystyriwch yr hyn a ddigwyddodd yn 1911. Gyda Ffrainc yn ceisio ehangu ei gafael ar Moroco, fe welodd y Caiser a'i gynghorwyr gyfle i fanteisio ar y sefyllfa a mynnu y dylai'r Almaen hefyd gael siâr o unrhyw diroedd yn Affrica a oedd yn cael eu hailddosbarthu.[28] Mae'r crynodeb o'r sefyllfa yn *Y Faner* yn llygad ei le: 'Mae yr Almaen yn awyddus am chwanegu at ei thiriogaethau, a chymer esgus ar sefyllfa gythryblus bresennol Morocco i gyrhaedd yr amcan hwn.'[29] Yr hyn a rwystrodd y Caiser a'i gynghorwyr rhag cynyddu'r pwysau ar Ffrainc a mentro gwrthdaro milwrol oedd araith canghellor Prydain, David Lloyd George, yn y Mansion House, Llundain ar 21 Gorffennaf 1911. Roedd y rhybudd i'r Almaen yn eglur, er bod yr iaith yn ddiplomyddol: ni fyddai Prydain yn fodlon sefyll o'r neilltu pe bai'r Almaen yn bygwth Ffrainc. Mae'n werth dadansoddi'r geiriau a ddefnyddiodd Lloyd George yn fanylach – dyma'r adroddiad o'r *Faner*:

> Ond ar yr un pryd, yr oedd [Lloyd George] yn credu ei bod yn angenrheidiol ac yn bwysig i Brydain gadw ei safle a'i hurddas yn mysg y Galluoedd mawrion. Yr oedd ei dylanwad blaenllaw yn y gorphenol ar lawer adeg – a gall fod eto yn y dyfodol – wedi bod yn amhrisiadwy i achos rhyddid y ddynoliaeth.[30]

Sylwer ar y balchder sydd yn rôl Prydain yn y byd, a'r ffaith fod y wlad yn cael ei hystyried yn un o'r 'Galluoedd mawrion' (yn y Saesneg, ceir priflythrennau i 'Great Powers' bob tro). Mae 'urddas' hefyd yn air sy'n ymddangos yn rheolaidd yn y wasg wrth drafod yr Ymerodraeth Brydeinig. Wrth edrych yn ôl ar Ryfel y Boer, ymffrostiai gohebydd yn y 'cariad sydd gan bob Prydeinwr at ei hen wlad, a'r aberth a wna drosti pan y bydd ei hanrhydedd a'i hurddas mewn perygl'; mewn erthygl sydd yn trafod y Ddeddf Addysg yn 1904 ceir cyfeiriad at 'urddas, anrhydedd a llwyddiant yr Ymerodraeth'.[31]

Agwedd sydd yn dilyn o'r ofnau a oedd ar led am ddyfodol yr ymerodraeth oedd bod unigolion yn achlysurol yn gallu dychmygu'r ymryson rhwng ymerodraethau yn troi'n ornest filwrol. Nid awgrymir bod hyn yn brif ffrwd ym meddyliau'r Cymry, ond roedd yn bresennol mewn amryw ffurf. Mae rhai ymchwilwyr wedi nodi'r gweithiau ffuglen ymerodrol eu harddull, ar gyfer llanciau yn bennaf, a adroddai straeon antur am Brydeinwyr gwrol yn ymladd yn erbyn tramorwyr dichellgar.[32] Ym mlynyddoedd cyntaf yr ugeinfed ganrif, wrth i'r Almaen adeiladu llynges er mwyn herio tra-arglwyddiaeth y Llynges Frenhinol, darluniwyd Almaenwyr yn rheolaidd fel y drwgweithredwyr yn y straeon hyn. Er nad oes tystiolaeth am y math hwn o ffuglen yn y Gymraeg, gan fod mwyafrif dynion ifainc Cymru yn medru'r Saesneg nid oes amheuaeth bod y straeon hyn wedi cael mynediad i gartrefi Cymreig.

Ffrwd arall o ddychmygu rhyfel dinistriol oedd honno a ddaeth o astudio Llyfr y Datguddiad a cheisio gwneud synnwyr o'r proffwydoliaethau ynddo. Yn y cyd-destun hwn gallwn ystyried llythyr diddorol i *Seren Cymru* yn 1897 sydd yn rhagweld 'un danchwa ofnadwy o ryfel cyffredinol yn Ewrop' a fydd yn chwalu'r ymerodraethau ac arwain at gyfundrefn decach.[33] Jeremeia go iawn yw'r gohebydd, ac nid awgrymir bod ei safbwynt yn gynrychioliadol, ond eto mae'n profi bod rhai unigolion yn gallu dychmygu rhyfel mawr dinistriol a fyddai, maes o law, yn puro'r cyfandir.

Nid dim ond glaslanciau oedd yn edrych yn ddrwgdybus ar genhedloedd eraill a dychmygu senarios pan fyddai'n rhaid i Brydain ymladd. Yn ystod y degawdau hir o heddwch a brofodd Ewrop roedd digon o densiynau a bygythiadau. Wele erthygl olygyddol *Y Gwyliedydd* yn 1877 sydd yn gorlifo ag ofnau am natur a bygythiadau ymerodraethau eraill Ewrop. Mae Awstria 'yn teimlo fod ei diogelwch, ei llwyddiant, os nad ei bywyd, mewn perygl'; gerllaw saif yr Almaen 'fel dywalgi yn gwylio holl symudiadau ei ysglyfaeth'; mae Ffrainc 'fel hen eryr clwyfedig yn pryderus ddysgwyl am gyfleusdra i adennill ei nerth'. Mae 'penboethiaid' Twrci'n paratoi i wynebu 'byddinoedd arfog Rwssia', ond y mae'r 'Arth Ogleddol' â'i llygaid ar diriogaethau Prydain. 'Y fath ragolygon bygythiol!', yn wir.[34] Er na wireddwyd ofnau'r gohebydd yn 1877 nac yn y tri degawd canlynol, ceir nifer o erthyglau tebyg yn achlysurol ym mhapurau newydd Cymru ar adegau o densiwn yn Ewrop. Yn 1886 ceir *Y Faner* yn datgan bod 'y rhagolwg mor fygythiol fel y ceir y prophwydi eisoes yn taeru unwaith yn rhagor fod "Brwydr Armagedon" ar

Gethin Matthews 9

	'Armageddon'	'Armagedon'	'Armageddon' + 'Armagedon'	Nifer o erthyglau yn y casgliad digidol	Y nifer o weithiau yr ymddengys 'Armageddon/Armagedon' ym mhob 100,000 o erthyglau
1820–9	1	0	1	24,430	4.1
1830–9	0	1	1	71,910	1.4
1840–9	2	0	2	118,364	1.7
1850–9	7	9	16	206,303	7.8
1860–9	22	31	53	493,809	10.7
1870–9	41	110	151	1,197,483	12.6
1880–9	25	107	132	1,874,676	7.0
1890–9	174	131	305	3,944,253	7.7
1900–9	203	143	346	5,043,898	6.9
1910 + 1913–19	609	710	1319	1,824,379	72.3

Tabl 1: Amlder ymddangosiad y geiriau 'Armagedon' ac 'Armageddon' yng nghasgliad 'Papurau Newydd Cymru Arlein', 1820–1919[35]

fin cael ei ymladd'.³⁶ Yn 1896, gyda Rwsia yn ymddwyn yn fygythiol, gofynnwyd 'Ai tybed fod Armagedon yn ymyl?'³⁷ Eto yn 1904, gyda thensiwn yn berwi drosodd rhwng Rwsia a Japan, ofna'r *Faner* y gall gwledydd eraill gael eu 'llusgo i mewn i'r cweryl' ac 'y gallem gael brwydr fawr Armagedon i gael ei hymladd yn nechreu'r Ugeinfed Ganrif'.³⁸

Mae'r gair 'Armagedon' felly yn ymddangos yn achlysurol ym mhapurau newydd Cymru yn y blynyddoedd hyd at 1914, ond wrth gwrs nid oedd yn cyfeirio bob tro at ryfel go iawn. Yn amlach na pheidio, defnyddiwyd y gair yn drosiadol, ac weithiau mewn ffordd chwareus, er enghraifft, pan oedd gohebydd yn cyfeirio at gystadleuaeth gorawl Eisteddfod Aberpennar fel 'Armagedon y corau meibion'.³⁹ Mae modd bellach olrhain pa mor aml y defnyddiwyd y gair 'Armagedon' neu 'Armageddon' ym mhapurau newydd Cymru, gan fanteisio ar gasgliad digidol ardderchog o bapurau newydd y Llyfrgell Genedlaethol.⁴⁰ Cydnabyddir bod problemau ynghlwm wrth y methodoleg hwn, ond gallwn fod yn sicr bod y patrwm a welir yn yr ystadegau yn adlewyrchu shifft go iawn yn y disgwrs cyffredinol.⁴¹

Dengys y dystiolaeth hon yn glir sut y daeth y cysyniad o Armagedon yn fwy cyfarwydd i bobl Cymru yn ystod blynyddoedd y Rhyfel Mawr. Weithiau defnyddiwyd y ddelwedd o frwydr anferthol, hollddinistriol mewn ffordd sydd yn driw i wreiddiau beiblaidd yr ymadrodd. 'Yr Armagedon' yw teitl ysgrif olygyddol *Y Genedl Gymreig* a ddisgrifia ymgyrchoedd gwaedlyd y Cynghreiriaid ym mis Gorffennaf 1916 yn ardal y Somme, Verdun, yr Eidal a'r Iwcrain.⁴²

Wrth gyfrif sawl gwaith yr ymddengys y gair 'Armagedon' yn y casgliad rhwng 1914 a chanol 1919 eto mae rhai patrymau'n glir. Cyn dechrau'r rhyfel, yn anaml y gwelwyd y gair ond cafwyd toreth o enghreifftiau ym misoedd cyntaf y rhyfel. Gostwng yn raddol a wnaeth y defnydd o'r gair o wanwyn 1915 hyd at wanwyn 1917 (er bod mwy o enghreifftiau wedi ymddangos yn ystod haf 1916, adeg brwydr y Somme). Yna ym mlwyddyn a hanner olaf yr ymladd ymddangosodd y gair yn fwy rheolaidd, cyn dychwelyd i tua'r un raddfa â chyn y rhyfel wedi i'r gynnau dewi.⁴³

Gellir gwneud dadansoddiad tebyg gyda geiriau eraill sydd yn nodweddiadol o'r rhethreg a oedd ar led yn ystod blynyddoedd yr ymladd. Dau air felly yw 'anrhydedd' a 'dyletswydd': mae adroddiadau am recriwtio milwyr, er enghraifft, yn aml yn cyfeirio at y rhinweddau hyn ymysg y gwirfoddolwyr. Mae nifer ymddangosiadau'r geiriau hyn yn cynyddu'n sylweddol yn y casgliad o bapurau newydd o fisoedd cynnar y brwydro.

Felly fe ddaeth nifer o eiriau yn amlycach yn y disgwrs cyffredinol yng

Nghymru wedi Awst 1914, yn enwedig geiriau a oedd yn cyflwyno egwyddorion uchelgeisiol. Enghreifftiau eraill yw 'cyfiawnder', 'aberth' a 'Rhyddid' (rhoddir priflythyren i'r un olaf oherwydd dyma sut yr ymddengys yn rheolaidd yn y wasg). Dyma 'iaith 1914': iaith sy'n anodd i ni ei hamgyffred heddiw oherwydd bod daliadau cymdeithas wedi newid cymaint. Yn eu dadansoddiad treiddgar sydd yn canolbwyntio ar ddiwylliant Ffrainc tra'n ceisio cwmpasu'r sefyllfa ar draws Ewrop gyfan, cyfeiria Audoin-Rouzeau a Becker at 'the breach in understanding'.[44] Bellach mae'n amhosibl i ni gymeradwyo'r system o gynrychiolaethau a nodweddai cenhedlaeth 1914, y 'collective consensus' a oedd yn derbyn cysyniadau o ddyletswydd ddiderfyn ac aberth digwestiwn. Mae'r degawdau a aeth heibio, a'r creulondebau a amlygwyd yn y degawdau hyn, wedi gwneud y cysyniadau hyn yn estron a hyd yn oed yn wrthun i ni.

Dylid sylwi hefyd ar un arall o eiriau pwysig 1914: 'erchyllterau'. O ganol mis Awst ymlaen, roedd papurau newydd Cymru, fel y papurau Prydeinig, yn llawn manylion am yr erchyllterau a gyflawnodd byddin yr Almaen yng Ngwlad Belg a gogledd Ffrainc. Mae'n siŵr bod cenedlaethau diweddarach wedi dysgu bod yn wyliadwrus yn achos y newyddion a ddaw adeg ymgyrch filwrol, gan wybod mai gwirionedd yw un o'r pethau cyntaf a aberthir mewn rhyfel. Fodd bynnag, nid oes modd hawlio bod y rhai a ddarllenai'r adroddiadau am lofruddio a threisio gan filwyr Almaenig yn 1914 yr un mor ochelgar. Pan gyhoeddwyd llythyrau gan filwyr Cymraeg (a enwyd) yn rhoi disgrifiadau o'u dystiolaeth o fwystfileiddiwch yr oeddent wedi ei weld gyda'u llygaid eu hunain, nid yw'n syndod bod hyn wedi cael effaith, ac esgor ar rethreg a bwysleisiai mai ymgyrch anrhydeddus, egwyddorol, hunanamddiffynnol oedd un Prydain.[45] Weithiau ceir datganiadau plaen gan wirfoddolwyr Cymraeg eu bod yn ymuno â'r frwydr i amddiffyn eu teuluoedd yng Nghymru rhag yr un ffawd â'r Belgiaid.

Nid yn unig ym misoedd cynnar y rhyfel y mae llawer o sôn am 'erchyllterau' yn y papurau newydd. Dyma agwedd ar 'iaith 1914' a barodd hyd ddiwedd y rhyfel. Yn Ebrill 1918 roedd dadansoddiad *Yr Udgorn* (o dan y pennawd 'Bwystfileiddiwch y Germaniaid') yn datgan: 'Y mae yr enghreifftiau o greulondeb y Germaniaid yn lluosogi beunydd.'[46] Ym mis Hydref 1918, llai na mis cyn y cadoediad, roedd *Y Cymro* yn taranu yn erbyn 'Barbareiddwch y Gelyn', wrth ddisgrifio 'eu hechryslonderau diweddaraf' a'u 'llofruddiaeth noeth' o bobl ddiniwed.[47] Felly y portreadwyd y sefyllfa yn un ddu a gwyn, y da yn erbyn y drwg tra parhaodd yr ymladd.

Ac eto, diflannodd olion 'iaith 1914' o'r disgwrs Cymreig yn fuan yn y blynyddoedd wedi 1918. Yng Nghymru, fel yng ngweddill Prydain, fe gollodd geiriau fel 'anrhydedd' a 'dyletswydd' eu grym, ac efallai eu cyfreithlonrwydd fel egwyddorion. Ni chafwyd llawer o sôn am 'anrhydedd' yn 1939: nid oedd y cysyniadau uchelfrydig a oedd yn nodweddiadol o alwadau recriwtio 1914 yn taro deuddeg bellach. Yn yr un modd, fe ddibrisiwyd yr adroddiadau am 'erchyllderau' yn y blynyddoedd wedi 1918, gyda chamymddygiad milwyr y gelyn yn cael ei anghofio neu ei amau.[48] Wrth ysgrifennu yn 1985, achwynodd Cyril Cule am 'y propaganda celwyddog sy'n cynnal rhyfeloedd' wrth gofio am y straeon o greulondeb yr Almaenwyr y disgwylid iddo eu credu adeg y Rhyfel Mawr. Cafodd yntau ei ddadrithio ynghylch 'rhamantiaeth rhyfel' gan straeon y rhai a ddychwelodd o ffosydd Fflandrys a chan 'dystiolaeth fud' y sawl, fel ei frawd, na ddaeth yn ôl.[49] Un o brif amcanion y gyfrol hon yw olrhain effeithiau tymor hir y Rhyfel Mawr ar *psyche*'r Cymry, ac mae'r ffaith ei bod yn anodd i ni heddiw amgyffred bydolwg y Cymry yn 1914–18, a chydymdeimlo â'u defnydd o iaith yn cynnig her.

Y cam cychwynnol yn y llyfr yw trafodaeth Bill Jones ar sut wlad oedd Cymru yn 1914. 'Gwlad gyfarwydd' ar sawl cyfrif, ond eto ag agweddau sydd yn 'gwbl anghyfarwydd' i ni drigolion Cymru'r unfed ganrif ar hugain. Dangosir cymlethdodau'r sefyllfa, a'r rhaniadau sy'n ei gwneud yn anodd i gyffredinoli am wlad ein cyndeidiau. Fodd bynnag, pwysleisir mai gwlad hyderus oedd Cymru yn 1914 ar y cyfan er gwaethaf yr ofnau a oedd ar led a'r rhwygiadau cymdeithasol a oedd ar dwf.

Ymhlith y sefydliadau pwysicaf yng Nghymru yn 1914 oedd y capeli Anghydffurfiol, ac yn wir un o straeon mawr hanes Cymru yr ugeinfed ganrif yw sut y crebachodd eu dylanwad mewn cyfnod cymharol fyr. Un o'r rhesymau a gynigir yn aml am hyn oedd bod y capeli wedi colli cyfran helaeth o'u hygrededd yn y blynyddoedd 1914–18 trwy gefnu ar eu hegwyddorion heddychol (ac, yn ôl eu beirniaid, eu hegwyddorion Cristnogol) yn eu rhuthr i gefnogi ymgyrch Prydain yn y rhyfel. Yn anad neb arall, y Parch. John Williams Brynsiencyn a gyhuddir yn rheolaidd o roi'r gorau i athroniaeth y Bregeth ar y Mynydd wrth iddo deithio o bulpud i bulpud yn ei iwnifform filwrol yn ceisio hel bechgyn i'r ffosydd. Yn anochel, mae Williams yn un o gymeriadau canolog y bennod '"Un o Ryfeloedd yr Arglwydd": Eglwysi Anghydffurfiol Cymru a'r Rhyfel Mawr, 1914–1915'. Wrth ystyried sefyllfa Williams ac eraill yng nghyddestun gwleidyddol misoedd cynnar y rhyfel gwelir bod eglurhad am eu gweithredoedd, os nad esgus. Gydag ymryson parhaus rhwng eglwyswyr a chapelwyr dros fater Datgysylltu'r Eglwys, fe roddwyd pwys mawr ar amlygu teyrngarwch yr Anghydffurfwyr i'r achos Prydeinig. Hefyd awgryma'r dystiolaeth bod Williams a'i debyg yn ddidwyll eu cred mai ymgyrch gyfiawn oedd un Prydain, wrth iddynt dderbyn newyddion (unochrog, bid siŵr) am yr hyn a ddigwyddai ar feysydd y gad.

Trafod ymatebion sosialwyr Cymru i'r rhyfel a wna pennod Martin Wright ac Aled Eirug. Unwaith eto mae cymhlethdodau gan nad oedd ymateb unffurf gan y garfan hon. Tra arhosodd rhai'n ffyddlon i egwyddorion rhyngwladol yr athronwyr sosialaidd, dewisodd eraill gefnogi'r ymgyrch filwrol. Wrth drafod 'mytholeg' y Blaid Lafur Annibynnol am ei safiad yn ystod y rhyfel a'i herledigaeth gan y gelynion dosbarth, dangosir bod digon o wirionedd i'r stori, er bod y naratif hwn yn anwybyddu cymhlethdodau'r sefyllfa a'r rhaniadau o fewn y blaid. Yn y pen draw, fel sy'n amlwg o hanes etholiadol diweddarach Cymru wedi 1922, roedd y sefyllfa'n fanteisiol i'r Blaid Lafur, er i'r blaid honno gefnu i raddau ar egwyddorion ac ysbryd yr hen Blaid Lafur Annibynnol.

Ymddengys cymhlethdodau dosbarth yn glir ym mhennod Dinah Evans ar ymateb merched Cymru i'r Rhyfel Mawr. Fel ym mhob cwr o Brydain, mae'n amlwg bod profiadau'r merched yng Nghymru yn dibynnu i raddau helaeth ar eu safle mewn cymdeithas. Roedd hefyd raniadau rhwng profiadau merched cefn gwlad a merched y trefi, a rhwng merched sengl a gwragedd priod. Am gyfnod, cafodd sawl Cymraes gyfle i ehangu ei phrofiadau, er nad oes modd rhamantu am y gwaith annymunol a dderbyniodd nifer fawr ohonynt wrth iddynt geisio gwneud eu dyletswydd dros eu gwlad.

Codir cwestiynau am wladgarwch ym mhennod Ifor ap Glyn ar Gymry America (neu, yn hytrach, Americanwyr Cymraeg eu hiaith) a'u hagweddau a'u profiadau hwy yn y rhyfel. Fe ddaw'n gwbl amlwg fod y dinasyddion Americanaidd hyn yn gallu dangos teyrngarwch i'r eithaf i Brydain. Gweler stori Hughie Griffith o Utica, gŵr yr oedd ganddo ddau ewythr a fu ym myddin yr Undeb yn y Rhyfel Cartref, yn gwirfoddoli ar gyfer byddin Canada. Yr hyn sydd yn amlwg o ddadansoddiad y bennod o erthyglau'r *Drych* yw bod y papur hwn hefyd yn diferu ag 'iaith 1914', cyn ac ar ôl i'r Unol Daleithiau ymuno â'r ornest yn 1917.

Teithiwn yn ôl i Gymru yn y bennod nesaf, pan edrycha Aled Eirug ar y rhai a wrthododd fod yn rhan o'r ymladd, yn enwedig wedi i orfodaeth filwrol gael ei chyflwyno. Mae rhai o'r manylion am y driniaeth ffiaidd a dderbyniodd y dynion a wrthododd gydymffurfio ag ewyllys rhyfelgar y wladwriaeth yn arswydus, ac yn codi cwestiynau lletchwith am sut roedd y grymoedd yr honnent eu bod yn ymladd dros gyfiawnder yn gallu ymddwyn yn y fath fodd. Unwaith eto yn y bennod hon mae'r rhaniadau a'r cymhlethdodau'n amlwg. Un o'r rhesymau pam nad oedd ymgyrch yr heddychwyr yn llwyddiannus oedd bod cymaint o amrywiaeth yn eu daliadau a chymaint o anghytuno rhyngddynt. Fodd bynnag, yn y pen draw wrth i'r Cymry ddod i edrych yn ôl â siom a diflastod ar gyfnod 1914 i 1918, fe ddaeth eu safiad i gael ei ystyried yn un derbyniol ac egwyddorol, ac fe etholwyd nifer ohonynt yn Aelodau Seneddol.

Fodd bynnag, nid oedd safiad y gwrthwynebwyr cydwybodol at ddant prif wrthrych y bennod nesaf o gwbl. Syr Owen M. Edwards a'i gylchgrawn dylanwadol *Cymru* sydd yn cael sylw yn y bennod '"Un o Flynyddoedd Rhyfeddaf Hanes": Cyflwyno'r Rhyfel Mawr yn Nhudalennau *Cymru* yn 1917', gyda chynnwys y cylchgrawn yn y flwyddyn dywyll honno o dan y chwyddwydr. Y ddadl yw bod safiad cadarn O. M. Edwards o blaid ymgyrch Prydain yn gyson ac yn ddealladwy er gwaethaf ei ddaliadau cryf yn erbyn rhyfela a militariaeth. Gorwedd y rheswm yn ei gred ddiysgog yn amcanion llesol Ymerodraeth Prydain, a hefyd y ffordd ragfarnllyd yr oedd yn gallu difrïo cenhedloedd eraill. Felly mae ysgrifau *Cymru* yn 1917 yn frith o 'iaith 1914', ac yn wir wedi'r cadoediad yn 1918 roedd Edwards yn gallu gweld cyfiawnhad am y cyfan oherwydd yn y pen draw roedd cyfiawnder wedi ennill. Er na fyddwn ni heddiw yn gyfforddus gyda'r fath gasgliad, mae'n bwysig ceisio deall ei resymeg oherwydd nid yn unig roedd Edwards yn ddyn hynod o ddylanwadol ond roedd ei syniadau hefyd yn gynrychioliadol o agweddau'r mwyafrif o sylwebyddion Cymru yn ystod y rhyfel.

Rhydd y tair pennod nesaf grynodebau o effeithiau'r Rhyfel Mawr ar dri unigolyn o bwys, a phob un wedi gwasanaethu mewn rhyw fodd ar ffrynt y gorllewin. Cymeriad diddorol oedd David Davies, gwrthrych pennod Huw L. Williams. Roedd sawl ochr i'w gymeriad: Aelod Seneddol Maldwyn; aelod o'r bonedd (er ei fod yn perthyn i'r *nouveau riche*); Anghydffurfiwr; swyddog milwrol ac ymgyrchydd dros heddwch; gŵr cyfoethog a fentrodd ddefnyddio ei gyfoeth i hyrwyddo achosion da. Yn ogystal â mentrau i wneud lles i'w famwlad, wedi'r rhyfel ei brif uchelgais oedd awgrymu ffordd o sicrhau heddwch parhaol i'r byd. Ceir ambell baradocs yn ei hanes ef – y dyn gweithredoedd yn troi'n ddyn geiriau – ond mae'r syniadau sydd ganddo yn ei lyfr mawr yn taro deuddeg, gan ragflaenu rhai o egwyddorion y Cenhedloedd Unedig.

Mae pennod Elin Jones yn trafod hanes ei 'hwncl Tomi', sef Thomas Bevan Phillips. Er iddo brofi pethau ciaidd yn ei wasanaeth fel *Lewis gunner* ar ffrynt y gorllewin yn 1918, nid oedd hyn yn ddigon i siglo ei ffydd. Wedi'r rhyfel fe'i hordeiniwyd ac fe wasanaethodd fel cenhadwr yn yr India am ddegawdau. Eto, wrth iddo drafod ei brofiadau yn y rhyfel â'i nith ddegawdau'n ddiweddarach, roedd yn cofio ei fod, ar y pryd, yn falch ei fod yn gwneud ei ran yn yr ornest yn erbyn yr Almaenwyr, yn 'ymladd dros gyfiawnder'.

Cynan y bardd a'r eisteddfodwr a ddaliodd swydd yr Archdderwydd am ddau gyfnod yw gwrthrych pennod Gerwyn Wiliams. Yn 1914 yr oedd yntau, Albert Evans Jones, yn fyfyriwr yng Ngholeg y Bedyddwyr, Bangor: fe ymunodd ag uned Gymreig y RAMC yn 1916. Dengys y bennod sut y parhaodd ei frwydr bersonol ef â'r rhyfel hyd ddiwedd ei oes.

Cyfranodd Cynan ei atgofion i raglen deledu ddiddorol, *Cymru a'r Rhyfel Mawr*, yn 1964. Fodd bynnag, erbyn iddo ef a nifer o gyn-filwyr eraill adrodd eu straeon hwy ar raglenni tebyg, roedd y degawdau o bendroni a chnoi cil wedi newid ffurf eu hatgofion. Roedd pwysau arnynt i gydymffurfio â'r naratif o'r rhyfel a oedd ar led yn niwylliant a chymdeithas Cymru. Dyna destun y bennod 'Rhwng Ffaith a Ffuglen: Atgofion Cynfilwyr Cymraeg mewn Cyfweliadau Ddegawdau wedi Diwedd y Rhyfel'. Dengys y bennod bwysigrwydd bod yn wyliadwrus cyn derbyn unrhyw straeon am y ffosydd fel 'ffaith', yn enwedig mewn sefyllfa fel cyfweliad ar gyfer y teledu pan fod pwysau ar y sawl a gyfwelir i gynrychioli profiadau ei holl gymrodyr.

Felly wrth ddarllen y penodau fe wêl y darllenydd lawer o 'iaith 1914', ac mae'n briodol i wneud yr ymdrech i dderbyn yr iaith honno ar ei thelerau ei hunan, ac i beidio â chyfogi wrth ei darllen. Mae'n siŵr y byddai nifer o'r darllenwyr yn aflonyddu gyda'r holl gyfeiriadau at 'y gelyn', gan inni fod mewn perthynas ffrwythlon â'r Almaenwyr ers degawdau ac yn dibynnu arnynt fel partneriaid yn yr Undeb Ewropeaidd. Er mwyn deall y rhwyg a'r creithiau a greodd y Rhyfel Mawr, mae'n rhaid ceisio rhoi pethau fel hyn o'r neilltu.

Gair bach arall lletchwith yw 'oferedd' – *futility*. Os oes un gair sy'n crisialu'r ffordd yr edrycha'r byd cyfoes ar y Rhyfel Mawr, dyma fe. Wrth i ni edrych ar yr holl ladd, anfadwaith, poen a dinistr a gyflawnwyd yn 1914–18, rydym yn ffieiddio ac yn gweiddi'n ôl dros y cenedlaethau 'Pam? Dros beth?' Yn amlwg ddigon, nid dyma'r rhyfel a ddaeth â rhyfel i ben: yn wir, roedd 1939–45 megis *encore* i'r gyflafan gyntaf. Ceir nifer o fannau'r byd lle mae aflonyddwch a gwrthdaro yn parhau oherwydd yr addewidion gwag a wnaethpwyd yn 1914–18 a'r cytundebau anfoddhaol a roddodd gadoediad, dros dro, i'r grymoedd rhyfelgar. Fodd bynnag, mae'n rhaid i ni beidio â *dechrau* ein trafodaeth gyda'r rhagfarn bod y cyfan yn ofer. Os ydym yn gwneud hyn, mae'n anochel y byddwn yn darganfod toreth o dystiolaeth i gefnogi'r syniad, ond ni fyddwn fodfedd yn nes at ddeall pam yr oedd cynifer o Gymry, yr hyddysg yn ogystal â'r annysgedig, yn credu eu bod ar yr ochr iawn.

Fel y tystia O. M. Edwards ymhlith eraill, roedd yn bosibl byw trwy'r cyfan, a bod yn ymwybodol o'r cyflafanau, yr erchyllterau, y camgymeriadau a'r camau gweigion, ond dod o hyd i'r casgliad nad oedd unrhyw ddewis arall. Hwyrach i'r creithiau mwyaf dwys ar *psyche*'r Cymry ddatblygu wrth i'r cen gwympo o'u llygaid yn y degawd wedi'r cadoediad ac iddynt weld eu bod wedi cael eu twyllo a bod eu haberth arbennig hwythau dros eu gwlad wedi ennill cyn lleied.

Nodiadau

1. Norman Stone, *World War One: A Short History* (Llundain: Penguin, 2007), t. 35.
2. Angela Gaffney, *Aftermath: Remembering the Great War in Wales* (Caerdydd: Gwasg Prifysgol Cymru, 1998), t. 9. Mae dadansoddiad treiddgar Neil Evans am y consensws hefyd yn adeiladol: 'War, Society and Wales, 1899–2014', *Llafur*, 11, 3 (2014), 146–70, 155–9.
3. Daw'r dyfyniad ar gychwyn y bennod hon o lyfr y cenedlaetholwr Gwynfor Evans, *Aros Mae* (Abertawe: Gwasg John Penry, 1971), tt. 300–1. Ar gyfer safbwyntiau haneswyr o'r asgell chwith gweler gweithiau Gwyn A. Williams, Kenneth O. Morgan, Dai Smith ac yn y blaen. Ar gyfer safbwynt hanesydd ceidwadol gweler sylwadau Hywel Williams yn ei raglen *David Lloyd George: Prydain a'r Byd* (S4C, 2006).
4. Gaffney, *Aftermath*, t. 9.
5. David Williams, *A History of Modern Wales* (Llundain: John Murray, 1950), t. 286.
6. Matthew Cragoe a Chris Williams, 'Introduction', yn Matthew Cragoe a Chris Williams (goln), *Wales and War: Society, Politics and Religion in the Nineteenth and Twentieth Centuries* (Caerdydd: University of Wales Press, 2007), tt. 1–14, 9.
7. Mari A. Williams, 'In the wars: Wales 1914–45', yn Gareth Elwyn Jones a Dai Smith (goln), *The People of Wales* (Llandysul: Gwasg Gomer, 1999), tt. 179–206.
8. Cyfrannodd Robin Barlow bennod hefyd at gyfrol werthfawr sydd yn pwysleisio nad oedd ymateb na chwrs y rhyfel yn unffurf ar draws Prydain: Nick Mansfield a Craig Horner (goln), *The Great War: Localities and Regional Identities* (Caergrawnt: Cambridge Scholars Publishing, 2014).
9. Gwyn Jenkins, *Cymry'r Rhyfel Byd Cyntaf* (Talybont: Y Lolfa, 2014). Prosiect arall a fanteisiodd ar gynnyrch yr unigolion a brofodd y digwyddiadau oedd cyfres deledu *Lleisiau'r Rhyfel Mawr* (S4C, 2008) a chyfrol Ifor ap Glyn, *Lleisiau'r Rhyfel Mawr* (Llanrwst: Gwasg Carreg Gwalch, 2008).
10. Robin Barlow, *Wales and World War One* (Llandysul: Gomer, 2014).

11. Clive Hughes, *'I'r Fyddin Fechgyn Gwalia!' Recriwtio i'r Fyddin yng Ngogledd-Orllewin Cymru 1914–1916* (Llanrwst: Gwasg Carreg Gwalch, 2014).
12. Chris Williams, 'Taffs in the trenches: Welsh national identity and military service 1914–1918', yn Cragoe a Williams (goln), *Wales and War*, tt. 126–64. Gweler hefyd Gervase Phillips, 'Dai bach y soldiwr: Welsh soldiers in the British army 1914–1918', *Llafur*, 6, 2 (1993).
13. Gerwyn James, *Y Rhwyg: Hanes y Rhyfel Mawr yn ardal Llanfair Pwllgwyngyll 1914–1932* (Llanrwst: Gwasg Carreg Gwalch, 2013). Enghreifftiau eraill yw Bernard Lewis, *Swansea in the Great War* (Barnsley: Pen and Sword Military, 2014); Steven David John, *Carmarthen in the Great War* (Barnsley: Pen and Sword Military, 2014); Gary Dobbs, *Cardiff and the Valleys in the Great War* (Barnsley: Pen and Sword Military, 2015); a Geoffrey Evans, *The men who marched away: unlocking the Cynon Valley war memorials* (Aberdâr: Cynon Valley History Society, 2014). Mae nifer o brosiectau lleol wedi dwyn ffrwyth, diolch i gefnogaeth Cronfa Dreftadaeth y Loteri, gan gynnwys Gethin Matthews, *Gwrol Ryfelwyr Caersalem Newydd* (Treboeth: Cymdeithas Hanes Caersalem Newydd/ Treboeth History Group, 2014).
14. Ar gyfer gweithiau sydd yn ystyried merched Cymru yng nghyfnod y rhyfel gweler Deirdre Beddoe, *Out of the Shadows: A History of Women in Twentieth-Century Wales* (Caerdydd: University of Wales Press, 2000) a 'Munitionettes, Maids and Mams: Women in Wales 1914–1939', yn Angela John (gol.), *Our Mothers' Land* (Caerdydd: University of Wales Press, 1991). Noder hefyd sylw Neil Evans am erthygl Cyril Parry, 'Gwynedd in the Great War, 1914–1918', *Cylchgrawn Hanes Cymru*, 14, 1 (1988), 78–117: '[this] would be a classic if there were a single gender in Wales'.
15. Gwyn A. Williams, *When Was Wales* (Harmondsworth: Penguin, 1985), t. 249.
16. Kenneth O. Morgan, *Rebirth of a Nation: Wales 1880–1980* (Caerdydd: University of Wales Press; Rhydychen: Oxford University Press, 1982), t. 177.
17. John Davies, *Hanes Cymru* (Llundain: Penguin, 1990), t. 518.
18. Alan Sharp, *The Versailles Settlement: Peacemaking After the First World War, 1919–1923* (Basingstoke, New York: Palgrave MacMillan, 2008), tt. 121–4.
19. Williams, *A History of Modern Wales*, t. 287.
20. Gerwyn Wiliams, *Y Rhwyg: Arolwg o Farddoniaeth Gymraeg ynghylch y Rhyfel Byd Cyntaf* (Llandysul: Gwasg Gomer, 1993), tt. 1–2. Gweler hefyd Gerwyn Wiliams, *Tir Neb: Rhyddiaith Gymraeg a'r Rhyfel Byd Cyntaf* (Caerdydd: Gwasg Prifysgol Cymru, 1996).
21. Bobi Jones, *Llenyddiaeth Gymraeg 1902–1936* (Caernarfon: Barddas, 1987), yn enwedig pennod 51, 'Dechreuadau Moderniaeth', tt. 561–73.
22. W. J. Gruffydd, 'Blwyddyn Fawr', *Y Llenor*, haf 1941, 64.
23. Vaughan Hughes, 'Milwr, gweinidog a Kate', *Barn*, 587–8 (Rhagfyr/Ionawr 2011–12), 8–10.
24. Ceridwen Lloyd-Morgan, 'Transformation or Decline? Modern Welsh Artists and the Welsh Biblical Heritage', yn Martin O'Kane a John Morgan-

Guy (goln), *Biblical Art from Wales* (Sheffield: Sheffield Phoenix Press, 2010), t. 307.
25. Am driniaeth dreiddgar, gweler Annika Mombauer, 'The First World War: Inevitable, Avoidable, Improbable Or Desirable? Recent Interpretations On War Guilt and the War's Origins', *German History*, 25, 1 (2007), 78–95.
26. Noder, er enghraifft, bod pennaeth gweinyddiaeth filwrol ymerodraeth Awstria-Hwngari, Franz Conrad von Hötzendorff, yn ddilynwr brwd o syniadau Darwiniaeth gymdeithasol. Gweler Hew Strachan, *The First World War* (Llundain: Simon & Schuster, 2003), t. 11.
27. Annika Mombauer, 'The First World War: Inevitable, Avoidable, Improbable Or Desirable?', 89.
28. Gweler Annika Mombauer, 'World War 100: 1 July – The Agadir Crisis of 1911', ar gael ar-lein: *http://www.open.edu/openlearn/history-the-arts/history/world-war-100-1-july-the-agadir-crisis-1911* (cyrchwyd Awst 2015).
29. 'Morocco', *Baner ac Amserau Cymru*, 29 Gorffennaf 1911.
30. *Baner ac Amserau Cymru*, 26 Gorffennaf 1911.
31. 'Y Boer a'r Brython', *Carmarthen Journal*, 20 Mehefin 1902, 2; 'Llith o Lerpwl', *Seren Cymru*, 22 Ebrill 1904, 3.
32. Cecil D. Eby, *The road to Armageddon: the martial spirit in English popular literature, 1870–1914* (Durham, NC: Duke University Press, 1987).
33. D. Ff. Dafis, 'Cyflwr Ewrop', *Seren Cymru*, 2 Ebrill 1897, 11.
34. 'Cyflwr Presenol Ewrop', *Y Gwyliedydd*, 13 Ebrill 1877, 5.
35. Mae'r methodoleg yn ddibynnol ar safon technoleg OCR (*optical character recognition*) y casgliad. Yn benodol, mae problem oherwydd bod y niferoedd absoliwt yn cymryd yn ganiataol bod mwyafrif helaeth o ymddangosiadau o'r geiriau 'Armagedon' neu 'Armageddon' wedi cael eu hadnabod gan y system. Fodd bynnag, gallwn fod yn sicr bod y *patrwm* sy'n ymddangos yng ngholofn y dde yn adlewyrchiad teg o'r sefyllfa. Am fanteision ffyrdd meintiol o fesur cynnyrch cylchgronau a phapurau newydd, gweler Bob Nicholson, 'Counting Culture; or, How to Read Victorian Newspapers from a Distance', *Journal of Victorian Culture*, 17, 2 (2012), 238–46.
36. 'Ffurfafen Fygythiol y Cyfandir', *Baner ac Amserau Cymru*, 29 Medi 1886.
37. 'Digwyddiadau yr Wythnos', *Baner ac Amserau Cymru*, 1 Chwefror 1896.
38. 'Y Byddinoedd heb daraw', *Baner ac Amserau Cymru*, 13 Ionawr 1904, 12.
39. 'Nodion o Rhymni', *Y Darian*, 20 Gorffennaf 1905, 4.
40. *http://papuraunewydd.llyfrgell.cymru/home* (cyrchwyd Awst 2015).
41. Gwnaethpwyd y dadansoddiad yn haf 2015. Noder nad oedd unrhyw bapurau newydd o 1911 i 1913 yn gynwysedig yn y casgliad bryd hyn.
42. 'Yr Armagedon', *Y Genedl Gymreig*, 18 Gorffennaf 1916, 3.
43. Un cymhlethdod gyda'r data sydd yn gwneud cymhariaeth deg yn anodd yw bod papurau newydd Cymru wedi gorfod cwtogi ar nifer eu tudalennau yn ystod y rhyfel oherwydd cost a phrinder papur. Ym mis Ionawr 1916 fe aeth *Y Faner* i lawr o un dudalen ar bymtheg i wyth; ym mis Mawrth 1917 fe aeth *Yr Herald Gymraeg* i lawr o wyth tudalen i bedwar.

44. Stéphane Audoin-Rouzeau ac Annette Becker, *14–18: Understanding the Great War* (Efrog Newydd: Hill and Wang, 2002), t. 10.
45. Gweler, er enghraifft, llythyrau Phil Davies a S. Lane, *Carmarthen Journal*, 9 Hydref 1914, 8.
46. 'Bwystfileiddiwch y Germaniaid', *Yr Udgorn*, 24 Ebrill 1918, 2.
47. 'Barbareiddwch y Gelyn', *Y Cymro*, 16 Hydref 1918, 2.
48. Y llyfr mwyaf dylanwadol i ddifrïo'r adroddiadau am erchyllderau oedd Arthur Ponsonby, *Falsehood in war-time: containing an assortment of lies circulated throughout the nations during the Great War* (Llundain: Allen & Unwin, 1928).
49. Cyril P. Cule, 'Propaganda Celwyddog', *Barn*, 274 (Tachwedd 1985), 424–5.

2

Cyn y Gyflafan

Bill Jones

Gwlad lewyrchus, flaengar, falch a hunanhyderus oedd Cymru ar drothwy'r Rhyfel Byd Cyntaf ar lawer golwg.[1] Yn y blynyddoedd cyn 1914 profodd y wlad drawsnewidiadau demograffaidd, economaidd, cymdeithasol a chrefyddol dwys ac fe grëwyd hi'n gymdeithas fodern a dynamig. Roedd arwyddion ar gael o bob tu fod cyfnod mawreddog a digynsail yn hanes y genedl wedi gwawrio; roedd hi'n wirioneddol yn amser i ymfalchïo yn y gorchymyn enwog, 'Deffro, mae'n ddydd', ac i'w ufuddhau. Gallai pobl Cymru gyfeirio at y twf sylweddol yn y boblogaeth ac yn y niferoedd oedd yn medru'r Gymraeg; roedd yr economi yn ffynnu ac roedd rhai o ddiwydiannau'r wlad yn rhyngwladol bwysig. Glo Cymru oedd yn sicrhau fod y byd yn troi, yn ôl pob sôn ar y pryd. Dangosai'r wlad hefyd ei phwysigrwydd cynyddol i wleidyddiaeth Prydain, gyda gyrfa ddisglair David Lloyd George yn goron i ymdrechion gwleidyddion Cymru, ac i'r ymerodraeth. Ers yr 1880au roedd Cymru wedi mwynhau adfywiadau diwylliannol a chenedlaethol. Erbyn 1914 roedd ganddi sefydliadau a fyddai wedi bod y tu hwnt i bron pob breuddwyd hanner canrif ynghynt. Pasiwyd cyfraith gwlad a oedd yn berthnasol i Gymru yn unig. Sefydlwyd Prifysgol Cymru yn 1893 a sicrhawyd siarteri i Amgueddfa Genedlaethol a Llyfrgell Genedlaethol yn 1907. Mae sawl hanesydd wedi nodi cymaint o undod oedd yng Nghymru yn 1914.[2] Yn fyr, roedd y genedl wedi profi dadeni.

Fodd bynnag, er ei holl wirionedd, darlun unochrog yw'r uchod. Gellid canfod yng nghymdeithas Cymru yn 1914 ddigon o dystiolaeth i weu stori a fyddai'n pwysleisio rhwygiadau amlwg a thensiynau o dan yr wyneb yn ogystal ag undod a chynnydd. Os gwlad o bosibiliadau oedd Cymru yn 1914 roedd hefyd yn llawn paradocsau a gwrthddywediadau. Ochr yn ochr â'r grymoedd a oedd yn uno Cymru, nodweddid y wlad gan ddau ffactor pwysig a dylanwadol arall, sef gwrthdaro ac amrywiaeth. Ers dechrau'r ugeinfed ganrif, cafwyd cyfres o anghydfodau diwydiannol chwerw a therfysglyd. Amrywiai cyflymdra newid a natur bywyd a phrofiadau'r bobl o ardal i ardal ac roedd i hynny sawl goblygiad pwysig. I bob pwrpas cyfyngid yr ehangu i ranbarthau penodol. Roedd gwahaniaethau amlwg rhwng cefn gwlad Cymru, a oedd yn marweiddio ar sawl cyfrif, a'r ardaloedd diwydiannol a phorthladdoedd byrlymus, lle roedd golud ac adnoddau'n cynyddol grynhoi, gan greu rhaniadau a oedd yn dod yn fwyfwy amlwg wrth i'r ugeinfed ganrif fynd yn ei blaen. Bwriad y bennod fer hon yw ceisio rhoi mwy o gig a gwaed ar rai o'r elfennau paradocsaidd hyn a chynnig rhywfaint o ateb i'r cwestiwn pa fath o wlad oedd Cymru cyn y gyflafan.

Ar drothwy'r Rhyfel Byd Cyntaf roedd Cymru'n mwynhau penllanw cyfnod o gynnydd aruthrol yn ei heconomi a'i phoblogaeth a'r broses o drefoli. Roedd y wlad yn tyfu ac yn datblygu ar garlam. Profodd Cymru newidiadau economaidd sylfaenol o ganol y ddeunawfed ganrif ymlaen yn sgil diwydiannu dwys, yn ne ac yng ngogledd-ddwyrain Cymru yn bennaf, ac mewn pocedi eraill megis bröydd chwarelyddol Arfon a Meirion. Newidiwyd cymeriad y wlad gan dwf y diwydiannau haearn, dur, copr, tunplat a llechi ac, yn bennaf, ehangiad anferth y diwydiant glo. Yn 1913 roedd dros 232,000 o lowyr yn gweithio yng nglofeydd maes glo de Cymru, rhif a oedd ynddo ei hun yn cyfateb i 10 y cant o boblogaeth y wlad. Y flwyddyn honno roedd tua 620 o weithiau glo, ac fe gynhyrchwyd tua 58 miliwn o dunelli o lo.[3] Nid oes modd gorbwysleisio pwysigrwydd y diwydiant glo na'i arwyddocâd fel y cyfrwng mwyaf grymus a oedd yn llunio'r Gymru fodern.

Er hynny, nid oedd yr economi heb ei phroblemau. Mewn sawl ffordd roedd iddi seiliau bregus oherwydd ei dibyniaeth, neu orddibyniaeth i fod yn gywir, ar ystod cyfyng iawn o ddiwydiannau, a oedd yn eu tro, er eu holl lewyrch, ar drugaredd y sector allforio a marchnadoedd tramor.[4] Profodd mwy nag un diwydiant y gwirionedd hwn yn y blynyddoedd hyd at 1914. Esgorodd pasio'r McKinley Tariff gan lywodraeth UDA ar ddechrau'r 1890au ar gyfnod o ddirwasgiad dwys, diweithdra ac allfudo uchel yn y diwydiant tunplat a'i gadarnle yn ardal Abertawe a Llanelli, er mae'n wir fod y diwydiant wedi llwyddo i ennill marchnadoedd newydd erbyn 1914 a bod amseroedd da wedi dychwelyd.[5] Bu dirywiad hefyd yn y diwydiant llechi yn negawd cyntaf yr ugeinfed ganrif.[6] Er y cafodd mwy o lo ei allforio o borthladdoedd de Cymru yn 1913 nag erioed o'r blaen, gyda rhai'n proffwydo y byddai'r diwydiant yn dal i dyfu am flynyddoedd i ddod, nid oedd yn fêl i gyd yn y *colossus* diwydiannol hwn, chwaith.[7] Yn hanner cyntaf 1914 mynegwyd amheuon a fyddai'r diwydiant yn mwynhau blwyddyn mor llwyddiannus â'r un flaenorol. Roedd y ffaith bod cynhyrchedd yn y diwydiant yn gostwng o flwyddyn i flwyddyn hefyd yn peri gofid mewn rhai cylchoedd. Roedd cynhyrchedd isel yn chwyddo'r gost o gynhyrchu glo, gan wneud y meistri glo hyd yn oed yn fwy penderfynol o gadw cyflogau'r glowyr i lawr a thynnu eu hawliau yn ôl. Cyfrannai hyn yn ei dro at y gwrthdaro rhwng y perchnogion a'r glowyr a oedd yn agwedd mor nodweddiadol o'r diwydiant yn 1914.[8]

Yn wahanol i'r sector diwydiannol, roedd pwysigrwydd amaethyddiaeth yn yr economi yn crebachu, er mai dyma'r ffordd bwysicaf o hyd i ennill bywoliaeth yng nghefn gwlad Cymru. Roedd traean o boblogaeth Cymru a oedd mewn gwaith yn gweithio mewn amaeth yn 1851; dim ond 11 y cant oedd yn gwneud hynny yn 1911. Profai ardaloedd gwledig Cymru gyfres o argyfyngau gydol y bedwaredd ganrif ar bymtheg a dechrau'r ugeinfed ganrif. Roedd twf yn y boblogaeth yn hanner cyntaf y bedwaredd ganrif ar bymtheg, lledaeniad cau'r tiroedd a chyfuno ffermydd i greu unedau mwy, oll yn ychwanegu at y gystadleuaeth am dir. Erbyn ail hanner y ganrif roedd 'pwnc y tir' wedi dod yn un o'r materion mwyaf llosg yng nghymdeithas a gwleidyddiaeth Cymru wrth i anniddigrwydd am galedi bywyd a thlodi, ansicrwydd tirddaliadaeth, rhenti mympwyol ac iawndaliadau annigonol gyrraedd eu penllanw. Gwnaed yr achosion sylweddol hyn o anfodlonrwydd yn fwy difrifol o ganlyniad i wahaniaethau crefyddol, cymdeithasol, ieithyddol a diwylliannol rhwng y tirfeddiannwr a'r tenant. Lliwiwyd cydberthynas pobl â'i gilydd yn yr ardaloedd gwledig am lawer o'r bedwaredd ganrif ar bymtheg gan y tyndra a grëwyd gan y rhaniad rhwng, ar y naill law, werin a oedd yn Gymraeg ei hiaith, Anghydffurfiol ei chrefydd ac erbyn ail hanner y bedwaredd ganrif ar bymtheg yn Rhyddfrydol ei gwleidyddiaeth, a thirfeddianwyr Anglicanaidd, Ceidwadol a Saesneg eu hiaith ar y llaw arall.[9] Esgorodd yr amgylchiadau hyn ar fudo o'r ardaloedd gwledig ar raddfa helaeth iawn. Roedd yr all-lif yn dal i fod yn un o nodweddion amlycaf bywyd Cymru yn 1914, fel yr oedd drwy gydol y bedwaredd ganrif ar bymtheg.[10]

Roedd diwydiannu felly wedi creu anghydbwysedd a gwahaniaethau rhanbarthol yng Nghymru ac roedd y gagendor rhyngddynt yn lledu pob blwyddyn. Gellir canfod yr un patrwm wrth edrych ar ddemograffeg Cymru yn 1914. Roedd mwy o bobl yn byw yn y wlad y flwyddyn honno nag erioed o'r blaen, a thros filiwn yn fwy nag oedd yn 1871. Cynyddodd y boblogaeth o 587,245 yn 1801 i 1,163,139 yn 1851 ac i 2,420,921 yn 1911, ac amcangyfrifwyd ei bod dros 2,500,000 erbyn 1914.[11] Yn fwy dramatig, roedd graddfa a chyflymdra'r cynnydd wedi sbarduno ers yr 1890au. Symudodd tua 130,000 o bobl i fyw yng nghymunedau maes glo de

Cymru rhwng 1901 ac 1911; yn yr un cyfnod cyflogwyd 70,000 o weithwyr ychwanegol yn y diwydiant glo yn y cymoedd.[12] Ond nid oedd poblogaeth Cymru wedi ei dosbarthu'n gyson trwy'r wlad. Roedd Cymru yn 1914 yn ffrwyth ailddosbarthiad demograffeg pellgyrhaeddol, a fyddai'n drwm ei oblygiadau ym meysydd crefydd, diwylliant a gwleidyddiaeth heb sôn am ei effeithiau ar dynged yr iaith Gymraeg. Crëwyd rhaniadau a ddaeth yn fwyfwy amlwg yn y blynyddoedd cyn 1914. Yn 1801 roedd 80 y cant o'r boblogaeth yn byw yng nghefn gwlad Cymru; erbyn 1911 dim ond 20 y cant oedd yn byw yno. Colli pobl, nid eu derbyn, roedd y rhan fwyaf o'r siroedd yng nghefn gwlad Cymru yn ail hanner y bedwaredd ganrif ar bymtheg a dechrau'r ugeinfed ganrif. Cwympodd poblogaeth Môn o 57,000 i 50,000 rhwng 1851 ac 1911. Mewn gwrthgyferbyniad llwyr, erbyn 1911 roedd 60 y cant o boblogaeth Cymru yn byw mewn trefi gyda mwy na 5,000 o bobl. Yn 1901 trigai traean poblogaeth Cymru o fewn radiws 25 milltir o Gaerdydd. Crëwyd nifer fawr o drefi a phentrefi newydd, yn arbennig yng nghymoedd y de. Erbyn 1911 roedd 55 y cant o boblogaeth Cymru yn byw mewn un sir yn unig, Morgannwg, ac roedd poblogaeth y Rhondda ei hun yn uwch nag unrhyw sir arall heblaw am sir Gaerfyrddin a sir Fynwy.

I raddau helaeth, mewnfudo oedd yn gyfrifol am y twf yn y boblogaeth yn ne Cymru. Tan ddegawdau olaf y bedwaredd ganrif ar bymtheg roedd y mwyafrif o'r newydd-ddyfodiaid yn dod o ardaloedd gwledig Cymru. O ganlyniad plannwyd yr iaith Gymraeg ac Anghydffurfiaeth Gymreig yn y cymunedau diwydiannol yn ne Cymru. Ond yn gynyddol wrth i'r bedwaredd ganrif ar bymtheg fynd rhagddi, o'r tu allan i Gymru y deuai mwy a mwy o'r trigolion newydd. Roeddent yn tarddu o nifer fawr o leoedd gwreiddiol, o bob cwr o'r byd bron, gan droi poblogaeth Cymru yn fwyfwy amrywiol ac yn gosmopolitan ei chymeriad. Y mwyaf lluosog ymhlith y cenhedloedd a ymsefydlodd yng Nghymru oedd y Saeson. Daeth hefyd niferoedd sylweddol o Iwerddon, yr Eidal, Sbaen, Affrica, Tsieina, isgyfandir yr India a'r dwyrain canol.[13] Amcangyfrifwyd fod dros ddeugain o genhedloedd yn cyd-fyw yn ardal dociau Caerdydd ar ddechrau'r ugeinfed ganrif. Serch hynny, nid oedd twf aml-ethnigrwydd yn unffurf dros y wlad, er yn nodweddiadol o ardaloedd diwydiannol y de, ac yn arbennig y porthladdoedd. Yno, roedd y mewnlifiad o'r tu allan i Gymru yn esgor ar shifft ieithyddol tuag at y Saesneg. Roedd Seisnigeiddio yn nodwedd amlwg o'r gymdeithas ddiwydiannol erbyn 1914, ac yn un o'r trawsnewidiadau mwyaf pellgyrhaeddol a brofodd Cymru yn y blynyddoedd hyn. Nid mewnfudo o'r tu allan i Gymru oedd yr unig reswm dros y shifft ieithyddol ond cyfrannai'n helaeth at y newid allweddol a fu yn y cydbwysedd rhwng y ddwy iaith ac at greu dosbarth gweithiol a oedd yn Saesneg ei iaith. Erbyn 1911 dim ond 45 y cant o boblogaeth Cymru oedd yn medru'r Gymraeg. Er hynny, ac fel arwydd arall o'r amrywiaethau nodedig a fodolai yng Nghymru yn union cyn y rhyfel, roedd dros 90 y cant o'r boblogaeth yng Ngheredigion, a siroedd Caerfyrddin, Caernarfon a Môn yn gallu siarad y famiaith, gyda nifer sylweddol ohonynt yn uniaith Gymraeg.[14]

Wrth reswm, cyflymdra a graddfa'r twf aruthrol ym mhoblogaeth a maint cymunedau'r de sydd yn dal y sylw, ond cafodd rhannau eraill o'r wlad yr un profiad o dan effaith diwydiannu a threfoli. Cafwyd twf sylweddol yn sir Ddinbych a sir y Fflint, ardal a oedd yn elwa ar seiliau mwy amryfal yr economi leol; roedd tua 100,000 yn byw yno yn 1911. Bu cynnydd hefyd yn ardaloedd chwarelyddol gogledd Cymru. Os crëwyd Cymru newydd yng nghymoedd y de yn y blynyddoedd hyn, esgorodd twristiaeth, a oedd ei hun yn un o ganlyniadau datblygiad y rheilffordd, ar un arall ar arfordir Cymru. Daeth trefi glan môr megis Llandudno, Bae Colwyn, y Rhyl, Prestatyn, Aberystwyth a Dinbych-y-pysgod yn dirnodau pwysig a phoblogaidd ar fap dinesig Cymru. Cynyddodd poblogaeth Prestatyn dros 60 y cant rhwng 1901 ac 1911. Roedd trefoli yn ddatblygiad hynod bwysig hyd yn oed yng nghefn gwlad Cymru. Tyfai trefi mewn pwysigrwydd yma hefyd yn ystod y bedwaredd ganrif ar bymtheg, fel canolfannau masnachol, gwleidyddol, llywodraethu lleol, diwylliant poblogaidd a chyhoeddi papurau newydd.

Ynghyd â threfoli a mewnlifiad ar raddfa fawr, bu diwydiannu yng Nghymru yn gyfrifol am ad-drefnu sylfaenol ar ei heconomi a'i chymdeithas yn y cyfnod cyn 1914. Serch hynny, effeithiwyd ar rai agweddau cymdeithasol yn fwy nag eraill. Ni fu ad-drefnu sylweddol yn y berthynas rhwng y rhywiau. Roedd y syniad o gylchoedd ar wahân, sef mai byd y dyn oedd y sffêr gyhoeddus a byd preifat y cartref oedd teyrnas y wraig, yn dal yn rymus iawn ar drothwy'r Rhyfel Byd Cyntaf. Mae haneswyr yn parhau i drafod faint, os o gwbl, oedd yr ideoleg hon yn adlewyrchu realiti bywyd pob dydd merched Cymru, yn enwedig merched o'r dosbarth gweithiol, ac i ba raddau yr oedd merched wedi llwyddo i wneud argraff ar y byd cyhoeddus erbyn 1914. Yn ddi-os, roedd mwy o ferched yn herio'r drefn trwy sicrhau gyrfaoedd yn y proffesiynau a swyddi clerigol ac mewn masnach. Ar yr un pryd roedd merched, o ddosbarthiadau uwch cymdeithas gan mwyaf, yn dod yn fwy amlwg mewn gwleidyddiaeth, ym myd llywodraeth leol ac yn y mudiad dirwest. Er hynny, byd y cartref a wynebai'r mwyafrif llethol o ferched Cymru yn yr ardaloedd diwydiannol unwaith iddynt briodi, ac roedd eu gwaith yr un mor allweddol bwysig i oroesiad a gweithrediad eu teuluoedd ag yr oedd llafur eu chwiorydd yn ardaloedd amaethyddol Cymru. Roedd y mwyafrif helaeth o bobl, merched yn ogystal â gwragedd hŷn, fwy na thebyg yn dal i gredu'n gryf yn y drefn 'draddodiadol', mai dyletswydd y dyn oedd mynd allan i weithio er mwyn ennill cyflog i gefnogi'r teulu, a rhan y ferch oedd magu plant ac edrych ar ôl y cartref.[15]

Roedd ffactorau pwysig eraill ar waith, a oedd hefyd yn chwarae rôl yn trawsffurfio'r wlad a chreu ffurfiau cymdeithasol, diwylliannol a chrefyddol newydd. Ni ellir iawn ddeall pa fath o wlad oedd Cymru yn 1914 heb ddirnad lle blaenllaw crefydd ym mywydau nifer fawr o'r boblogaeth ynghyd â phwysigrwydd a dylanwad digamsyniol Anghydffurfiaeth.[16] Un o'r datblygiadau mwyaf arwyddocaol a fu yng Nghymru o ganol y ddeunawfed ganrif ymlaen, oedd bod y wlad wedi datblygu'n gadarnle i grefydd Anghydffurfiol. Er y rhannu yn enwadau penodol ar wahân – yr Annibynwyr, y Bedyddwyr, y Methodistiaid Calfinaidd, ac ati – daeth ymlyniad wrth Anghydffurfiaeth yn ffordd o fyw i gyfran sylweddol o'r boblogaeth yng Nghymru, boed yn yr ardaloedd gwledig neu yn yr ardaloedd diwydiannol a oedd yn cyflym ddatblygu. Roedd y sefydliadau Anghydffurfiol – y capeli – yn bileri i iaith y famwlad, er i agweddau rhai arweinwyr crefyddol tuag at gynnal yr iaith Gymraeg ddatblygu'n amwys, heb sôn am yr effaith negyddol ar dynged yr iaith a gafwyd wrth i'r enwadau sefydlu capeli'r 'Inglis Côs'.[17] Daeth Anghydffurfiaeth yn bwysig fel ffenomen gymdeithasol yn ogystal â grym ysbrydol a moesol – yn wir roedd y capeli'n gymunedau ynddynt eu hunain.[18] Yng nghanol y bedwaredd ganrif ar bymtheg dechreuodd Anghydffurfiaeth ddatblygu'n rym gwleidyddol, a unwyd â Rhyddfrydiaeth yn y blynyddoedd wedi hynny i greu cynghrair a oedd yn tra-arglwyddiaethu ar fywyd Cymru. Mewn rhai ardaloedd, yn enwedig yng nghefn gwlad Cymru, roedd grym gweinidogion yr efengyl Anghydffurfiol a'r sêt fawr bron yn absoliwt. Ar yr un pryd dechreuai Anghydffurfiaeth ddangos tueddiadau cenedlatholgar ac fe'i hystyrid hefyd yn gynyddol fel dynodwr pennaf Cymreictod ac yn rhan hanfodol o hunaniaeth Gymreig. Daeth cwynion yr Anghydffurfwyr yn erbyn yr Eglwys Sefydledig (yr Eglwys Anglicanaidd), a thâl y degwm yn benodol (sef 10 y cant o'r incwm), yn faterion 'cenedlaethol' a ddwysaodd raniadau gwleidyddol ac economaidd yng nghefn gwlad Cymru. Erbyn blynyddoedd diweddar y bedwaredd ganrif ar bymtheg, datgysylltu a dadwaddoli'r 'hen estrones', yr Eglwys Sefydledig, oedd nod pwysicaf rhaglen wleidyddol yr Anghydffurfwyr a'r Rhyddfrydwyr. Ym Mai 1914 roedd y freuddwyd fawr ar fin cael ei gwireddu gyda Deddf Eglwys

Sefydledig (Cymru) yn cael ei phasio am y trydydd tro yn Nhŷ'r Cyffredin: golygai hyn nad oedd modd i Dŷ'r Arglwyddi rwystro'r mesur.

Er hynny, rhaid pwysleisio yn ogystal rai amodau pwysig i'r darlun cyffredinol uchod gan i amrywiaeth profiadau yng Nghymru fod yn bwysig hyd yn oed mewn perthynas â chrefydd. Yn gyntaf nid oedd pawb yn grefyddol ac ymddengys nad oedd hanner y boblogaeth yn mynd yn agos i gapel neu eglwys ar ddydd Sul. Nid yr enwadau Anghydffurfiol oedd yr unig gredoau a chymunedau ffydd yn y wlad. Roedd nifer sylweddol o Anglicaniaid (ac fe brofodd yr eglwys honno ddiwygiad yn ei phoblogrwydd ar ddiwedd y bedwaredd ganrif ar bymtheg a dechrau'r ugeinfed ganrif) a Chatholigion. Gyda threigl amser, daeth yn amlwg fod Anghydffurfiaeth mewn argyfwng, neu o leiaf yn wynebu heriau o'r tu fewn a'r tu allan. Amlygwyd rhai o'r tensiynau mewnol yn ystod y Diwygiad Crefyddol yn 1904–5, wrth i bobl ifanc, ac yn enwedig merched, fod ar y blaen yn y cyfarfodydd crefyddol a gwrthdroi'r drefn arferol a phregethwrol mewn oedfaon.[19] I rai, roedd Anghydffurfiaeth wedi datblygu'n hierarchaidd, oludog a sefydliadol – yn gydymffurfiol, hyd yn oed. Roedd pryderon crefyddwyr am gyflwr Anghydffurfiaeth ac am ddatblygiadau mewn gwyddoniaeth wedi bod ar gynnydd ers degawdau ac nid oeddent wedi pallu erbyn 1914. Ymhlith y bygythiadau allanol roedd y mudiad llafur a sosialaeth, ac apêl yr amrywiol ffurfiau o ddiwylliant poblogaidd – chwaraeon, y *music hall*, a'r sinema yn ddiweddarach – a oedd yn awr yn rhan ganolog o amser hamdden pobl, yn enwedig yn yr ardaloedd diwydiannol a'r trefi mwyaf.[20]

Mae'n ddadleuol i ba raddau yr oedd Anghydffurfiaeth wedi dirywio yng Nghymru erbyn 1914 ond mae'n amhosibl cyrraedd casgliad pendant, yn rhannol oherwydd fod y sefyllfa'n amrywio o ardal i ardal, o genhedlaeth i genhedlaeth, a rhwng dynion a merched. Nid oedd aelodaeth y gwahanol enwadau a'r niferoedd a oedd yn mynychu'r capeli yn lleihau'n sylweddol. Er hynny, roedd yn amlwg o ddechrau'r ugeinfed ganrif ymlaen fod dylanwad y capeli a'r pulpud yn dechrau pylu yn ardaloedd diwydiannol y de-ddwyrain ac efallai mewn rhai ardaloedd gwledig. Ar yr un pryd, deuai twf seciwlariaeth yn fwyfwy amlwg. Erbyn 1914 nid oedd niferoedd cynyddol o bobl ifanc yng Nghymru yn teimlo eu bod mor ddibynnol ar Anghydffurfiaeth i roi cysur ac ystyr i'w bywydau ag y bu eu cyndeidiau a'u mamau. Roedd rhai yn elyniaethus iawn i'r capeli ond difaterwch ynglŷn â ffydd, efallai, oedd agwedd y mwyafrif a oedd yn cwestiynu'r hen drefn Anghydffurfiol ac yn ymbellhau oddi wrthi.

I raddau helaeth roedd cyflwr y byd gwleidyddol yng Nghymru yn 1914 yn debyg iawn i'r un oedd ohoni mewn perthynas â chrefydd. Ar un olwg, yr hyn sydd yn tynnu sylw yw goruchafiaeth y Blaid Ryddfrydol, yn etholiadol a syniadaethol, a'i phoblogrwydd fel cerbyd i ddyheadau gwleidyddol y werin.[21] Er hynny, camarweiniol fyddai pwysleisio'r agwedd hon yn unig. Nid oes dwywaith fod grym y Rhyddfrydwyr yn cael ei danseilio yn y blynyddoedd cyn y Rhyfel Byd Cyntaf, er mai mater mwy dadleuol yw pa mor bell yr oedd y broses wedi cyrraedd erbyn 1914. Serch hynny, nodwedd ganolog ar natur y wlad bryd hynny oedd bod mwy a mwy o Gymry'n adweithio yn erbyn Anghydffurfiaeth, Rhyddfrydiaeth a'r iaith Gymraeg ar yr un pryd. Oherwydd y cydblethiad annatod a fu rhyngddynt ers canol y bedwaredd ganrif ar bymtheg, roedd cefnu ar un fel arfer yn golygu rhoi'r gorau i'r tri ohonynt.

Bu'r bedwaredd ganrif ar bymtheg yn gwbl allweddol yn natblygiad gwleidyddiaeth yng Nghymru. Erbyn 1914 roedd llawer mwy o Gymry yn meddu ar yr hawl i bleidleisio mewn etholiadau ac fe ehangwyd democratiaeth ymhellach gyda dyfodiad cynghorau sir a dosbarth yn 1888 ac 1894. Ond ni ddylid gorbwysleisio'r cynnydd. Roedd 425,000 o bleidleiswyr yng Nghymru erbyn 1910 ond nid oeddent yn cynrychioli mwy na 18 y cant o'r boblogaeth; dros bedwar can mil o *ddynion*, hynny yw, oherwydd nid oedd democratiaeth yr oes yn ymestyn i ganiatáu i ferched bleidleisio nac i wasanaethu fel aelodau seneddol. Er hynny, erbyn 1914 daeth llawer mwy o ferched – o'r dosbarth canol gan amlaf ond gyda pheth cynrychiolaeth o'r dosbarth gweithiol hefyd – yn weithgar ym myd gwleidyddiaeth Cymru, er enghraifft, yn y frwydr dros y bleidlais neu ymgyrchoedd y Blaid Lafur.[22]

Os oedd y sffêr wleidyddol yng Nghymru yn ehangu yn y blynyddoedd cyn 1914, gwelwyd ar yr un pryd drawsffurfiad sylfaenol yn adeiledd grym y wlad. Llwyddodd y Blaid Ryddfrydol a'i chynghreiriaid i gipio grym gwleidyddol oddi wrth y pendefigion a'r bonedd, sef haen uchaf y gymdeithas, a oedd wedi rheoli'r wlad am ganrifoedd. Enillodd y Blaid Ryddfrydol dra-arglwyddiaeth syfrdanol ac fe gyfnerthwyd ei gafael trwy ei llwyddiant cyffelyb yn y cynghorau sir a dosbarth newydd. Mae canlyniadau etholiadau cyffredinol yng Nghymru yn dangos dominyddiaeth y Rhyddfrydwyr yn glir. Enillwyd 29 o'r 33 sedd yng Nghymru ganddynt yn etholiad cyffredinol 1880, a phob un yn 1906, namyn Gorllewin Morgannwg a Gŵyr ac un o seddau Merthyr. Roedd y Rhyddfrydwyr yn aml yn hawlio dros 60 y cant o'r bleidlais mewn etholiadau yn yr 1880au a'r 1890au. Pan aeth Cymru i ryfel yn 1914 roedd iddi 26 Aelod Seneddol Rhyddfrydol, pum Llafur a thri Cheidwadwr ac Unoliaethwr.

Dengys map gwleidyddol Cymru yn 1914 gadernid y Rhyddfrydwyr a'u bod yn dal ymhell ar y blaen ond bod y Blaid Lafur yn cryfhau ac yn ennill seddi yn y de.[23] Roedd newidiadau mawr ar y gweill yn y wlad yn y pymtheg mlynedd cyn dechrau'r rhyfel, ac un o'r pwysicaf a mwyaf pellgyrhaeddol ohonynt oedd twf y mudiad llafur annibynnol, gan gynnwys undebau llafur, y Blaid Lafur a'r mudiadau sosialaidd. Am y rhan fwyaf o ail hanner y bedwaredd ganrif ar bymtheg llwyddasai'r Rhyddfrydwyr i ennill cefnogaeth y dosbarth gweithiol; yn wir, roedd ymlyniad y gweithwyr cyffredin yn hanfodol i ideoleg a goruchafiaeth y blaid. Ond yn gynyddol o ddiwedd y bedwaredd ganrif ar bymtheg ymlaen, polareiddio a wnâi'r berthynas rhwng meistri a gweithwyr, ac fe ddatblygai ymwybyddiaeth dosbarth ymhlith y gweithwyr. Amlygid hyn fwyaf yn y diwydiant glo. Daeth Ffederasiwn Glowyr De Cymru, a ffurfiwyd yn 1898 gan y glowyr yn sgil eu gorchfygiad yn y cload allan mawr y flwyddyn honno, i fod yn un o'r undebau mwyaf milwriaethus ym Mhrydain.

Am y tro, llwyddai'r Rhyddfrydwyr i wrthsefyll her y mudiad Llafur ond roedd yr ysgrifen ar y mur, ac ym marn rhai haneswyr, roedd y rhod wedi troi cyn i'r rhyfel dorri allan yn 1914.[24] Er gwawr y ganrif newydd, ac yn arbennig wedi 1910, sef cyfnod yr 'Aflonyddwch mawr', fel y'i gelwid, cafwyd cyfres o anghydfodau diwydiannol chwerw. Yn eu plith oedd cload allan neu 'Streic Fawr' chwarel y Penrhyn ym Methesda, rhwng 1900 ac 1903, yna Streic y Cambrian Combine 1910–11 a therfysgoedd Tonypandy, a'r streic genedlaethol gyntaf yn y diwydiant glo yn 1912.[25] Bu anghydfodau difrifol yn y sector cludiant yn ogystal, gan gynnwys streic Rheilffordd y Taff Vale yn 1900 ac wrth i'r gweithwyr rheilffyrdd a'r morwyr fynd ar streic yn 1911. Y flwyddyn honno lladdwyd dau ddyn yn Llanelli mewn gwrthdaro rhwng streicwyr a milwyr yn ystod streic y rheilffyrdd ac yn yr un flwyddyn bu terfysgoedd hiliol ffyrnig yn Nhredegar, Caerdydd a mannau eraill.[26] Roedd y digwyddiadau hyn oll yn dyst i gryfder agwedd filwriaethus ac ymosodol newydd yr undebau llafur a bod y diddordeb mewn syniadau sosialaidd yn dwysáu. Roeddent hefyd yn dangos y gallai tensiynau cymdeithasol ffrwydro'n dreisiol. Serch hynny, mynna haneswyr eraill ei bod yn hynod ddadleuol i ba raddau yr oedd y gwrthryfel diwydiannol yn llwyddo i herio'n sylfaenol oruchafiaeth syniadaeth y Rhyddfrydwyr a'i phwyslais ar ddiddordebau'r gymuned yn hytrach na dosbarth.[27] Beth bynnag, ni ellid gwadu bod cynghrair y dosbarth gweithiol a'r dosbarth canol, conglfaen y consenswr Rhyddfrydol, yn ymddatod.

Nid oes modd i'r cyflwyniad byr hwn i Gymru yn 1914 drafod pob agwedd ar y wlad a gwneud cyfiawnder â'i hamrywiaeth a'i chymhlethdod.

Serch hynny, ceisiwyd pwysleisio rhai o'r elfennau a'r datblygiadau pwysicaf. Roedd Cymru yn 1914 yn lle gwahanol iawn i'r hyn a fu hanner can mlynedd yn gynharach, heb sôn am ganrif ynghynt. Cafodd bywydau'r rhan fwyaf a bobl Cymru eu hail-lunio gan brosesau newid dwys ac anwrthdro. Er hynny, roedd profiadau'r bobl yn amrywio'n enfawr yn ôl pwy oeddent a lle roeddent yn byw, ac nid oedd y trawsnewidiadau syfrdanol a fu yng nghymeriad y wlad mor gyflawn ei heffeithiau ym mhob cwr ohoni. Gallai'r profiad o fod yn Gymro neu Gymraes yn 1914 amrywio'n sylweddol. Wedi dweud hynny, mewn sawl ffordd roedd y wlad yn fwy unedig nag erioed o'r blaen. Roedd Cymru hefyd wedi cryfhau'n sylweddol fel endid genedlaethol weladwy a gwahanredol ac ymwybyddiaeth o Gymreictod ymhlith y bobl wedi ymestyn a dyfnhau. Ond ar yr un pryd roedd hunaniaethau a theyrngarwch lleol yn dal yn gryf ymhlith pobl Cymru ac i'r mwyafrif helaeth ohonynt, dyfodol llewyrchus a blaenllaw i Gymru *o fewn* yr Ymerodraeth Brydeining oedd eu dymuniad a'u cred. Roedd gan Gymru draddodiad heddychol cryf dan ddylanwad Anghydffurfiaeth, a oedd yn gyson yn condemnio rhyfel. Fodd bynnag, roedd gan Gymru draddodiad o filitariaeth hefyd, ac roedd y lleisiau a oedd yn mynegi hynny yn dod yn fwy croch yn y blynyddoedd cyn 1914.[28]

Gwlad gyfarwydd oedd Cymru yn 1914 ar sawl cyfrif. Wedi'r cyfan, dyma'r blynyddoedd pan grëwyd neu pan ddaeth i rym rai o'r delweddau a symbolau mwyaf grymus a hirhoedlog o Gymreictod sydd gennym yn hanes y genedl: glo, y cymoedd, corau, rygbi, y capeli, y Fam Gymreig, yr anthem genedlaethol. Ond mewn agweddau eraill roedd hi'n wlad gwbl anghyfarwydd. Wrth ddadansoddi natur Cymru cyn y gyflafan dylem gofio geiriau adnabyddus Basil Fawlty, 'Don't mention the war!'. Gellid dadlau bod ôl-ddoethineb yn ein rhwystro rhag ailddarganfod naws y cyfnod oherwydd ni allwn feddwl am Gymru yn Awst 1914 heb ddwyn i gof hefyd y newidiadau anferth a brofodd hi o'r amser hwnnw ymlaen. Bryd hynny roedd hi ar drothwy cyfnod o galedi a heriau a fyddai'n erydu llawer o'r bywiogrwydd a'r dynamiaeth a oedd yn amlwg yn y blynyddoedd cyn y frwydr. Ond yn haf 1914, heb os, roedd y rhan fwyaf o bobl Cymru yn ymwybodol eu bod yn byw mewn oes gyffrous. Efallai mai nhw oedd y Cymry olaf am genedlaethau a oedd yn gallu edrych ymlaen at y dyfodol gyda gobaith a hyder. Gellir dadlau bod trychinebau'r ugeinfed ganrif – dau ryfel byd, dirwasgiad hir a chwerw – wedi peri i ni anghofio'r ffaith hollbwysig hon. Ond, wrth gwrs, nid oedd trigolion y wlad yn 1914 yn gwybod beth oedd o'u blaenau, ac mae darllen rhai o sylwadau'r papurau newydd wrth iddynt groesawu 1914 yn gyrru ias oer i lawr y cefn. 'Beth gynnwys dy fynwes fawr, lydan, gadarn-gref?', gofynnodd Myfyr am y flwyddyn newydd yn *Baner ac Amserau Cymru*, 10 Ionawr 1914:

> Dichon fod ynddi gysuron diri. Hwyrach yr addurnir hi â rhoddion trugarog... Tybed – ie, tybed – fod ynddi ddefnyddiau rhwyg ac ing. Sawl bedd sydd o'r golwg yn ei chysgodion dyfndwyll heddyw? Sawl afon o ddagrau sy'n llifo trwy ei chanol? Faint o riddfan a siom, dinistr a gwywiant, terfysg a gwaed, ffug a thwyll, sy'n cyniwair yn anesmwyth drwy'th fröydd anwel? Da i ni na wyddom y dirgelion hyn, heddyw. Bendith yw eu cadw dan len.[29]

Wrth fwrw golwg yn ôl dros ganrif helbulus ar bobl Cymru yn 1914, cysur efallai yw cofio na wyddent ddim am erchyllterau'r storm yr oeddent ar fin byw trwyddi.

Nodiadau

1. Am arolygon ar hanes Cymru yn ail hanner y bedwaredd ganrif ar bymtheg a dechrau'r ugeinfed, gw. John Davies, *Hanes Cymru*, argraffiad newydd (Llundain: Penguin, 2007), tt. 364–463; Trevor Herbert a Gareth Elwyn Jones (goln), *Wales 1880–1914* (Caerdydd: University of Wales Press, 1988); Bill Jones, 'Banqueting at a moveable feast: Wales 1870–1914', yn Gareth Elwyn Jones a Dai Smith (goln), *The People of Wales* (Llandysul: Gomer, 1999), tt. 145–78; Kenneth O. Morgan, *Rebirth of a Nation: Wales 1880–1980* (Caerdydd: University of Wales Press; Rhydychen: Oxford University Press, 1982), tt. 1–155. Seilir y bennod hon ar y gweithiau hynny a'r rhai penodol y cyfeiriwyd atynt yn y troednodiadau.
2. Gw., e.e., Morgan, *Rebirth*, passim.
3. Gw. John Williams, '1890–1930: The Rise and Decline of the Welsh Economy', yn ei *Was Wales Industrialised? Essays in Modern Welsh History* (Llandysul: Gomer, 1995), tt. 37–57.
4. Gw. John Williams, 'Was Wales Industrialised', yn ei *Was Wales Industrialised?*, tt. 14–36.
5. D. E. Dunbar, *The Tin-Plate Industry: A Comparative Study of Its Growth in the United States and in Wales* (Boston: Houghton Mifflin Company, 1915), tt. 14, 16, 23–7.
6. R. Merfyn Jones, *The North Wales Quarrymen 1874–1922* (Caerdydd: University of Wales Press, 1982), t. 295.
7. Williams, 'Rise and Decline of the Welsh Economy', t. 43.
8. John Williams, 'The Road to Tonypandy', yn ei *Was Wales Industrialised?*, tt. 214–37, gw. tt. 226–30.

9. Morgan, *Rebirth*, tt. 81–9.
10. John Williams, 'The Move from the Land', yn Herbert a Jones (goln), *Wales 1880–1914*, tt. 11–47.
11. John Williams, *Digest of Welsh Historical Statistics Cyf. 1* (Caerdydd: The Welsh Office, 1985), tt. 7, 47.
12. Williams, 'Move from the Land', tt. 11–14.
13. Alan Llwyd, *Cymru Ddu: Hanes Pobl Dduon Cymru* (Caerdydd: Hughes a'i Fab, 2005); Paul O'Leary, *Immigration and Integration: The Irish in Wales 1798–1922* (Caerdydd: University of Wales Press, 2000); Charlotte Williams, Neil Evans a Paul O'Leary (goln), *A Tolerant Nation? Exploring Ethnic Diversity in Wales* (Caerdydd: University of Wales Press, 2003).
14. Gw. yn arbennig, Philip N. Jones, 'Y Gymraeg yng Nghymoedd Morgannwg c.1800–1914', yn Geraint H. Jenkins (gol.), *Iaith Carreg Fy Aelwyd: Iaith a Chymuned yn y Bedwaredd Ganrif ar Bymtheg* (Caerdydd: Gwasg Prifysgol Cymru, 1999), tt. 143–76; Sian Rhiannon Williams, 'Y Gymraeg yn y Sir Fynwy Ddiwydiannol c. 1800–1914', yn Jenkins (gol.), *Iaith Carreg Fy Aelwyd*, tt. 197–223.
15. Deirdre Beddoe, *Out of the Shadows: A History of Women in Twentieth-Century Wales* (Caerdydd: University of Wales Press, 2000), tt. 8–46; Beth Jenkins, '"Queen of the Bristol Channel Ports": the Intersection of Gender and Civic Identity in Cardiff, c.1880–1914', *Women's History Review*, 23, 6 (2014), 903–21; Ursula Masson, *'For Women, For Wales and For Liberalism': Women in Liberal Politics in Wales 1880–1914* (Caerdydd: University of Wales Press, 2010).
16. Gw. y drafodaeth yn D. Densil Morgan, *The Span of the Cross: Christian Religion and Society in Wales 1914–2000* (Caerdydd: University of Wales Press, 1999), tt. 5–40.
17. Gw., e.e., R. Tudur Jones, 'Ymneulltiaeth a'r Iaith Gymraeg yn y Bedwaredd Ganrif ar Bymtheg', yn Geraint H. Jenkins (gol.), *Gwnewch Bopeth yn Gymraeg: Yr Iaith Gymraeg a'u Pheoedd 1801–1911* (Caerdydd: Gwasg Prifysgol Cymru, 1999), tt. 229–50, gw. 242–9.
18. Ieuan Gwynedd Jones, *Mid Victorian Wales: The Observers and the Observed* (Caerdydd: University of Wales Press, 1992); R. Tudur Jones, *Ffydd ac Argyfwng Cenedl: Cristionogaeth a Diwylliant yng Nghymru 1890–1914*, 2 cyf. (Abertawe: Tŷ John Penry, 1982).
19. Gw., e.e., Russell Davies, *Secret Sins: Sex, Violence and Society in Carmarthenshire 1870–1920* (Caerdydd: University of Wales Press, 1996), tt. 193–209.
20. Andrew J. Croll, *Civilizing the Urban: Popular Culture and Public Space in Merthyr c.1870–1914* (Caerdydd: University of Wales Press, 2000).
21. Gw. Morgan, *Rebirth*, tt. 1–155, passim.
22. Masson, *'For Women, For Wales and For Liberalism'*; Ryland Wallace, *The Women's Suffrage Movement in Wales, 1866–1928* (Caerdydd: University of Wales Press, 2009).
23. Gw. Duncan Tanner, Chris Williams a Deian Hopkin (goln), *The Labour*

Party in Wales 1900–1920 (Caerdydd: University of Wales Press, 2000), tt. 21–109.
24. Gw., e.e., Dai Smith, 'Wales Through the Looking Glass', yn ei *Aneurin Bevan and the World of South Wales* (Caerdydd: University of Wales Press, 1993), tt. 45–56, gw. 53–4.
25. Deian Hopkin, 'The Great Unrest in Wales, 1910–1913: Questions of Evidence', yn Deian Hopkin a Gregory S. Kealey (goln), *Class, Community and the Labour Movement: Wales and Canada 1850–1930* (Canadian Committee on Labour History/Society for Welsh Labour History, 1989), tt. 249–79; Jones, *North Wales Quarrymen*, tt. 210–94; Dai Smith, 'Tonypandy 1910: Definitions of Community', *Past and Present*, 87 (1980), 158–84.
26. Neil Evans, 'Through the Prism of Ethnic Violence: Riots and Racial Attacks in Wales, 1826–2002', yn Williams, Evans ac O'Leary, *A Tolerant Nation?*, tt. 93–108.
27. Gw., e.e., Morgan, *Rebirth*, t. 153.
28. John S. Ellis, 'A pacific people – a martial race: pacifism, militarism and Welsh national identity', yn Matthew Cragoe a Chris Williams (goln), *Wales and War: Society, Politics and Religion in the Nineteenth and Twentieth Centuries* (Caerdydd: University of Wales Press, 2007), tt. 15–37; Neil Evans, 'Gogs, Cardis and Hwntws: Region, Nation and State in Wales, 1840–1940', yn Neil Evans (gol.), *National Identity in the British Isles. Coleg Harlech Occasional Papers in Welsh Studies No. 3* (Harlech: Centre for Welsh Studies, Coleg Harlech, 1989), tt. 60–72; Neil Evans, 'Loyalties: state, nation, community and military recruiting in Wales, 1840–1918', yn Cragoe a Williams (goln), *Wales at War*, tt. 38–62; Neil Evans, 'War, Society and Wales, 1899–2014', *Llafur*, 11, 3 (2014), 146–70, gw. 150–1, 168.
29. Myfyr, 'Trem yn Ôl', *Baner ac Amserau Cymru*, 10 Ionawr 1914, 4.

3

'Un o Ryfeloedd yr Arglwydd': Eglwysi Anghydffurfiol Cymru a'r Rhyfel Mawr, 1914–1915

Gethin Matthews

> 'What did Welsh Nonconformity do for the nation, in the days of her trial and peril?'
>
> Canon Jesse Jones,
> llythyr i'r *Western Mail*, 25 Ionawr 1915[1]

> 'Mae popeth gwerthfawr, popeth anwyl gan y Cymro, heddyw yn y fantol. Mae ein bodolaeth ei hun mewn perygl, a rhywbeth mwy pwysig hyd yn oed na hynny, rhyddid Ewrop, ie rhyddid yr holl fyd, mewn perygl yn y rhyfel yma.'
>
> Y Parch. John Williams, Brynsiencyn,
> yn Neuadd y Dref, Caernarfon, 12 Mehefin 1915[2]

O'r holl newidiadau cymdeithasol a diwylliannol a ddaeth i Gymru yn sgil y Rhyfel Mawr, un agwedd arbennig sydd wedi derbyn sylw yw cwymp yr enwadau Anghydffurfiol o'u sefyllfa freintiedig gynt. Yn y naratif a gyflwynir i egluro'r hyn a ddigwyddodd, fe gollodd y capeli eu hygrededd a'u hawdurdod wrth iddynt (ar y cyfan) gael eu gweld yn gyrff a gefnogodd y rhyfel, er gwaethaf yr holl rethreg gynt am heddwch. Felly, pan wawriodd y byd newydd ar ôl 1918, nid oedd lle i'r eglwysi wrth galon cymdeithas Cymru mwyach: fel nifer o sefydliadau ar draws Ewrop, darganfu'r capeli eu bod yn perthyn i'r hen gyfundrefn a oedd yn deilchion drannoeth y drin. Yn y naratif hwn, cedwir safle arbennig i'r Parch. John Williams, Brynsiencyn, ymhlith y sawl a feiwyd am ddirywiad yr Anghydffurwyr. Ef oedd yr un a ystyriwyd yn brif symbylydd awydd y capeli i ufuddhau i orchmynion yr awdurdodau i gefnogi'r rhyfel. Ond a yw'n deg ei felltithio, a'i ystyried fel 'un o'n *bêtes noires* cenedlaethol ni', ys dywed Aled Jôb?[3]

Prif fyrdwn y bennod hon yw edrych ar sut yr ymatebodd capeli Cymru i'r argyfwng a'u hwynebodd o fis Awst 1914 ymlaen, a beth oedd y tu ôl i'r penderfyniad cyffredinol i hybu'r broses recriwtio. Mae'n anochel fod yr hyn a wnaeth John Williams yn derbyn tipyn o sylw, ond mae'n bwysig cofio nad oedd yntau'n gweithio ar ei ben ei hunan. Canolbwyntia'r bennod ar y cyfnod cyn i orfodaeth filwrol ddod i rym ar ddechrau 1916. Mae'n rhaid cydnabod fod y weithred honno wedi newid y sefyllfa yn sylweddol, gan esgor ar hyd yn oed fwy o dyndra ac anfodlonrwydd yn y capeli.[4] Dichon y cawn astudiaeth fanylach o hynny yn y dyfodol, ond am y tro mae digon o waith dadansoddi a deall agwedd y capeli a'u harweinwyr yn y ddau fis ar bymtheg o ryfela cyn i ddeddf gorfodaeth filwrol gael ei phasio. Fe benderfynodd trwch y capeli gefnogi'r rhyfel, gyda dim ond lleiafrif bychan yn gwrthwynebu. Er gwaethaf arwyddocâd gwrthdystio'r rhai a lynodd wrth y traddodiad heddychol a geiriau Iesu yn y Bregeth ar y Mynydd, ni fydd yr ysgrif hon yn olrhain eu hanes. Datgana Robert Pope fod cefnogaeth yr enwadau i'r ymgyrch filwrol yn 'virtually unanimous', gan gyfeirio at yr 'almost total abandonment of the peace policy', ac mae'r dystiolaeth o'i blaid yn llethol.[5] Awgryma Harri Parri fod naw gweinidog o bob deg yn credu 'y byddai'r rhyfel hwn, serch ei enbydrwydd, yn ergyd derfynol i bob rhyw ymladd mwy'.[6] Y cwestiwn canolog felly yw sut roedd hi'n bosibl i'r capeli, a oedd wedi cofleidio heddychiaeth cyn hynny, droi mor sydyn i dderbyn y rhyfel. Bydd y bennod hon yn ystyried yn ofalus gyd-destun gwleidyddol y cyfnod, oherwydd heb i ni ddeall y disgwyliadau a'r cyfyngiadau a roddwyd ar ysgwyddau arweinwyr yr enwadau, nid oes modd egluro eu gweithredoedd. Neu, i edrych ar y cwestiwn o gyfeiriad arall, os nad ydym yn gallu darganfod cymhellion digonol i ddirnad pam y cafwyd tro pedol mor syfrdanol yn agweddau'r capeli, yr unig gasgliad posibl fyddai bod eu rhethreg gynt am heddwch yn ddim ond geiriau gweigion.

Yng Nghymru yn y blynyddoedd hyd at ddechrau'r Rhyfel Mawr, roedd capeli Cymru yn tra-arglwyddiaethu i raddau helaeth ar y dirwedd feddyliol yn gymaint ag ar y dirwedd ddaearyddol. Yn ôl y ffigyrau, roedd o gwmpas 535,000 o aelodau gan yr enwadau Anghydffurfiol yng Nghymru, yn cyfateb i oddeutu un oedolyn mewn pump. Yn ogystal â'r aelodau roedd llu o wrandawyr a mynychwyr yr ysgolion Sul, ac er nad oes modd bod mor sicr ynghylch eu niferoedd, nid yw'n afresymol awgrymu bod gan y mwyafrif o boblogaeth Cymru berthynas agos â'r capel yn 1914. Dyma'r cyfiawnhad dros ddatganiad Densil Morgan mai Anghydffurfiaeth oedd sefydliad unigol pwysicaf a mwyaf arwyddocaol y wlad.[7]

Wrth gwrs, ni ddylai neb gredu bod pob agwedd ym mywyd y capeli yn gyfforddus a ffyniannus yn 1914, na chwaith anwybyddu'r bygythiadau a oedd eisoes ar waith i danseilio safle canolog y traddodiad Anghydffurfiol ym mywyd y wlad. Hwyrach mai prif fyrdwn gwaith dylanwadol R. Tudur Jones yw pwysleisio cymaint o fygythiadau fu i'r traddodiad yn y blynyddoedd rhwng 1890 ac 1914.[8] I roi dim ond un enghraifft o'r gagendor a oedd yn bygwth tyfu rhwng yr 'hen' a'r 'newydd': Aelod Seneddol y Rhondda yn y cyfnod hwn oedd William Abraham, Mabon: Methodist Calfinaidd, pregethwr lleyg, eisteddfodwr a Rhyddfrydwr rhonc a oedd yn anfodlon iawn bod yn rhaid iddo ymuno â rhengoedd y Blaid Lafur yn 1909. Yn Nhonypandy yn ei etholaeth ym mis Tachwedd 1910 fe welwyd ffrwydrad o anfodlonrwydd gan y glowyr, a arweiniodd at drais a marwolaeth, ac at bresenoldeb mintai o filwyr yn y maes glo am fisoedd wedyn er mwyn dofi'r brodorion. Pa berthnasedd i lowyr anfodlon ydoedd clywed parablu eu Haelod Seneddol am ddatgysylltiad a dirwest?

Fodd bynnag, i gyfran sylweddol o'r Cymry yn 1914, beth bynnag yr amheuon roedd datganiad enwog Henry Richard, mai cenedl o Anghydffurfwyr oedd y Cymry, yn taro deuddeg.[9] Ers 1891 bu O. M. Edwards yn golygu ei gylchgrawn *Cymru*, gan wau delweddau o Gymru fel gwlad unigryw, ddethol, cartref y werin oleuedig, ac roedd Anghydffurfiaeth yn rhan annatod o'r cwlwm hwn. Roedd trwch y papurau newydd yn gefnogol i ddyheadau ac uchelgeisiau'r Anghydffurfwyr: fel y mae Aled Jones wedi ei nodi, roedd gweinidogion yn weithgar iawn mewn mentrau newyddiadurol heblaw am y wasg enwadol.[10] Ers dyddiau Henry Richard roedd mwyfwy o gapelwyr wedi dod i gynrychioli Cymru yn y Senedd, a nifer ohonynt wedi gwneud môr a mynydd o achosion a oedd yn annwyl i'r Anghydffurfwyr.

Mae'n briodol oedi wrth grybwyll enw Henry Richard, 'yr aelod dros Gymru' a gynrychiolodd Merthyr Tudful o 1868 hyd ei farwolaeth yn 1888.[11] Er iddo gynrychioli sedd ddiwydiannol (ac er iddo dreulio llawer o'i oes yn gweithio yn Llundain), cafodd ei weld yn ymgorfforiad o nifer o rinweddau'r werin Gymraeg. Ymlawenychodd y Cymry yn llwyddiant trigolion cefn gwlad Cymru i brofi eu hunain cystal, os nad gwell, na'r Saeson a fu gynt yn ddirmygus o'r anwariaid ar ochr orllewinol Clawdd Offa. Yn ddiamau, Henry Richard oedd un o'r enghreifftiau pennaf o hyn, ar restr sydd hefyd yn cynnwys enwau disglair fel T. E. Ellis ac O. M.

Edwards. Roedd dylanwad Henry Richard (ysgrifennydd y Peace Society o 1848 hyd 1885) ar y traddodiad Anghydffurfiol yn hirhoedlog, yn enwedig ei agwedd heddychol a gwrth-filitaraidd.[12] Er nad oedd Cymru'n rhydd o bell ffordd o syniadau ymerodrol a militaraidd yn ystod oes twf a thra-arglwyddiaeth yr Ymerodraeth Brydeinig, roedd lleisiau dylanwadol yn gyson o du'r Anghydffurfwyr a bregethai mai ffolineb oedd gwastraffu arian a bywydau er mwyn meddiannu tiroedd pobl eraill.[13]

Un agwedd i'w thrafod cyn mentro ar y dadansoddiad yw i ba raddau y gallwn ystyried 'yr Anghydffurfwyr' fel bloc unedig – wedi'r cwbl, roedd pedwar prif enwad a nifer o fân enwadau, ac roeddent yn gallu dadlau'n angerddol dros ddehongliad cywir o'r Ffydd. Y ffordd fwyaf diogel i ateb hyn yw eistedd ar y ffens. Ar y naill law, roeddent yn ymwybodol bod llawer ganddynt yn gyffredin ac roeddent yn gallu cydweithio'n effeithiol gyda'i gilydd ar ymgyrchoedd yn erbyn rhai a welwyd fel gelynion (er enghraifft, Eglwyswyr a bragwyr). Eto roedd nifer fawr o achosion lle roeddent yn gwarchod y gwahaniaethau rhyngddynt. Mae'n ddigon hawdd gweld enghreifftiau o ymryson rhwng yr enwadau, er enghraifft, wrth iddynt gymharu'r nifer o ddychweledigion a ddaeth i'w capeli yn ystod Diwygiad 1904–5. Yn yr achos hwn, ychwanegodd papurau fel y *Western Mail* at yr ymdeimlad o gystadleuaeth wrth gyhoeddi'r niferoedd o dröedigaethau megis rhyw fath o dabl cynghrair. Peth arall oedd ganddynt yn gyffredin yn 1914–15 oedd nad oedd ymateb yr un o'r prif enwadau Anghydffurfiol yn unffurf. Cofier mai un o hanfodion y traddodiad Anghydffurfiol yw bod yr unigolyn yn cael rhyddid i ddod i'w benderfyniad/phenderfyniad ei hun. Ym mhob enwad cafwyd dadleuon ynghylch y ffordd briodol i Gristnogion ymateb i'r argyfwng. Gellir enwi gweinidogion yr Annibynwyr, Bedyddwyr, Methodistiaid Calfinaidd a Wesle a wrthwynebodd y rhyfel, ond hefyd gellir enwi gweinidogion y pedwar enwad a wirfoddolodd i wasanaethu fel caplaniaid.[14] Felly er ei bod yn bosibl nodi gwahaniaethau rhwng agweddau'r enwadau, ni fydd y rhain yn cael eu pwysleisio yn y bennod hon oherwydd fod yr enwadau i gyd yn rhannu amrywiaeth o ymatebion.

Agwedd hollbwysig arall a dynnodd yr enwadau Anghydffurfiol yn nes at ei gilydd oedd eu hagwedd tuag at yr Eglwys sefydledig. Yn 1914 roedd un o ymgyrchoedd mwyaf angerddol yr Anghydffurfwyr ar fin dwyn ffrwyth, gyda Datgysylltiad yr Eglwys Anglicanaidd yng Nghymru ar y gorwel. Ers degawdau roedd nifer o arweinwyr y capeli yng Nghymru wedi bod yn brwydro yn erbyn y breintiau a roddwyd i'r Eglwys er gwaetha'r ffaith, fel y dangoswyd gan lu o ystadegau, mai lleiafrif o addolwyr a fynychai'r gwasanaethau eglwysig. Er i'r anghysondeb

Gethin Matthews 37

ariannol mwyaf amlwg gael ei gywiro yn 1891 pan ad-drefnwyd y degwm, roedd y galw am Ddatgysylltiad fel mater o egwyddor yn parhau trwy ddegawdau olaf y bedwaredd ganrif ar bymtheg hyd ddechrau'r ganrif nesaf, nes i Dŷ'r Cyffredin basio'r ddeddf ym mis Chwefror 1913.¹⁵ Roedd gan Dŷ'r Arglwyddi'r hawl i rwystro gweithredu'r ddeddf, ond yn ôl y drefn ar ôl i Dŷ'r Cyffredin bleidleisio o blaid y ddeddf am y trydydd tro ni fyddai modd atal y Datgysylltiad.

I Gymry Anghydffurfiol y cyfnod, roedd un dyn i ddiolch yn fwy na neb am y fuddugoliaeth hon. David Lloyd George, Aelod Seneddol Bwrdeistrefi Caernarfon ers 1890 ac un a chanddo enw am fod yn alluog, radical ac uchelgeisiol, oedd arwr y dydd. Ef oedd y Cymro cyntaf i esgyn i'r Cabinet ers dros hanner canrif, ac yn 1908 penodwyd ef yn Ganghellor y Trysorlys. Ond cyn symud ymlaen i 1914, mae'n bwysig oedi i ystyried agwedd Lloyd George, ac agweddau'r Cymry'n gyffredinol, tuag at Ryfel y Boer a gychwynnwyd yn 1899 (testun sydd wedi derbyn cryn sylw ond dim consenswn). Wrth gwrs, y llais enwocaf i godi o Gymru am Ryfel y Boer oedd eiddo Lloyd George, a ddaeth i amlygrwydd ledled Prydain trwy ei safiad yn erbyn y rhyfel. Mae dehongliad Kenneth O. Morgan o'r sefyllfa yn pwysleisio ei fod yn cyd-fynd â dyheadau'r Cymru Anghydffurfiol wrth iddo wrthwynebu traha'r imperialwyr.¹⁶ Fodd bynnag, digon cymysg yw'r dystiolaeth o'r cyfnod. Gellir dod o hyd i ddigon o dystiolaeth i gefnogi'r awgrym bod trigolion Cymru (fel trigolion gweddill Prydain) yn cael eu dylanwadu gan ysbryd y *jingoes*. Dathlwyd Rhyddhad Mafeking gyda'r un faint o frwdfrydedd yng Nghymru (ddiwydiannol a gwledig) ag a welwyd yng ngweddill y deyrnas. Honiad Matthew Cragoe yw bod y rhyfel yn un poblogaidd ar y cyfan yng Nghymru ar y cychwyn.¹⁷

Mae'n rhaid bod yn ofalus hefyd cyn derbyn yr awgrym bod safiad Lloyd George ar Ryfel y Boer yn un gwrth-ymerodrol a oedd yn adlewyrchu tuedd heddychol. Pwysleisia John Grigg nad oedd Lloyd George erioed yn heddychwr, ac yr oedd yn gyson yn frwdfrydig dros amddiffyn buddiannau tramor Prydain. Yr oedd yn erbyn Rhyfel y Boer oherwydd ystyriai'r ymgyrch honno'n ddianghenraid a niweidiol i fuddion Prydain.¹⁸ Hynny yw, nid safiad moesol ar egwyddor oedd gwrthwynebiad Lloyd George, ac mewn amgylchiadau eraill, pan welodd fod ymerodraeth Prydain dan fygythiad, byddai ef o blaid gweithredu milwrol.

Yn y degawd wedi Rhyfel y Boer fe gryfhaodd sefyllfa Lloyd George, wrth iddo godi'n agos at frig yr ysgol wleidyddol, gyda thrwch y Cymry'n bloeddio eu cefnogaeth iddo bob cam o'r ffordd.¹⁹ Roedd yntau, fel Henry

Richard gynt, yn cael ei weld gan Anghydffurfwyr fel cynrychiolydd y werin, mab y bwthyn a oedd wedi rhagori ar y Saeson yn eu gwlad eu hunain. Er gwaethaf y ffaith iddo anwybyddu o leiaf un o'r deg gorchymyn yn gyson, roedd yn cael ei bortreadu fel Anghydffurfiwr pybyr, ac roedd ei safiad dros rai o brif achosion yr Anghydffurfwyr (addysg a Datgysylltiad) yn amlwg.

Felly pan ffrwydrodd argyfwng mis Gorffennaf 1914 yn annisgwyl, rhoddwyd ar ysgwyddau Lloyd George gyfrifoldeb arbennig. Roedd llawer o lygaid yn edrych arno am arweiniad ar sut i ymateb i'r argyfwng. Yn ôl y naratif a gynigwyd gan Lloyd George ei hun, roedd mewn penbleth wrth ystyried y tyndra rhwng ei reddf wrth-filitaraidd a'i ofnau am oblygiadau peidio â gweithredu yn erbyn bygythiad yr Almaen, nes i draha yr Almaenwyr wrth iddynt oresgyn Gwlad Belg, fechan a diniwed, ei ddarbwyllo bod yn rhaid gwneud safiad.[20] Mae dehongliadau mwy sinicaidd yn awgrymu efallai bod ymosodiad yr Almaen ar Wlad Belg wedi profi'n rhyddhad i Lloyd George, gan ei fod bellach yn gallu cefnogi'r ymgyrch filwrol heb golli ei enw da fel gwleidydd radical, egwyddorol.[21] Yna fe drodd ei egni rhyfeddol tuag at sicrhau cefnogaeth i'r ymgyrch gan y carfanau roedd yn eu cynrychioli – y radicaliaid, y werin a'r Cymry Anghydffurfiol. Yn y cyd-destun hwn, gellir gweld bod ei ymdrechion yn gyson a'u heffaith ar gynnydd. Mae sylw wedi'i roi mewn nifer o gyfrolau i'w araith enwog yn y Queen's Hall, Llundain ar 19 Medi 1914, ond nid dyma'r unig enghraifft o Lloyd George yn defnyddio rhethreg bwerus i hudo'r Cymry i ymrestru ym misoedd cyntaf y rhyfel.[22]

Fe aeth ati hefyd i ysgubo i ffwrdd unrhyw rwystrau i gefnogaeth dwymgalon y Cymry i'r ymgyrch filwrol. Nid yw rhai haneswyr Saesneg yn deall pwysigrwydd ymgais Lloyd George i sicrhau bod caplaniaid Anghydffurfiol yn cael eu caniatáu gan fiwrocratiaeth y fyddin, ond roedd ei ddilynwyr yn gwybod yn iawn y byddai hyn yn fwy nag arwydd gwag.[23] Felly hefyd argyhoeddi'r Cabinet bod yn rhaid hepgor unrhyw waharddiad ar siarad Cymraeg yn y barics.[24] Yn wyneb ystyfnigrwydd Kitchener, fe geisiodd sicrhau bod 'byddin Gymreig' yn cael ei chodi ac, er mawr syndod i'r dyn ei hunan, fe ddaeth Owen Thomas allan o gyfarfod rhyngddo ef, Lloyd George a Kitchener, yn Frigadydd-Gadfridog: yntau, felly, oedd yr arwydd amlycaf bod Cymry Cymraeg yn gallu ffynnu yn y fyddin Brydeinig.[25]

Felly, ar un ystyr, gellir edrych ar gadarnhad hirddisgwyliedig Deddf Datgysylltu yr Eglwys yng Nghymru (ar 18 Medi 1914) fel rhan o'r gyfres o fesurau a sicrhaodd Lloyd George a'i ddilynwyr i fodloni'r Cymry a diogelu eu cefnogaeth i'r ymgyrch ehangach. Derbyniwyd y newyddion â

Gethin Matthews 39

llawenydd gan gynrychiolwyr yr Anghydffurfwyr: ar 19 Medi 1914 danfonwyd neges i longyfarch Reginald McKenna (yr Ysgrifennydd Cartref) gan gyfarfod cenedlaethol o weinidogion Anghydffurfiol, ar gais y Parch. John Williams, Brynsiencyn.[26] Fodd bynnag, nid dyna ddiwedd y frwydr, oherwydd yn syth wedi i'r Ddeddf Ddatgysylltu dderbyn ei sêl bendith cyhoeddwyd deddf i ohirio gweithredu'r ddeddf hon ynghyd â Deddf Ymreolaeth Iwerddon (a basiwyd ar yr un pryd) am ddeuddeg mis, neu tan ddiwedd y rhyfel. Felly, i'r Eglwyswyr a wrthwynebai'r syniad o ddatgysylltu, parhaodd llygedyn o obaith y gallent wyrdroi'r penderfyniad. Dyma sy'n egluro pam y cafwyd ffrwd o sylwadau gan offeiriad ac esgobion a glodforai hunan-aberth anrhydeddus Eglwyswyr i gefnogi'r ymgyrch filwrol tra'n gwawdio cyfraniad pitw'r Anghydffurfwyr.[27]

Yr un a oedd ar flaen y gad yn darparu'r dadleuon i warchod yr Eglwys oedd Alfred George Edwards, Esgob Llanelwy (ers blynyddoedd y mwyaf blaenllaw wrth arwain yr ymgyrch yn erbyn Datgysylltu).[28] Dywedodd yn Nhŷ'r Arglwyddi ar 15 Medi fod y mwyafrif o'r gwirfoddolwyr o Gymry yn Eglwyswyr.[29] Gwnaethpwyd yn siŵr ei bod yn hysbys ei fod ef a'i feibion yn gwasanaethu gyda'r fyddin. Nododd papur newydd a oedd yn bleidiol i'w ymgyrch: 'Nearly the whole of the family of the Bishop of St Asaph is now serving in the King's forces.'[30] Ei enw ef oedd y cyntaf ar lythyr a anfonwyd i holl offeiriaid yr Eglwys yng Nghymru ar 18 Medi 1914, a resynai at y penderfyniad i ddatgysylltu'r Eglwys tra oedd cymaint o Eglwyswyr i ffwrdd yn amddiffyn eu gwlad.[31] I rai o'r gohebwyr Eglwysig, roedd y cysylltiad uniongyrchol rhwng ymrestru ac ymgyrchu yn erbyn y deddfau a oedd yn atgas ganddynt. 'Fel Eglwyswyr nid diegwyddor fydd arnom dynu y cleddyf allan er clirio allan yr ysbotyn du deddf y dadgysylltu yr Eglwys oddiar lyfrau cyfraith Prydain, ac ymreolaeth hefyd' datganodd D. D. Roberts o Flaenau Ffestiniog yn *Y Llan*.[32]

Mynnodd rhai amddiffyn anrhydedd Anghydffurfiaeth, fel gohebydd Caerdydd *Y Cymro*, a haerodd mai Anghydffurfwyr oedd y mwyafrif o wirfoddolwyr Morgannwg er mwyn '[g]wrthbrofi y cyhuddiad fod Ymneilltuaeth wedi amddifadu y Cymry o'u gwroldeb'.[33] Fe ddarparodd eglwysi Anghydffurfiol ardal Abertawe fanylion i'r papur lleol am nifer y gwirfoddolwyr o'u cynulleidfaoedd ym mis Rhagfyr 1914 er mwyn profi maint eu cyfraniad.[34] Wrth nodi 'gwasanaeth rhagorol' yr Eglwyswyr 'yn yr argyfwng presenol', rhybuddiodd *Yr Herald Cymraeg* y dylent 'gofio nad ydyw teyrngarwch yn rhywbeth sydd yn perthyn iddynt hwy ac nid i neb arall'. Mewn iaith gref, datgana'r erthygl y byddai gwrthod Datgysylltiad yn '[f]radwriaeth noeth' ac yn weithred deilwng o ddisgyblion Jiwdas Iscariot.[35]

Fodd bynnag, yn y papurau a gefnogai achos yr Eglwys, roedd y rhethreg wrth-gapelyddol yn rhemp. Roedd dicter nifer o Eglwyswyr yn berwi drosodd wrth iddynt ddarllen am 'y gwaith o anrheithio yr Eglwys' a gymeradwywyd gan y gwleidyddion.[36] Fe ofnodd rhai sylwebwyr y byddai aberth gwladgarol yr Eglwyswyr yn andwyol i'w hachos drannoeth y drin, gyda'r Anghydffurfwyr yn elwa ar eu llwfrdra hwythau. Rhybuddiodd gohebydd o Dregarth,

> Meddylier am gyflwr yr Eglwys ar derfyn y rhyfel ofnadwy hon, pryd o bosibl y byddwn wedi colli miloedd o'n dynion ieuainc; bydd y capelydd bron mor llawnion ag arfer, a'r Eglwys wedi ei gwanychu trwy i'n dewrion fod yn wladgarol ac ufudd i'r alwad.[37]

Nid Edwards oedd yr unig esgob i wthio'r syniad bod yr Eglwyswyr yn fwy teyrngar na'r capelwyr. Datganodd Esgob Rochester:

> fod mwyafrif mawr o'r rhai a ymladdent dros eu gwlad yn y rhyfel hwn yn Eglwyswyr, ac yng Nghymru, er holl fost Ymneilltuaeth, fod 70 y cant o'r rhai oedd wedi ymrestru yn perthyn i Eglwys Loegr, a'r esboniad ar hyn, medd ef, yw fod yr Eglwyswyr o'u mebyd wedi cael eu dysgu am eu dyledswyddau at Dduw a dyn.[38]

Â'r adroddiad yn *Y Cymro* ymlaen i wfftio ystadegau'r esgob, gan ddweud mai dim ond 22 y cant o recriwtiaid Dwyrain Morgannwg oedd yn Eglwyswyr, a chynnig y sylw, 'Nid yw yr esgobion hyn byth wrth eu bodd ond pan yn pardduo Ymneilltuwyr.'

Parhaodd yr ymosodiadau ar anrhydedd a theyrngarwch Anghydffurfwyr Cymreig gan nifer o eglwyswyr dros y misoedd canlynol.[39] Cynyddodd yr ymgyrch i wyrdroi'r Ddeddf Datgysylltu ym mis Chwefror, gydag amryw o farchogion ac arglwyddi yn ceisio ymyrryd â'r mesur i oedi gweithredu'r ddeddf, 'gyda'r bwriad amlwg o ddinistrio grym y ddeddf am oes gyfan', ys dywed *Seren Cymru*.[40] Cafwyd brwydr bigog yng ngholofnau llythyrau'r papurau newydd, gyda dadleuon Eglwyswyr yn cael eu hwfftio gan amddiffynwyr Anghydffurfiaeth. Gofynnodd y Canon Jesse Jones, 'What did Welsh Nonconformity do for the nation, in the days of her trial and peril?' wrth feirniadu amharodrwydd yr Athro J. M. Davies (prifathro Coleg y Bedyddwyr yng Nghaerdydd) i ymglymu gweinidogion wrth fusnes recriwtio. Â Jones ymlaen â sylw pigog am Anghydffurfiaeth wrth ddadlau o blaid sicrhau dadwaddoli'r Eglwys, yn hytrach na gwneud ymdrech i gryfhau amddiffyniad Prydain ar yr adeg dyngedfennol hon.[41] Cafwyd ymateb cymysg i'w lythyr. Tra oedd un gweinidog yn cynnig enghraifft o eglwys y Bedyddwyr yng Nghwm Rhymni â dim ond 38 o aelodau lle roedd 20 o ddynion yn gwasanaethu, cynigodd dyn arall ystadegau i brofi nad oedd Anghydffurfwyr yn ymrestru mewn niferoedd teilwng: 'all I can say is that their patriotism is of an inferior order'.[42] Fe ddaeth yr Athro J. M. Davies yn ôl gydag ambell daranfollt i ddangos bod yr Anghydffurfwyr wedi gwneud cyfraniad godidog mewn sawl ffordd, 'ac yn arbennig mewn anfon, o bob ardal, filwyr a gwirfoddolwyr lu i'r ornest'. Fe nododd mai prif bwrpas Jones yn ysgrifennu'r llythyr oedd i hybu'r ymgyrch yn erbyn dadwaddoliad, gan gwyno bod ychydig o glerigwyr yn torri'r ysbryd o gytgord yn y wlad drwy geisio manteisio ar amgylchiadau'r rhyfel i wthio buddion yr Eglwys.[43]

Fe ddaeth pethau i'r pen ym mis Mawrth 1915, gyda dadleuon brwd yn y Senedd ac anfodlonrwydd ymysg Aelodau Seneddol Cymreig am yr erydiad yng nghadernid penderfyniad y llywodraeth i sicrhau y byddai datgysylltu yn digwydd, a dicter nad oedd eu barn hwythau am y mesur a oedd gerbron i ohirio gweithredu'r ddeddf wedi'i hystyried.[44] Adlewyrchwyd yr anfodlonrwydd yn nhudalennau'r wasg Gymreig – er bod honiad *Y Genedl Gymreig* bod 'Unfrydedd' ymysg y wasg yn cael ei danseilio ar yr un dudalen, gyda dyfyniadau o wyth o bapurau newydd a oedd yn erbyn gohirio Deddf Datgysylltu eto, a phedwar a oedd o'i phlaid.[45] Fodd bynnag, mae'r iaith a geir yn y ddau lythyr ar y dudalen hon yn dangos pa mor gryf oedd teimladau ar y pwnc. Tra oedd un gohebydd yn datgan bod 'egwyddorion cydraddoldeb wedi eu mathru ers tro, a'r rhai a honent eu bod yn gyfeillion Cymru wedi bargeinio a'r gelyn ar draul gwadu hawliau digamsyniol ein gwlad', awgrymodd y llall fod ymddygiad Lloyd George, wrth iddo gyfaddawdu er mwyn peidio â chwalu'r cytgord â'r Ceidwadwyr, 'fel pe bae Cadfridog Prydeinig yn ymgymeryd ag arwain byddin o Germaniaid i ymosod ar ei frodyr ei hun, a hynny dan yr esgus o ddymuno dwyn y rhyfel i derfyniad buan!'.[46] Galwyd cynhadledd i drafod y mater gan y Parchedigion John Williams, Brynsiencyn a Thomas Hughes, y Felinheli; ynddi fe basiwyd 'penderfyniadau yn condemnio y Mesur Oediad, ac yn condemnio'r Llywodraeth am gyfathrachu gyda'r Wrthblaid a'r clerigwyr heb ymgynghori a'r aelodau Cymreig', gan annog yr aelodau i wrthwynebu'r mesur.[47]

Fe gafodd arweinwyr y gynhadledd eu dymuniad ac yn dilyn yr hyn mae Kenneth O. Morgan yn ei alw'n 'an unexpectedly effective gesture of defiance by the Welsh Party', bu'n rhaid i'r llywodraeth dynnu'r mesur oedi yn ôl ym mis Gorffennaf 1915.[48] Fe rygnodd y mater ymlaen – yn y cefndir, gan mwyaf – am weddill y rhyfel.[49]

I raddau, rhagarweiniad yw hyn oll i'r cwestiwn canolog o sut roedd y broses o recriwtio yn digwydd o fewn cymunedau lle roedd y capeli a'u dysgeidiaeth yn ganolog. Fodd bynnag, mae un mater i'w ystyried yn ofalus cyn ein bod yn cyrraedd y lefel leol, a hwnnw yw rôl dynion a oedd yn flaenllaw ar lefel genedlaethol yn hybu'r recriwtio ymysg capelwyr. Nid gor-ddweud mohono i awgrymu bod bron yr holl sylw mewn astudiaethau sy'n ymwneud â'r cwestiwn hwn yn canolbwyntio ar ddau ddyn, Lloyd George a'i gyfaill y Parch. John Williams, Brynsiencyn. I ddelio'n fras â'r gwleidydd yn gyntaf, mae ei rôl yn annog a hyrwyddo'r Cymry yn gyffredinol i ymrestru yn amlwg mewn unrhyw astudiaeth o'r digwyddiadau, a hefyd talwyd digon o sylw i'r ffordd yr oedd yn hyrwyddo ymrestriad ymhlith y Cymry Cymraeg capelgar.[50] Roedd yntau, wrth gwrs, yn feistr ar y grefft o siarad cyhoeddus, ac yn gyfarwydd iawn â theilwra ei lith i siwtio'r gynulleidfa. Telir llawer o sylw i'w anerchiad i Gymry Llundain ar 19 Medi 1914, a hynny am ei fod yn amlwg yn eiliad allweddol, gan iddo grisialu'r rhesymau pam y dylai'r Cymry ymrestru gyda chyfres o ymadroddion bachog, apelgar, gan apelio'n daer ar wladgarwch y gynulleidfa (yn y neuadd a thu hwnt).[51] Cafodd yr anerchiad sylw mewn llu o bapurau newydd ar y pryd, ac fe'i cyhoeddwyd yn fuan wedyn – yn gyntaf yn Saesneg, ac yna mewn cyfieithiad i'r Gymraeg gan John Morris-Jones:

> Mi hoffwn weled byddin Gymreig ar y maes. Mi hoffwn weled y genedl a wynebodd y Normaniaid am gannoedd o flynyddoedd yn ei hymdrech am ryddid, y genedl a gynorthwyodd i ennill brwydr Cresi, y genedl a ymladdodd am genhedlaeth dan Owain Glyndŵr yn erbyn y capten mwyaf yn Ewrob – mi hoffwn weled y genedl honno'n rhoi eithaf blas o'i theithi yn yr ymdrech hon yn Ewrob; a hynny a wna.[52]

Yn ogystal â'r alwad ysbrydoledig hon, cafwyd nifer o anerchiadau gan Lloyd George i gynulleidfaoedd Cymreig, mewn areithiau ac mewn llithoedd i'r papurau newydd. Noder nad yr anerchiad enwog ar 19 Medi oedd y cyntaf: gweler ei 'Apêl at Gymru Wen' ym mhapurau newydd Cymru ym mis Awst. Cyhoeddwyd hwn yn gyntaf (yn Saesneg a'r Gymraeg) yn y *Western Mail* ar 8 Awst 1914 – hynny yw, pedwar diwrnod yn unig wedi i Brydain ymuno â'r rhyfel. Noda'r rhagarweiniad i'r neges fod yr apêl yn cael ei chymeradwyo'n arbennig 'i sylw Gweinidogion yr Efengyl, gan fod ganddynt hwy gyfle yn y Gwasanaeth Crefyddol i alw sylw eu cynulleidfaoedd at yr Apel ac i bwysleisio rhwymedigaethau

Gethin Matthews 43

moesol a chrefyddol dinasyddiaeth yn y cyfwng cenedlaethol presenol'.[53] Yn ysgrif Lloyd George, mae'r rhethreg fel petai'n dod yn syth o'r pulpud:

> Mewn trefn i anfon ein hieuenctyd o ganol eu gorchwylion cyffredin i amddiffyn diogelwch ein tir, nid gormod gan y genedl heddyw un aberth nac ymdrech.
> Dyledswydd pob mab a merch a adewir ar ôl ydyw ymarfer, gyda chymorth Rhagluniaeth Duw, bob gwroldeb ac arafwch; dyna yn unig all ein cysgodi rhag canlyniadau gwaethaf rhyfel. Mewn sobrwydd a hunanbarch meddiannwn ein heneidiau, fel y byddom ffyddlon i Dduw a'n gwlad, ac o wneud hynny fe leddfir min dioddefaint i weiniaid y tir...
> Ni wyddys eto yn Rhagluniaeth ddoeth y Goruchaf beth fydd diwedd y rhyfel erchyll hwn; er hynny bydded i ni a orfodir i aros gartref ar y tir, yn y lofa, yn y chwarel, gyflawni'n ffyddlon y dyledswyddau uchod yn yr un ysbryd dewr a hunanaberthol ag a feddianna ein brodyr ar faes y frwydr.[54]

Dyma'r math o ddefnydd o iaith sydd gan Robert Pope dan sylw pan yw'n ysgrifennu bod gan Lloyd George 'mastery of religious rhetoric' ac 'understanding of the Nonconformist psyche'.[55] Mae cyfraniad Lloyd George i sicrhau bod trwch yr Anghydffurfwyr Cymreig yn derbyn y rhyfel wedi'i gydnabod gan nifer o sylwebwyr – fel y dywed Gerwyn Wiliams, oherwydd ei fod yn 'ffocws i ddyheadau Fictoraidd ei gyd-Gymry', 'drwy rym ei garisma gallai wyrdroi ac ailddiffinio traddodiadau Ymneilltuaeth yn 1914'.[56] Fodd bynnag, dim ond ychydig o haneswyr Cymru sydd wedi meiddio bod yn hallt eu beirniadaeth o 'ddewin Dwyfor': yn hytrach, mae tuedd o hyd i ymfalchïo bod un o werin Cymru wedi gallu llwyddo i godi i'r swydd bwysicaf yn Ymerodraeth Prydain.[57]

Ar y llaw arall, dioddefodd enw da John Williams, Brynsiencyn, yn y blynyddoedd wedi'r rhyfel. Mae'r cwymp hwn yn rhyfeddol wrth ystyried y parch a'r bri yr oedd wedi eu derbyn yn ystod ei oes. Pan dderbyniodd yntau radd D.D. er anrhydedd gan Brifysgol Cymru yn 1917, fe'i cyflwynwyd fel 'Diwinydd, Pregethwr a Gweinidog sydd wedi rhoi Cymru oll dan ddyled iddo', ac wrth ystyried y dystiolaeth gyfredol, nid geiriau gwag mo'r rhain ond datganiad o sut yr edrychid arno gan liaws o'r Cymry pwysicaf.[58] Bellach mae'r rhod wedi troi, a chaiff ei weld fel un a fradychodd ei egwyddorion er mwyn aros ar ochr gywir ei gyfaill pwerus: 'the representative of the perfidy of the denominations', ys dywed M. Wynn Thomas.[59] Mae Gerwyn Wiliams wedi crynhoi'r berthynas rhwng Lloyd George a John Williams fel hyn: 'Roedd teyrngarwch naïf y Parch. John Williams, Brynsiencyn i Gymro Enwoca'r Dydd yn peri iddo ddehongli unrhyw feirniadaeth ar weithgaredd Lloyd George fel teyrnfradwriaeth.'⁶⁰ Yn ôl Aled Jôb, 'ar y cyfan, er lles Dewin Dwyfor a'i ystrywiau gwleidyddol y gweithiai'r berthynas'.⁶¹ Crynhodd y cyn-filwr, Griffith Williams, sefyllfa John Williams yn fwy swta: 'mi aeth e'n gi bach i Lloyd George i recriwtio'.⁶² I deulu Geraint Jones, yr oedd ganddynt reswm da i geryddu Williams, yntau oedd 'Porthmon Moloch'.⁶³

Fodd bynnag, ceisiwn roi'r sylwadau hallt hyn o'r neilltu a dechrau trwy ystyried sefyllfa John Williams yn 1914.⁶⁴ Wedi gyrfa lwyddiannus fel pregethwr mwyaf huawdl ac adnabyddus y gogledd, gan gynnwys gofalu am eglwys fawreddog Princes Road, Lerpwl o 1895 i 1906, fe ymddeolodd o'i ofalaeth yn 53 oed a symud yn ôl i Ynys Môn. Parhaodd ei waith fel pregethwr gwadd ac fel un o ddynion mwyaf blaenllaw Anghydffurfiaeth. Ef a ddewiswyd yn 1914 yn llywydd cyntaf Cyngor Cenedlaethol Eglwysi Efengylaidd Cymru, ac yn y swyddogaeth honno fe ysgrifennodd lythyr a gyhoeddwyd ym mhapurau newydd Cymru yn nyddiau cynnar y rhyfel.⁶⁵ Digon fydd un dyfyniad i ddangos sut y mae hwn yn taro'r un nodyn â llythyr Lloyd George yr un wythnos:

> Mewn argyfwng mor eithriadol, rhoddir prawf nid yn unig ar ein byddin a'n llynges, a'n cyflenwad mewn arian a bwyd, eithr ar ein cymeriad moesol a'n hadnoddau ysbrydol hefyd; ac yr ydym yn awyddus i holl Eglwysi Efengylaidd Cymru ymgodi at eu cyfrifoldeb uchaf, a sylweddoli fod ein digonedd o Dduw i gwrdd â gofynion mwyaf y prawf hwn.

Yn y llythyr hwn ceir amddiffyniad egnïol o benderfyniad y Weinyddiaeth Ryddfrydol i '[dd]adweinio'r cledd': dyna'r unig ddewis anrhydeddus a oedd ganddi. Yn hynny o beth, roedd Williams yn cyd-fynd â thrwch papurau newydd Prydain, o safbwyntiau asgell chwith yn ogystal â'r rhai ceidwadol.

Elfen arall o'i lythyr sydd yn hollol nodweddiadol o'r cyfnod yw'r cyfeiriad at yr 'erchylld04erau a'r ysgelerderau' a gyflawnwyd ar y cyfandir. Dyma agwedd ar y bwrlwm meddyliol a oedd ar led yn y cyfnod nad yw wedi cael sylw digonol bob tro: y sioc i'r boblogaeth wrth ddarllen am weithredoedd byddin yr Almaen yng Ngwlad Belg, yn llofruddio sifiliaid a threisio merched.⁶⁶ Un rheswm dros esgeuluso'r testun yw'r sylweddoliad bod yr adroddiadau o Awst a Medi 1914 wedi'u gorliwio'n afresymol gan y gohebwyr. Hwyrach mai rheswm arall yw bod digwyddiadau creulon y degawdau a ddilynodd yn ei gwneud yn anos dirnad effaith yr adroddiadau hyn: pan wyddom ei bod yn bosibl llofruddio poblogaeth sifil wrth y miliynau, mae'n anos dychmygu effaith y newyddion am lofruddio fesul dwsinau ar genhedlaeth fwy diniwed.⁶⁷ Fodd bynnag, nid oes modd deall ymateb y werin bobl i'r rhyfel yn y misoedd cynnar heb ystyried pwysigrwydd yr adroddiadau cyson, brawychus ond credadwy, am ymddygiad cywilyddus milwyr yr Almaen.[68] Yn y cyd-destun hwn, pan oedd sylwebwyr yn defnyddio geiriau fel 'anrhydedd', 'prawf' a 'dyletswydd', ac yn portreadu'r ornest fel un i amddiffyn gwareiddiad, mae'n braenaru'r tir ar gyfer y cam nesaf, sef galw ar ddynion unigol i ymuno â'r ymgyrch. Nid yw llythyr John Williams ganol Awst yn annog y capeli i ddarbwyllo eu haelodau i ymrestru, ond wrth nodi bod yn rhaid i'r eglwysi 'gydweithredu ymhob modd gyda phob mudiad dinesig neu genedlaethol', yn sicr mae'n paratoi'r ffordd.

Ni chymerodd lawer o amser cyn i'r Parch. John Williams esgyn i lwyfannau'r cyfarfodydd recriwtio ac annog dynion ifanc Cymru i ymfyddino. Rhoddodd araith mewn cyfarfod recriwtio ym Mrynsiencyn ddeuddydd yn unig ar ôl cyhoeddi'r rhyfel, ac fe siaradodd mewn nifer o gyfarfodydd eraill ar Ynys Môn ym mis Awst.[69] Yn Llanberis ar 2 Medi 1914 fe roddodd araith nerthol a bardduodd yr Almaen gan glodfori cyfiawnder achos Prydain a'r ymgyrch i sicrhau 'tegwch a chyfiawnder i genhedloedd bychain' (sylw a ddenodd gymeradwyaeth y gynulleidfa). Cafwyd apêl uniongyrchol at wryweidd-dra'r dynion ifainc, tra'n pwysleisio mai brwydr hunanamddiffynnol oedd hon:

> Os y gallai unrhyw un yn Llanberis aros yn ddigyffro yn yr argyfwng presennol, yr oedd ei ddynoliaeth wedi darfod (clywch, clywch). Os byddai i Germani ymosod arnom (llais, 'Ni wnant byth'), beth ddaw o'n crefydd, ein hiaith, a'n sefydliadau? Yr oedd bywyd y genedl mewn perygl; yr oedd gweriniaeth Iwrop mewn perygl. Pe trechai Germani yn y rhyfel hwn, byddai awrlais datblygiad Iwrop wedi ei droi yn ol y fan leiaf gan mlynedd. Bydded i bob dyn ieuanc yn Llanberis ddod ymlaen yn y cyfnod hwn pan oedd cyfiawnder ar ei brawf. Pe gwnaethant hynny byddai'r ardal yn well yn foesol ac yn ysbrydol (cym.)[70]

Yn ogystal â Lloyd George a'r Parch. John Williams, roedd nifer o hoelion wyth y genedl yn brysur yn annog dynion ifanc y wlad i ymrestru yn wythnosau cyntaf y rhyfel. Roedd un agwedd ar y fenter yn swyddogol: trefnwyd pwyllgorau recriwtio ar gyfer pob sir yng Nghymru, ac nid yw'n syndod darganfod enwau tirfeddianwyr a chyn-swyddogion y fyddin ar y rhain. Yr agwedd ddiddorol ar y mentrau hyn yw bod carfanau a fu gynt yn wrthwynebus (os nad yn elyniaethus) i ddosbarth y tirfeddianwyr wedi gallu rhoi eu gwahaniaethau o'r neilltu ac eistedd ar yr un pwyllgorau a siarad o'r un llwyfannau. Cafwyd anerchiadau gan lu o wleidyddion (gan gynnwys cynrychiolwyr y Blaid Lafur yn ogystal â

Rhyddfrydwyr a Cheidwadwyr) ac, yn achos Lloyd George, gan ei deulu hefyd.[71] Cynhaliwyd cyfarfod pwysig yng Nghaerdydd ar 29 Medi er mwyn gwireddu awgrym Lloyd George i godi 'byddin Gymreig', ac ar ôl araith ysbrydoledig gan y Canghellor, fe dderbyniwyd yn unfrydol y cynnig y dylai Cymru (gan gynnwys sir Fynwy) gael ei hystyried yn un uned ar gyfer pwrpas recriwtio. Tra diddorol yw nodi mai Esgob Edwards o Lanelwy a roddodd y cynnig nesaf gerbron y cyfarfod, sef y dylid sefydlu pwyllgor er mwyn trefnu'r corfflu Cymreig. Mae'r enwau a ddewisiwyd ar gyfer y pwyllgor hwn yn siarad cyfrolau. Ar y naill law ceir cynrychiolwyr o'r sefydliad ceidwadol, fel y Cadfridog McKinnon, Arglwyddi Plymouth, Penrhyn a Kenyon, Syr Watkin Williams-Wynn ac Edward Latham Bevan (archddiacon Aberhonddu); ar y llaw arall, o'r Blaid Lafur roedd William Brace AS, ac o'r Blaid Ryddfrydol, y Cadfridog Syr Ivor Herbert AS, Syr David Brynmor-Jones AS, Lloyd George a'i frawd William, a'r Parch. John Williams.

Cyfrannodd nifer o ddysgedigion a dynion mwyaf blaenllaw diwylliant Cymru i'r ymgyrch: rhai trwy eistedd ar y pwyllgorau recriwtio swyddogol, rhai trwy baratoi deunydd i ddarbwyllo dynion i ymrestru, a rhai trwy annerch cyfarfodydd. Siaradai O. M. Edwards mewn cyfarfodydd recriwtio ym Meirion o fis Medi 1914 ymlaen.[72] Cyfieithodd John Morris-Jones areithiau recriwtio a phropaganda arall i'r Gymraeg. Ymhlith ei gynorthwywyr yn y gwaith roedd Silyn Roberts, bardd a sosialydd.[73] O ran gweinidogion yr efengyl, yr enw mawr arall sydd yn amlwg yn adroddiadau'r papurau newydd yw'r Parch. Thomas Charles Williams, gweinidog y Capel Mawr, Porthaethwy (un arall a oedd yn Rhyddfrydwr pybyr ac yn gyfaill personol i Lloyd George).[74] Ar y rhestr yn *Y Goleuad* o wyth o weinidogion a fu wrthi'n annerch cyfarfodydd recriwtio erbyn canol Medi, enwau John Williams a T. Charles Williams yw'r cyntaf.[75]

Nid oedd ymwneud cymaint o weinidogion â'r ymgyrch recriwtio yn dderbyniol gan bawb, a hynny nid yn unig oherwydd y gorchymyn 'Na ladd' ond hefyd oherwydd y safbwynt traddodiadol na ddylid cymysgu crefydd a gwleidyddiaeth. Rhoddwyd sylw gan haneswyr Cymru i rai o'r amlycaf a wrthwynebai'r fath ymddygiad, er enghraifft, y Parch. Puleston Jones a'r Prifathro Thomas Rees, a nodwyd yr ymateb chwyrn a chas a dderbyniasant am fentro lleisio'u barn.[76] Mae'n amlwg bod nifer o ddeallusion yr enwadau yn anghyfforddus â'r sefyllfa er nad oeddent eisiau cael eu gweld yn gwrthwynebu ymgyrch Prydain. Codwyd amheuon gan olygydd *Seren Cymru* am briodoldeb ymglymiad y gweinidogion, gan nodi bod llawer yn credu mai 'mwy gweddaidd fuasai iddynt gadw at eu gwaith arbennig eu hunain a gadael y gorchwyl o gymell rhai i droi yn filwyr i eraill'. Fodd bynnag, yn yr adroddiad hwn, yn ogystal â dyfynnu sylwadau'r Prifathro Thomas Rees rhoddwyd yr un faint o ofod i anerchiad y Parch. T. C. Williams yn cyfiawnhau'r ymgyrch: 'Yn ddiddadl, y mae hon yn un o ryfeloedd yr Arglwydd.'[77]

Ffurfiwyd datganiad a grisialodd agweddau'r rhan helaethaf o arweinwyr yr Anghydffurfwyr ym mis Hydref 1914, mewn 'Apêl at Ŵyr Cymru' a gyhoeddwyd mewn nifer o bapurau Cymraeg, enwadol ac anenwadol. Noda'r rhagymadrodd mai barn bersonol yr awduron ydoedd ac nad oeddent 'yn honni siarad dros yr enwadau y perthynant iddynt': fodd bynnag, dywedyd 'y gellir edrych ar eu datganiad fel yn cynrychioli golygiadau y mwyafrif ar y rhyfel'.[78]

Ceir cyfiawnhad o benderfyniad Prydain i fynd i ryfel ('argyhoeddir ni nas gallai y Weinyddiaeth gymmeryd llwybr gwahanol i'r hyn gymerodd'), a sonnir am '[d]dull bwystfilaidd ac annynol' yr Almaenwyr o ymladd a sut mae 'Milwriaeth Prwssia yn elynol i bob Rhyddid, Gwareiddiad a Chrefydd'. Mae apêl felly gan yr awduron:

> yn arbennig at y rhai allant ddylanwadu ar bersonau cymmhwys i wasanaeth milwrol, nid yn unig i gydsynio i'w hanfon, ond, lle y caniata yr amgylchiadau, hyd yn oed i'w hannog i gynnyg eu gwasanaeth dros eu brenin a'u gwlad ar yr awr gyfwng hon yn ein hanes.

Gorffenna'r llythyr trwy lawenhau bod adran o'r fyddin bellach yn cael ei ffurfio a fydd yn caniatáu i'r Cymry 'feithrin eu delfrydau a'u nodweddion Cymreig yn y gwersyll' ac ymladd fel uned 'os daw galw'.

Yr enw cyntaf ar y rhestr o awduron yw'r Parch. John Williams, Brynsiencyn. Ceir enwau chwech o weinidogion eraill y Methodistiaid Calfinaidd, tri gweinidog Annibynnol, dau Fedyddiwr ac un Wesle; hefyd ceir enwau chwe lleygwr adnabyddus (pump yn Fethodistiaid Calfinaidd, un yn Annibynwr).

Felly, erbyn canol mis Hydref 1914, rhyw ddeg wythnos ers dechrau'r rhyfel, roedd nifer fawr o brif arweinwyr enwadau Cristnogol Cymru wedi datgan yn glir y dylai'r eglwysi ddefnyddio eu dylanwad i ddwyn perswâd ar ddynion ifainc i ymrestru. Wrth gwrs, ni ddylai neb feddwl bod hwn wedi bod yn benderfyniad hawdd, na chwaith, er bod y canlyniadau yn edrych yn hynod o annymunol i ni heddiw, eu cyhuddo o ymddwyn yn rhagrithiol. Mae nifer o'r ysgrifau ar y pwnc yn pwysleisio pa mor gas yw'r syniad o ryfel i'r awdur, ond wedi ystyried yn ddwys, bod goblygiadau peidio â gweithredu yn waeth.[79] Yr hyn sy'n amlwg yw bod y rhain yn amseroedd eithriadol, a gorfodwyd y dynion hyn i wneud penderfyniad, gan nad oedd yr opsiwn o eistedd ar y ffens ar gael iddynt. Nid oeddent yn rheoli'r sefyllfa, ac mae prawf o hyn i'w weld ar yr un dudalen o *Baner ac Amserau Cymru* ag sy'n cynnwys y llythyr uchod, lle ceir disgrifiad o erledigaeth yr Athro Ethé, Almaenwr, gan drigolion Aberystwyth.[80] Rhyfedd yw darllen adroddiadau gan sylwebyddion sydd yn cymeradwyo gweithredoedd y dorf yn bygwth yr athro. 'Nis gallwn yn ein byw weled rheswm dros feio pobl Aberystwyth, ond beiwn y Dr. Ethe am ddychwelyd o gwbl hyd nes y darfyddai'r rhyfel,' ysgrifennodd Tegerin yn *Y Darian*.[81] 'Credwn fod y dyn ar y stryd yn Aberystwyth yn deall y safle yn well na'r rhai fu yn helpu i gael Dr. Ethe yn ol,' meddai *Y Cymro*. 'Mae presenoldeb unrhyw ddyn, bydded ei safle y peth y bo, sydd yn ddeiliad i Ymerawdwr Germani, yn rhywbeth annymunol yn sefyllfa bresennol pethau.'[82] Gyda'r fath awyrgylch wenwynig, ddialgar ar led, fe wthiwyd arweinwyr cymdeithas i fabwysiadu safbwyntiau cyhoeddus digyfaddawd.[83]

Yr hyn sy'n taro'r darllenydd wrth bori trwy'r papurau yw sut y mae *cymaint* yn digwydd mewn cyfnod byr i gynnig pob math o heriau i'r drefn sefydlog. Nid oedd y sefyllfa o dan reolaeth neb mewn awdurdod; nid oedd neb yn gallu darogan o ba gyfeiriad y byddai'r argyfwng nesaf yn dod, na chwaith sut y byddai pethau yn datblygu. Fodd bynnag, os oedd dyn yn derbyn nad oedd llywodraeth Prydain wedi ysu am ryfel (yn wahanol i'r Almaen), a bod gweithrediadau'r milwyr yn amddiffynnol ac yn anrhydeddus (eto, yn wahanol i'r Almaen), yna mae'r strategaeth o glosio at y llywodraeth honno a'i dymuniad yn gwneud synnwyr. Yn wir, pe na cheisiai sefydliadau o bwys glosio at y llywodraeth, beth fyddai'r canlyniad? Anhrefn, a hwyrach fuddugoliaeth i'r gelyn? O'r safbwynt hwn, nid oedd fawr o ddewis gan arweinwyr yr enwadau.

Mae un agwedd allweddol arall i'w hystyried yng nghyd-destun misoedd cyntaf y rhyfel, a honno yw'r elfen o ymryson i ddangos teyrngarwch sydd yn ymhlŷg yn y disgwrs. Mae tuedd i bob carfan floeddio yn y papurau newydd a gefnogai'r rhyfel (hynny yw, y mwyafrif) am eu cyfraniad teilwng hwythau at yr ymgyrch. Gweithreda'r egwyddor hon ar sawl lefel. Yr uned ehangach i'w hystyried yw Cymru: roedd awydd i ddangos bod cyfraniad y Cymry at yr ymgyrch cystal â chyfraniad gwledydd eraill y Deyrnas Unedig, ac felly roedd modd i areithwyr herio dynion Cymru i ddangos eu gwladgarwch Cymreig trwy ymrestru. Wrth reswm, mae hyn yn amlwg yn araith enwog Lloyd George i Gymry Llundain, ac mae hefyd yn blaen ac agored yn nifer o'i apeliadau eraill ar y Cymry. Wrth siarad yng Nghricieth mewn cyfarfod recriwtio ar 24 Medi 1914 datganodd mai'r Alban oedd 'ar y blaen mewn ymuno. Deuai Lloegr yn ail, Cymru yn drydydd, a'r Ynys Werdd yn olaf. Ond yr oedd y Gwyddelod yn dylifo i ymuno y dyddiau hyn', ac felly perygl y byddai Cymru'n llithro i waelod y rhestr.[84] Mae llu o enghreifftiau o bropaganda sydd yn chwarae ar yr ymdeimlad cenedlaethol Cymreig ac sy'n defnyddio cymeriad Lloyd George er mwyn annog dynion ifanc Cymru i ymrestru. Gweler, er enghraifft, cartwnau J. M. Staniforth yn y *Western Mail* fel yr un gyda'r teitl 'Equal to the Occasion' ar 30 Medi 1914, lle mae Lloyd George yn gofyn i Dame Wales am 40,000 o ddynion ar gyfer y ffrynt: ei hateb hithau yw 'Certainly sir... When shall I send them, sir?'

Ymfalchïai adroddiadau yn y papurau lleol hefyd fod eu rhan hwy o Gymru yn gwneud ei dyletswydd. Roedd golygydd y *Cambrian Daily Leader* ar ben ei ddigon ar ddechrau Rhagfyr 1914 pan ddatganodd Lloyd George fod Cymru wedi symud i frig y rhestr o ran recriwtio, ond fe nododd mai'r Cymry diwydiannol a threfol oedd wedi gwneud eu dyletswydd: 'Rural Wales has not come up to expectations.'[85] Roedd yr elfen o ymryson hefyd yn weithredol ar lefel sirol. Ymfalchïai nifer o erthyglau yn y papurau newydd lleol am gyfraniad y sir at yr ymgyrch filwrol, neu, fel yn achos araith Vaughan Davies AS i gyfarfod yn Llanbedr Pont Steffan ar 9 Medi, yn pwysleisio bod yn rhaid i'r sir weithredu neu gael ei hystyried yn destun gwawd gan eraill.[86]

Ceir llu o eitemau hefyd sydd yn clodfori tref a phentref am wneud eu rhan yn y rhyfel – 'nid oes eisiau i neb gywilyddio am y rhan y mae ein tref yn gymeryd yn y rhyfel hon,' meddai gohebydd Caergybi yn *Yr Herald Cymraeg*.[87] Yn ddigon aml fe ddaw'r sylwadau i amddiffyn anrhydedd y dref rhag honiadau eraill nad ydyw wedi gwneud cystal. Felly nododd y *Llangollen Advertiser* fod trigolion Caernarfon yn anfodlon â'r cyhuddiad fod cyn lleied o ddynion y dref wedi ymrestru, gan fynd ymlaen i honni bod o leiaf 570 o Gofis yn gwasanaethu, nid y 50 a grybwyllwyd gan eraill.[88]

Roedd yr ysbryd cystadleuol hwn i ddangos teyrngarwch arbennig eu milltir sgwâr hefyd yn weithredol mewn agweddau eraill. Yn yr ardaloedd diwydiannol, lle roedd cwmnïau mawr, roedd gornest ymysg y gweithleoedd i ddangos pa un oedd yn cyfrannu'r mwyaf. Yn nhudalennau'r *Cambrian Daily Leader* (papur newydd Abertawe a'r cylch) ym misoedd olaf 1914 ceir sawl tudalen o 'Roll of Honour' yn nodi enwau 'Swansea's sons who are doing their duty', ac fe drefnir y rhestrau fesul gweithle.[89] Yn rhifyn 14 Medi ceir rhestr o'r wyth o staff y papur newydd a oedd wedi gwirfoddoli, a'r pedwar oedd yn ymbaratoi i wneud; yna ceir enwau dros 200 o weithwyr y British Mannesman Tube Co. oedd wedi ymrestru.[90]

Mae'n amlwg hefyd fod ymryson rhwng clybiau a chymdeithasau i ddangos eu gwladgarwch. Yn y 'Rolls of Honour' yn y *Cambrian Daily*

Leader, yn ogystal â'r rhai sy'n rhestru fesul gweithle mae rhai sy'n rhestru fesul clwb neu chwaraeon. Yn rhestr 23 Hydref ceir enwau 25 o chwaraewyr rygbi (a'r clybiau roeddent yn eu cynrychioli), wyth nofiwr (a'u clybiau), tri chwaraewr pêl-droed clwb Abertawe ac un paffiwr.[91] Mae astudiaethau eraill wedi dangos sut y portreadwyd rygbi fel y gamp 'deyrngar', am fod y clybiau wedi atal chwarae eu gemau, tra oedd pêl-droed, y gamp 'annheyrngar', wedi parhau i gynnal cynghrair broffesiynol.[92] Roedd papurau newydd de Cymru yn cyd-fynd â'r naratif hwn yn 1914, gan bardduo'r clybiau pêl-droed a cheisio eu cywilyddio i atal chwarae.[93] Ar y llaw arall, cafwyd clod i'r clybiau rygbi a gyfrannodd eu chwaraewyr, fel clybiau Baycliffe, Mynyddbach a Mansel yn ardal Abertawe, a ddatganodd fod bron pob un o'u chwaraewyr wedi ymrestru.[94]

Felly rhoed bri yn y papurau newydd ar y sefydliadau a gefnogai'r ymgyrch recriwtio, a gwarth ar y rhai nad oeddent yn gwneud eu cyfraniad. Roedd yr ysbryd o ymryson a hybwyd gan y fath awyrgylch yn broffidiol iawn i'r broses recriwtio. Sylwyd ar hyn ar y pryd gan ohebydd *The Times*, wrth iddo deithio i Gwm Rhondda i weld sut hwyl oedd ar y recriwtio yno, a sut roedd rhengoedd y Welsh Army Corps yn llenwi. Nododd, mewn amryw ffyrdd, natur Gymreig yr ymgyrch recriwtio, a'r bathodynnau o Gymreictod a wisgai'r recriwtiaid, a hefyd fod apêl arbennig yn cael ei gwneud 'to the local patriotism of each Welsh county'. Sylwodd ar y ffordd roedd chwarelwyr y gogledd yn cael eu hannog i wneud cystal â 'splendid response' glowyr y de. Yr hyn a nododd yn arbennig oedd yr ymryson rhwng y capeli a'r Eglwys i ddangos eu teyrngarwch:

> There is the keenest rivalry between Churchpeople and Nonconformists as to which will supply the larger number of recruits. It is claimed that of those who have enlisted so far seven out of every 10 are Churchmen. This is hotly contested. I have been told of purely Nonconformist villages with 400 inhabitants which have given 40 or 50 young men, headed by the minister's son or the Sunday-school teacher....
>
> All this healthy rivalry between classes and creeds helps towards the accomplishment of a great patriotic undertaking.[95]

Mae'r ysbryd hwn o ymryson yn ein cynorthwyo i ddeall gweithredoedd John Williams a'i debyg yn well. Yn wir, mae olion yr ysbryd o ymryson i'w weld yn ei areithiau recriwtio. Wrth ddadansoddi ei araith i gynulleidfa yn neuadd tref Pwllheli ar brynhawn dydd Sadwrn, 1 Mai 1915, gallwn ganfod ymryson, ar sawl lefel, yn y rhethreg sydd yn herio'i gynulleidfa i wirfoddoli. Cyflwynodd Williams her uniongyrchol i amaethwyr y wlad, gan nodi bod 'y gweithfeydd glo, y chwarelau, y banciau a'r swyddfeydd mawrion yn y trefi yn anfon eu dynion i ymladd'. Roedd yr her yn uniongyrchol i wryweidd-dra ei gynulleidfa: 'GWAE Y DYN na wna aberthu yn yr argyfwng hwn', meddai'r adroddiad. Nododd gyfraniad arbennig dau o'i gyfeillion i'r ymgyrch, un a oedd wedi 'rhoddi chwech o'i feibion' a'r llall wedi 'rhoddi pump o feibion'. Roedd ei apêl yn codi cywilydd ar ddynion lleol ac yn eu herio i gynnig eu hunain. 'Os yw pobl Canada ac Awstralia yn ymladd drosom, ac os yw ein dynion ieuainc yn rhoddi i fyny safleoedd pwysig PA GYDWYBOD SYDD GAN BOBL LLANAELHAIARN i aros gartref a gadael i eraill roddi eu bywydau drostynt?'

Dro ar ôl tro, mae ei araith yn pwysleisio cyfiawnder yr achos y bydd dynion Cymru yn ymladd drosto. Dro ar ôl tro, mae'n pwysleisio mai brwydr dros egwyddorion Cristnogol yw hon, ac mai amddiffyn eu hetifeddiaeth Gristnogol mae'r Cymry ar faes y gad. Mae'n cyplysu'r syniadau hyn ag ieithwedd wladgarol: 'Os collwn yn y frwydr hon bydd i'n hiaith gael ei sarhau a'i hanwybyddu a'n crefydd ei diraddio. Yr oeddym yn perthyn i'r deyrnas lanaf, loewaf, a'r oreu dan haul y nefoedd (cymeradwyaeth).'[96]

Mae ystyried y pwysigrwydd o ymryson tra'n dadansoddi patrymau recriwtio yng Nghymru yn ein hatgoffa bod nifer o ffactorau yn weithredol wrth i ddynion benderfynu a ddylent ymrestru ym misoedd cyntaf y rhyfel. Cofier, gan ein bod yn canolbwyntio ar gyfnod cynnar y rhyfel, cyn bod gorfodaeth filwrol mewn grym, mai *gwirfoddolwyr* oedd y dynion hyn. Hyd yma, rhoddwyd y pwyslais gan mwyaf ar ffactorau eang, a weithredai ar lefel genedlaethol, ac ar ddynion, fel Lloyd George a John Williams, a geisiodd ddylanwadu ar gynulleidfa eang. Fodd bynnag, cyfyd y cwestiwn o ba mor ddylanwadol oedd y pwysau hwn 'o'r top' o'i gymharu â'r pwysau a ddaeth yn lleol, gan gymrodyr yn ogystal â chan arweinwyr lleol. Cwestiwn dyrys iawn yw hwn: gan nad yw'r rhelyw o'r gwirfoddolwyr wedi gadael unrhyw dystiolaeth gyfredol sy'n egluro eu penderfyniad (a chan fod y sylwadau sydd ar gael ar y testun gan gynfilwyr flynyddoedd yn ddiweddarach yn amheus), sut gallwn ni fod yn sicr pam y penderfynodd unigolyn mewn man arbennig ar adeg arbennig ymrestru?[97]

Ar un olwg, gellir ystyried dwyster ymgyrch John Williams i recriwtio dynion siroedd y gogledd fel mesur o'i aflwyddiant. Roedd yntau wrthi, bron yn ddiflino, yn annerch cyfarfodydd cyhoeddus ac oedfaon yn enwedig yn ei sir enedigol, ond fel y noda ei gofiant, 'araf iawn oedd bechgyn parthau gwledig Môn i ymrestru'.[98] Os nad oedd eilun mwyaf y pulpud yn gallu darbwyllo dynion ei filltir sgwâr i ymrestru, a allwn ddisgwyl y byddai pregethwyr llai eu bri yn llwyddo? Awgrymaf na fyddai hyn yn digwydd ond pan oedd y dynion hyn yn agored i ymrestru oherwydd swm y ffactorau eraill a oedd yn dylanwadu arnynt ar y pryd.

Dyma'r fan i gyflwyno rhai sylwadau sydd yn deillio o astudio nifer fawr o batrymau recriwtio yng Nghymru: rhai ohonynt yn gadarn, a rhai yn ddamcaniaethol. Y sylw cyntaf, na ellir ei amau, yw bod y patrymau recriwtio yng Nghymru yn gymhleth iawn, yn awgrymu llu o wahaniaethau lleol a newidiodd dros amser, a hynny nid yn unffurf ar draws y wlad. Hyd yn oed yn wythnosau cyntaf y rhyfel, pan mae rhai astudiaethau yn honni bod y Cymry wedi ymrestru 'yn orhoenus lawen', mae ymchwilio'n ofalus yn dangos nad oedd ymateb unffurf ar draws Cymru, a dim ond mewn ychydig o lefydd, a hynny am gyfnod byr, y mae un yn gallu darganfod ysbryd jingoistaidd. Yn gyffredinol, ni chroesawyd dechrau'r rhyfel â bloedd o gymeradwyaeth, ond ag ofnau a chan ystyried yn ddwys gyfrifoldebau, peryglon a dyletswydd.[99] Yn y mannau lle mae'n ymddangos bod mwy o frwdfrydedd, gellir awgrymu rhesymau arbennig dros hyn. Ym maes glo'r de, er enghraifft, rhaid ystyried yr ysbryd cystadleuol a oedd yn nodweddiadol o'r gymdeithas arbennig honno, a'r pwyslais a roddid ar wryweidd-dra mewn cymunedau a chanddynt warged o ddynion ifanc, di-briod, anturus. Cofier hefyd y ffaith fod eu gwaith yn y pyllau yn annymunol a pheryglus. Felly, er gwaethaf cyflwr llewyrchus yr economi yn yr ardaloedd glofaol, gwelwyd rhuthr i'r fyddin.

Hefyd ym misoedd cyntaf y rhyfel, amlygwyd gwahaniaeth rhwng y Gymru ddiwydiannol a'r Gymru wledig – neu efallai y dylid ystyried hwn yn wahaniaeth rhwng yr ardaloedd â phoblogaeth gryno a'r rheiny â phoblogaeth wasgaredig – gyda'r ymateb yn amlycach yn yr ardaloedd a oedd â chysylltiadau gwell ac felly'n fwy agored i ddylanwadau o'r tu allan. Eto, nid yw hwn yn ddosbarthiad heb ei gymhlethdodau, gyda nifer o eithriadau am resymau lleol. Er enghraifft, awgrymir nad oedd brwdfrydedd dros y rhyfel yn ardal chwarelau Dyffryn Ogwen oherwydd mai'r Arglwydd Penrhyn oedd prif symbylydd yr ymgyrch recriwtio, ac roedd ei enw yntau'n peri ymateb negyddol gan drigolion Bethesda a'r cylch.[100]

Ym mhob man, roedd ffactorau economaidd lleol yn bwysig wrth gyflyru ymateb y dynion (er, fel y gwelwyd yn achos y maes glo, nid oeddent yn *hollbwysig*). Mewn nifer o fannau, profodd dechrau'r rhyfel yn andwyol i'r diwydiant lleol: un enghraifft o hyn yw'r ardaloedd tunplat, a gollodd rai o'u marchnadoedd tramor pwysicaf (sef yr Almaen, Awstria a Rwsia).[101] Er bod rhaid gochel rhag gorsymleiddio, gellir gweld cysylltiad amlwg rhwng yr amgylchiadau economaidd ym Mhontardawe a'r raddfa recriwtio. Yn ail hanner mis Awst 1914 roedd o gwmpas mil o ddynion yn ddi-waith yn y dref, wrth i nifer o adrannau ffatri Gilbertsons gau.[102] Ysgrifennodd prif weithredwr y cwmni i'r papur lleol ar ddechrau Medi yn annog dynion ifainc i ymrestru, gan nad oedd rhagolwg am waith yn y tymor byr, ac yn addo y byddai'r cwmni yn gofalu am deuluoedd y gwirfoddolwyr; nododd rhestr ym mis Hydref fod 59 o weithwyr y cwmni wedi ymrestru.[103]

Mae'r darlun, felly, yn un cymhleth, gyda nifer o ffactorau yn cael effaith gynyddol ar y dynion dros fisoedd cyntaf y rhyfel. Felly nid yw'n bosibl datgymalu effeithiau'r dylanwadau lluosog er mwyn mesur pa wahaniaeth wnaeth cefnogaeth y capeli. Gellir enwi dynion a ymrestrodd ym mis Medi 1914 a oedd yn aelodau o gapel (a ddarparodd nifer o wirfoddolwyr), yn chwaraewyr rygbi (dros glwb lle y gwirfoddolodd pob un o'r tîm) ac yn lowyr (i gwmni a ymfalchïai yn y nifer a aeth i'r fyddin o'r pwll).[104] Petasai'r capeli yn yr achosion hyn wedi datgan eu gwrthwynebiad egwyddorol i'r rhyfel, gellir dadlau y byddai pethau wedi datblygu'n wahanol, ond nid oes modd profi'r fath osodiad *counter-factual*.

Cyfnewidiol ac ansefydlog oedd y sefyllfa, gyda safbwyntiau yn datblygu, yn aml yn gyflym iawn, mewn ymateb i ddigwyddiadau a oedd y tu hwnt i reolaeth neb. Mae'r hanes yn dangos mai cymaint oedd yr her fel bod y mwyafrif o leisiau dylanwadol y byd Anghydffurfiol Cymreig yn darganfod bod yn rhaid cefnu ar y safbwynt heddychol a oedd gynt wedi bod yn elfen mor amlwg yn y disgwrs. Felly, ai parablu di-werth oedd y rhethreg gynt am heddwch? Wedi ystyried y dystiolaeth yn ofalus, ateb Densil Morgan yw bod atgasedd yr Anghydffurfwyr tuag at rhyfel yn gwbl ddilys, 'neither superficial nor hypocritical'.[105]

Er ei fod eisoes wedi derbyn llawer o sylw, ystyriwn sefyllfa a gweithredoedd y Parch. John Williams yn ofalus. A gawn ni dderbyn bod Williams yn ddiffuant pan oedd yn datgan fod y syniad o ryfel yn atgas ganddo, a'i fod yn ddiffuant yn ei gred bod achos Prydain yn un teilwng, yn bennaf oherwydd yr adroddiadau am ymddygiad gwarthus yr Almaenwyr?[106] Rhoddwyd yntau, felly, mewn cyfyng-gyngor, ond roedd ffactorau eraill i'w hystyried. Roedd rhai ystyriaethau yn bersonol eu naws, fel ei gyfeillgarwch â (neu hwyrach ei ufudd-dod i) Lloyd George, a hefyd ystyriaethau hunanol, fel y bri o gael ei benodi ar bwyllgorau swyddogol ac i dderbyn teitlau newydd (a hefyd iwnifform). Ond efallai mai'r ffactor trechaf oedd yr angen i'r enwadau Anghydffurfiol gael eu *gweld* yn cefnogi'r awdurdodau Prydeinig i'r eithaf yn eu brwydr yn erbyn yr Almaen. Yn amlwg, roedd mawrion yr Eglwys yng Nghymru yn uchel eu cloch am eu cyfraniad hwythau i'r ymgyrch, ac yn gwrthgyferbynnu eu hagwedd â safbwynt yr Anghydffurfwyr er mwyn dwyn pwysau ar y gwleidyddion i wrthdroi'r Ddeddf Datgysylltu. Fel yr un a ystyrid yn eilun ac yn arweinydd Anghydffurfiaeth, rhoddwyd cyfrifoldeb mawr ar ysgwyddau John Williams.

Yn hynny o beth, mae tebygrwydd amlwg i'r hyn a ddigwyddodd yn Iwerddon. Yno, fe floeddiai Unoliaethwyr Ulster am eu ffyddlondeb i'r deyrnas, gan drefnu bod yr Ulster Volunteer Force (a oedd wedi bod yn paratoi i ymladd yn erbyn Ymreolaeth i'r ynys) yn ymuno â'r fyddin fel cnewyllyn y 36th (Ulster) Division. Yn wleidyddol, nid oedd modd i John Redmond, arweinydd cenedlaetholwyr Iwerddon, adael i'r Unoliaethwyr fod yr unig rai o'r ynys i gefnogi achos Prydain ac felly, gan bwysleisio mai rhyfel dros hawliau cenhedloedd bychain oedd hwn, fe drosglwyddwyd yr Irish Volunteers i'r ymgyrch.[107] I'r ddwy ochr, roedd dyfodol Mesur Ymreolaeth yn y fantol.

Tybed a allwn felly ystyried bod sefyllfa'r Parch. John Williams yn gyffelyb i sefyllfa John Redmond? Gyda gwrthwynebwyr y deddfau a basiwyd ac a ohiriwyd ar 18 Medi 1914 yn cael eu gweld fel llu ffyddlon a theyrngar, onid oedd yn rhaid i'r rhai a oedd wedi bod yn ymgyrchu ers degawdau dros y deddfau hyn hefyd ddangos eu teyrngarwch i'r eithaf?

Nid oedd John Williams ar ei ben ei hun, fel y nodwyd, na chwaith yn amddifad o gefnogaeth gyffredinol gan haenau amrywiol o fewn cymdeithas. Wrth ddarllen yr adroddiadau am ei areithiau gwelir pa mor aml roedd y gynulleidfa yn datgan ei chymeradwyaeth, ac yn gweiddi 'clywch clywch'. Mae'r ffaith hon yn adlewyrchu nid yn unig gefnogaeth unigolion yn y dorf ond hefyd gefnogaeth y papurau newydd, a geisiai drosglwyddo'r neges i'r darllenwyr bod agwedd Williams i'w chymeradwyo. Mewn cyfnod o argyfwng, pan nad oedd neb yn gallu darogan pa dro fyddai nesaf yn hanes y rhyfel, fe dderbyniodd y rhan fwyaf o ddynion dylanwadol y sgript a gyflwynwyd gan yr awdurdodau canolog. Wrth edrych yn ôl, fe allwn feirniadu'r dynion hyn am fod yn llawer rhy fodlon i gydymffurfio, gan dynnu gwawd ar eu hegwyddorion 'Anghydffurfiol'. Efallai nad oes modd esgusodi gweithredoedd Williams a'i gyfeillion: ni ellir anghytuno bod y rheiny a recriwtiai o'r pulpud yn camddefnyddio eu hawdurdod ac yn y pen draw eu bod yn rhannol gyfrifol am farwolaethau aelodau o'u praidd a syrthiodd ar faes y gad. Nid esgusodi a wneir, felly, ond egluro nad oedd amgylchiadau yn caniatáu dewis amlwg arall i'r arweinwyr. Fel pawb a faglwyd yn yr amseroedd eithriadol hynny, roedd cyfyngiadau ar eu rhyddid i wneud penderfyniadau. O'u safbwynt hwy roedd dewis ganddynt rhwng dau lwybr, sef cefnogi'r ymgyrch filwrol neu ymwrthod â'r rhyfel. Nodweddid y llwybr cyntaf gan gysyniadau fel 'anrhydedd' a 'dyletswydd', gyda chymeriadau fel Lloyd George eisoes wedi camu ar ei hyd-ddo gan amneidio ar ei gydwladwyr i ddilyn. Arweiniai'r ail lwybr i gyfeiriad heb unrhyw sicrwydd ymgylch pen y daith. Wrth edrych yn ôl heddiw fe allwn resynu eu bod wedi dilyn y llwybr a ddewiswyd ganddynt. Ond fe allwn eu deall hefyd.

Nodiadau

1. T. J. Jones, 'Welsh Nonconformists and the War', *Western Mail*, 25 Ionawr 1915, 7.
2. 'Adnoddau Rhyfel', *Herald Cymraeg*, 15 Mehefin 1915, 8.
3. Aled Jôb, 'John Williams, Brynsiencyn a'r Rhyfel Byd Cyntaf', *Barn*, 310 (Tachwedd 1988), 10.
4. Densil Morgan, *The Span of the Cross: Christian Religion and Society in Wales 1914–2000* (Caerdydd: University of Wales Press, 1999), t. 60; Robert Pope, 'Christ and Caesar? Welsh Nonconformists and the State, 1914–1918', yn Matthew Cragoe a Chris Williams (goln), *Wales and War: Society, Politics and Religion in the Nineteenth and Twentieth Centuries* (Caerdydd: University of Wales Press, 2007), tt. 165–83, 175–8; Robert Pope, '"Duw ar Drai ar Orwel Pell": Capeli Cymru a'r Rhyfel Mawr', *Y Traethodydd*, 711 (hydref 2014), 213–30, 222–5.
5. Pope, 'Welsh Nonconformists and the State', tt. 170, 171.
6. Harri Parri, *Gwn Glân a Beibl Budr: John Williams, Brynsiencyn a'r Rhyfel Mawr* (Caernarfon: Gwasg y Bwthyn, 2014), t. 9.
7. Am y ffigyrau, gweler Morgan, *The Span of the Cross*, tt. 17–22.
8. R. Tudur Jones, *Ffydd ac Argyfwng Cenedl: Hanes Crefydd yng Nghymru 1890–1914, Cyfrol 1: Prysurdeb a Phryder* (Abertawe: Tŷ John Penry, 1981); *Cyfrol 2: Dryswch a Diwygiad* (Abertawe: Tŷ John Penry, 1982). Gweler y crynhoad o'r ddadl hon ym mhennod 1 y gyfrol gyntaf, tt. 15–24.
9. Henry Richard, *Letters on the Social and Political Condition of Wales* (Llundain: Jackson, Walford and Hodder, 1867).
10. Aled Gruffydd Jones, 'Y Wasg Gymreig yn y Bedwaredd Ganrif ar Bymtheg', yn Geraint H. Jenkins (gol.), *Cof Cenedl III* (Llandysul: Gwasg Gomer, 1988), tt. 89–116, 106–12.
11. Am fanylion bywyd a gwaith Henry Richard gweler Matthew Cragoe, 'Henry Richard (1812–1888)', yn yr *Oxford Dictionary of National Biography* (ar gael ar-lein: *http://www.oxforddnb.com/view/article/23527* (cyrchwyd Awst 2015)), neu Ieuan Gwynedd Jones, *Henry Richard: Apostol Heddwch* (Llangollen: Cymdeithas y Cymod yng Nghymru, 1988).

12. Pope, 'Capeli Cymru a'r Rhyfel Mawr', 215.
13. Gweler fy mhennod '"Ein Hymerodraeth ni" ("Our Own Empire")? Ideas of Empire in Welsh-language newspapers, c.1857–1890', yn Huw Bowen (gol.), *Wales and the British Empire, vol. 2* (Manceinion: Manchester University Press, i'w gyhoeddi).
14. Morgan, *The Span of the Cross*, t. 285, n. 37.
15. Kenneth O. Morgan, *Wales in British Politics, 1868–1922* (Caerdydd: University of Wales Press, 1970), t. 269.
16. Morgan, *Wales in British Politics*, tt. 178–81.
17. Matthew Cragoe, '"Brimful of patriotism": Welsh Conservatives, the South African War and the "Khaki" election of 1900', yn Matthew Cragoe a Chris Williams (goln), *Wales and War: Society, Politics and Religion in the Nineteenth and Twentieth Centuries* (Caerdydd: University of Wales Press, 2007), tt. 101–25, 112.
18. John Grigg, *Lloyd George: From Peace to War, 1912–1916* (Llundain: Methuen, 1985), tt. 128–9.
19. Gweler, e.e., crynodeb E. Morgan Humphreys yn *Gwŷr Enwog Gynt* (Aberystwyth: Y Clwb Llyfrau Cymraeg, 1950), tt. 17–18.
20. David Lloyd George, *War Memoirs of David Lloyd George* (Llundain: Odhams Press, 1938), tt. 6–9.
21. Andrew Suttie, *Rewriting the First World War* (Basingstoke: Palgrave Macmillan, 2005), tt. 32–6.
22. Gethin Matthews, '"Byddin Gymreig yn y Maes" – Lloyd George ac Araith y Queen's Hall, 19 Medi 1914', ar gael ar-lein, https://historyclassics.wordpress.com/2014/10/10/byddin-gymreig-yn-y-maes-lloyd-george-ac-araith-y-queens-hall-19-medi-1914 / (cyrchwyd Awst 2015).
23. Gordon Corrigan, *Mud, Blood and Poppycock: Britain and the First World War* (Llundain: Cassell, 2004), t. 310.
24. Gerwyn Wiliams, *Y Rhwyg: Arolwg o Farddoniaeth Gymraeg ynghlych y Rhyfel Byd Cyntaf* (Llandysul: Gwasg Gomer, 1993), tt. 21–2.
25. David A. Pretty, *Rhyfelwr Môn* (Dinbych: Gwasg Gee, 1989), yn enwedig tt. 65–72.
26. Ar yr un dudalen â'r adroddiad am hyn yn yr *Amman Valley Chronicle* wele'r pennawd 'At last! Welsh Disestablishment Passed': *Amman Valley Chronicle*, 24 Medi 1914, 6.
27. Am enghreifftiau o hyn o fis Tachwedd 1914, gweler Dewi Eirug Davies, *Byddin y Brenin* (Abertawe: Tŷ John Penry, 1988), tt. 62–3.
28. Ar gyfer ei erthygl yn *Y Bywgraffiadur Ar-lein*, gweler http://yba.llgc.org.uk/cy/c-EDWA-GEO-1848.html (cyrchwyd Awst 2015). Sylw pigog W. J. Gruffydd amdano oedd 'y dyn mwyaf trychinebus a welodd Cymru erioed' (dyfynnwyd yn T. I. Ellis, *Ym Mêr Fy Esgyrn* (Lerpwl: Gwasg y Brython, 1955), t. 41).
29. 'Bishop Rebuked', *Haverfordwest and Milford Haven Telegraph*, 16 Medi 1914, 3.
30. 'War Notes', *North Wales Chronicle*, 18 Medi 1914, 5.

31. Gweler 'Welsh Church Act – Bishops' Message to the Clergy', *North Wales Chronicle*, 25 Medi 1914, 3 (ar yr un dudalen gweler hefyd llythyr chwerw ar y pwnc gan W. Ormsby-Gore, AS Ceidwadol Bwrdeistrefi Dinbych).
32. 'Blaenau Ffestingog – Swn y Rhyfel', *Y Llan*, 9 Hydref 1914, 3.
33. 'Nodion o Gaerdydd a'r Deheudir', *Y Cymro*, 23 Medi 1914, 7.
34. 'Churches and War', *Cambrian Daily Leader*, 1 Rhagfyr 1914, 6.
35. 'Teyrngarwch yr Eglwyswyr', *Herald Cymraeg*, 27 Hydref 1914, 5. Gweler hefyd 'Dadgysylltiad yr Eglwys', *Herald Cymraeg*, 13 Hydref 1914, 5.
36. 'Mesur Dadgysylltiad ar Waith', *Y Llan*, 4 Rhagfyr 1914, 2.
37. 'Yr Eglwys ac Ymrestru', *Y Llan*, 27 Tachwedd 1914, 6.
38. 'Nodion Cymreig', *Y Cymro*, 23 Rhagfyr 1914, 1.
39. Gweler, e.e., 'Welsh Disestablishment and the War', *Llangollen Advertiser*, 29 Ionawr 1915, 4.
40. 'Torri ar yr Heddwch', *Seren Cymru*, 19 Chwefror 1915, 8.
41. T. J. Jones, 'Welsh Nonconformists and the War', *Western Mail*, 25 Ionawr 1915, 7.
42. Parch. Walter T. Medhurst a J. B. Maddocks, 'Welsh Nonconformists and the War', *Western Mail*, 27 Ionawr 1915, 7.
43. J. M. Davies, 'Welsh Nonconformists and the War', *Western Mail*, 30 Ionawr 1915, 9; 'Ymneilltuwyr a'r Fyddin', *Seren Cymru*, 19 Chwefror 1915, 8. Am Joseph Morlais Davies, gweler D. Mervyn Himbury, *The South Wales Baptist College (1807–1957)* (Llandysul: Lewis, Gomerian Press, 1957), t. 87.
44. 'Dadgysylltiad', *Yr Herald Cymraeg*, 16 Mawrth 1915, 5; 'Deddf Dadgysylltiad', *Dinesydd Cymreig*, 17 Mawrth 1915, 6; Morgan, *Wales in British Politics*, tt. 278–9.
45. 'Mesur Gohirio Dadgysylltiad', *Y Genedl Gymreig*, 23 Mawrth 1915, 7. Nid yw'n syndod bod y pedwar a groesawodd yr oedi yn bapurau ceidwadol a/neu Eglwysig eu naws (*Y Llan*, *Western Mail*, *Carnarvon and Denbigh Herald*, *North Wales Chronicle*).
46. 'Dadgysylltiad' a 'Cymeradwyaeth yr Wrthblaid', *Y Genedl Gymreig*, 23 Mawrth 1915, 7.
47. 'Mesur Oedi Dadgysylltiad a Dadwaddoliad', *Y Genedl Gymreig*, 23 Mawrth 1915, 7; 'Protest Ymneilltuwyr Cymru', *Yr Udgorn*, 31 Mawrth 1915, 3.
48. Morgan, *Wales in British Politics*, t. 279.
49. Am achlysuron pan ddaeth y mater i sylw'r papurau newydd unwaith eto, gweler e.e. llythyr Evan Williams, 'Dadgysylltiad mewn Perygl' yn *Yr Herald Gymraeg*, 27 Mehefin 1916, 7, a'r *Genedl Gymreig*, 27 Mehefin 1916, 7; 'Dadgysylltiad', *Y Goleuad*, 9 Mawrth 1917, 4; 'Dadgysylltiad', *Y Cymro*, 30 Mai 1917, 11; 'Dadgysylltiad a Dadwaddoliad', *Y Goleuad*, 4 Ionawr 1918, 2.
50. Davies, *Byddin y Brenin*, yn enwedig tt. 35–42.
51. Richard Toye, 'Lloyd George's War Rhetoric, 1914–1918', *Journal of Liberal History*, 77 (gaeaf 2012–13), 24–9, 26. Gweler hefyd fy nadansoddiad yn 'Lloyd George ac Araith y Queen's Hall, 19 Medi 1914'.

52. John Morris-Jones (gol.), *Gwlad fy Nhadau* (Llundain: Hodder & Stoughton, 1915).
53. 'Apel at Gymru Wen', *Western Mail*, 8 Awst 1914, 8.
54. Cyhoeddwyd yr apêl yn ddiweddarach yn *Yr Herald Gymraeg*, 11 Awst 1914, 8; *Y Cloriannydd*, 12 Awst 1914, 4; *Y Darian*, 13 Awst 1914, 6; *Amman Valley Chronicle*, 13 Awst 1914, 6; *Y Dydd*, 14 Awst 1914, 3; *Llais Llafur*, 15 Awst 1914, 1; *Y Drych*, 27 Awst 1914, 8.
55. Pope, 'Welsh Nonconformists and the State', t. 171.
56. Wiliams, *Y Rhwyg*, t. 3.
57. Un o'r eithriadau i'r tuedd hon yw Gwynfor Evans, a ddadleuodd nad oedd Lloyd George wedi gwneud digon dros ei famwlad: gweler *Aros Mae* (Abertawe: Gwasg John Penry, 1971), tt. 303–4. Hanesydd Cymraeg sydd wedi cwestiynu gweithredoedd Lloyd George yn ddiweddar yw Russell Davies, *People, Places and Passion, 'Pain and Pleasure': A Social History of Wales and the Welsh, 1870–1945* (Caerdydd: University of Wales Press, 2015), tt. 312–15.
58. Anerchiad y prifathro T. F. Roberts, Aberystwyth, dyfynnwyd yn R. R. Hughes, *Y Parchedig John Williams, D.D., Brynsiencyn* (Caernarfon: Gwasg y Cyfundeb, 1929), t. 241. Er i R. R. Hughes gydnabod nad oedd safbwyntiau pawb yn unfryd am weithgareddau John Williams yn ystod y rhyfel, mae'r dystiolaeth a gyflwyna yn cadarnhau ei ddatganiad (t. 230) mai 'eithriadau, yng nghyfnod cyntaf y Rhyfel, oedd y rhai a anghytunasai â John Williams ac â'i waith'.
59. M. Wynn Thomas, *In the Shadow of the Pulpit: Literature and Nonconformist Wales* (Caerdydd: University of Wales Press, 2010), t. 43.
60. Gerwyn Wiliams, 'Dechrau Deall y Rhyfel Mawr', *Barn*, 310 (Tachwedd 1988), 14.
61. Aled Jôb, 'John Williams, Brynsiencyn a'r Rhyfel Byd Cyntaf (2)', *Barn*, 311 (Rhagfyr 1988), 33.
62. *Y Rhwyg* (S4C, 1988) tua 16'00.
63. Geraint Jones, 'Porthmon Moloch', yn Geraint Jones, *Epil Gwiberod: Detholiad o Ysgrifau 'Sêt y Gornel'* (Caernarfon: Gwasg y Bwthyn, 2009), tt. 60–3.
64. Ceir astudiaeth fanwl o sefyllfa John Williams yn y blynyddoedd yn arwain at y Rhyfel Mawr hyd ei farwolaeth yn Parri, *Gwn Glân a Beibl Budr*.
65. 'Yr Eglwysi a'r Rhyfel', *Y Tyst*, 12 Awst 1914, 2; *Y Genedl Gymreig*, 18 Awst 1914, 7; *Y Cymro*, 19 Awst 1914, 7; *Y Dydd*, 21 Awst 1914, 2; *Seren Cymru*, 21 Awst 1914, 11; *Baner ac Amserau Cymru*, 22 Awst 1914, 7.
66. Am amryw resymau, mae'n rhaid bod yn ofalus iawn cyn cynnig amcangyfrif o'r nifer o sifiliaid a laddwyd ym misoedd cynnar y goresgyniad o Wlad Belg. Fodd bynnag, mae un o'r prif awdurdodau ar y Rhyfel Mawr yn mentro rhoi niferoedd manwl, o 5,521 o sifiliaid a laddwyd gan fyddin yr Almaen yng Ngwlad Belg ac 896 yn Ffrainc – Hew Strachan, *The First World War: A New Illustrated History* (Llundain: Simon & Schuster, 2003), t. 50.

67. John Horne ac Alan Kramer, *German Atrocities, 1914: A History of Denial* (New Haven: Yale University Press, 2001).
68. Catriona Pennell, *A Kingdom United: Popular Responses to the Outbreak of the First World War in Britain and Ireland* (Rhydychen: Oxford University Press, 2012), t. 94; Stéphane Audoin-Rouzeau ac Annette Becker, *14–18: Understanding the Great War* (Efrog Newydd: Hill and Wang, 2002), t. 103.
69. Parri, *Gwn Glân a Beibl Budr*, tt. 38–9; 'Cyfarfodydd Cyhoeddus ym Mon', *Y Clorianydd*, 2 Medi 1914, 2.
70. 'Y Parch John Williams, Brynsiencyn, a'r Rhyfel', *Dinesydd Cymreig*, 9 Medi 1914, 5.
71. Ar gyfer safbwynt sosialaidd am y rhyfel sydd yn portreadu ymgyrch Prydain fel hunanamddiffyniad, gweler sylwadau Robert Blatchford, 'Belgium invaded is Britain invaded', *Llais Llafur*, 4 Medi 1914, 4. Siaradodd William George, brawd David Lloyd George, o blaid recriwtio am y tro cyntaf mewn cyfarfod yn Llanystumdwy ar 21 Medi: ceir adroddiad am hyn ar yr un dudalen â'r adroddiad am araith ei frawd yn y Queen's Hall yn y *North Wales Chronicle*, 25 Medi 1914, 2. Siaradodd Mrs Margaret Lloyd George mewn cyfarfod recriwtio ym Mhwllheli yn gynt ym mis Medi: 'Mrs Lloyd George yn cynorthwyo', *Y Dinesydd Cymreig*, 16 Medi 1914, 5.
72. 'I'r Gad', *Y Llan*, 18 Medi 1914, 8; 'Personol', *Y Cymro*, 30 Medi 1914, 6.
73. Wiliams, *Y Rhwyg*, tt. 15, 22.
74. 'Cyfarfod y Borth', *Y Cloriannydd*, 9 Medi 1914, 4; 'Nodion o'r Gogledd', *Y Darian*, 24 Medi 1914, 2.
75. 'Nodiadau Rhyfel', *Y Goleuad*, 18 Medi 1914, 4.
76. Pope, 'Capeli Cymru a'r Rhyfel Mawr', 218–22; Parri, *Gwn Glân a Beibl Budr*, tt. 152–7.
77. 'Gweinidogion yr Efengyl a'r Fyddin', *Seren Cymru*, 9 Hydref 1914, 9.
78. 'Datganiad Ymneilltuol', *Yr Herald Gymraeg*, 13 Hydref 2014, 8; *Y Tyst*, 14 Hydref 1914, 5; *Y Darian*, 15 Hydref 1914, 8; *Y Goleuad*, 16 Hydref 1914, 8; *Seren Cymru*, 23 Hydref 1914, 11; *Baner ac Amserau Cymru*, 24 Hydref 1914, 3. Cyhoeddwyd fersiwn hefyd yn y papurau Saesneg eu hiaith: gweler 'Welsh Leaders – A War Manifesto', *Barmouth and County Advertiser*, 15 Hydref 1914, 3.
79. Ceir datganiad tebyg yn y llythyrau gan John Williams ac eraill ganol Awst a chanol Hydref (gweler nn. 64 a 77). Dechreuodd araith Lloyd George yn y Queen's Hall gyda datganiad o'r fath (gweler 'Araith y Canghellor', *Y Genedl Gymreig*, 22 Medi 1914, 5).
80. 'Hela Germaniaid yn Aberystwyth', *Baner ac Amserau Cymru*, 24 Hydref 1914, 3.
81. 'O Bant i Bentan', *Y Darian*, 22 Hydref 1914, 6. Noder yn yr un erthygl bod Tegerin yn difrïo'r Athro Thomas Rees am ei safbwynt, gan awgrymu ei fod yn haeddu cael ei geryddu am gyhoeddi ei farn.
82. 'Coleg Aberystwyth a Dr Ethe', *Y Cymro*, 28 Hydref 1914, 3.
83. Noder nad oedd pob sylwebydd yn cymeradwyo ymddygiad y dorf. Yn

ôl adroddiad y *Herald Cymraeg* roedd eu hymddygiad 'yn deilwng o yspryd anwaraidd y Canol Oesoedd', er i'r sylwebydd ddangos paranoia ynghylch gweithredoedd estroniaid o wledydd y gelyn yn ein mysg, gan nodi 'fod lluaws ohonynt yn fradwyr, ac yn defnyddio pob moddion i roddi hysbysrwydd i'r gelynion yr ydym yn ymladd â hwy'. 'Anwareidd-dra', *Herald Cymraeg*, 27 Hydref 1914, 5. Noder hefyd fod yr erthygl hon ar bwys yr erthygl 'Teyrngarwch yr Eglwyswyr' a nodwyd ynghynt (n. 35).

84. 'Mr Lloyd George – Araeth Annisgwyliadwy yng Nghricciseth', *Yr Herald Cymraeg*, 29 Medi 1914, 8. Mae'r dyfyniad ychydig yn wahanol yn 'Mr Lloyd George yng Nghriccieth', *Y Genedl Gymreig*, 29 Medi 1914, 8. Noder bod John Williams, Brynsiencyn, hefyd wedi annerch y cyfarfod hwn.
85. 'Wales First', *Cambrian Daily Leader*, 2 Rhagfyr 1914, 4.
86. 'Recruiting in Cardiganshire', *Cambrian News*, 11 Medi 1914, 5.
87. 'Nodion Caergybi', *Yr Herald Cymraeg*, 13 Hydref 1914, 6.
88. 'Carnarvon's Recruiting Record', *Llangollen Advertiser*, 26 Chwefror 1915, 6.
89. Ceir y rhestr gyntaf ar d. 1 rhifyn 9 Medi 1914. Ategwyd at y rhestrau hyd ddiwedd y flwyddyn, e.e. gweler rhifyn 15 Rhagfyr, t. 8.
90. *Cambrian Daily Leader*, 14 Medi 1914, 5.
91. *Cambrian Daily Leader*, 23 Hydref 1914 (supplement), 1.
92. Colin Veitch, '"Play up! Play up! And Win the War!" Football, the Nation and the First World War 1914–15', *Journal of Contemporary History*, 20, 3 (1985), 363–78, 369–71.
93. Gweler 'The Vetch Field Commandeered' a 'South Wales Papers and Football', *South Wales Daily Post*, 5 Medi 1914.
94. 'Footballers to the Fore', *South Wales Daily Post*, 7 Medi 1914; *Amman Valley Chronicle*, 10 Medi 1914, 8.
95. 'Miner Soldiers', *The Times*, 6 Hydref 1914, 3; hefyd *Amman Valley Chronicle*, 8 Hydref 1914, 3.
96. 'Cyfarfod Ymrestru ym Mhwllheli', *Herald Cymraeg*, 4 Mai 1915, 8. Noda'r adroddiad mai dyma'r tro cyntaf i Williams ymddangos yn ei wisg filwrol.
97. Ceir trafodaeth am y rhesymau dros amau dilysrwydd rhai o atgofion cyn-filwyr yn fy mhennod 'Rhwng Ffaith a Ffuglen' yn y gyfrol hon.
98. Hughes, *Y Parchedig John Williams, D.D., Brynsiencyn*, t. 227. Gweler hefyd D. Ben Rees, 'Y Rhyfel Byd Cyntaf a Chyfundeb y Methodistiaid Calfinaidd Cymreig (1914–1918)', *Cylchgrawn Hanes Cymdeithas Hanes y Methodistiaid Calfinaidd*, 38 (2014), 125–55, 134–5.
99. Mae'r datganiad hwn yn wir am Brydain benbaladr: gweler Catriona Pennell, *A Kingdom United*, yn enwedig penodau 1 a 2.
100. Dafydd Roberts, '"Dros ryddid a thros ymerodraeth": ymatebion yn Nyffryn Ogwen 1914–1918', *Trafodion Cymdeithas Hanes Sir Gaernarfon*, 45 (1984), 107–23.
101. Gerard Oram, 'War on Terror: British morale and German atrocities 1915 (with particular attention to the town of Llanelli in West Wales)' (papur anghyhoeddedig), 10.

102. 'Pontardawe and Alltwen Gleanings', *Llais Llafur*, 22 Awst 1914, 8.
103. F. W. Gilbertson, 'Pontardawe Steel, Tinplate and Galvanizing Works', *Llais Llafur*, 5 Medi 1914, 8; 'Our Roll of Honour', *Cambrian Daily Leader*, 24 Hydref 1914, 5.
104. Un enghraifft o ddyn felly oedd Thomas Henry Matthews, y milwr sydd ar glawr y gyfrol hon. Gweler Gethin Matthews, *Gwrol Ryfelwyr Caersalem Newydd* (Treboeth: Cymdeithas Hanes Caersalem Newydd/Treboeth History Group, 2014), tt. 16–18.
105. Morgan, *The Span of the Cross*, t. 60.
106. Casgliad Harri Parri yw bod safbwynt John Williams 'yn gwbl didwyll': mae yntau yn pwysleisio 'mai yn ysbryd ac yn nhermau rhyfeloedd yr Hen Destament y dehonglai'r amgylchiadau' (*Gwn Glan a Beibl Budr*, tt. 31–2).
107. Gweler yr ysgrif ar John Redmond yn yr *Oxford Dictionary of National Biography*: 'Irish nationalists could not afford to allow the Ulster Unionists to cash the benefits of being the only "loyal" faction in Ireland.' Paul Bew, 'John Edward Redmond (1856–1918) (ar gael ar-lein: http://www.oxforddnb.com/view/article/35702 (cyrchwyd Awst 2015)). Gweler araith John Redmond yn Co. Wicklow ar 20 Medi 1914, a ddyfynnir yn Joseph P. Finnan, *John Redmond and Irish Unity: 1912–1918* (Syracuse, NY: Syracuse University Press, 2004), tt. 88–9.

4

Yn Dal i Chwifio'r Faner: Sosialwyr a'r Rhyfel

Martin Wright ac Aled Eirug

> The annual picnic of our branch was held at Jersey Marine on Saturday, and was a complete success. The party left Briton Ferry by the 3 O'Clock train, assembling at 4 O'Clock, when photographs were taken of the women and children, who then adjourned to the tea rooms, where excellent provision was made by the Co-operative Society. While the children were enjoying these proceedings, the men were photographed, and their facial contortions necessitated a thrice repeated effort. The results were anxiously awaited. An excellent programme of sports contained 18 items, the prizes for which were supplied by our shop. The married men beat the single men in a tug of war! Each child was supplied with a bag and box of sweets, and we returned tired and happy, imbued with the thought of future happiness when we shall realise the other 364 days of Socialism.[1]

Dyma esiampl fyw o griw o sosialwyr de Cymru, sef aelodau o gangen Llansawel o'r Blaid Lafur Annibynol, yr ILP, yn cael hwyl yn 1914.[2] Roedd y sosialwyr hyn yn rhan o fudiad sosialaidd bywiog a oedd yn tyfu'n gyflym yng Nghymru yn y cyfnod cyn y Rhyfel Mawr. Roedd y digwyddiad yn Jersey Marine yn nodweddiadol o gymeriad y mudiad: digwyddiad llawn gobaith, wedi ei seilio ar gred bod cyfeillachu yn cynnig allwedd i weriniaeth gydweithredol, a oedd yn sicr o gael ei chreu yn y dyfodol agos. Bu miloedd o gyfarfodydd tebyg yn y degawdau hyd at 1914, ond efallai mai'r hyn sy'n arwyddocaol am y cyfarfod hwn yw ei ddyddiad.[3] Digwyddodd ar 24 Mehefin 1914, sef pedwar diwrnod cyn llofruddiaeth Franz Ferdinand yn Sarajevo, a chychwyn y gadwyn o ddigwyddiadau a arweiniodd at y Rhyfel Mawr. Tybed beth oedd ffawd yr unigolion a oedd yn cymryd rhan yn yr ornest dynnu neu'r dynion a oedd yn tynnu wynebau doniol ar gyfer y ffotograffydd? Efallai na chawn fyth wybod, ond gallwn drafod ffawd eu mudiad yn gyffredinol gyda mwy o sicrwydd. Amcan y bennod hon, felly, yw egluro rôl y mudiad sosialaidd yn ystod y rhyfel, a cheisio canfod effaith y rhyfel ar y mudiad dylanwadol a phwysig hwnnw.

Yn ddiau, mi welodd y rhyfel gynnydd sylweddol yn nylanwad y mudiad llafur ac erbyn diwedd y rhyfel roedd Llafur mewn sefyllfa gref i fanteisio ar fod yn brif blaid wleidyddol y Gymru ddiwydiannol.[4] Roedd Llafur wedi sicrhau rhan ganolog yn yr ymdrech ryfel, ac wedi adeiladu trefniadaeth effeithiol ar gyfer ei gweithgareddau. Tanseiliwyd y Blaid Ryddfrydol a'i syniadaeth gan y rhyfel, ac felly crëwyd gwacter gwleidyddol a syniadaethol i Lafur ei oresgyn yn y byd ôl-ryfel. Rhoddodd cyfnod y rhyfel gyfle i arweinwyr y mudiad llafur gael profiad o lywodraethu, a hefyd roedd gorfodaethau'r rhyfel yn cynyddu grym a dylanwad yr undebau llafur. Ond nid oedd y cynnydd hwn yn cynrychioli'r darlun cyfan. Yn wir, gellid dehongli dyfodiad y rhyfel fel ergyd farwol i ddelfrydau heddychol y mwyafrif o sosialwyr ar drothwy'r rhyfel. Sut gellid gobeithio am frawdgarwch rhyngwladol rhwng gweithwyr y byd ar ôl profi trychinebau brwydrau tebyg i'r Somme a Passchendaele? I ba raddau felly y cryfhawyd datblygiad sosialaeth ym Mhrydain ac yng Nghymru gan brofiadau'r rhyfel? Yn y darn a ganlyn, byddwn yn ystyried agweddau sosialwyr ar drothwy'r rhyfel, ac yna ymateb y mudiad llafur yn fwy cyffredinol, cyn trafod ymateb sosialwyr yng Nghymru yn benodol, gan ganolbwyntio ar y Blaid Lafur Annibynnol. Yn olaf byddwn yn ystyried sut y newidiodd natur y mudiad sosialaidd o ganlyniad i'r rhyfel.

I

Roedd agwedd y mudiad sosialaidd tuag at ryfel a militariaeth cyn haf 1914 yn gymhleth a rhanedig. Roedd rhyfel yn medru bod yn arf chwyldroadol yn ôl syniadaeth rhai sosialwyr ers yr 1880au. Roedd sosialwyr Marcsaidd yn neilltuol, yn tynnu ysbrydoliaeth o ddigwyddiadau megis Comiwn Paris yn 1871, yn gweld rhyfel Ewropeaidd fel cam ar y ffordd i chwyldro, neu yn gyfle ar gyfer 'rhyfel dosbarth'. Yn y cyd-destun hwn, sail y safbwynt sosialaidd ar filitariaeth oedd y syniad am 'Citizen Army': byddin werinol o ddinasyddion a fyddai'n ethol eu swyddogion eu hunain. Hawliodd *Justice*, papur newydd y British Socialist Party (BSP), yn 1914 fod y fath sefydliad yn hanfodol ar gyfer dyfodol y blaid, ac y byddai'n profi 'of real service to the cause of progress in its moral effect'.⁵ Felly, roedd yn bosibl bod yn sosialydd tra'n cefnogi militariaeth o ryw fath.⁶

Roedd hefyd yn wir iawn ymhlith un grŵp arall o sosialwyr (rhai ohonynt, fel H. M. Hyndman, arweinydd y BSP, yn Farcswyr) a oedd yn frwdfrydig dros yr ymerodraeth. Yr unigolyn pwysicaf yn y grŵp hwn oedd Robert Blatchford, cyn-filwr o deulu Torïaidd, a golygydd y *Clarion*.⁷ Er bod dylanwad y BSP a'r Marcswyr yn gyfyngedig yng Nghymru, roedd Blatchford a'i ysgrifau enwog, 'Merrie England' a 'Britain for the British', yn rhan anhepgor o bropaganda sosialwyr Cymreig yn y cyfnod hwn.⁸ Neges y *Clarion* oedd un o frawdoliaeth ddynol a chred yn y 'weriniaeth gydweithredol', ond yn 1909 aeth Blatchford i'r Almaen i weld y fyddin Almaenig ar gad-drefniadau, ac wedyn ysgrifennodd yn rhybuddio yn erbyn 'the German Menace'.⁹ Er ei fod yn un o'r prif ddylanwadau ar sosialwyr Cymreig, roedd yntau wedi troi'n *jingo* bum mlynedd cyn y rhyfel.

Er nad oedd sosialwyr yn gwbl unedig eu barn ar filitariaeth cyn y rhyfel, byddai'r rhan fwyaf o sosialwyr Cymreig wedi derbyn seiliau cred yr ILP ar ryfel a militariaeth. Roedd sawl egwyddor yn greiddiol, felly, i agwedd y rhan fwyaf o sosialwyr yng Nghymru: cred mewn rhyngwladoliaeth a gwrth-filitariaeth a chred mai rôl hanesyddol y dosbarth gweithiol oedd gweithredu i atal rhyfel. Mynegwyd y syniadau hyn ym Mhenderfyniad Stuttgart yr Ail Gymdeithas Sosialaidd Ryngwladol y Gweithwyr yn 1907. Yn ôl y datganiad hwn dyletswydd y dosbarth gweithiol rhyngwladol yn achos rhyfel oedd ymyrryd i ddod â rhyfel i ben.¹⁰ Ar ôl 1907, roedd rhai sosialwyr, megis Keir Hardie, yn ymdrechu i sylweddoli delfrydau Penderfyniad Stuttgart trwy orfodi'r mudiad rhyngwladol i weithredu streic gyffredinol yn achos unrhyw ymrafael rhwng y pwerau Ewropeaidd.¹¹ Roedd edmygedd mawr o blaid yr SDP (sef plaid Democratiaid Cymdeithasol yr Almaen) gan sosialwyr Prydain, a chredid mai hithau oedd y blaid aden chwith fwyaf trefnedig yn y byd. Yn wir datganodd y *Labour Leader* mai'r blaid honno oedd 'probably the finest organised political body in the world'.¹² Yn 1913, hi oedd y blaid fwyaf yn Senedd yr Almaen gyda 35 y cant o'r aelodau etholedig. Roedd yn naturiol felly i ddisgwyl corff gwleidyddol mor bwerus i gymryd rôl flaengar yn rhwystro rhyfel.¹³

O ganlyniad i'r ffactorau hyn, felly, credodd y rhan fwyaf o sosialwyr a llafurwyr bod rhyfel mawr yn Ewrop nid yn unig yn annhebygol, ond hyd yn oed yn amhosibl. Dadleuai awduron dylanwadol fel Norman Angell yn daer nad oedd o fudd ariannol a masnachol i'r ymerodraethau ryfela.¹⁴ Yn ôl Keir Hardie, yn ysgrifennu yn y *Labour Leader* ym mis Ebrill 1914,

As the peoples of the world come into closer relationship with each other, through the Socialist and Trade Union movements, war between nations becomes increasingly difficult. War cannot be made without the consent of the common people. True, their consent is not asked, but if the rulers know that the workers will not fight each other no war will ever be declared. That much is obvious...[15]

Yng Nghymru, lle roedd Hardie, Aelod Seneddol Merthyr, yn brif gynrychiolydd y mudiad, roedd sosialwyr yn gweithio'n frwd i sicrhau'r delfryd hwn. Roedd yntau'n flaengar iawn yn ei ymdrechion i wrthwynebu militariaeth yn y blynyddoedd cyn y rhyfel, a phwysleisiodd y berthynas rhwng militariaeth a'r perygl a ddaeth o ddefnyddio grym gormesol y wladwriaeth a'r fyddin mewn anghydfod diwydiannol tebyg i'r hyn a welwyd yn y Rhondda a Thonypandy yn 1910.[16] Gwnaeth ef a'r ILP ymdrech ymwybodol i'w gosod eu hunain yn nhraddodiad heddychol a rhyngwladol ei ragflaenydd yn etholaeth Bwrdeistrefi Merthyr, Henry Richard. Roedd llawer o sosialwyr Cymreig eraill hefyd yn dilyn esiampl Hardie wrth ymgyrchu dros heddwch. Er enghraifft, ysgrifennai David Thomas, arweinydd y mudiad sosialaidd yng ngogledd Cymru, yn brysur yn erbyn y fasnach arfau yn y wasg Gymraeg.[17] Yng Nghaerdydd, gwrthwynebwyd gwasanaeth milwrol gorfodol gan gyfarfod o'r ILP ym Mawrth 1914.[18] Gwrthwynebydd ffyrnig arall i filitariaeth oedd y gweinidog sosialaidd T. E. Nicholas, a adwaenid fel Niclas y Glais. Yn gyfaill mynwesol i Hardie, bu'n olygydd ar dudalennau Cymraeg papur yr ILP yn ne Cymru, y *Pioneer*, ac yn ei dudalennau dadleuodd trwy gyfrwng ysgrifau miniog a barddoniaeth yn erbyn y rhyfel.[19] Tasgai Niclas gynddaredd tuag at garwyr rhyfel, fel yn yr enghraifft hon o fis Medi 1914:

>Mae sŵn y megnyl ar fryn
>Yn tarfu colomen hedd;
>A fflach y cledd ar y llethrau draw
>Yn goleuo'r miloedd i'r bedd.[20]

Ond, er gwaethaf ymdrechion sosialwyr fel Hardie, Thomas a Nicholas, ymddengys eu gobeithion am heddwch byd-eang rywfaint yn naïf. Yn y lle cyntaf, dim ond un mater ymhlith llawer oedd militariaeth i sosialwyr yn 1914. Yn wir, yn ôl gwasg sosialaidd y flwyddyn honno, roedd y gwrthwynebiad i filitariaeth ac ofnau rhyfel yn ymddangos yn eithaf isel ymhlith blaenoriaethau sosialwyr. Prif bynciau trafod y mudiad oedd y dadleuon carfanol am 'unoliaeth sosialaidd', trafodaethau am rinweddau priodol syndicaliaeth a sosialaidd seneddol, y bleidlais i ferched, yr argyfwng yn Iwerddon a'r sefyllfa yn Ne Affrig. Dim ond un pwnc ymhlith llawer oedd ofn rhyfel. Yn wir, fel llawer o Brydeinwyr eraill, roedd y rhan fwyaf o sosialwyr ym methu credu, hyd yn oed ar ddiwedd mis Gorffennaf 1914, bod rhyfel ar fin cael ei gyhoeddi. Ysgrifennodd J. T. Walton Newbold yn y *Labour Leader* ddiwedd mis Gorffennaf:

> It is a terrible thought that these monstrous mechanisms, these vast and complicated devices of steel, battleships, great guns, torpedoes, all the paraphernalia of the Universal Death Providers should be intended for the destruction or the maiming of human life or even the ruin of valuable property. But it is in the highest degree improbable that they will ever be used.

'Despite all signs to the contrary', meddai W. C. Anderson, cyn-gadeirydd yr ILP, yn yr un rhifyn, 'there will, I believe, be no war, nothing, at any rate, in the nature of serious or extended warfare'.[21]

II

Os oedd y sosialwyr hyn yn anghywir am y tebygolrwydd o ryfel yn dechrau yn 1914, roeddent hefyd yn gyfeiliornus am ymateb y mudiad llafur ehangach i'r rhyfel. Gobaith y sosialwyr oedd cael ymateb pendant a therfynol ar ran y mudiad llafur er mwyn atal y llithriad i ryfel wrth i'r cymylau gasglu ar ddiwedd mis Gorffennaf. Datganodd y *Labour Leader* fod cyfrifoldeb arbennig gan fudiadau sosialaidd Ewrop: 'Our movement is the guardian of peace. It is fifty million strong, and if it will only act unitedly it can make war impossible.'[22] Ond er gwaethaf anogaeth y sosialwyr, ac er cynnal gwrthdystiad o 15,000 o brotestwyr (llawer ohonynt yn aelodau o'r mudiad llafur) yn Sgwâr Traffalgar ar 2 Awst, tawelodd gwrthwynebiad y mudiad llafur yn gyflym. Erbyn 7 Awst, cyhoeddodd y Blaid Lafur ddatganiad yn rhoi cefnogaeth i'r rhyfel, ac erbyn 24 Awst datganodd yr undebau llafur gadoediad diwydiannol. Dilynodd y Blaid Lafur gan ddatgan cadoediad gwleidyddol ar 29 Awst, ac erbyn mis Hydref roedd y Blaid Lafur a Chyngres yr Undebau Llafur yn galw am gyfranogiad llawn at yr ymdrech ryfel. Yn Ebrill 1915, cytunodd y Blaid Lafur i gymryd rhan yn swyddogol yn yr ymgyrch recriwtio, ac ym mis Mai cytunodd Arthur Henderson (arweinydd y Blaid Lafur ers ymddiswyddiad Ramsay MacDonald ar ddechrau'r rhyfel) i ymuno â'r llywodraeth glymblaid. Erbyn diwedd y flwyddyn, roedd y mudiad llafur, ar ôl cael cefnogaeth Cyngres yr Undebau Llafur yn ei chyfarfod ym

Mryste ym mis Medi, yn trefnu 'a special recruiting effort conducted on purely Labour platforms'.[23]

Er gwaethaf pob gair a phenderfyniad dros heddwch cyn Awst 1914, felly, newidiodd ymateb y mudiad llafur i gwestiwn rhyfel yn gyflym gan adael lleiafrif bychan yn unig yn dal i wrthwynebu'r rhyfel. Doedd cyflwyno gorfodaeth filwrol yn 1916, hyd yn oed, er yn bwnc llosg ac yn anodd i lawer o sosialwyr ddygymod ag ef, heb fod yn ddigon i ddanseilio'r gynghrair newydd rhwng llafur a'r wladwriaeth. Yng ngeiriau Philip Snowden, doedd y Blaid Lafur ddim yn gallu gwrthod dylanwad y 'great national surge' o blaid y rhyfel yn 1914.[24] Mynegodd arweinwyr llafur eu rhesymau dros gefnogi'r rhyfel mewn ffyrdd gwahanol. Nododd un o'r arweinwyr pwysicaf, Arthur Henderson (Methodist gyda hanes hir o ymgyrchu gwrth-filitaraidd) yn 1915 fod unigolion yn ymuno â'r fyddin 'not because they hated war less; they had gone under a deep sense of obligation because they felt it to be their duty to stand by national honour, public right, liberty, justice and free democracy'.[25] Yn yr un modd, meddai Jimmy Thomas, arweinydd undeb y rheilffyrdd, yn ei hunangofiant: 'In the very beginning of the campaign I felt that it was a war of might against right, and I resolved that in such a conflict my duty was a clear and emphatic stand against might.'[26] John Hodge, arweinydd y gweithwyr dur, 'was no believer in a policy of sitting on the fence – either we were for our country or we were against it'.[27] Yng Nghymru, sylwodd C. B. Stanton, arweinydd glowyr a disgybl yr heddychwr mawr Keir Hardie, 'he was a Britisher, he had not really known that he was so much of a Britisher until the hour of trouble came'.[28] Iddynt hwy, roedd teyrngarwch i wlad yn drech na theyrngarwch i ddosbarth. Er gwaethaf pryderon nifer helaeth o'r mudiad llafur ynglŷn â chyflwyno gorfodaeth filwrol ym mis Ionawr 1916, er enghraifft, cytunodd y Gyngres Undebau Llafur a'r Blaid Lafur â'r mesur ar ôl derbyn addewid na fyddai yn cael ei ymestyn i fyd diwydiant na chwaith yn cynnwys dynion priod, addewid a dorrwyd o fewn misoedd.[29]

Beth bynnag oedd y rhesymau am gefnogaeth y mudiad llafur i'r rhyfel, mae'n sicr fod y mudiad wedi ennill llawer o ganlyniad. Yn ogystal ag Arthur Henderson yn y Bwrdd Addysg, ymunodd dau aelod Llafur' arall â'r llywodraeth, gan gynnwys William Brace, un o arweinyddion glowyr de Cymru, a ddaeth yn is-ysgrifennydd yn y Swyddfa Gartref. Dyma oedd y tro cyntaf i Lafur gael ei chynrychioli mewn llywodraeth. Roedd yn angenrheidiol i lwyddiant yr ymdrech ryfel bod cynrychiolwyr Llafur yn aelodau o'r llywodraeth, oherwydd yr angen i sicrhau cytundeb yr undebau i lastwreiddio, hynny yw, caniatáu i gwmnïoedd gyflogi dynion di-sgil, neu â llai o sgiliau, a menywod, er mwyn llenwi llefydd y dynion hynny oedd wedi ymuno â'r fyddin.

Wrth gyfaddawdu, felly, fe dderbyniodd y mudiad llafur gydnabyddiaeth wleidyddol pleidiau eraill. Addefodd Lloyd George yn ei gofiant o'r rhyfel fod cefnogaeth y mudiad llafur yn dyngedfennol i'r fuddugoliaeth yn y pen draw: 'The most prominent and influential leaders of trade unionism worked for victory throughout the War.'[30] Roedd goblygiadau cefnogaeth y mudiad llafur yn sylweddol. O dan Ddeddf Arfau Rhyfel, Mai 1915, er enghraifft, collodd yr undebau yr hawl i streicio yn ogystal â digon o arferion cyfyngol gwaith traddodiadol. Derbyniodd arweinwyr y mudiad llafur fod amodau newydd y rhyfel yn gyfyngiad mawr ar hawliau gweithwyr, ond ochr arall y geiniog oedd bod ganddynt lefel newydd sylweddol o ddylanwad, fel y sylwyd yng nghynhadledd y Blaid Lafur yn 1916:

> At no other time in the history of Trade Unionism in this country have the Trade Unions been taken so much into the confidence of the Government and of those responsible for the carrying on of affairs... [W]hile the Unions by the Munitions of War Acts have relinquished for the time being many of the liberties and rights that have taken a generation to build up, on the other hand, they have come forward and occupied a place in the affairs of the country which will do much to consolidate and strengthen them in the future.[31]

Manteisiodd y mudiad llafur ar amgylchiadau eithriadol y rhyfel mewn ffyrdd eraill hefyd. Yn ystod y rhyfel daeth llongau masnach, y rheilffyrdd a'r pyllau glo o dan reolaeth y wladwriaeth; rheolwyd prisiau a rhenti; cyfyngwyd ar allforion, a chyfarwyddwyd y ffermwyr ynglŷn â pha gnydau i'w plannu; dognwyd bwyd, torrwyd yn llym ar oriau agor tafarnau, ac yn 1916, daeth hyd yn oed amser – pan enillodd y clociau awr dros yr haf – yn fater deddfwriaeth. Dyma oedd yr hyn a ystyrid yn 'Sosialaeth Rhyfel', a Lloyd George oedd y ffigwr allweddol yn y broses hon o gryfhau cyhyrau'r wladwriaeth. Fel Gweinidog Arfau, sicrhaodd drwy'r Ddeddf Arfogi awdurdod dilyffethair bron dros weithwyr y ffatrïoedd arfau ac ar yr un pryd sefydlwyd gwasanaeth lles iddynt. Ychydig ddyddiau cyn iddo ddod yn Brif Weinidog gosodwyd diwydiant glo de Cymru, ac yna drwy Brydain, yn nwylo'r wladwriaeth hyd at ddiwedd y rhyfel. Gyda Lloyd George yn Brif Weinidog cynyddodd cynrychiolaeth y Blaid Lafur yn y llywodraeth. Cynhwyswyd Arthur Henderson yn y Cabinet rhyfel, a phenodwyd John Hodge yn Weinidog Llafur, George Barnes o Undeb y Peirianwyr yn Weinidog Pensiynau, ac yn ychwanegol at Brace penodwyd dau is-weinidog arall. Bu'r rhyfel yn sbardun enfawr i dwf y wladwriaeth les: sefydlwyd Gweinyddiaeth Bensiynau; datblygwyd cynlluniau i warchod buddiannau gwragedd a phlant ac i ehangu'r ddarpariaeth ar gyfer Yswiriant Gwladol. Ym myd addysg, codwyd oedran gadael ysgol i 14. Yn fyr, oherwydd amgylchiadau'r rhyfel, ac yn enwedig o dan arweinyddiaeth Lloyd George, roedd llawer o bolisïau lles a hawliau i'r gweithwyr gan y mudiad llafur yn cael eu gweithredu gan y llywodraeth, nid oherwydd rhesymau syniadaethol ond oherwydd natur unigryw yr angen i sicrhau cydweithrediad y mudiad llafur.[32]

Trawsffurfiwyd materion ar lefel leol hefyd. Ymunodd arweinwyr undeb lleol gyda'r cyrff lleol i weinyddu'r drefn ddiwydiannol newydd. Er enghraifft, ymunodd yr arweinydd amlwg yn Ffederasiwn Glowyr De Cymru, Vernon Hartshorn, â'r pwyllgorau a sefydlwyd i reoleiddio'r diwydiant glo.[33] Ymunodd cynghorwyr ac undebwyr llafur gyda phwyllgorau allweddol yn lleol, gan gynnwys pwyllgorau yn ymwneud â phensiynau, rhent a dosbarthu cymorth i'r truenus, ac ar ôl 1916 roedd yn arferol i gynrychiolwyr o'r mudiad llafur hefyd fod yn aelodau o dribiwnlysoedd milwrol lleol. Tyfodd Llafur, trwy'r undebau a'u haelodaeth o'r pwyllgorau hyn a'r cynghorau, i fod yn rhan anhepgor o weithrediad y wladwriaeth ar lefel leol, gan gryfhau ei ddylanwad ar wleidyddiaeth a sefydliadau lleol.[34]

Yng Nghymru, wrth gwrs, y glowyr oedd y grŵp mwyaf dylanwadol o weithwyr, felly dylid ystyried eu hymateb hwy i'r rhyfel i ddeall safbwynt y mudiad llafur yn gyffredinol. Roedd gan lowyr de Cymru enw am fod yn filwriaethus, ac roedd y berthynas rhwng gweithwyr a rheolwyr a pherchnogion yn y maes glo cyn y rhyfel yn dymhestlog iawn. Streiciau ac aflonyddwch cymdeithasol yn y Rhondda ac yn Aberdâr yn 1910, dylanwad syndicaliaeth a chyhoeddi'r pamffledyn *The Miners' Next Step* yn 1912, streic genedlaethol y glowyr yn 1912 ac arweinyddiaeth 'pleidiwr jingoistaidd' megis C. B. Stanton:[35] dyma nifer o ddigwyddiadau a dylanwadau a ymddangosodd i gyfiawnhau'r honiad cyfoes bod '[t]he South Wales mining towns and villages are the hotbeds of every extreme socialistic growth in the political world... In such communities there is not much room for the ideals of a large patriotism.'[36] Yn sicr, mae tystiolaeth o deimlad gwrth-filwrol ymhlith y garfan o Farcsiwyr, syndicalwyr a'r mwyaf blaengar o blith y glowyr ar ddechrau'r rhyfel. Ysgrifennodd Edward Gill, aelod o Ffederasiwn Glowyr De Cymru, at Keir Hardie ym mis Awst 1914 yn crynhoi ei deimladau am y rhyfel – teimladau a oedd yn cynrychioli meddyliau carfan sylweddol a milwriaethus o blith y glowyr:

Not for one moment do I minimise the enormous sacrifice made by the men who are at war, but the contention that the war is between free democracies and an autocracy leaves me quite cold. The working class of neither nation was consulted, but the working class of every nation will do the fighting and suffering.[37]

Roedd y glowyr mewn sefyllfa strategol bwerus iawn yn 1914 oherwydd bod y llynges yn dibynnu'n llwyr ar lo o ansawdd arbennig o faes glo de Cymru. Ymddangosai y gallent fanteisio ar eu sefyllfa a gwireddu eu henw milwriaethus pan wrthododd Ffederasiwn Glowyr De Cymru leihau hyd eu gwyliau blynyddol ym mis Awst gyda chyhoeddi rhyfel ar y gorwel. Hysbysodd y glowyr hefyd y byddent yn gwrthod yn gyfan gwbl 'the policy of active intervention by this country in the present European conflict'.[38] Ar gychwyn y rhyfel, felly, addawodd glowyr de Cymru fod yn ddraenen yn ystlys y llywodraeth.

Ond ni ddylid gorliwio natur filwriaethus y glowyr a'u gwrthwynebiad i'r ymdrech ryfel. Yn wir, cyn hir roedd llawer ohonynt yn ymuno â'r brwdfrydedd cyffredinol dros yr ymdrech ryfel. Cytunodd Ffederasiwn Glowyr De Cymru i ofyn i'w aelodau i weithio awr ychwanegol bob dydd er mwyn cynyddu'u cynnyrch.[39] Yr arwydd cliriaf o'r newid agwedd tuag at y rhyfel yw'r ystadegau recriwtio ar gyfer y fyddin. Y cyfnod mwyaf ffrwythlon ar gyfer recriwtio oedd y cyfnod rhwng Medi 1914 a Chwefror 1915. Erbyn diwedd Ebrill 1915, roedd 50,000 o ddynion o Forgannwg wedi ymuno â'r fyddin, er enghraifft, a thros 20,000 ohonynt o'r Rhondda. Erbyn diwedd 1915, roedd 30,000 o lowyr wedi ymuno â'r fyddin, sef un o bob saith o lowyr.[40] Arweinwyr Llafur ac undebol oedd ymhlith y recriwtwyr mwyaf brwd yn ne Cymru, gan gynnwys y mwyafrif o asiantau Ffederasiwn Glowyr De Cymru: dynion fel Dai Watts Morgan, asiant y ffederasiwn yn y Rhondda, William Brace, Tom Richards, Edward Gill, Frank Hodges, C. B. Stanton a Vernon Hartshorn.[41]

Er bod y glowyr, fel gweithwyr eraill, yn gymharol frwdfrydig yn eu cefnogaeth i'r ymdrech ryfel, does dim amheuaeth bod cyfyngiadau i'w brwdfrydedd a bod parodrwydd i gydweithio yn amodol. Yn sicr, tyfodd amheuon ymhlith rhai gweithwyr yn ystod 1914 ac 1915. Disgrifiodd Amanwy, brawd Jim Griffiths, y cyfnod hwn yn Rhydaman:

> Bu hwyl anghyffredin ar ricriwtio dros rai misoedd, ond daeth trai ar lanw'r gwladgarwch, ac nid oedd pobl mor eiddgar am wisgo caci. Deuai'r sôn am ambell filwr yn syrthio ar faes y gad, ac yr oedd yr Almaenwyr yn ysgubo'r cyfan o'u blaenau ymron. Dan orfod y cefnai'r bechgyn ar eu cartrefi, cyn hir. Nid oedd gyfaredd mwyach yng ngalwad

corn y gad. Yr oedd yn llawer anos i ymuno â'r fyddin yn 1915 nag yn 1914.[42]

At hynny, yng Ngorffennaf 1915, bu digwyddiad yn y maes glo a daflodd wir amheuaeth ar wladgarwch a theyrngarwch y glowyr. Ar 15 Gorffennaf aeth y glowyr ar streic – streic sydd wedi ei disgrifio gan Chris Wrigley fel 'one of the most significant of the war'.[43] Roedd y streic yn arwyddocaol oherwydd dibyniaeth lwyr y wladwriaeth ar lo ager de Cymru ar gyfer y llynges a'r diwydiant arfau rhyfel. Roedd y streic o 200,000 o lowyr, felly, yn her uniongyrchol i'r llywodraeth a'i Deddf Arfau Rhyfel. Roedd pŵer un o undebau pwysicaf y wlad ar brawf yn erbyn pŵer y llywodraeth, a chyn diwedd yr wythnos bu'n rhaid i'r llywodraeth ymostwng. Buddugoliaeth gyflawn i'r glowyr oedd y streic: enillodd y glowyr eu galwad am fwy o gyflog ac yn rhannol o ganlyniad i'r streic cafodd y pyllau glo eu gwladoli yn y flwyddyn ganlynol.

Mae haneswyr wedi anghytuno ar natur y streic. Yn ôl Hywel Francis a Dai Smith roedd y streic yn fynegiant o 'growing anti-war feeling, largely at this stage unconscious'.[44] Mae Anthony Mòr-O'Brien, ar y llaw arall, wedi dadlau bod y streic yn tarddu o wladgarwch y glowyr a'u galwad am fwy o gydnabyddiaeth am eu hymdrechion gwladgarol i gefnogi'r ymdrech ryfel.[45] Mae'n wir bod carfan filwriaethus a wrthwynebai'r rhyfel ymhlith y glowyr – carfan a oedd yn awyddus i barhau â'r anghydfodau diwydiannol o'r cyfnod cyn y rhyfel. Cafodd y garfan hon ei chynrychioli gan W. F. Hay, aelod o Gymdeithas Sosialaidd Cwm Rhondda ac un o awduron y *Miners' Next Step* yn 1912. Mewn pamffled a gyhoeddwyd yn gynnar yn y rhyfel cymhellodd 'the only patriotism he [y glowr] has any use for is the patriotism of his class', a 'to stand idle now and take no action is to become the prey of the war and famine mongers'. I'r diben hwn hyrwyddodd Hay streic debyg i'r un a ddigwyddodd yn 1915.[46] Fodd bynnag, er i'r garfan filwriaethus a gynrychiolid gan Hay gael dylanwad, mae'n siŵr mai prif gymhelliad y streic oedd cynddeiriogrwydd y glowyr tuag at berchnogion y gweithfeydd glo, a'u gwrthodiad i anrhydeddu addewidion a wnaethpwyd cyn y rhyfel ynglŷn â chodiadau cyflog er mwyn dygymod â chwyddiant ac amodau byw anodd.[47] Yn wir, casglodd un o brif sylwebwyr y streic fod hawliau'r dynion yn 'not unreasonable', bod yr undeb yn mynd ar streic heb frwdfrydedd ac, yn y pen draw, bod digwyddiadau Gorffennaf 1915 yn 'a holiday rather than a strike'.[48] Yn sicr, roedd y streic yn arwyddocaol. Amlygwyd ffiniau grym y wladwriaeth a nerth braich y dosbarth gweithiol o dan amgylchiadau'r rhyfel. Peth hollol wahanol, serch hynny, yw dweud bod hon yn fuddugoliaeth i sosialaeth. Yn wir, creodd y rhyfel her sylweddol i sosialwyr.

III

Roedd llawer o sosialwyr, megis Robert Blatchford a H. M. Hyndman, yn frwdfrydig dros y rhyfel. Yn Nghymru, C. B. Stanton yw'r enghraifft glasurol o'r sosialydd-imperialaidd. '[A]t such a moment as this', datganodd ar ddechrau'r rhyfel, 'I felt that, although a Socialist, I was a Britisher, and that it would only lead to the most harmful results to our movement to take part in what appears to be an anti-British and unpatriotic climb-down to the German Emperor'.[49] Mae'n bosibl fod barn Stanton yn cynrychioli agwedd rhan sylweddol o sosialwyr Cymru yn nyddiau cynnar y rhyfel. Er enghraifft, adroddodd E. J. Williams am y sefyllfa yn Wrecsam, lle'r oedd yn ysgrifennydd cangen leol yr ILP, gan ddweud mai dim ond rhyw hanner dwsin o'r aelodau a arhosodd yn driw i agwedd y blaid: 'all the rest became permeated with the war spirit'.[50] I rai fel Stanton roedd y llwybr yn ôl i sosialaeth yn un amhosibl i'w ailddarganfod ar ôl y rhyfel.[51]

Yn groes i agwedd Stanton, fe benderfynodd y grŵp pwysicaf o sosialwyr yng Nghymru, y Blaid Lafur Annibynnol, gadw at egwyddorion rhyngwladoliaethol sosialaeth, ac i wrthwynebu'r rhyfel. Cyhoeddodd y *Labour Leader* faniffesto yn erbyn y rhyfel ym mis Awst 1914,[52] ac ym Merthyr roedd y blaid yn annog y cyhoedd: 'Be true to your traditions... Come and Hear the Great Apostle of Peace', sef Keir Hardie – ymgais i gysylltu â hen draddodiadau heddychol ei etholaeth a'i ragflaenydd yno, yr 'Apostol Heddwch', Henry Richard.[53]

Mae'n arwydd o gryfder y pwysau gwleidyddol a chymdeithasol i gydymffurfio gydag amgylchiadau'r oes na chynhaliwyd cyfarfod cyhoeddus i brotestio yn erbyn y rhyfel tan 25 Hydref 1914 gyda Hardie, Ramsay MacDonald a Bruce Glasier yn annerch torf rhwng 2,000 a 2,500 o bobl yn Rinc Olympia Merthyr.[54] Trwy gydol y rhyfel roedd yr ILP yn flaenllaw yn y gwrthwynebiad, ac yng Nghymru roedd carfan o heddychwyr pur ymhlith aelodaeth y blaid. Dadleuodd T. E. Nicholas, er enghraifft, yn benderfynol fod y rhyfel yn anghyfiawn ar sail foesol. Tynnodd sylw at y rhagrith moesol tu ôl i'r penderfyniad i fynd i ryfel yn 1914, a thrwy gydol y rhyfel ysgrifennodd a phregethodd yn gyson yn ei erbyn.[55] Yn y gogledd, parhaodd David Thomas gyda'i waith yn erbyn y rhyfel gan ymuno â Chymdeithas y Cymod, a thrwy ddarparu cymorth i wrthwynebwyr cydwybodol yn ogystal â pharhau â'i waith yn trefnu a hybu'r mudiad llafur.[56] Aeth rhai, fel Morgan Jones o ILP Bargoed, i'r carchar, wedi eu hatgyfnerthu gan eu cred mewn cywirdeb ac effeithiolrwydd eu gweithred. 'Nothing has appealed to my somewhat emotional nature to the same degree as has this struggle', ysgrifennodd Jones at Clifford Allen o gelloedd yr heddlu ym Margoed ym mis Mai 1916, 'I have never had any fear that I was not on the right side, and I have none now... Our fellowship is dealing smashing blows to militarism in this country and it is my confident belief that it will never recover.'[57] Roedd Jones nid yn unig yn gynghorydd lleol yng Ngelligaer, ond yn gadeirydd yr ILP yn ne Cymru, ac ef a gynrychiolai dde Cymru ar bwyllgor y corff a gynrychiolai'r gwrthwynebwyr cydwybodol, y No-Conscription Fellowship. Ef oedd y cyntaf o'r gwrthwynebwyr cydwybodol i gael ei ethol yn Aelod Seneddol, yn dilyn isetholiad Caerffili yn 1921. Ymunodd mwy â rhengoedd yr ILP yn ystod y rhyfel, yn rhannol oherwydd safiad y blaid yn erbyn y rhyfel, a daeth nifer ohonynt, rhai fel Emrys Hughes, Ness Edwards a T. W. Jones, yn Aelodau Seneddol maes o law ac yn amlwg iawn yn y Blaid Lafur.[58]

Dyma'r naratif clasurol o'r ILP a'r rhyfel: plaid yn gwneud safiad egwyddorol dros heddwch. Mae'r naratif hwn yn ffurfio rhan o fytholeg y blaid. Wrth edrych yn ôl o safbwynt 1940, datganodd y blaid, 'the ILP stood almost alone in Great Britain in its endeavours to keep a sane Socialist Internationalism to the forefront'.[59] Rhan bwysig iawn o'r naratif hwn yw dioddefaint – treulio amser ar y groes – o ganlyniad i'r safiad dros heddwch a rhyngwladoliaeth. Yn ganolog i'r naratif hwn, wrth gwrs, mae Keir Hardie. Ef oedd pensaer y syniad o streic gyffredinol yn erbyn rhyfel ac un o'r Aelodau Seneddol dros Fwrdeistrefi Merthyr – y ffigwr sosialaidd mwyaf adnabyddus yng Nghymru yn yr ugain mlynedd cyn y rhyfel. Daeth y rhyfel fel sioc drychinebus; roedd yn rhaid iddo wynebu realiti'r sefyllfa yn gynnar iawn pan aflonyddwyd ar gyfarfod heddwch mawr yn Aberdâr, lle bu'n siarad, gan gefnogwyr y rhyfel. Ar ôl y digwyddiad enwog hwn cymharai ei hun â Christ yng Ngethsemane, ac yn ôl ei gyfaill agos (a'i fab-yng-nghyfraith yn ddiweddarach), Emrys Hughes, 'It seemed that all his life work had been in vain.'[60] Cafodd Hardie ei gyhuddo yn y wasg leol o fod yn

> profound pro-German ... a man who persists in face of all that is right and honourable to make false accusations against the administrations of the State ... who tries to make the European crisis more lamentable than what it is by cribbing the blessings of the British race and conferring them on the Germans.

Rhagfynegodd y gohebydd hwn y byddai etholwyr Bwrdeistrefi Merthyr cyn bo hir yn penderfynu 'to knock the rusty pro-German nail of Socialism on the head'.[61] O ganlyniad i'r rhyfel, a'r ffaith fod rhai o'i gyn-gefnogwyr, megis C. B. Stanton, wedi troi'n *jingo*, dioddefodd Hardie iselder ysbryd dwys a thorrodd ei iechyd. Yng nghynhadledd flynyddol yr ILP yn Norwich yn 1915, 'his depression was regretfully observed by all his comrades', ac o fewn chwe mis bu farw.[62] Profwyd y 'Village Blacksmith' yn gywir pan enillodd C. B. Stanton yr isetholiad ym Mwrdeistref Merthyr yn dilyn marwolaeth Hardie, a hynny ar sail yr hyn a ddisgrifiodd yn ei araith gyntaf yn Nhŷ'r Cyffredin fel 'a straight war ticket'.[63] Mae'r ddelwedd o Hardie fel merthyr yn dioddef oherwydd ei ddaliadau ac yn cael ei drin megis Crist ar y groes yn rymus a thrawiadol felly.

Fel pob naratif mytholegol mae elfennau sylweddol o wirionedd yn y naratif hwn. Heb amheuaeth, dioddefodd rhai sosialwyr erledigaeth. Yn achos T. E. Nicholas, er enghraifft, gwnaeth aelod o'r foneddigaeth leol, Winifred Inglis Jones o Fetws Bledrws, a Chapten Lionel Lindsay, prif gwnstabl Morgannwg, eu gorau i sicrhau erlyniad un a ystyrid ganddynt – yng ngeiriau Inglis Jones – 'a most objectionable and dangerous man'.[64] Roedd Nicholas yn ffodus i osgoi cael ei arestio yn y Rhyfel Mawr, ond carcharwyd cannoedd o sosialwyr o Gymru oherwydd eu gwrthwynebiad cydwybodol i orfodaeth filwrol, gan gynnwys gwŷr a fyddai yn ddiweddarach yn Aelodau Seneddol.[65] Wrth gwrs, doedd dim monopoli gyda'r sosialwyr ar erledigaeth, ond cawsant eu herlid mewn ffyrdd amrywiol. Byddai sosialwyr yn cael eu gwrthod rhag defnyddio adeiladau arferol ar gyfer cyfarfodydd, er enghraifft, neu'n denu sylw negyddol gan yr heddlu.[66] Mae tystiolaeth hefyd o gyfarfodydd yn cael eu chwalu gan dorfeydd 'gwladgarol'. Ym mis Tachwedd 1916, er enghraifft, cafodd cyfarfod heddwch lle roedd Ramsay MacDonald, Fred Jowett, James Winstone ac eraill yn siarad yn Neuadd Cory, Caerdydd, ei chwalu'n dreisgar gan dorf o dan arweinyddiaeth C. B. Stanton ac Edward Tupper (arweinydd Undeb y Morwyr). Yng nghanol y cyfarfod, yn ôl adroddiad lliwgar (ac efallai heb fod yn hollol ddibynadwy) Tupper, 'A tremendous rush, followed by a crash of glass, stormed through the place and many men were thrown bodily from the platform and some down the stairs.'[67] Yn ôl un adroddiad yn y wasg gwelwyd nifer o drwynau gwaedlyd a llygaid duon.[68]

Sefydlwyd patrwm o erlid y mudiad yn erbyn y rhyfel gan y wladwriaeth. Ar lefel Brydeinig, ymwelodd yr heddlu ar gais MI5 â phencadlys yr ILP a swyddfeydd y *National Labour Press* yn Llundain gan atafaelu copïau o'r *Labour Leader* a phamffledau gwrth-filwrol.[69] Ar lefel leol yng Nghymru profodd cangen Cwmafan o'r blaid gyrch gan yr heddlu ym Mai 1916, pan atafaelwyd llyfrau cofnodion y gangen, gohebiaeth a phamffledau.[70] Dioddefodd Bargoed yr un ffawd, gan golli 9,000 o bamffledau yr un mis.[71] Yn Llansawel, un o ganghennau cryfaf yr ILP yng Nghymru, adroddodd Sam Mainwaring hanes am erledigaeth mewn llythyr a anfonwyd at un o'i gymrodyr rywbryd yn 1916:

> We are still alive and keeping the Flag flying, although we are getting hard hit. Tom Davies was taken for the Army Easter week. Comrade Gregory was arrested after two years about five weeks ago, and is now undergoing the four months in Wormwood Scrubs, and there are three or four more of us including myself who do not know now from day to day how soon our time will come, but until then we keep pegging away whatever sword of Damocles may be above our heads.[72]

Does dim amheuaeth fod sosialwyr yng Nghymru wedi profi erledigaeth yn ystod y rhyfel; does dim amheuaeth chwaith fod y rhyfel wedi cael effaith negyddol ar agweddau ar waith y sosialwyr. Clywodd cynhadledd flynyddol yr ILP yn 1915 fod y rhyfel yn cael 'a serious effect on the regular propaganda activity of the Party', ac erbyn 1917 roedd gorfodaeth filwrol yn amddifadu'r blaid o 'large numbers of active workers'.[73] Roedd effaith y rhyfel ar y mudiad yn y gogledd yn arbennig o niweidiol, yn rhannol oherwydd i gynifer o ddynion ifainc adael ardaloedd y chwareli yn sgil crebachiad y diwydiant llechi. Adroddodd David Thomas ym mis Gorffennaf 1915 fod cyflwr y blaid yn y gogledd yn hynod o anfoddhaol:

> [T]he ranks of the ILP have been depleted very much owing to this emigration to other districts ... The depressing state of things makes it rather difficult to call even the remaining members together ... we are not dead yet by a long way, but we are practically on the sick list for the time being.[74]

Hyd yn oed yn y de, lle'r oedd y mudiad yn gryfach, bu dirywiad ym mlynyddoedd cynnar y rhyfel. Mae ffioedd aelodaeth yr ILP o Gymru yn awgrymu bod y blaid yn colli aelodau ledled Cymru o 1914 hyd at 1916: yn 1913–14 cyfrannodd Cymru £79 mewn ffioedd aelodaeth i'r blaid, £65 yn 1914–15 a £61 yn 1915–16. Yr un modd, disgynnodd y nifer o gynrychiolwyr o Gymru a oedd yn mynychu cynhadledd flynyddol y blaid o 25 yn 1914 i 23 yn 1915, 15 yn 1916 a 14 yn 1917. Lleihaodd y nifer o ganghennau'r ILP hefyd yn nwy flynedd gyntaf y rhyfel cyn adennill tir ac adfywio erbyn 1917.[75]

Sut bynnag, er bod tystiolaeth i gefnogi darlun o ddirywiad o ganlyniad i safiad egwyddorol dewr yn erbyn y rhyfel, mae'n rhaid bod yn ofalus a pheidio â derbyn dehongliad rhy syml o hanes sosialaeth yn ystod y rhyfel. Mewn gwirionedd roedd safbwynt yr ILP at y rhyfel yn fwy cymhleth nag un o wrthwynebiad pur. Pan drafodwyd barn y blaid ar y rhyfel yn ei chynhadledd yn Norwich yn Ebrill 1915, roedd y cynrychiolwyr yn rhanedig ac yn ansicr, gyda rhai yn gwrthwynebu rhyfel rhwng cenhedloedd ar bob cyfrif a rhai yn fwy pragmataidd. Fel mae Keith Robbins wedi ei nodi, 'Where exactly the party stood was ... mysterious. It opposed war as an instrument of national policy, but at that point agreement stopped.'[76] Bu hyd yn oed Keir Hardie – Apostol Heddwch newydd tybiedig Cymru – yn aneglur ei farn: hyrwyddodd undod cenedlaethol a chefnogaeth i'r milwyr yn hytrach na gwrthwynebiad pur ym mis Medi 1914.[77] Yn wir, yr hyn sy'n drawiadol yw pa mor gyflym y symudodd barn sosialwyr o wrthwynebiad pur i'r rhyfel i gymhwysiad pragmataidd. Roedd y daith o freuddwyd i realiti yn gyflym iawn, hyd yn oed yn yr ILP 'heddychol'. Er bod y blaid honno yn parhau i wrthwynebu'r rhyfel o ran egwyddor, dechreuodd fabwysiadu polisïau a oedd yn derbyn y ffaith fod y rhyfel yn mynd i barhau am sbel.

I'r diben hwn dechreuodd aelodau'r blaid ganolbwyntio ar faterion ymarferol. 'We conceive that the best we can do now is to protect the worker, whether he is serving in the trenches or in the mine or the factory, and his wife and children, from some of the consequences of the war', dadleuodd Fred Jowett, cadeirydd yr ILP, yn Ebrill 1915.[78] Eisoes, ym mis Awst 1914, ffurfiwyd pwyllgor gan y blaid 'with the double purpose of carrying on an agitation in favour of peace and of making arrangements whereby assistance may be rendered to people suffering from lack of food'.[79] Rhoddodd Francis Johnson (o bwyllgor gweinyddol cenedlaethol y blaid) gyngor i aelodau'r blaid fod angen i'r canghennau gadw eu trefn a'u gweinyddiaeth yn effeithiol a 'throw their efforts into the immediate problems of poverty, unemployment, sickness, and destitution, forced upon the working classes by the war'.[80] Yn wir, mae'n amlwg fod rhai sosialwyr wedi dechrau gweld cyfle yn y sefyllfa. Rhoes R. C. Wallhead, un o wrthwynebwyr y rhyfel, fynegiant i'r farn hon mewn geiriau dramatig ar ddiwedd Awst 1914. Dywedodd y byddai'r diwrnod y cyhoeddwyd rhyfel yn cael ei weld maes o law fel y diwrnod y dyfarnwyd cyfalafiaeth yn fethdalwr: 'Capitalism, face to face with the Frankenstein monster of war, finds itself hopelessly smashed and cast aside by the monster it has called into being.' Fe ddeuai'n amlwg mai egwyddorion sosialaeth oedd iachawdwyr cymdeithas.[81]

Mewn cyfarfodydd yng Nghymru ceisiodd sosialwyr gadarnhau'r neges hon ar lefel ymarferol. Yng Ngorseinon pasiwyd penderfyniad yn gofyn i'r llywodraeth gymryd drosodd gyflenwadau bwyd.[82] Yn Cathays siaradodd Katharine Bruce Glasier am 'Homes for the Aged and for Disabled Soldiers'.[83] Yn Ystalyfera dadleuodd John James dros wladoli'r rheilffyrdd, gan gymell 'revolutionary measures',[84] ac yng Nghasnewydd siaradodd Comrade Moon ar 'Will this War Hasten the Coming of Socialism?' '[W]e saw during his address', adroddodd un o'r rhai a oedd yn bresennol, 'that if we are fully on the alert and make the best of the points at our disposal some good may come out of the present war'.[85] Parhaodd cyfarfodydd tebyg trwy'r rhyfel, yn aml iawn ar y cyd gydag elfennau eraill o'r mudiad llafur. Yn Aberpennar yn 1915, er enghraifft, cynhaliwyd cyfarfod cyhoeddus wedi ei drefnu gan yr ILP gyda George Neighbour yn siarad gyda chynrychiolwyr o'r glowyr a gweithwyr y rheilffyrdd, ac yng Nghasnewydd bu cyfres o gyfarfodydd a drefnwyd gan yr ILP a'r undebau o dan lywyddiaeth James Winstone yn protestio yn erbyn prisiau bwyd.[86] Roedd sosialwyr mewn swyddfeydd cyhoeddus yn gallu gweithredu ar ran unigolion ar lefel ymarferol. Cymerodd Keir Hardie, felly, ddiddordeb mewn helpu ei etholwyr i sicrhau eu hawliau gyda phethau fel lwfansau gwahaniad.[87] Bu Elizabeth Andrews yn aelod o'r Pwyllgor Pensiynau Rhyfel a Phwyllgor Hyfforddi'r Anabl yn y Rhondda a Rose Davies o Aberdâr yn gynrychiolydd ar Gangen Merched Morgannwg o Weinidogaeth Amaethyddiaeth a Physgota yn ogystal â chwarae rôl yn y Swyddfa Gyflogaeth.[88]

Manteisiodd rhai sosialwyr, felly, er gwaethaf unrhyw amheuaeth ynghylch y rhyfel – neu hyd yn oed eu gwrthwynebiad llwyr – ar y cyfle i chwarae rôl ehangach mewn cymdeithas. Roedd cyfyngiadau, hefyd, ar erledigaeth o'r sosialwyr. Roedd llywodraeth Lloyd George yn ofalus rhag mynd yn rhy bell yn ei gweithrediadau sensoriaeth yn erbyn y *Labour Leader* rhag ofn iddi elyniaethu'r aelodau Llafur yn y cabinet rhyfel. Llwyddwyd, felly, i gyhoeddi'r *Leader* ar hyd y rhyfel a darparu newyddion am y mudiad sosialaidd a'r rhyfel i sosialwyr a'r cyhoedd.[89] Hyd yn oed ar ôl y cyrch ar swyddfeydd y *Leader* a'r *National Labour Press*, cafodd y rhan fwyaf o ddeunyddiau a oedd wedi eu hatafaelu eu dychwelyd o dan ddyfarniad y llys yn y pen draw.[90] Yn wir, nid chwalfa ond dilyniant yng ngweithgareddau'r sosialwyr yw'r nodwedd fwyaf trawiadol ym mlynyddoedd y rhyfel. Aeth bywyd sosialaidd yn ei flaen ar lefel genedlaethol a lleol. Parhaodd y gweithgareddau diwylliannol a drafodwyd ar ddechrau'r darn hwn: yng Nghaerdydd a Cathays trefnwyd partïon Nadolig a nos Galan yn 1914–15, gan gynnwys ymweliad â'r sinema i'r plant.[91] Trefnwyd gemau chwist gan gangen Caerdydd trwy gydol y rhyfel, côr yng Nghathays, dosbarth dawnsio ym Margoed, côr dynion yn Aberdâr a chlwb cerdded yng Nghasnewydd, i restru detholiad bach o'r gweithgareddau a gofnodwyd yn y wasg sosialaidd.[92]

Hefyd roedd Cymru, yn enwedig de Cymru, yn lleoliad poblogaidd ar gyfer ymweliadau lladmeryddion enwocaf y mudiad sosialaidd, gan gynnwys Ramsay MacDonald, Bruce Glasier ac wrth gwrs Keir Hardie, mewn un cyfarfod i wrthwynebu'r rhyfel gyda chynulleidfa o 2,000 o gefnogwyr o leiaf yn neuadd Rinc Olympia Merthyr.[93] Siaradwyr amlwg eraill trwy gydol y rhyfel oedd Sylvia Pankhurst, Bertrand Russell, W. C. Anderson a Katharine Bruce Glasier, Philip Snowden a'i wraig Ethel, George Lansbury a Tom Mann.[94] Roedd Bruce Glasier yn frwdfrydig iawn am y sefyllfa yn ne Cymru, ar ôl taith yn yr ardal yn 1915. Yn y Barri ym mis Chwefror, adroddodd mewn llythyr at ei wraig Katharine:

> The little ILP rooms were crowded with over 100 members and local trade unionists. I spoke for an hour and a quarter and replied to questions (all friendly ones) for another three quarters of an hour. They would have sat all night, I think, listening to me, and awarded me a most enthusiastic vote of thanks.[95]

Bu cynulleidfa frwdfrydig o 200 yn Aberdâr ar noson wlyb yn hollol gefnogol iddo; yng Nghwmafan ym mis Mehefin, lle siaradodd Bruce Glasier ochr yn ochr â T. E. Nicholas, nododd mai dyma'r cyfarfod awyragored gorau yr oedd wedi ei brofi ers llawer dydd, gyda rhwng 600 a 700 yn bresennol gan gynnwys nifer o ferched.[96]

Er gwaethaf amhoblogrwydd y blaid, felly, a'r darlun mytholegol o'r ILP fel plaid o ferthyron, yn sefyll yn unig yn erbyn y rhyfel, ac er gwaethaf realiti'r rhyfel, a oedd yn amharu ar rai agweddau ar waith y blaid, mae'n amlwg fod gwaith y sosialwyr wedi parhau yn ystod y rhyfel. Yn wir, proffwydodd y *Labour Leader* yn gynnar yn y rhyfel, 'we have not the least doubt that before the war is ended the ILP will occupy a stronger position in the country than it has ever before occupied. There is, indeed, no occasion for pessimism!'[97] Yn y rhan olaf ystyriwn pa mor gywir oedd y broffwydoliaeth hon, a sut fath o newidiadau a ddigwyddodd yn y byd sosialaidd Cymreig oherwydd y rhyfel.

IV

Os cafodd y rhyfel effaith negyddol ar y mudiad sosialaidd yn ei ddyddiau cynnar, adenillodd y mudiad y tir a gollwyd yn eithaf cyflym. Mae adroddiad blynyddol yr ILP am 1916 yn cyfeirio at adnewyddiad ym mywyd y blaid. Er bod rhai canghennau wedi cau oherwydd amgylchiadau'r rhyfel, mae'r adroddiad yn cyfeirio at dderbyn nifer ychwanegol o aelodau i'r blaid oherwydd ei safiad yn erbyn y rhyfel. Adroddwyd, 'It is specially gratifying to be able to report the spontaneous springing up of new branches, and the increasing number of members who are enrolled on Head Office books', ac mae'r dystiolaeth o Gymru yn adlewyrchu'r adfywiad hwn.[98] Cynhaliwyd cynhadledd ranbarthol Gymreig o'r blaid yn Neuadd Bentley ym Merthyr ym mis Ionawr 1916, ac adroddwyd bod nifer y cynrychiolwyr wedi cynyddu o 47 i 80 ers y flwyddyn gynt, gyda'r nifer o ganghennau wedi cynyddu o 35 i 50.[99] Erbyn gwanwyn 1917 roedd ffioedd aelodaeth yr ILP yng Nghymru yn cynyddu'n sylweddol o £67 yn 1916–17 i £148 yn 1918–19 (gweler tabl 4.1).[100] Yn wir, erbyn diwedd y rhyfel roedd gan Gymru 2,355 o aelodau, sef 11.1 y cant o holl aelodaeth Brydeinig y blaid, a thwf mewn aelodaeth o 70 y cant ers dechrau'r rhyfel, pan oedd aelodau'r blaid yng Nghymru yn 6.9 y cant o'r holl aelodaeth. Erbyn mis Chwefror 1918 roedd 75 o ganghennau'r blaid yng Nghymru.[101] Ar lefel ystadegol yn unig, ac er gwaethaf y dirywiad mewn aelodaeth, incwm a'r nifer o ganghennau yn nwy flynedd gyntaf y rhyfel, cynyddodd yr ILP yn sylweddol o 1917 ymlaen.

1913–14	1914–15	1915–16	1916–17	1917–18	1918–19	1919–20
£79	£65	£61	£67	£104	£148	£158

Ffynhonnell: adroddiadau blynyddol yr ILP

Tabl 4.1 Tanysgrifiadau canghennau'r ILP yng Nghymru

Mae'r dystiolaeth ansoddol hefyd yn awgrymu gwelliant yn nhynged y blaid. Roedd rhai canghennau yn dangos cryfder trwy gydol y rhyfel: Llansawel, er enghraifft, oedd y gangen gryfaf yng Nghymru cyn y rhyfel, a pharhaodd hynny. Yn ôl y *Labour Leader* roedd y gangen yn dangos 'magnificent example' i ganghennau eraill, gyda'i gwerthiant uchel o lenyddiaeth a'i sefyllfa gyllidol gref.[101] Erbyn diwedd y rhyfel, yn ôl Arthur Marwick, roedd un o bob 22 o drigolion y dref yn aelodau'r blaid.[103] Roedd

Llansawel yn gangen eithriadol, ond dangosodd hyd yn oed ganghennau gwannach arwyddion o adfywio yn ystod y rhyfel. Mae adroddiad o Fedlinog o wanwyn 1917 yn adlewyrchu'r broses o adnewyddu yn dda:

> We are glad to report that our little branch has been re-formed. Being one of the oldest branches in Wales, it possessed at one time an important place in the movement in our valleys. During the last few years owing to deaths, removals, and other misfortunes, it has been somewhat inactive, but we hope our period of inertia is now at an end. A band of enthusiastic young miners has grown round the branch, and the success of our meetings during the last two months augurs well for a healthy future.[104]

Yn Aberdâr, yr un pryd, adroddwyd twf yn yr aelodaeth o 130 yn ystod y flwyddyn, ac roedd y gangen yn ceisio adeiladu neuadd ar gyfer cyfarfodydd a dosbarthiadau.[105]

Yn ystod y flwyddyn o haf 1917 ymlaen, yn ogystal â changen newydd Bedlinog, crëwyd 16 o ganghennau newydd mewn ardaloedd lle na fu'r ILP yn weithgar tan hynny. Mae'r rhestr yn cynnwys Gwersyll Hirwaun (a oedd yno ar gyfer gwrthwynebwyr cydwybodol a oedd wedi derbyn gwaith 'o bwysigrwydd cenedlaethol'); Clydach; Aberbargoed; Dyffryn Garw; Doc Penfro; Ystum Taf; Felinfoel; Bae Colwyn; Merthyr Vale; Mynydd Cynffig; Ynysybwl; Garnswllt; Crymlyn; Penygraig a Llanelli.[106]

Erbyn diwedd y rhyfel felly roedd yr ILP wedi ailgychwyn tyfu, roedd adfywiad sylweddol ar lefel canghennau ac roedd y blaid yn ymddangos fel petai mewn iechyd da. Mae'n bwysig cydnabod, er hynny, fod newidiadau wedi digwydd yn natur y blaid yn ystod y rhyfel, a hefyd fod y cyd-destun gwleidyddol a chymdeithasol wedi'i drawsnewid. Roedd y mudiad sosialaidd ar ddiwedd y rhyfel, a'r byd o'i gwmpas, yn wahanol iawn i'r byd yn 1914. Un wedd o'r newid yng nghymeriad y mudiad oedd yr ehangu mawr yn rôl a dyletswyddau'r ferch mewn cymdeithas. Mae haneswyr wedi tynnu sylw at effaith y Rhyfel Mawr ar statws y fenyw ym Mhrydain, ac nid oedd y byd sosialaidd yn eithriad.[107] Cafodd merched fwy o ryddid a chyfrifoldebau fel gweithwyr hanfodol mewn diwydiant gan gymryd lle dynion a oedd wedi ymuno â'r lluoedd arfog. Roedd rôl merched yn y mudiad sosialaidd cyn y rhyfel wedi bod yn gyfyngedig tu hwnt. Ar wahân i'r ILP, roedd yn anodd i wragedd fod yn aelodau llawn o undebau neu gymdeithasau cydweithredol, ac ar y cyfan cymerent rôl gefnogol yn y cefndir yn hytrach na rôl arweiniol yn y mudiad. Yn ôl Pamela Graves, roedd menywod o fewn y mudiad llafur 'not so much latecomers as uninvited guests' cyn 1918.[108] Ni newidiodd y sefyllfa hon dros nos oherwydd y rhyfel, ac mae digon o dystiolaeth o Gymru fod y rhan fwyaf o ferched yn parhau i wneud cyfraniad cefnogol yn hytrach na chanolog i weithgareddau sosialaidd. Dyma adroddiad nodweddiadol o Aberpennar ym mis Mawrth 1915, ar ôl buddugoliaeth George Neighbour yn yr etholiadau lleol: 'The members wives and daughters provided practically the whole of the provisions for the tea.'[109] Roedd adroddiadau fel hyn yn ddigon cyffredin trwy'r rhyfel ac ar ôl hynny, ond, mae'n arwyddocaol fod tystiolaeth yn ystod y rhyfel o ferched yn chwarae mwy o rôl flaengar. Un asiant yn y broses hon oedd y Gynghrair Llafur Merched. Sefydlwyd hon yn 1906 fel adain merched i'r Blaid Lafur, ac roedd y gynghrair yn weithgar yn ne Cymru, ac yng nghyfnod y rhyfel roedd 20 o ganghennau yng Nghymru (i gyd ac eithrio un yn ne Cymru).[110] Fel adrannau eraill o'r mudiad llafur a sosialaidd, canolbwyntiodd y gynghrair yn ystod y rhyfel ar wella materion ymarferol i ferched, felly yn ei chynhadledd ar gyfer ei haelodau yn ne Cymru yn 1915, trafodwyd materion megis costau byw, lwfansau i deuluoedd milwyr a morwyr, cartrefi i henoed, a llafur plant.[111]

Y dystiolaeth orau, efallai, o'r newid graddol yng ngwleidyddiaeth rhywedd y mudiad llafur a sosialaidd yn ystod y rhyfel yw ymddangosiad merched unigol a ddechreuodd gymryd rôl flaenllaw mewn bywyd cyhoeddus yng Nghymru. Dechreuodd gwragedd cyhoeddus amlwg fel Elizabeth Andrews a Rose Davies chwarae rôl weinyddol a gwleidyddol bwysig ar lefel leol. Personoliaeth gref ac effeithiol arall o fewn y mudiad sosialaidd oedd Minnie Pallister. Yn ferch i weinidog Methodistaidd ac yn enedigol o Gernyw, cafodd ei haddysg yn Hwlffordd a Phrifysgol Caerdydd, cyn symud i Frynmawr, sir Fynwy i weithio fel athrawes.[112] Ymunodd Pallister â'r ILP a dechreuodd yrfa sosialaidd enwog: erbyn 1915 roedd yn llywydd Ffederasiwn Sir Fynwy'r ILP, ac erbyn diwedd y rhyfel cafodd ei phenodi yn drefnydd ar gyfer rhanbarth Cymru a sir Fynwy o'r ILP.[113] Roedd ei llwyddiant hi yn arwydd o newid ehangach yn y byd sosialaidd. Yn ystod y rhyfel gwelir nifer gynyddol o ferched yn chwarae rolau mwy blaengar. Roedd menywod fel Agnes Hughes o Abercynon yn drefnydd y No-Conscription Fellowship yn Aberdâr ac yn ymgyrchu o blaid aelodau'r ILP a oedd yn wrthwynebwyr cydwybodol.[114] Yn anffodus mae cynifer ohonynt yn gymharol anadnabyddus, megis Mrs Barker a oedd yn darlithio i gangen Cathays yr ILP ar '[F]ilwriaeth ac athroniaeth Almaenig' yn 1914, neu Miss Howell a arweiniodd ddosbarth hanes modern yn yr un gangen, neu Mrs Davies a oedd yn darlithio ar 'Co-partnership and war' i gangen Casnewydd yn 1917.[115] Er hynny, maent yn cynrychioli symudiad arwyddocaol yn y mudiad llafur a sosialaidd.

Roedd y mudiad yn newid mewn ffyrdd eraill hefyd. Gellid dadlau bod Cymru yn lle mwy seciwlar ei barn o ganlyniad i'r rhyfel. Ar y cyfan, roedd perthynas rhwng sosialwyr a'r capeli yn un o amheuaeth a drwgdybiaeth ar y ddwy ochr cyn y rhyfel, ond mae'r dystiolaeth o ddieithrio yn cyflymu yn ystod y rhyfel.[116] Roedd rôl flaengar y capeli wrth recriwtio a hybu'r ymdrech ryfel yn atgas i lawer o sosialwyr. Mynegodd Minnie Pallister ei theimladau ar y broses hon yng nghynhadledd yr ILP, 1915:

> Before the war she had urged some of her friends who were ministers to speak about social questions, but was met with the objection that their pulpits could only be used to speak on spiritual questions and not materialistic matters. She had given them credit for sincerity, but found, when the war broke out, that these pulpits which were too sacred to be used to fight the battle of the workers were not too sacred to be used as recruiting platforms.[117]

Cydymdeimlai nifer gynyddol gyda Rufus Howells a draddododd ddarlith i gangen Blaenafon yr ILP yn 1917 o dan y teitl 'Seeking the truth': yn ôl adroddiad yn y *Labour Leader*, 'the speaker very clearly defined the chief causes of the antagonism shown by the ruling classes and the organised church to the ILP. The ILP sought to enlighten ignorance, remove prejudice and unveil mysticism.'[118]

Un elfen bwysig yn y broses o 'ddadorchuddio cyfriniaeth' yr oedd ei ddylanwad ar gynnydd yn ystod y rhyfel oedd y Coleg Llafur Canolog. Rhwng 1914 ac Ionawr 1918 cynyddodd nifer o ddosbarthiadau'r coleg o 2 i 40 ar draws y maes glo, ac arweiniwyd y symudiad yma gan lowyr oedd yn weithgar iawn yn lleol, fel Arthur Horner, A. J. Cook, Noah Ablett a W. H. Mainwaring o'r Rhondda, Mark Starr o Gwm Tawe ac Aberdâr, a Sid Jones a Will Hewlett o Ddyffryn Sirhowy.

Roedd y mwyafrif o'r dosbarthiadau yn sir Fynwy a'r Rhondda, ond treiddiwyd i'r gorllewin, i Wauncaegurwen dan arweiniad D. R. Owen, a J. L. Rees yng Nghlydach. Tu allan i'r maes glo cynhaliwyd un dosbarth yn y Barri a dau yng Nghaerdydd.[119]

Hybodd dosbarthiadau, fel y rhai a ddysgwyd gan W. J. Edwards ar 'Darwin and Marx' neu Mark Starr ar 'History and its interpretation', syniadaeth Farcsaidd, ac ar ei anterth, credir bod oddeutu mil a hanner o bobl yn mynychu'r dosbarthiadau hyn yn 1917–18.[120] Llwyddodd y mudiad hwn i addysgu *cadre* allweddol o ddynion allweddol yn natblygiad y mudiad llafur a sosialaidd, megis Aneurin Bevan, Ness Edwards ac S. O. Davies, a gafodd yn eu tro ddylanwad radicaleiddio milwriaethus ar Ffederasiwn y Glowyr.

Dim ond catalydd mewn sefyllfa gymdeithasol a gwleidyddol ansefydlog oedd dosbarthiadau'r Coleg Llafur. Roedd cyfuniad o ddylanwad gorfodaeth filwrol, blinder rhyfel cyffredinol ac, yn 1917, y chwyldroadau yn Rwsia yn prysur drawsffurfio'r sefyllfa. Erbyn 1917, roedd y maes glo yn ferw gwleidyddol, gydag aelodaeth gyffredin y ffederasiwn yn dod fwyfwy dan ddylanwad Marcswyr fel Noah Ablett, A. J. Cook, Arthur Horner a'r chwith a oedd am ddefnyddio grym bargeinio'r undeb er mwyn gwella safonau byw a sicrhau codiadau cyflog. Nid oeddent yn erbyn neu o blaid y rhyfel. Cyfle oedd y rhyfel iddynt hwy ennill manteision i'w haelodau. Profodd Chwyldro Rwsia yn ysbrydoliaeth fawr i'r mudiad llafur ym mis Mawrth 1917, ac am gyfnod gellid dychmygu bod posibiliadau chwyldroadol ym Mhrydain ac yn enwedig lle roedd y chwith yn gryf, yn ardal Clydeside yn yr Alban ac yn ne Cymru. Ceisiwyd sefydlu grwpiau sofietaidd ar draws Prydain, yn haf 1917, ac er i'r ymdrech fethu, cadarnhaodd adroddiad y Comisiwn i Anghydfod Diwydiannol ym mis Mehefin 1917 fod sefyllfa beryglus trwy faes glo'r de. Argymhellodd y comisiwn fod angen mesurau arbennig er mwyn lleddfu cwynion a phrotestiadau yn erbyn pris uchel bwyd, a chwmnïau'n budrelwa oherwydd amgylchiadau'r rhyfel. Rhybuddiwyd am ddylanwad aelodau grwpiau trafod y Plebs League, a dylanwad heddychiaeth yn sgil aflonyddwch mwy cyffredinol.[121] Yn ôl y sefyllfa a ddisgrifiwyd, roedd gelyniaeth chwerw wedi datblygu rhwng cyflogwyr a gweithwyr mewn diwydiannau penodol yn ne Cymru, gelyniaeth a feithrinwyd i ryw raddau gan eithafwyr a dallbleidwyr ar y ddwy ochr. Roedd ymdeimlad o anghyfrifoldeb wedi ei greu, felly, ac roedd y dynion wedi dangos tuedd i 'streicio ar y cyfle cyntaf, er gwaethaf cyngor eu harweinwyr achrededig'. Beio'r glowyr, ac i raddau llai y gweithwyr trafnidiaeth, am eu heithafrwydd a wnaeth yr adroddiad.[122]

Cynyddodd gweithgarwch a dylanwad y lleiafrif milwriaethus o fewn y ffederasiwn wrth i 1917 fynd rhagddi. Oherwydd eu gwrthwynebiad bu aelodaeth gyffredin Ffederasiwn Glowyr De Cymru yn gyfrifol am ohirio cyflwyno gorfodaeth filwrol yn y diwydiant glo trwy Brydain am 11 mis, tan i bleidlais gefnogi gofyniad y llywodraeth ym mis Tachwedd 1917.[123] Yn 1917, disgrifiwyd de Cymru ddiwydiannol gan y Comisiwn i Anghydfod Diwydiannol fel ardal lle roedd chwerwder dosbarth a'r potensial o drais diwydiannol yn peryglu cytgord cymdeithasol ac economaidd.[124] Wrth i'r adain filwriaethus, Farcsaidd o blaid perchnogaeth y gweithwyr o'r diwydiant ennill dylanwad o fewn y ffederasiwn, datblygodd hefyd drefniadaeth ochr fwy gwleidyddol draddodiadol y Blaid Lafur. Sefydlwyd cyngresau lleol o'r undebau a chymdeithasau cefnogol i Lafur, ac mae adroddiad cyntaf James Griffiths, ysgrifennydd Cyngres Llafur a Masnach ardal Rhydaman yn 1918, yn adlewyrchu gwewyr y cyfnod yn 1917 a than ddiwedd y rhyfel. Cyfarchodd y chwyldro yn Rwsia fel ysbrydoliaeth i ddemocratiaid. Cafodd y mudiad llafur, meddai, ei ddamsang dan draed gan filitariaeth Ewrop. Cafodd gobeithion y dosbarth gwaith eu boddi mewn môr o waed, ond 'roedd y Chwyldro wedi rhoi gobaith newydd', a honnai Griffiths fod 'chwyldro tawel' wedi'i greu yn y cylch. Bellach roedd y gyngres yn cynrychioli 10 cyfrinfa o'r ffederasiwn, canghennau o chwe undeb arall yn ogystal â'r ILP. Roeddent yn cynrychioli 3,500 o weithwyr, a chynhaliwyd 12 o gyfarfodydd cyhoeddus yn ystod y flwyddyn.[125]

Cyn diwedd y rhyfel, hyrwyddwyd gallu'r Blaid Lafur i ennill cefnogaeth gan y cyfansoddiad newydd a fabwysiadwyd ganddi ym mis Chwefror 1918. Pensaer y cyfansoddiad oedd yr ysgrifennydd, Arthur Henderson, ac fe geisiodd ganoli o fewn y blaid, a rhoi mwy o rym i'r undebau. O hyn ymlaen, roedd 13 o'r 23 sedd ar bwyllgor gwaith y blaid yn nwylo'r undebau, pum gan y pleidiau Llafur lleol a oedd newydd eu creu, a phedair o adrannau'r menywod. Bellach nid oedd angen ymaelodi â'r ILP fel aelod unigol o'r Blaid Lafur. Gosodwyd y nod o sicrhau sosialaeth, gwladoli rhannau helaeth o ddiwydiant ac ymestyn gwasanaethau cymdeithasol. Fodd bynnag, i bob pwrpas crëwyd yr amgylchiadau ar gyfer diflaniad graddol ysbryd y Blaid Lafur Annibynnol o'r mudiad llafur dros yr ugain mlynedd nesaf.[126]

V

Cafodd y Rhyfel Mawr gryn effaith ar y mudiad sosialaidd a llafur yng Nghymru. Fel y mwyafrif o bobl ar ddechrau'r rhyfel, nid oedd sosialwyr wedi'u paratoi ar gyfer trychineb fawr 1914–18. Roedd anghytundeb rhyngddynt ar lawer o faterion, gan gynnwys eu hymateb i ryfel cyn 1914, a daeth yn sioc i lawer yn y mudiad llafur eu bod yn methu atal rhyfel trwy ddefnyddio grym protestiadau cyhoeddus. Er hynny, llwyddodd y mudiad i addasu'n gyflym i amgylchiadau'r rhyfel. Er bod carfan fach yn y mudiad sosialaidd, megis T. E. Nicholas, wedi glynu wrth egwyddorion heddychol a sefyll yn erbyn rhyfel trwy'r holl frwydro, roedd rhan fwyaf y mudiad yn barod i fabwysiadu polisi mwy pragmataidd. Roedd y rhan fwyaf o sosialwyr a llafurwyr yn gallu gweld mai cyfle, ac nid her yn unig, oedd y rhyfel. Trwy gymryd rhan yn yr ymdrech i ennill y rhyfel ar bob lefel, o'r genedlaethol i'r lleol, enillodd y mudiad llafur rôl newydd ac ehangach mewn cymdeithas a'r wladwriaeth. Roedd syniadau cyfunolaidd y sosialwyr yn berthnasol ac yn addas iawn i amgylchiadau'r rhyfel, ac roedd grym yr undebau llafur, yn enwedig y glowyr, yn amlwg iawn. Er i'r rhyfel gael effaith negyddol ar y mudiad sosialaidd yn ei dyddiau cynnar, cyn hir roedd y mudiad yn tyfu eto ac yn elwa ar y rhyfel. Ond roedd canlyniadau arwyddocaol i'r broses hon. Roedd rhai ohonynt, megis ymddangosiad mwy o ferched yn rhengoedd y mudiad, neu'r twf mewn gweithgareddau addysgol, yn bethau iach a phositif. Fodd bynnag, newidiodd cymeriad y mudiad ar lefel sylfaenol yn ystod y rhyfel. Roedd mudiad llafur a sosialaidd 1918 yn greadur eithaf gwahanol i'r un ar ddechrau'r rhyfel: mudiad mwy bydol, pragmataidd, Marcsaidd ac, yn y pen draw, mwy modern ydoedd. Agorwyd drws gan y rhyfel, drws i fyd newydd modern yr ugeinfed ganrif. Wrth fynd trwy'r drws hwn, camodd y mudiad sosialaidd a llafur i gyfnod newydd yn ei hanes.

Nodiadau

1. *Labour Leader*, 30 Mehefin 1914. Y *Labour Leader* oedd papur newydd y Blaid Lafur Annibynnol; y golygydd ers 1912 oedd Fenner Brockway.
2. Defnyddir y talfyriad cyfarwydd 'ILP' ar gyfer y Blaid Lafur Annibynnol, yn hytrach na 'BLA', oherwydd cyfeiriodd y Cymry ar y pryd at 'yr ILP'. Gweler David Thomas, *Diolch am Gael Byw – Rhai o F'atgofion* (Lerpwl: Cymdeithas Modern Cymreig, 1968), tt. 38–9.
3. Yn ôl un amcangyfrif bu 20,000 o gyfarfodydd y Blaid Lafur Annibynnol yn y maes glo yn y degawd hyd at 1916. 'Observer', 'The Mind of the Miner', *Welsh Outlook*, 3, 7 (Gorffennaf 1916), 218.
4. Duncan Tanner, 'The Pattern of Labour Politics 1918–1939', yn Duncan Tanner, Chris Williams a Deian Hopkin (goln), *The Labour Party in Wales 1900–2000* (Caerdydd, 2000), tt. 113–39; Gwyn A. Williams, *When was Wales?* (Harmondsworth: Penguin, 1983), tt. 249–50.
5. *Justice*, 21 Mai 1914.
6. Matthew Johnson, *Militarism and the British Left, 1902–1914* (Basingstoke: Palgrave Macmillan, 2013); Paul Ward, *Red Flag and Union Jack: Englishness Patriotism and the British Left 1881–1924* (Woodbridge: Royal Historical Society/Boydell Press, 1998), tt. 102–18.
7. Am gefndir milwrol a gwleidyddol Blatchford gweler Robert Blatchford, *My Life in the Army* (Llundain: Clarion Press, 1910); Robert Blatchford, *My Eighty Years* (Llundain: Cassell, 1931).
8. Martin Wright, 'Wales and Socialism: Political Culture and National Identity c. 1880–1914' (traethawd PhD, Prifysgol Caerdydd, 2011), yn enwedig tt. 113–21.

9. Robert Blatchford, 'Germany and England', *Daily Mail*, 13–23 Rhagfyr 1909.
10. James Joll, *The Second International 1889–1914* (Llundain: Routledge and Kegan Paul, 1955), tt. 133–40, 196–8.
11. Douglas J. Newton, *British Labour, European Socialism and the Struggle for Peace* (Rhydychen: Clarendon Press, 1985), tt. 251–93.
12. *Labour Leader*, 14 Mawrth 1914.
13. Stefan Berger, *The British Labour Party and the German Social Democrats 1900–1931* (Rhydychen: Clarendon Press, 1994), t. 245.
14. Howard Weinroth, 'Norman Angell and the Great Illusion: An Episode in Pre-1914 Pacifism', *Historical Journal*, 17, 3 (Medi 1974), 551–74.
15. *Labour Leader*, 30 Ebrill 1914.
16. K. O. Morgan, *Keir Hardie, Radical and Socialist* (Llundain: Weidenfeld & Nicolson, 1975), t. 243.
17. *Dinesydd Cymreig*, 26 Chwefror 1913, a 4 Mehefin i 23 Gorffennaf 1913.
18. *Labour Leader*, 26 Mawrth 1914.
19. Ivor Thomas Rees, 'Thomas Evan Nicholas, 1879–1971', *Merthyr Historian*, 22 (2011), 49–71.
20. *Pioneer*, 12 Medi 1914.
21. *Labour Leader*, 30 Gorffennaf 1914.
22. *Labour Leader*, 30 Gorffennaf 1914.
23. *Labour Party Annual Report*, 1916, tt. 6–7. Am ymateb cefnogol y mudiad llafur i'r rhyfel gweler David Swift, 'Patriotic Labour in the Era of the Great War' (traethawd PhD, Prifysgol Central Lancashire, 2014).
24. Philip Snowden, *An Autobiography (Vol 1)* (Llundain: Nicholson and Watson, 1934), t. 358.
25. Dyfynnwyd yn Chris Wrigley, *Arthur Henderson* (Caerdydd: University of Wales Press, 1990), t. 84.
26. J. H. Thomas, *My Story* (Llundain: Hutchinson, 1937), t. 38.
27. John Hodge, *Workman's Cottage to Windsor Castle* (Llundain: S. Low, Marston, 1931), tt. 166–7.
28. *Flinthsire Observer*, 30 Rhagfyr 1915.
29. Trevor Wilson, *The Myriad Faces of War: Britain and the Great War 1914–1918* (Llundain: Polity Press, 1986), tt. 397–400.
30. David Lloyd George, *War Memoirs (Vol1)* (Llundain: Odhams Press, 1938), t. 131.
31. *Labour Party Annual Report*, 1916, t. 56.
32. Arthur Marwick, *The Deluge: British Society and the First World War*, 2il arg. (Basingstoke: Macmillan, 1991), tt. 96–111; J. M. Winter, *Socialism and the Challenge of War: Ideas and Politics in Britain 1912–1918* (Llundain: Routledge & Kegan Paul, 1974); Wilson, *The Myriad Faces of War*; John N. Horne, *Labour at War: France and Britain 1914–1918* (Rhydychen: Clarendon Press, 1991).
33. Peter Stead, 'Vernon Hartshorn: Miners' Agent and Cabinet Minister', yn Stewart Williams (gol.), *Glamorgan Historian*, VI (Y Bont-faen: D. Brown, 1969), tt. 83–94.

34. Eddie May, 'The Mosaic of Labour Politics', yn Duncan Tanner, Chris Williams a Deian Hopkin (goln), *The Labour Party in Wales 1900–2000*, tt. 80–2.
35. John Davies, *Hanes Cymru* (Llundain: Penguin, 1990), t. 490.
36. Ivor Nicholson a Lloyd Williams, *Wales Its Part in the War* (Llundain: Hodder and Stoughton, 1919), tt. 71–2.
37. Edward Gill i Keir Hardie, 29 Awst 1914, Gohebiaeth Francis Johnson, British Library of Political and Economic Science, 1914/265.
38. Ness Edwards, *History of the South Wales Miners' Federation* (Llundain: Lawrence and Wishart, 1938), tt. 78–9.
39. R. Page Arnot, *South Wales Miners, 1914–1926* (Caerdydd: Cymric Federation Press, 1975), t. 7.
40. Nicholson a Williams, *Wales Its Part in the War*, t. 74.
41. K. O. Morgan, *Wales in British Politics* (Caerdydd: University of Wales Press, 1970), t. 276.
42. 'Atgofion Amanwy', *Amman Valley Chronicle*, 24 Mawrth 1938.
43. Chris Wrigley, *David Lloyd George and the British Labour Movement: Peace and War* (Brighton: Harvester Press, 1976), t. 122.
44. Hywel Francis and Dai Smith, *The Fed: A History of the South Wales Miners in the Twentieth Century* (Llundain: Lawrence and Wishart, 1980), t. 22.
45. Anthony Mòr-O'Brien, 'Patriotism on Trial: The Strike of the South Wales Miners, July 1915', *Cylchgrawn Hanes Cymru*, 12, 1 (Mehefin 1984), 76–104.
46. W. F. Hay, *War! And The Welsh Miner* (Tonypandy: Thomas Bros., printers, d.d. ?1914); gweler hefyd G. R. Carter, 'The Coal Strike in South Wales', *The Economic Journal*, 25, 99 (Medi 1915), 453–65, 461, yn tynnu sylw at ddylanwad carfan 'aggressive or progressive' yn yr undeb.
47. Mae Chris Williams yn cefnogi'r safbwynt hwn: Chris Williams, 'The South Wales Miners, 1910–47', yn Alan Campbell, Nina Fishman a David Howell (goln), *Miners, Unions and Politics 1910–1947* (Aldershot: Scholar Press, 1996), tt. 121–44, 126.
48. Carter, 'The Coal Strike in South Wales', 459, 461.
49. Toriad o *South Wales Daily News*, 8 August 1914, Gohebiaeth, Francis Johnson, 1914/222. Am Stanton gweler Ivor T. Rees, 'Charles Butt Stanton, 1873–1946', *Merthyr Historian*, 25 (2013), 161–79.
50. E. J. Williams i David Thomas, 18 Chwefror 1916, Papurau David Thomas, Llyfrgell Genedlaethol Cymru, Bocs 2.
51. Enillodd sedd Aberdâr yn 1918 fel ymgeisydd y National Democratic Party; safodd yn aflwyddiannus ar gyfer yr etholaeth yn 1922 fel ymgeisydd National Liberal.
52. *Labour Leader*, 6 Awst 1914.
53. *Pioneer*, 8 Awst 1914.
54. *Pioneer*, 31 Hydref 1914.
55. T. E. Nicholas, *Dros Eich Gwlad: Llythyr Agored at Mr D. J. Davies, Belsize Crescent, Llundain, ar y Rhyfel Anghyfiawn* (Abertawe: Thomas a Parry, 1915). Mae llawer o ysgrifau Nicholas ar y rhyfel wedi eu casglu yn

Bangor MS23356, Archif Prifysgol Bangor.
56. Angharad Tomos, 'Bywyd a Gwaith David Thomas 1880–1967' (traethawd MPhil, Aberystwyth, 2000), 75–94.
57. Dyfynnwyd yn Keith Robbins, 'Morgan Jones in 1916', *Llafur*, 1, 4 (1975), 38–43, 39.
58. J. Graham Jones, *Hughes, Emrys Daniel 1894–1969* (Aberystwyth, 2009), ar gael ar-lein *http://yba.llgc.org.uk/en/s2-HUGH-DAN-1894.html* (cyrchwyd Awst 2015); Wayne David, *Remaining True: A Biography of Ness Edwards* (Caerffili: Caerphilly Local History Society, 2006); Yr Arglwydd Maelor [T. W. Jones], *Fel Hyn y Bu* (Dinbych: Gwasg Gee, 1970), tt. 58–92, 103–19.
59. *The ILP in War and Peace* (Llundain: Independent Labour Party, 1940), t. 26.
60. Emrys Hughes, *Keir Hardie* (Llundain: Allen & Unwin, 1956), t. 231. Am adroddiad gwreiddiol o'r digwyddiad gweler Anthony Mòr-O'Brien (gol.), *The Autobiography of Edward Stonelake* (Mid Glamorgan Education Committee, 1981), tt. 157–63.
61. 'Village Blacksmith', 'An open letter to Mr Keir Hardie', *Aberdare Leader*, 7 Tachwedd 1914.
62. *ILP Annual Report*, 1916, t. 27.
63. *Flintshire Observer*, 30 Rhagfyr 1915; Anthony Mòr-O'Brien, 'The Merthyr Boroughs Election, November 1915', *Cylchgrawn Hanes Cymru*, 12, 4 (1985), 538–66; Anthony Mòr-O'Brien, 'Keir Hardie, C. B. Stanton and the First World War', *Llafur*, 4, 3 (1986), 31–42. Am y gefnogaeth i ymdrech Stanton gweler Barry M. Doyle, 'Who Paid the Price of Patriotism? The Funding of Charles Stanton during the Merthyr Boroughs By-Election of 1915', *English Historical Review*, 109, 434 (1994), 1215–22.
64. Deian Hopkin, 'Patriots and Pacifists in Wales 1914–1918: The Case of Capt. Lionel Lindsay and the Rev. T. E. Nicholas', *Llafur*, 1, 3 (1974), 27–41, 34.
65. Anthony Mòr-O'Brien, '"Conchie": Emrys Hughes and the First World War', *Cylchgrawn Hanes Cymru*, 13, 3 (Mehefin 1987), 328–52; Jones, *Fel Hyn y Bu*, tt. 58–92; David, *Remaining True*, tt. 4–5; Robbins, 'Morgan Jones in 1916'.
66. Gweler *Labour Leader*, 24 Mehefin 1915 neu 27 Mai 1915.
67. Edward Tupper, *Seaman's Torch: The Life Story of Captain Edward Tupper* (Llundain: Hutchinson, 1938), tt. 171–3.
68. *Herald of Wales*, 18 Tachwedd 1916.
69. *Labour Leader*, 26 Awst 1915.
70. Henry Davies i Francis Johnson, 23 Mai 1916, Gohebiaeth Francis Johnson, 1916/85.
71. Stan Jones i Francis Johnson, 31 Mai 1916, Gohebiaeth Francis Johnson, 1916/98.
72. Sam Mainwaring i F. Shipton, d.d. [?1916], Briton Ferry ILP Letter Book, Archif Prifysgol Abertawe, SWCC/MNC/PP/20/1.
73. *ILP Annual Report*, 1915, t. 9; *ILP Annual Report*, 1917, t. 11.
74. David Thomas i Francis Johnson, 23 Gorffennaf 1915, Gohebiaeth Francis Johnson, 1915/130.

75. *ILP Conference Reports*.
76. Keith Robbins, *The Abolition of War: The 'Peace Movement' in Britain, 1914–1919* (Caerdydd: University of Wales Press, 1976), t. 67.
77. *Pioneer*, 15 Medi 1914.
78. *Labour Leader*, 8 Ebrill 1915.
79. *Labour Leader*, 6 Awst 1914.
80. *Labour Leader*, 13 Awst 1914.
81. *Labour Leader*, 27 Awst 1914. Etholwyd Wallhead yn AS dros Ferthyr yn 1922.
82. *Labour Leader*, 13 Awst 1914.
83. *Labour Leader*, 24 Medi 1914.
84. *Llais Llafur*, 22 Awst 1914.
85. *Labour Leader*, 12 Tachwedd 1914.
86. *Labour Leader*, 4 Mawrth 1915; 1 Ebrill 1915.
87. Gweler llythyrau yng Nghohebiaeth Francis Johnson, e.e. eitemau 1914/332, 1914/344, 1914/347, 1914/349.
88. Am Andrews a Davies gweler Keith Gildart a David Howell (goln), *Dictionary of Labour Biography (Cyfrol 11)* (Llundain, 1981), tt. 1–11, 39–47.
89. Deian Hopkin, 'Domestic Censorship in the First World War', *Journal of Contemporary History*, 5, 4 (1970), 151–69, 160–2.
90. *Labour Leader*, 2 Medi 1915.
91. *Labour Leader*, 7 Ionawr 1915.
92. *Labour Leader*, 11 Chwefror, 4 a 25 Mawrth 1915; 4 Mawrth 1915; 22 Ebrill 1915; 8 Mawrth 1917; 12 Ebrill 1917.
93. *Pioneer*, 31 Hydref 1914.
94. *Pioneer*, 6 Tachwedd 1915; 8 Gorffennaf 1916; 9 Mawrth 1916; 1 Gorffennaf 1916; 2 Rhagfyr 1916; 23 Mehefin 1917.
95. John Bruce Glasier i Katharine Bruce Glasier, 1 Chwefror 1915, Papurau Bruce Glasier, Archif Prifysgol Lerpwl, GP/1/11385.
96. John Bruce Glasier i Katharine Bruce Glasier, 4 Chwefror 1915, Papurau Bruce Glasier, GP/1/1/1387; John Bruce Glasier i Katharine Bruce Glasier, Mehefin 1915 (d.d.), Papurau Bruce Glasier, GP/1/1/1399.
97. *Labour Leader*, 10 Medi 1914.
98. *ILP Annual Report*, 1916, t. 7.
99. *Pioneer*, 29 Ionawr 1916.
100. *ILP Annual Reports*, 1914–19.
101. Papurau'r ILP, *BLPES*, 10/4/3.
102. *Labour Leader*, 18 a 25 Mawrth 1915.
103. Arthur Marwick, 'The Independent Labour Party 1918–1932' (traethawd BPhil, Rhydychen, 1960), 51.
104. *Labour Leader*, 15 Mawrth 1917.
105. *Labour Leader*, 29 Mawrth 1917.
106. *ILP Annual Reports*, 1917–18.
107. Gail Braybon, *Women Workers in the First World War: The British Experience* (Llundain: Croom Helm, 1981); Gail Braybon a Penny Summerfield, *Out*

of the Cage: Women's Experiences in Two World Wars (Llundain: Pandora, 1987).
108. Pamela M. Graves, *Labour Women: Women in British Working-class Politics 1918–1939* (Caergrawnt: Cambridge University Press, 1994), tt. 7–9.
109. *Labour Leader*, 1 Ebrill 1915.
110. Christine Collette, *For Labour and For Women: The Women's Labour League, 1906–1918* (Manceinion: Manchester University Press, 1989), tt. 204–17.
111. *Labour Leader*, 18 Mawrth 1915.
112. *Pioneer*, 11 Medi 1915; *Labour's Who's Who* (1927).
113. *Labour Leader*, 1 Ebrill 1915; *ILP Annual Report*, 1919, t. 18.
114. Deirdre Beddoe, *Out of the Shadows: A History of Women in Twentieth Century Wales* (Caerdydd: University of Wales Press, 2000).
115. *Labour Leader*, 3 Rhagfyr 1914; 19 Tachwedd 1914 ac 8 Mawrth 1917.
116. Robert Pope, *Building Jerusalem: Nonconformity Labour and the Social Question in Wales, 1906–1939* (Caerdydd: University of Wales Press, 1998); R. Tudur Jones, *Ffydd ac Argyfwng Cenedl: Hanes Crefydd yng Nghymru 1890–1914*, cyf. 2 (Abertawe: Tŷ John Penry, 1982), tt. 265–71.
117. *ILP Annual Report*, 1915, t. 48.
118. *Labour Leader*, 22 Chwefror 1917.
119. Richard Lewis, *Leaders and Teachers: Adult Education and the Challenge of Labour in South Wales* (Caerdydd: University of Wales Press, 1993), tt. 118–19.
120. *Labour Leader*, 11 Ionawr ac 8 Chwefror 1917; *Welsh Outlook*, Tachwedd 1917.
121. David Egan, 'The Swansea Conference of the British Council of Soldiers' and Workers' Delegates, July 1917: Reactions to the Russian Revolution of February 1917, and the Anti-War Movement in South Wales', *Llafur*, 1, 4 (1975), 12–37; Julie Light, 'The 1917 Commission of Enquiry Into Industrial Unrest: A Welsh Report', *Cylchgrawn Hanes Cymru*, 21, 4 (2003), 705–28.
122. 'Comisiwn i Anghydfod Diwydiannol ym Mhrydain', Cd 8668, 1917, t. 12.
123. Arnot, *The South Wales Miners*, t. 134. Cafwyd 98,946 o bleidleisiau o blaid, a 28,903 yn erbyn.
124. K. O. Morgan, 'Wales and the First World War', yn ei *Revolution to Devolution: Reflections on Welsh Democracy* (Caerdydd: University of Wales Press, 2014), t. 163; 'Adroddiad y Comisiwn i Anghydfod Diwydiannol 1917–18', Adroddiad Rhif 7, De Cymru, Cmd 8668.
125. Casgliad Maes Glo De Cymru, Adroddiad Blynyddol Cyngres Llafur a Masnach Rhydaman a Llandybïe, adroddiad yr ysgrifennydd, James Griffiths, ar gyfer Mawrth 1917– Chwefror 1918, Prifysgol Abertawe.
126. R. E. Dowse, *Left in the Centre* (Llundain: Longmans, 1966), t. 30.

5

Ymateb Merched Cymru i Ryfel, 1914–1918

Dinah Evans

Cyfeirir yn aml at y cyfraniad a wnaed gan ferched yn y Rhyfel Byd Cyntaf fel 'hanes o lwyddiant' o ran hyrwyddo hawliau menywod.[1] Dadleuai Marwick fod y profiad o helpu'r ymdrech ryfel wedi rhoi'r cyfle a'r hyder i ferched ddatblygu rôl newydd iddynt eu hunain, rôl a gydnabuwyd gan ddynion ac a arweiniodd at 'ddinistr llwyr yr hen ddadleuon ynglŷn â lle poblogaidd merched yn y gymuned'.[2] Fodd bynnag, er eu bod yn derbyn yn ddi-os fod merched wedi chwarae rhan sylweddol yn ystod yr ymdrech ryfel, nid yw haneswyr diweddarach, fel Simmonds, yn dod i'r casgliad mai'u hymdrechion oedd y catalydd hwnnw ar gyfer newid, ond yn hytrach bod diwedd y rhyfel wedi esgor ar 'ruthr anurddasol i gael gwared â merched o'r gweithle'.[3] Bydd y bennod hon yn archwilio cymdeithas Cymru pan ddechreuodd y rhyfel a bydd yn ystyried sut, ac i ba raddau, y gwnaeth ymateb merched Cymru i'r ymdrech ryfel arwain at ymbellhau oddi wrth eu cylchoedd traddodiadol oedd wedi'u seilio ar ddosbarth, torri tir newydd a chreu cyfleoedd newydd i ferched.

Roedd cymdeithas Prydain ar drothwy'r Rhyfel Byd Cyntaf yn dal wedi'i chyfyngu'n gaeth iawn gan ddosbarth, a ph'run ai yr oedd dynes yn ferch i lafurwr, i ŵr busnes neu i un o'r boneddigion, roedd llwybr ei bywyd i raddau helaeth yn adlewyrchu llwybr bywyd ei mam. Hyd nes iddynt briodi neu roi genedigaeth i blentyn, roedd merched o'r dosbarth gweithiol at ei gilydd wedi'u tynghedu i fynd allan i weithio, i weini mewn cartrefi fel morynion neu i weithio fel gweithwyr siop, a'r gweddill mewn diwydiant.[4] Er gwaethaf y mudiad a oedd ar gynnydd dros y bleidlais i fenywod a dadleuon ynglŷn â ffeministiaeth a rhyddid y 'fenyw newydd', parhâi hon i raddau helaeth i fod yn oes y cylchoedd ar wahân mewn cartrefi dosbarth uchaf a dosbarth canol yng Nghymru, yn ogystal ag ym Mhrydain. Gŵr y tŷ oedd y *pater familias*, pennaeth yr aelwyd. Ei diriogaeth ef oedd maes cyhoeddus gwleidyddiaeth a busnes, a darparu ar gyfer ei deulu, tra oedd byd ei wraig yn cylchdroi o amgylch materion preifat, byd lle'r oedd hi fel meistres ei chartref yn tra-arglwyddiaethu, er o fewn terfynau'i rôl fel gwraig. Pan wnaeth Edith Fowler, wrth iddi ysgrifennu yn 1912, ddisgrifio 'galwedigaeth ei mam [fel] ei bywyd cartref a'i holl ganghennau pelydrol', roedd hi'n nodweddu delfryd y disgwylid i ferched ifainc ei ddilyn yn ddigwestiwn.[5] Ni châi geneth ifanc o'r dosbarth canol na'i chwaer o'r dosbarth uchaf fynediad awtomatig i'r addysg glasurol a ffafrid ar gyfer ei brodyr. Roedd ei haddysg hi i raddau helaeth wedi'i chyfeirio tuag at ei gwneud hi'n wraig dda, yr enghraifft batrymol o wreictod y dylai'i merched hithau yn eu tro anelu ati. Roedd yna, wrth gwrs, eithriadau, ac mewn llawer o'r 'ysgolion sir' uwchradd yng Nghymru, derbyniodd genethod deallus addysg academaidd fwy ffurfiol, ac i rai ohonynt, hwylusodd hyn ddyrchafiad i addysg brifysgol.[6] Erbyn 1911, nid yn unig roedd colegau cyfansoddol Prifysgol Cymru yn derbyn merched ond roeddynt yn derbyn niferoedd sylweddol, ac roedd colegau hyfforddi athrawon a oedd yn benodol ar gyfer hyfforddi athrawesau hefyd yn ffynnu yng Nghymru.[7] Fodd bynnag, roedd addysg geneth ddosbarth gweithiol wedi'i chyfeirio tuag at sicrhau ei bod hi'n cyflawni'i rôl yn y cartref, ac roedd yr ysgol gynradd, â'i phwyslais mawr ar greu bywyd dedwydd yn y cartref, gwnïo, golchi dillad a choginio, yn meithrin hyn.[8]

Ar ôl gorffen ei haddysg ysgol, byddai profiadau bywyd dynes ifanc nid yn unig yn ddibynnol iawn ar ei dosbarth ond hefyd ar ei dyfodol fel gwraig a mam. I ferched y plastai mawrion, priodas dda oedd y nod. Unwaith y byddai hynny wedi'i gyflawni'n llwyddiannus a dyletswyddau cymdeithasol wedi cael sylw ac wedi'u datrys, roedd llawer o ferched y dosbarth uwch wedyn, pe dymunent, yn rhydd i ddefnyddio'u safleoedd cymdeithasol i gyflawni dylanwad gwleidyddol neu i hybu'u hachosion dyngarol.[9] Gwaith tŷ, fodd bynnag, oedd byd y dosbarthiadau gweithiol, ac roedd gweini mewn cartrefi yn rhan bwysig iawn o gyflogaeth y dosbarth gweithiol. O gyfanrif o 698,442 o fenywod yng Nghymru rhwng 15 a 60 oed yn 1911, dim ond 215,681 a oedd mewn gwaith cyflogedig, ac o'r rhain, roedd bron eu hanner, sef 90,496, yn forynion mewn cartrefi.[10] O ran y gweddill, cyflogwyd y mwyafrif mewn amryfal swyddi llaw a gweini, fel dillad a thecstilau, amaethyddiaeth a hyd yn oed adeiladu. Roedd yna grŵp arall o fenywod cyflogedig yng Nghymru, merched a weithiai yn y proffesiynau, fel athrawesau, a weithiai mewn llywodraeth leol neu ym myd masnach (er nad gyda'r banciau). Y rhain oedd y merched oedd wedi dechrau herio'r traddodiad o gylchoedd ar wahân. Roedd yna 23,465 o'r cyfryw ferched, ac er eu bod bron yn 11 y cant o'r boblogaeth fenywaidd a oedd yn gweithio, roeddynt ond yn 3 y cant o'r holl ferched oedran gweithio.[11] Er bod y nifer yn fach, roedd y grŵp hwn o ferched yn rhan o'r dosbarth canol datblygol yn y Gymru drefol bryd hynny. Yn ffodus ddigon, naill ai trwy ddarbwylliad neu amgylchiadau, o fod wedi'u caniatáu i ganfod gwaith, roeddynt wedi'u harbed rhag y diflastod llethol a oedd yn blino llawer o'u chwiorydd nad oeddynt yn gweithio wrth iddynt hwythau aros i briodi. Yn aml, roedd eu mamau'n ferched â dyheadau cymdeithasol, merched oedd wedi dechrau ysgwyddo mantell 'gwaith da' y dosbarthiadau uchaf, gan weld dyngarwch fel datblygiad naturiol o'u rôl draddodiadol o fagu.[12] Merched fel gwraig deintydd o Gaernarfon, a ymwelai â thlodion a phobl anghenus y dref, â thorth o fara yn y naill law a phamffledyn crefyddol yn y llaw arall, ond hefyd y ddynes a helpodd, ynghyd â'i gŵr, i sefydlu clwb golff yng Nghaernarfon.[13]

Cyhoeddwyd rhyfel yn haf 1914 a chan gredu mai eu dyletswydd wladwrol oedd gwneud hynny, roedd nifer o ferched yn awyddus i chwarae eu rhan yn yr ymdrech ryfel. Roedd hyn yn cynnwys y merched hynny a oedd wedi bod yn brwydro am gael y bleidlais i ferched, a phan ohiriodd y Women's Social and Political Union a'r National Union of Women's Suffrage Societies eu hymgyrchoedd ar ddechrau'r rhyfel, sianelwyd ymdrechion y merched hyn i gefnogi'r ymdrech ryfel.[14]

Fodd bynnag, er bod y llywodraeth ar y cychwyn yn betrusgar ynglŷn â gweld menywod ynghlwm wrth unrhyw weithredu ffurfiol cyhoeddus a gefnogid gan y llywodraeth gydag arian cyhoeddus, roeddynt serch hynny yn barod iawn i gymeradwyo gweithredu gwirfoddol gan fenywod i gefnogi'r ymdrech ryfel yn eu cylch mwy preifat, gofalgar eu hunain. Un grŵp gwirfoddol o'r fath oedd y Tremadoc Needlework Guild yng ngogledd Cymru, a sefydlwyd yn syth ar ôl i'r rhyfel ddechrau i gynhyrchu sanau, crysau, pyjamas, menig a sgarffiau i'r dynion hynny o Dremadog a oedd wedi ymrestru yn y lluoedd arfog. I eraill, fodd bynnag, golygai gwirfoddoli eistedd gartref, yn gwau neu'n gwnïo ar gyfer yr ymdrech ryfel, ac yn aml chwiliai papurau newyddion am ferched i dynnu'u lluniau wrth iddynt wau sanau a gwnïo ar gyfer y dynion ar faes y gad. Roedd hen wragedd yn ymwneud â gwaith rhyfel yn gwneud stori neilltuol o ddiddorol, gwragedd fel Mrs Conybeare o Glydach, 78 mlwydd oed, yn ne Cymru, y tynnwyd ei llun gan y *Western Mail* yn gwau sanau ar gyfer y milwyr.[15] Mewn gwirionedd, am ysbaid, daeth gwau ar gyfer y milwyr yn weithgaredd cenedlaethol a, bron yn anhygoel, roedd merched hyd yn oed yn barod i gael eu gweld yn gwau yn gyhoeddus, gweithgaredd nas clywyd amdano cyn y rhyfel. Buont wrthi'n gwau ar gyfer y milwyr ar drenau a thramiau, mewn parciau a hyd yn oed mewn theatrau wrth iddynt ddiwallu'r galw am sanau, sgarffiau, menig a hyd yn oed wasgodau.[16]

Roedd lles teuluoedd y gwŷr a oedd yn brwydro hefyd yn destun pryder. O fewn dyddiau i'r rhyfel ddechrau, adroddodd y *Western Mail* fod arglwydd faeres Caerdydd wedi agor cronfa swllt ar gyfer Cymdeithas Teuluoedd Milwyr a Morwyr. Gofynnwyd i bobl gyflogedig gyfrannu swllt yr wythnos o'u cyflogau er budd dibynyddion benywaidd a phlant y dynion a oedd yn ymladd ac a ganfu eu hunain heb arian.[17] Yn yr un modd, ym mis Tachwedd 1914, ffurfiwyd y Swansea Tipperary Club i roi 'sirioldeb a chysur' i wragedd a mamau'r milwyr a'r morwyr. Honnai'r clwb ei fod yn cofleidio lles y merched hyn a'u teuluoedd, yn gymdeithasol ac yn fugeiliol. Y trefnydd anrhydeddus oedd gwraig y rheithor lleol, Annie Watkin Williams.[18] Yn ffyddlon i'r rôl draddodiadol, elusengar a oedd yn briodol i wraig o'i statws hi, trefnai ffreuturau bwyd a dosbarthiadau coginio dyddiol, yn ogystal â threfnu côr, cyfarfodydd cymdeithasol a theithiau i lan y môr. Trefnai fod dillad yn cael eu darparu i weddwon a phlant y rheiny a laddwyd yn y brwydro, dillad a wnaed yng nghylchoedd gwau a gwnïo'r clwb. Cafodd y merched hynny a wynebai ddyfodol yn nyrsio'r dynion gwael a methedig a ddychwelai o feysydd y gad ddosbarthiadau mewn nyrsio cartref i'w paratoi ar gyfer y dasg o'u blaenau. Fodd bynnag, ymestynnodd Mrs Williams wedyn ei rôl y tu hwnt i waith tŷ yn unig er mwyn chwilio am gyllid a grantiau ar gyfer y rheiny a adawyd yn weddw, i ganfod cyflogaeth i rai o'r merched hynny roedd angen gweithio arnynt, yn ogystal â threfnu 'clwb cynildeb' (cyfrif cynilion) ar gyfer aelodau'r clwb.[19]

Efallai'n rhagweladwy, pan ddaeth hi'n fater o waith rhyfel, dilynodd llawer o ferched y dosbarth uchaf y diddordebau a fu ganddynt cyn y rhyfel, sef rhai dyngarol a gwleidyddol. Roedd y Fonesig Cecilia Boston o Ynys Môn yn nodweddiadol. Yn y blynyddoedd cyn y rhyfel, roedd hi wedi cadeirio pwyllgorau lleol a chenedlaethol yng Nghymru a ganolbwyntiai ar ofal plant, tai a nyrsio, a phan ddechreuodd y rhyfel, trosglwyddodd hi'r diddordebau dyngarol hyn i'r ymdrech ryfel fel cadeirydd Pwyllgor y Gweithwyr yn Ysbyty'r Groes Goch Ganadaidd a oedd wedi'i godi ar stad Astor yn Cliveden.[20] Ar y llaw arall, roedd Margaret Haig Thomas, sef merch y diwydiannwr a'r gwleidydd Rhyddfrydol, D. A. Thomas (o 1916, yr Arglwydd Rhondda), yn aelod gweithredol o Undeb Cymdeithasol a Gwleidyddol y Merched, ac roedd hi'n eiriolwr brwd dros gyfranogiad benywaidd yn yr ymdrech ryfel.[21] Roedd hithau hefyd wedi bod yn ymwneud â gwaith dyngarol, i ddechrau drwy helpu'r ffoaduriaid o Wlad Belg a oedd wedi cyrraedd Prydain. Pan apeliodd y Bwrdd Masnach yn 1915 ar i ferched gofrestru ar gyfer 'gwasanaeth rhyfel' agorwyd y drws i gyfranogiad benywaidd dan reolaeth y wladwriaeth, a daeth Margaret Haig Thomas yn un o'r merched cyntaf i'w phenodi i weinyddiaeth y llywodraeth, fel comisiynydd Gwasanaeth Cenedlaethol y Merched yng Nghymru a sir Fynwy.[22] Roedd Violet Douglas-Pennant, merch yr Arglwydd Penrhyn, wedi bod yn gomisiynydd Yswiriant Iechyd dros Dde Cymru ond yn 1917 helpodd i sefydlu'r Women's Auxiliary Army Corps (WAAC), ac wedyn yn 1918 ac am gyfnod byr, daliai swydd penswyddog y Women's Royal Air Force.[23]

Haera Krisztina Roberts fod llawer o ferched dosbarth uchaf wedi'u hysbrydoli i weithredu oherwydd 'symbyliad anhunanol ymroddiad' i'w gwlad, a dwy ddynes o'r fath oedd Gwendoline a Margaret Davies, wyresau'r diwydiannwr David Davies a chwiorydd yr Arglwydd Davies o Landinam.[24] Roedd y dyngarwyr a'r noddwyr cyfoethog hyn o'r celfyddydau wedi treulio blynyddoedd lawer yn teithio yn Ewrop cyn y rhyfel, yn chwyddo'u casgliad o luniau ac nid oeddynt yn fodlon â gwirfoddoli gartref. Ar ôl helpu i gartrefu rhai o'r artistiaid Belgaidd a oedd wedi canfod lloches ym Mhrydain, ac o dan nawdd Pwyllgor Llundain o'r Groes Goch Ffrengig, yn 1916, teithiasant i ogledd-ganolbarth Ffrainc, i Troyes, lle roedd gwersyll dros dro ar gyfer milwyr ar eu ffordd i Verdun. Aethant ati i sefydlu ac ariannu eu ffreutur maes ar gyfer y milwyr a gweithio ynddo eu hunain.[25] Ond yn ogystal â rhedeg y ffreutur maes, darganfyddodd y chwiorydd amser i deithio i Baris, ar fwy nag un achlysur, i gasglu darluniau ar gyfer eu casgliadau. Dros y ddwy flynedd y bu'r chwiorydd yn Ffrainc yn helpu a chefnogi'r milwyr, casglwyd 28 o ddarluniau ac yn eu plith roedd un gan Renoir, dau gan Monet, dau gan Manet a dau gan Cézanne.[26]

Nid oedd pob dynes o'r dosbarth uchaf a wirfoddolai yn dewis parchusrwydd tawel y ffreutur maes. Roedd y FANYs, y First Aid Nursing Yeomanry Corps, a ddisgrifiwyd gan y *Daily Graphic* fel 'mintai brysur o Amasoniaid aristocrataidd ag arfau', yn bwriadu mynd ar gefn ceffyl i barthau rhyfel i 'sefydlogi'r clwyfedig', ac yna eu cludo nhw yn eu holau i orsafoedd cymorth cyntaf; credent nad oedd yna ddim na allent fynd i'r afael ag ef, o ddiheintio ysbytai, i gludo'r clwyfedig o feysydd y gad, cludo'r meirwon i'r corffdai neu hyd yn oed gynorthwyo â chladdedigaethau milwrol.[27] Nodweddir dyfeisgarwch y FANYs gan

Marian a Hope, merched Mrs Marian Gamwell o Lanbedr yn sir Feirionnydd. Trwy ddefnyddio hen fodur Daimler mawr, rhodd oddi wrth eu mam, darparwyd ganddynt wasanaeth ambiwlans yn Ffrainc a hefyd wasanaeth baddon symudol. Pan addaswyd y Daimler i ddibenion ymdrochi gallent ddarparu baddonau ar gyfer hyd at 250 o filwyr y dydd mewn baddonau cynfas ynghlwm wrth ochr y Daimler, a lenwid â dŵr cynnes o ffwrn tu mewn i'r car.[28]

Yn wahanol i'r dosbarth uchaf a llawer o'r dosbarth canol, y golygai dechrau'r rhyfel estyniad i'w gwaith dyngarol, collodd llawer o'r merched dosbarth gweithiol y swyddi a fu ganddynt cyn dechrau'r rhyfel oherwydd y cwymp yn y galw am nwyddau nad oeddynt yn rhan o'r ymgyrch ryfel, megis dillad a moethbethau. Golygai hynny'n anochel fod y merched a weithiai yn y meysydd hynny'n cael eu diswyddo. Er bod y llywodraeth yn wreiddiol wedi bod ag agwedd negyddol tuag at ferched yn cymryd rhan yng nghylch cyhoeddus yr ymdrech ryfel, pan ddechreuodd Prydain fynd yn brin o ffrwydron rhyfel ar ddechrau 1915, fe'i gorfodwyd i ailystyried ei hagwedd, ac ar 17 Fawrth 1915, apeliodd y Bwrdd Masnach ar i ferched di-waith 16 i 65 oed gofrestru ar gyfer 'gwasanaeth rhyfel'.[29] Roedd angen merched bellach i weithio mewn ffatrïoedd, i weithio ar y tir, ar ffermydd a llaethdai, yn ogystal ag mewn ffatrïoedd arfau rhyfel. Ar Ynys Môn, fel mewn ardaloedd eraill, bwriadodd y Cynllun Gwasanaeth Rhyfel ddenu merched i wneud gwaith fferm cyffredinol, yn cynnwys bwydo dofednod, godro a chynaeafu, ac er bod rhai amaethwyr yn anochel yn gweld y genethod fel llafur rhad, roedd amaethwyr at ei gilydd yn amheus a allai'r merched ifainc a oedd wedi'u geni a'u magu mewn trefydd wneud cyfraniad ar ffermydd, hyd yn oed os oeddynt wedi cael rhywfaint o hyfforddiant o flaen llaw.[30] Serch hynny, cyflawnodd Byddin Tir y Merched rôl ddefnyddiol, hyd yn oed effeithlon, nid yn unig yn y gorchwylion bugeiliol mwy dymunol, fel helpu gyda chario gwair y cynhaeaf, ond hefyd gyda'r gorchwylion mwy annymunol o docio mieri ac ysgall neu chwalu tail.[31] Agorodd y rhyfel hefyd ddrysau eraill i ferched yng Nghymru – gweithiasant ar fysiau a thramiau (hyd yn oed os nad oedd eu cydweithwyr gwrywaidd bob amser yn eu derbyn yn frwdfrydig), ac fel postmyn yn danfon y telegramau ysgeler neu yn gyrru faniau'r Post Brenhinol.[32] Daeth rhai merched hyd yn oed yn heddweision yng Ngwasanaeth Heddlu'r Merched, gan gylchwylio parciau a lleoedd amheus, yn benderfynol o arbed merched rhagddynt eu hunain.[33]

Yn anochel, fodd bynnag, y galw mwyaf roedd merched dosbarth gweithiol yng Nghymru'n ei ddiwallu oedd gyda chynhyrchu arfau rhyfel. Ac yntau wedi'i benodi'n Weinidog Arfau Rhyfel gan lywodraeth y glymblaid ym mis Mai 1915, roedd Lloyd George wedi mynd i'r afael â'r prinder arfogaeth difrifol yn y wlad drwy greu ffatrïoedd ffrwydron a ffatrïoedd sieliau cenedlaethol ledled y wlad.[34] Yn y ffatrïoedd ffrwydron ym Mhen-bre yn ne Cymru ac yn Queensferry yng ngogledd Cymru, merched oedd tri-chwarter yr holl staff cynhyrchu a gyflogid yno.[35] Sefydlwyd National Shell Factories hefyd yn Wrecsam ac ym Mhorthmadog, tra yn y de, codwyd llawer ohonynt ar hyd yr arfordir, o Gasnewydd i Lanelli, yn cyflogi miloedd o ferched. Nid oedd shifftiau 12 awr yn anarferol yn y ffatrïoedd hyn ac roedd y gwaith yn galed ac, i lawer, yn dra annymunol. Fodd bynnag, i'r mwyafrif o'r merched hyn, nid oedd y profiad o fynd allan i weithio yn brofiad newydd, ac nid oedd gwaith caled, afrywiog yn brofiad newydd ychwaith. Yr hyn a oedd yn newydd i'r merched oedd y ffaith fod llawer o'r ffatrïoedd lle gweithiasant wedi datblygu cymdeithasau bach o fewn muriau'r ffatri lle gallai'r genethod gymdeithasu pan nad oeddynt yn gweithio. Roeddynt yn gallu defnyddio'r ystafelloedd clwb a oedd wedi'u dodrefnu'n gyfforddus i ddarllen y papurau newyddion a'r cylchgronau a ddarparwyd. Roedd yna hyd yn oed gyfle i ddawnsio neu fynychu darlithiau â darluniau. Ffurfiwyd cymdeithasau dadlau a chorau a sefydlwyd clybiau chwaraeon lle y gellid chwarae pêl-droed, hoci, nofio a chwarae tenis, yn ogystal â chystadlu mewn cystadlaethau a chynghreiriau rhwng ffatrïoedd.[36] Efallai na fyddai merched dosbarth gweithiol wedi'u tynnu allan o'u cylchoedd traddodiadol gan eu hymdrech yn y rhyfel. Serch hynny, pe na bai ond am gyfnod y rhyfel, gweddnewidiwyd eu profiad o fynd allan i weithio ac at hynny, roeddynt hefyd yn cael eu talu'n dda.

I lawer o ferched hŷn o'r dosbarth canol, daeth y rhyfel â chyfle i ddatblygu'u rôl wirfoddol. Rhoddwyd cyfle iddynt ddangos eu haelioni a'u hymrwymiad i'r achos a hefyd gyfle iddynt fentro o'u hystafelloedd croeso Edwardaidd ac i feysydd dyngarol gwahanol, mwy amrywiol. I rai, fel Margaret Lloyd George, gwraig Canghellor y Trysorlys, David Lloyd George, roedd dyletswyddau cyhoeddus i'w cyflawni a gwnaeth ei hapêl am arian i'r Gronfa Genedlaethol ar gyfer milwyr Cymreig o 11 Downing Street ac i'r fan honno y gofynnodd i bobl yrru eu cyfraniadau.[37] Ar lefel bersonol, cynigiodd ei thŷ yng Nghricieth i Bwyllgor Angen Chwiorydd Cricieth ar gyfer ffoaduriaid Belg a threfnodd i Olwen, ei merch, gyfarfod a chroesawu y ffoaduriad oddi ar y trên.[38] I eraill, golygai hyn drefnu cymorth i achosion fel y Ffoaduriaid Belgaidd a gyrhaeddai Brydain; i eraill, golygai eistedd ar bwyllgorau fel y French Wounded Emergency Fund a threfnu casglu arian, dillad a ffabrig i'w hanfon i ysbytai milwrol yn Ffrainc.[39] Casglodd Mrs Lilian Muller a Mrs Earle-Marsh o'r

Monmouthshire Regimental Care Committee for Prisoners of War anrhegion a dillad yn benodol i filwyr o sir Fynwy a oedd wedi eu dal yn garcharorion rhyfel.[40] Fodd bynnag, ni chyfyngid ar waith gwirfoddol merched i eistedd ar bwyllgorau neu gasglu nwyddau – roedd achosion eraill yn nes adref. Ym mhentref Llanfairpwll ar Ynys Môn sefydlodd merched fudiad Sefydliad y Merched ym Mhrydain.[41] Ei ddiben oedd annog merched i gymryd rhan mewn tyfu a chadw bwyd ac, wrth wneud hynny, gynyddu hunangynhaliaeth Prydain.

Golygai cynlluniau eraill fod yn rhaid codi arian ar raddfa enfawr. Bu ysbyty milwrol yn Netley, ger Southampton ar arfordir deheuol Lloegr, ers amser maith. Ar ddechrau'r rhyfel, adeiladwyd ysbyty milwrol arall yno, a ariannwyd gan roddion a thanysgrifiadau o Gymru, ac i raddau helaeth, roedd y staff nyrsio yn hanu o Gymru. Daeth yn gyfarwydd fel 'Yr Ysbyty Cymreig', ac agorodd ar ddiwedd mis Hydref 1914 i dderbyn y gwael a'r clwyfedig o'r ffosydd a oedd ond ar draws y môr yn Ffrainc.[42] Adroddai papurau newydd Cymru, megis y *Cambrian News*, yn rheolaidd am ymdrechion y staff a'u metron, Miss E. G. Evans o Aberystwyth, ac am ddigwyddiadau a chodi arian, gan hyd yn oed dystio i ddiolchgarwch y milwyr 'a werthfawrogai'n ddiolchgar garedigrwydd haelionus y Cymry'.[43] Nid oedd y cyfryw gynlluniau wedi'u cyfyngu i dir mawr Prydain, fodd bynnag, gan y codwyd arian hefyd ar gyfer ysbyty cyffredinol ac ynddo 3,000 o welyau yn Deolali ym mryniau ardal Nashik yn yr India, rhyw 140 milltir y tu allan i Bombay ac a adwaenid fel y 34ain Ysbyty Cyffredinol Cymreig. Fel yn Netley, roedd yna lawer iawn o staff nyrsio o Gymru yn yr Ysbyty Cymreig hwn yn ogystal, ac yn ôl pob sôn roedd yr ysbyty yn cynnal traddodiadau Cymreig fel chwifio baner y ddraig goch yn nesaf at arwyddlun y groes goch Brydeinig.[44]

Ym mis Ebrill 1915, anerchodd Dr Elsie Inglis gyfarfodydd yng Nghaerdydd a Chasnewydd i apelio am arian i sefydlu uned ysbyty Cymreig ar gyfer Serbia. Roedd Dr Inglis eisoes wedi sefydlu ysbytai a oedd wedi'u cyfarparu'n llawn, dan ofal merched, yn Ffrainc a Serbia.[45] Yn ei hapeliadau, cawsai gefnogaeth weithredol gan Margaret Lloyd George, Violet Douglas Pennant, Mrs R. M. Lewis, llywydd y South Wales and Monmouthshire Federation of Women's Suffrage Societies, yn ogystal ag arglwydd faeres Caerdydd a maer Casnewydd.[46] Cymaint oedd yr ymateb i'r apeliadau fel bod y *Welsh Outlook* erbyn mis Rhagfyr yr un flwyddyn yn adrodd bod uned ysbyty Cymreig eisoes wedi dechrau ar ei gwaith yn Serbia o dan arweinyddiaeth Dr Alice Hutchison.[47] Yn fuan wedyn, ym mis Chwefror 1916, adroddodd *The Glamorgan Red Cross Gazette* yn briodol fod yna, yn ogystal â phwyllgor yn Llundain yn gweithio dros Ysbytai

Merched yr Alban dramor, hefyd bwyllgor Cymreig a bod hefyd amryw o feddygon, nyrsys, cogyddesau a swyddogion negesau o Gymru eisoes wedi'u hanfon dramor i weithio ynddynt. Mae yna adroddiadau am forynion o Gymru yn y gwasanaeth (nid enwyd yr un ohonynt), yn ogystal â phrif weinyddes nyrsio a oedd eisiau mynd â rhai o'i chleifion adref i fferm yng Nghymru.[48] Roedd eu profiad o wasanaethu yn y sectorau hynny a oedd yng nghanol y brwydro yn ddigyffelyb a'u hymroddiad yn rhyfeddol.

Aeth Dr Mary 'Eppynt' Phillips o Aberhonddu, dynes raddedig o Goleg Prifysgol Caerdydd a'r Ysbyty Rhydd Brenhinol, Llundain, yn 30 oed, dramor i weithio fel meddyg yn Ffrainc, Serbia ac wedyn yng Nghorsica, lle y sefydlodd ysbyty'r dwymyn ar gyfer y milwyr Serbaidd a ddihangai o Albania.[49] Gwasanaethodd Rowena Hopkin o Ystalafera yng Nghwm Tawe, gydag Ysbyty Merched yr Alban yn Rwsia ac yn Rwmania ac adroddwyd ei bod, yn 1917, yn un o 15 o nyrsys a arwisgwyd gan y Rwsiaid gyda medal yr Order of St George oherwydd eu hymrwymiad i'w dyletswyddau.[50] Cafodd Elizabeth Clement o Blas-marl yn Abertawe brofiad gwahanol arall. Ymunodd fel nyrs, a chyda nifer o feddygon benywaidd teithiodd i Serbia yn 1915 i roi cymorth nyrsio i'r clwyfedigion. Cafodd hi a'i chydweithwyr eu dal gan y gelyn a'u cadw fel carcharorion rhyfel am bedwar mis.[51]

Sianelodd merched eraill eu hymdrechion yn wahanol. O fewn dyddiau i'r rhyfel ddechrau, dechreuodd y *Western Mail* adrodd enwau'r rheiny a oedd wedi cynnig helpu gyda'r ymdrech ryfel. Rhoddai rhai, fel Mrs Williams Rees o Grucywel, welyau ar gyfer ysbytai dros dro; cynigiodd eraill fel Sybil Thomas, gwraig D. A. Thomas, eu cartref, Tŷ Llanwern, er defnydd y Groes Goch.[52] Roedd y Groes Goch Brydeinig yn aml yn ganolog i weithgareddau'r cyfryw ferched oherwydd bod gwirfoddoli'n allweddol i'w cyfranogiad yn yr ymdrech ryfel, a threfnwyd y rhan fwyaf o'r mentrau gwirfoddoli yn ystod y Rhyfel Byd Cyntaf gan Gymdeithas y Groes Goch Brydeinig ac Urdd Sant Ioan o Gaersalem (Adran Ambiwlans) ac weithiau gyda'i gilydd dan nawdd y Cyd-bwyllgor Rhyfel.[53] Er mwyn sicrhau y byddai digon o bobl a oedd yn gymwys i helpu pan elwid arnynt, sefydlwyd unedau o'r enw Voluntary Aid Detachments ledled y wlad. Roedd yn rhaid i aelodau'r unedau hyn, a ddaeth yn o fuan yn hysbys fel VADs, lwyddo mewn arholiadau cymorth cyntaf a nyrsio, yn ogystal â mynychu cyrsiau mewn hylendid a choginio. Roedd yna adrannau gwrywaidd a benywaidd, ac roedd adran merched VAD yn cynnwys penswyddog, swyddog cyflenwi, uwcharolygydd benywaidd (y disgwylid iddi fod yn nyrs wedi'i hyfforddi) ac 20 o ferched; roedd rhaid i bedair ohonynt hefyd feddu ar gymwysterau fel cogyddesau.

Roedd yr unedau VAD yn fagned i ferched dosbarth canol uchelgeisiol fel Mrs Emily Ebsworth, gwraig cyfreithiwr o Fargoed a Chaerdydd, a oedd wedi'i phenodi'n benswyddog Mintai Croes Goch Merched Bargoed a'r Ardal yn 1913. Roedd e'n gyfle i Mrs Ebsworth, a merched tebyg iddi, ddangos sut gymeriad a oedd ganddynt a sut y gallent wneud gwahaniaeth go iawn i'r ymdrech ryfel.[54] Nid yn annisgwyl, denodd y Groes Goch hefyd sylw'r bendefigaeth, a daeth y fonesig Llangatwg yn llywydd cyntaf cangen sir Fynwy o Gymdeithas y Groes Goch Brydeinig. Am y tro cyntaf defnyddiwyd gwirfoddolwyr o'r VAD a sefydlwyd yng Nghasnewydd yn 1910, ar adeg trychineb Pwll Glo Senghennydd yn 1913.[55] Ledled Prydain, pan gyhoeddwyd rhyfel, roedd yna 1,582 o VADs y Groes Goch Brydeinig o ferched wedi'u sefydlu – mwy na thair gwaith y nifer o finteioedd gwrywaidd. Er na wnaeth Sant Ioan ddenu yr un niferoedd â'r Groes Goch, erbyn dechrau'r rhyfel, roedd yna 40,018 o ferched yn perthyn i'r Groes Goch Brydeinig a 6,773 gyda Sant Ioan, ac, er gwaethaf caledi gwasanaeth rhyfel, parhaodd nifer y gwirfoddolwyr benywaidd i godi ar hyd y rhyfel.[56] Yng Nghymru sefydlwyd 113 o ysbytai rhyfel ategol mewn adeiladau cyhoeddus a thai preifat, a chan adlewyrchu dwysder y boblogaeth yn y sir honno, roedd 49 ohonynt ym Morgannwg.[57]

Er bod rhai gweision a morynion wedi ymuno a'r VADs, yn aml, maes neilltuol ydoedd i enethod dosbarth uchaf a chanol lleol a allai fforddio talu am yr hyfforddiant gorfodol a phrynu'r lifrai cychwynnol. Daeth rhai o'r VADs a helpodd i redeg yr ysbytai hyn yn glercod, cogyddesau, ceidwaid stordai, a hyd yn oed yn fferyllwyr; daeth eraill, fodd bynnag, yn nyrsys.[58] Nyrs felly oedd Olive Lewis o Borth Tywyn, a oedd, cyn dechrau'r rhyfel, wedi bod yn byw gyda'i thad gweddw o ddiwydiannwr ym Mhorth Tywyn yn ne-orllewin Cymru.[59] Roedd hi wedi gwirfoddoli fel VAD yn Llanelli ym mis Medi 1914, a gweithiodd ei ffordd o fod yn recriwt hollol ddibrofiad i fod yn nyrs lawfeddygol yn yr Ysbyty Cymreig yn Netley.[60] Fodd bynnag, nid oedd profiad Olive Lewis yn unigryw, ac i lawer o ferched dosbarth canol ifainc, byddai'r profiad o fod yn VAD yn gyfle digynsail i gael swydd, ac, i'r rhai mwy anturus, i deithio ac i ennill rhywfaint o annibyniaeth. At hynny, roedd stamp rhagoriaeth i fod yn nyrs yn yr ymdrech ryfel. I ferched ifainc, yn ogystal ag i'w teuluoedd, meddai nyrsio ar fri nad oedd modd ei ganfod bob amser mewn mathau eraill o waith rhyfel i fenywod. Er ei fod yn estyniad naturiol o'r rôl fenywaidd, nid ystyrid nyrsio bob amser mewn cystal

Dinah Evans 101

goleuni. Fodd bynnag, roedd etifeddiaeth Florence Nightingale, 'Angyles y Crimea', wedi bod yn ddarbwyllol, ac roedd sefydlu'r Nightingale Training School for Nurses yn Ysbyty St Thomas, Llundain yn 1860 wedi dechrau gweddnewid nyrsio i fod yn broffesiwn parchus, nid yn unig i'r 'dosbarth gweini uwch', ond hefyd i ferched y dosbarth canol.[61] Gwelwyd hefyd, ar ddechrau'r ugeinfed ganrif, Wasanaeth Nyrsio'r Fyddin yn cael ei wella a'i ehangu, a daeth yn hysbys, ar ôl 1902, fel Queen Alexandra's Imperial Nursing Service, sef gwasanaeth uwch llawn-amser.[62] Yn 1908, sefydlwyd dau wasanaeth nyrsio arall i ategu gwaith gwasanaethau nyrsio llawn-amser petai rhyfel yn codi: y Territorial Force Nursing Service, a fyddai'n defnyddio nyrsys nad oeddynt yn y lluoedd arfog a fyddai'n cael eu byddino yn ôl yr angen; a'r Queen Alexandra's Imperial Nursing Service Reserve a fyddai'n gweithio â'r llu tiriogaethol a'r fyddin. Er bod yr ailwampio eang hyn o'r gwasanaeth nyrsio milwrol wedi rhoi cyfle i lawer o ferched ifainc gael gyrfa barchus a chymdeithasol dderbyniol, dechreuad y rhyfel a fyddai'r symbyliad i lawer o ferched dosbarth canol, ifainc ymrestru fel nyrsys; merched ifainc a allai, cyn y rhyfel, fod wedi'i chael hi'n anodd cael caniatâd teuluol i ymgymryd â gwaith o'r fath.

I ymuno â'r Queen Alexandra's Imperial Nursing Service neu â'r Queen Alexandra's Imperial Nursing Service Reserve roedd yn rhaid i'r ymgeisydd fod yn ddynes a chanddi enw da yn gymdeithasol, yn ddinesydd Prydeinig addysgedig rhwng 25 a 35 oed, a chyda thair blynedd o hyfforddiant nyrsio mewn ysbyty cymeradwy.[63] Gwraig o'r fath oedd Miss Margaret Bevan o Abertawe, a oedd wedi bod yn nyrsio ers iddi fod yn 19 oed, a phan ddechreuodd y rhyfel, roedd hi'n 33 mlwydd oed ac yn fetron Ysbyty Becket yn Barnsley. Ymunodd â'r Ysbyty Cymreig yn Netley yn 1915, ac oddi yno ymunodd â Chorfflu'r Frenhines Alexandra i deithio i Deolali i nyrsio milwyr y fyddin alldeithiol a oedd wedi'u hanafu ym Mesopotamia.[64] Fodd bynnag, o ganlyniad i'w haelodaeth o'r Groes Goch y derbyniwyd Miss Evangeline Morgan, merch i ŵr busnes goludog o Lanfair-ym-Muallt, a Miss Gwendoline Thomas o Gas-gwent, yn aelodau o Gorfflu'r Frenhines Alexandra. Ni wyddys rhyw lawer am yrfa Evangeline yn ystod y rhyfel. Fodd bynnag, ar ôl rhywfaint o hyfforddiant cychwynnol fel VAD, gadawodd Gwendoline ei mam weddw i hyfforddi â Chorfflu'r Frenhines Alexandra yn Aldershot cyn teithio i'r Aifft. Roedd gyrfa nyrsio Gwendoline yn ystod y rhyfel yn nodweddiadol o'r newid byd anferthol a brofodd y nyrsys gwirfoddol ifainc hyn.[65] Aed o gefndir cysgodol yng Nghas-gwent i wres tanbaid a llwch yr Aifft lle'r oedd nyrsio yn rhywbeth hollol wahanol i unrhyw beth y gellid bod wedi'i brofi yn naill ai Cas-gwent neu Aldershot.

1. Nyrs Margaret Bevan (ar y chwith) gyda rhai o'r clwyfedigion yn yr ysbyty yn Deolali, yr India, ym mis Mai 1917. Yr enw swyddogol ar yr ysbyty oedd y 34th (Welsh) General Hospital, India

Roedd y brwydro yn Gallipoli yn ffyrnig, ac roedd yno niferoedd uchel o filwyr wedi'u hanafu ac yn wael ac felly angen gofal nyrsio.[66] Fe'i lleolwyd, am gyfnod, yn Alecsandria lle y defnyddid ei phorthladd gan longau ysbytai a âi â'r milwyr gwael a chlwyfedig 'mewn llewyg, wedi dadhydradu, ar fin marw a'r meirwon' allan o feysydd cad y rhyfel.[67] Roedd Alecsandria, yn 1915, wedi dod yn ganolbwynt y Mediterranean Expeditionary Force ac i bob diben yn un gwersyll mawr gyda chanolfan ysbyty ar gyfer milwyr y Gymanwlad a Ffrainc a lle'r oedd dysentri yn rhemp. Symudodd Gwendoline wedyn i Port Said, gan nyrsio'r clwyfedig o laddfa Gallipoli ac o frwydrau eraill yn yr Aifft a Phalesteina. Erbyn mis Gorffennaf 1916, roedd hi'n nyrs ar y llong ysbyty *Delta* a oedd yn teithio rhwng Bombay yn yr India, Suez a De Affrica, ond yn anochel ac fel llawer o nyrsys yn gweithio yn yr amgylchiadau gerwin hyn, yn y pen draw dioddefodd ei hiechyd ac roedd yn rhaid iddi gael ei hanfon adref fel claf methedig i ymadfer.[68] Gallai'r symudiad i weithio mewn ysbytai, ar y ffrynt cartref neu dramor, fod yn ysgytwad diwylliannol enfawr i'r VADs ifainc, ac yn ôl Christine Hallett, 'nid oedd gan y mwyafrif o'r rheiny a ddaeth yn gysylltiedig â'r gwrthdaro unrhyw syniad beth oedd yn eu haros'.[69] Fodd bynnag, roedd gwytnwch Gwendoline yn nodweddu llawer o'r merched ifainc a ddaeth yn nyrsys yn ystod y rhyfel oherwydd unwaith roedd ei hiechyd wedi'i adfer, dychwelodd i'r rhyfel ac fe'i hadleolwyd i ffrynt y gorllewin.[70] I lawer o ferched dosbarth canol ifainc, fe'u cyflwynwyd gan y profiad o fod yn nyrs yn ystod y rhyfel i ffordd o fyw na freuddwydiwyd amdani o gwbl. Yn achos merched dosbarth gweithiol, roedd y mwyafrif ohonynt yn meddu ar brofiad o'r gweithle cyn y rhyfel, ym maes gweini a diwydiant, felly cynrychioli gwahanol fath o waith a wnâi eu gwaith yn ystod y rhyfel iddynt. O gymharu, ychydig o ferched dosbarth canol a oedd hyd yn oed wedi bod mewn gwaith cyflogedig ac ni allai llond trol o ddyngarwch fod wedi'u paratoi ar gyfer canlyniadau rhyfela.

Wrth i'r clwyfedig o Ffrainc, Gwlad Belg, y Dardanelles, hyd yn oed yr Aifft, Serbia, Salonica a Malta gyrraedd ysbytai milwrol Cymru, apeliodd y Swyddfa Rhyfel a'r Groes Goch am fwy o nyrsys i ymrestru ar gyfer gwaith mewn ysbytai milwrol. Nid oedd pob un ysbyty milwrol wedi'i addasu o ysbyty a fodolai eisoes; roedd rhai, fel y Cambria ar lan y môr yn Aberystwyth, wedi bod yn westai. Yng Nghaerdydd, roedd yr Old Mansion House wedi bod yn gartref yn y gorffennol i'r gŵr busnes a'r perchennog siopau adrannol o Gaerdydd, James Howells. Roedd eraill yn gartrefi preifat, a rhoes Miss Dulcie Vivian ddefnydd o'i chartref a'i gerddi yng Nghastell Clyne ym Mae Abertawe i filwyr a anafwyd yn y brwydro i ymadfer.[71] Roedd yn well gan filwyr at ei gilydd amgylchedd ysbytai a oedd wedi bod yn gartrefi preifat, yn enwedig os oedd y perchnogion, fel yn achos Ysbyty Milwrol Ategol y Wern ger Porthmadog, yn byw yn y tŷ a'u bod yn fodlon parhau i redeg y tŷ yn gyfforddus, yn ogystal â darparu'r staff i wneud hynny.[72] Roedd cartrefi preifat, hyd yn oed gartrefi mawreddog mawrion, fel y Wern, yn llawer mwy cartrefol nag ysbytai milwrol llym, megis Ysbyty Rhyfel Metropolitan Cymru yn yr Eglwys Newydd yng Nghaerdydd a oedd â lle i 900 o ddynion, ac a fu gynt yn ysbyty seiciatrig, Seilam Dinas Caerdydd.[73]

Canolbwyntiai hyfforddiant VADs nid yn unig ar dechnegau cymorth cyntaf a nyrsio ond hefyd ar ofal iechyd personol ac ymddygiad.[74] Dywedwyd wrth y merched y disgwylid iddynt gyflawni'u holl ddyletswyddau yn siriol, ond serch hynny, roedd yn rhaid iddynt hefyd fod yn ofalus iawn i osgoi unrhyw agosatrwydd â'r dynion roeddynt yn eu nyrsio. Er gwaethaf hyn, roedd hi'n anochel y byddai perthnasoedd yn datblygu, ac weithiau roedd penswyddogion yr ysbytai ategol, yn wahanol i'r rheiny yn yr ysbytai milwrol, yn barod i anwybyddu'r cyfryw ddigwyddiadau. Felly roedd hi yn Ysbyty'r Groes Goch Tŷ Gwy, Cas-gwent, lle gwnaeth VAD, Miss May James, unig ferch Mr a Mrs James o Cambria House, Cas-gwent, briodi un o'r cleifion, sef milwr o Awstralia, Gordon Edwards o'r 12th Australian Light Horse Regiment, gyda bendith y penswyddog a gyflwynodd hefyd debot arian arysgrifenedig iddynt i nodi'r achlysur.[75]

Cadwodd llawer o'r nyrsys lyfrau llofnodi lle'r oedd eu cleifion yn cael eu hannog i ysgrifennu cofnod. Yn 1916, roedd Corporal R. Hughes o'r 1st Battalion Lancashire Fusiliers yn glaf yn Ysbyty'r Wern, a datgelodd ei gofnod yn llyfr llofnodi'r Nyrs Mathews Lloyd ei fod yn dal 'i fynd yn gryf' ar ôl cael ei anafu yn Ffrainc ym mis Hydref 1914, dioddef ewinrhew ym Mae Suvla yn y Dardanelles ym mis Tachwedd 1915 ac wedyn cael ei anafu drachefn yn Ffrainc ym mis Mehefin 1916.[76] Roedd Olwen Lloyd George, merch Canghellor y Trysorlys, hefyd wedi bod yn wirfoddolwraig yn Ysbyty'r Wern. Mae hi'n cofnodi ei bod wedi bod 'yn anfodlon â'r dasg feunyddiol o siopa, diddanu a gyrru Mam i'w hamrywiol orchwylion', a bron yn syth wedi i'r rhyfel ddechrau, ymrestrodd fel VAD.[77] Fodd bynnag, pan ddaeth ei mam yn gadeirydd y Gronfa Genedlaethol ar gyfer Milwyr Cymru, a oedd â'i phencadlys yn 11 Stryd Downing, symudodd Olwen i lawr i Lundain i'w helpu hi. Tra oedd hi yno, cyfarfu â merch Syr Robert Hudson, pennaeth Brigâd y Groes Goch ar y pryd, a darbwyllasant eu priod dadau i ganiatáu iddynt fynd gyda'i gilydd i wasanaethu fel nyrsys yn Ffrainc.[78]

Yn nyddiau cynnar y rhyfel, roedd yna, yn enwedig ymysg y VADs, ryw ramant ynglŷn â mynd dramor i ofalu am y milwyr. Prin iawn oedd y teuluoedd nad oedd ganddynt ŵr ifanc yn ymladd ar feysydd y gad yn Ewrop, ac i chwiorydd, cyfnitherod a chariadon, roedd y ddelwedd etheraidd o nyrs arwrol yn gofalu am y milwyr clwyfedig yn ddelfryd ddeniadol iawn i'w hefelychu. Roedd yn ffordd y gallai'r merched ifainc hyn chwarae'u rhan yn anturiaeth fawr y rhyfel tra'n cynnal eu benyweidd-dra parchus yn 'nhiriogaeth wrywaidd iawn rhyfela'.[79] Pan gyfwelwyd â gwirfoddolwyr y Groes Goch ynghylch eu haddasrwydd fel nyrsys, gofynnid iddynt lle'r hoffent gael eu lleoli, a gofynnodd llawer o ferched, a oedd at ei gilydd yn ferched dosbarth canol, am gael eu lleoli dramor, fel arfer yn Ffrainc.[80] Fodd bynnag, ar wahân i grŵp bychan o nyrsys y fyddin a hyfforddwyd yn broffesiynol, fel Miss Atkey, cyn-fetron

Ysbyty Brenhinol Gwent yng Nghasnewydd, a oedd wedi'i phenodi'n fetron yr Ysbyty Milwrol yn Arc-en-Barrois (70 milltir o Verdun), ychydig iawn o hyfforddiant nyrsio ffurfiol a oedd gan y merched a adawodd am Wlad Belg a Ffrainc ar ddechrau'r rhyfel, ac nid oeddynt at ei gilydd yn barod am yr hyn y byddent yn ei brofi.[81]

Yn yr union fis y dechreuodd David Lloyd George ar ei swydd fel Gweinidog Arfau Rhyfel yn llywodraeth y glymblaid 1915, roedd ei ferch Olwen, a oedd wedi'i gwisgo yn lifrai VAD y Groes Goch, yn sefyll ar y platfform yng ngorsaf Victoria gyda grŵp o nyrsys eraill cyffelyb, yn barod i fynd ar drên i'r derfynfa fferïau i deithio i Ffrainc ac oddi yno i ysbyty canolfan yn Boulogne-sur-Mer. Roedd profiad Olwen Lloyd George o'r rhyfel yn eithaf gwahanol i rôl yr 'angel gwasanaethgar' y gallai hi fod wedi disgwyl ei phrofi oherwydd wedi iddi gyrraedd Boulogne, canfu ei hun mewn lluestfa yn edrych dros y leiniau rheilffordd a oedd yn cludo'r milwyr i mewn ac allan o Ffrainc. Mae'i dyddiadur yn galw i gof ei bod hi i fod yn 'cooklet', a dreuliai lawer o'i hamser yn sgwrio ac yn glanhau, nid yn unig y ceginau a oedd, meddai, 'yn llanast ofnadwy', ond hefyd y platffformau lle'r oedd y trenau'n stopio.[82] Ni wyddys a oedd profiad Olwen fel nyrs wedi'i gyfyngu gan safle ei thad. Fodd bynnag, mae'n amlwg ei bod wedi'i harbed rhag rhai o'r erchyllterau a wynebai recriwtiaid nyrsio benywaidd gwirfoddol eraill, 'genethod wedi'u dychryn – yn wynebu marwolaeth am y tro cyntaf, gyda dwylo a ffedogau gwaedlyd, yn llyncu beichiad mawr o lef ac yn golchi'r staeniau oddi ar wynebau ingol y rheiny a oedd ar fin marw'.[83] Cafodd llawer brofiad o galedi dybryd, yn nyrsio milwyr a oedd yn marw a'r clwyfedig, yn aml mewn ysbytai dros dro ac mewn cyflwr hynod druenus, weithiau ar ochr lonydd tra'u bod yn gorfod ymdrin â dinasyddion lleol a oedd wedi'u trawmateiddio gan eu bod wedi'u dal yng nghanol y brwydro.[84] Gan ysgrifennu yn y *Welsh Outlook* ym mis Hydref 1916 o dan y ffugenw Merch yr Ynys, soniodd nyrs Gymreig arall am 'straenio pob nerf i glytio'r anafiadau hyn oedd prin wedi'u hiacháu, dim ond er y gallai'u perchnogion ddychwelyd i gêm y diafol yn yr hen ffosydd angau ofnadwy pellennig hynny'.[85] Yn gynyddol, ymddangosai hysbysebion yn y wasg yn galw am nyrsys cymwysedig o Queen Alexandra a VADs i ymgeisio i wasanaethu mewn ysbytai milwrol ym Mhrydain, yn ogystal â thramor. Ledled Cymru, gadawodd merched gwŷr busnes, meddygon, cyfreithwyr, hyd yn oed reithoriaid eu teuluoedd dosbarth canol cadarn a'u magwraeth gysgodol gartref i deithio i gefnogi'r ymdrech ryfel fel nyrsys. Er nad oes amheuaeth nad oedd y gwirfoddolwyr hyn wedi bod yn ofnus iawn, roedd yna, serch hynny, elfen o wytnwch yn y cofnodion yn eu dyddiaduron, bron iawn ymdeimlad o ymorchestu yn yr amgylchiadau y canfuwyd eu hunain ynddynt, fel y dengys cofnod dyddiadur ar gyfer pen-blwydd un wraig ifanc ar 17 Hydref 1916. Mae hi'n cofio dathlu â dwy nyrs arall yn Medjidia yn Rwmania drwy fwyta sgonsen wrth gael picnic gan wylio'r awyrennau yn hedfan uwch eu pennau a cheisio anwybyddu 'agosrwydd diosgoi ceffyl a oedd yn madru'.[86]

Wrth i'r rhyfel fynd rhagddo, gorfodwyd y llywodraeth i lacio llawer o'i safbwyntiau haearnaidd ar gyfranogiad benywaidd yn yr ymdrech ryfel, ac roedd hyn yn neilltuol o wir am gysylltiad merched â'r gwasanaethau milwrol ategol. A hwythau wedi treulio dwy flynedd yn gwrthod ystyried caniatáu i ferched chwarae rhan mewn materion milwrol, roedd y Swyddfa Ryfel, erbyn 1916, yn ystyried gorfodaeth filwrol i ferched. Fodd bynnag, gwaith i ddynion oedd rhyfel a rhaid oedd parchu hynny, pa rôl bynnag yr ymgymerai merched â hi. Swyddogaeth merched yn y gwasanaethau milwrol oedd rhyddhau dynion i ymladd, nid i wyrdroi'r gwroldeb o fod yn filwr.[87] Felly, pan gyflwynwyd y Gwasanaeth Cenedlaethol i Ferched yn 1917 a dosbarthu taflenni'n galw ar bob dynes abl i ymrestru yn un o wasanaethau rhyfel y merched, ni fyddai'r swyddi a gynigid yn galluogi merched i ddod yn ffug wrywod, hyd yn oed os oeddynt yn gwisgo lifrai. Cynigiodd y Women's Army Auxiliary Corps (WAAC) (a adwaenid yn ddiweddarach fel Corfflu Ategol Byddin y Frenhines Mary) a'r Women's Royal Naval Service (WRNS) swyddi i recriwtiaid fel cogyddesau, a hyfforddiant i fod yn glercod a hyd yn oed i fod yn deipyddesau llaw fer a thelegraffwyr. Yn ogystal â chyflawni rolau mwy cyffredin fel cogyddesau a merched storfeydd yn y Women's Royal Air Force, cafodd y gwirfoddolwyr hefyd gyfle i yrru ceir modur a beiciau modur, rhywbeth a neilltuwyd i raddau helaeth tan y rhyfel i ferched y dosbarth uchaf yn unig.[88]

Teithiodd Margaret Haig Thomas ledled Cymru'n recriwtio merched i'r lluoedd arfog. Anerchodd gyfarfodydd ac arddangosfeydd yn annog merched i wirfoddoli fel 'cogyddesau, morynion, golchwragedd, gweinyddesau, glanhawragedd a sgwrwragedd'.[89] Yn eu tro, adroddai papurau newyddion fod y merched a oedd wedi gwirfoddoli yn mwynhau amodau byw da, cyflog da a digonedd o amser rhydd gyda'r nosau.[90] Er bod hyn wedi bod yn llesol i recriwtio, arweiniodd hefyd yn anochel at sibrydion am ddigywilydd-dra, gan y cyhuddwyd y recriwtiaid, fel eu chwiorydd a oedd yn weithwyr arfau rhyfel, o wyro tuag at ormodedd ac anlladrwydd rhywiol.[91] Er mai rôl merched yn y gwasanaethau oedd cefnogi'r milwyr gwrywaidd, ni feddai'r rôl fenywaidd yn y lluoedd arfog ar yr un bri â nyrsio ac nid oedd, felly, mor ddeniadol i wirfoddolwyr y dosbarth canol, er bod rhai, fel Miss Collin o Ysgol Uwchradd Caerdydd, yn fodlon i'w gweision ddod yn recriwtiaid. Yn drefniadol, chwaraeodd rhai merched dosbarth uchaf ran, fel y gwnaeth Violet Picton-Turbevill, merch John Picton-Turbervill o Briordy Ewenni ym Morgannwg, a oedd yn rheolydd (a oedd yn gyfwerth â swyddog) yn y WAAC.[92] Fodd bynnag, er gwaethaf ymdrechion gorau Margaret Haig Thomas, dim ond ychydig o ferched dosbarth canol o Gymru a oedd yn barod i weld eu statws cymdeithasol yn cael ei effeithio'n andwyol drwy ymuno â'r lluoedd milwrol, yn enwedig yn wyneb honiadau cynyddol bod y Swyddfa Ryfel 'yn anfon allan buteiniaid proffesiynol wedi'u gwisgo yn ein lifrai'.[93] Serch hynny, dyfalbarhaodd Margaret Haig Thomas, ac yn 1918, cymerodd ran yn arddangosfa fawr y gwasanaeth rhyfel i ferched a gynhaliwyd yn James Howell, y siop adrannol yng Nghaerdydd. Erbyn diwedd yr arddangosfa wythnos o hyd, roedd mwy na 10,000 o ferched wedi ymweld â'r arddangosfa ac roedd mwy na 1,000 ohonynt wedi ymrestru, yn bennaf yn y WAAC, y WRNS a Byddin y Tir.[94]

Yn 1918, cynhaliwyd hefyd ymgyrch recriwtio sylweddol ar gyfer Corfflu Ategol Byddin y Merched ym Mangor, gyda bandiau a merched o Wersyll Parc Cinmel (ger y Rhyl) yn gorymdeithio trwy'r dref. Fodd bynnag, yr hyn sy'n hynod arwyddocaol am yr adroddiad hwn yw bod y rhestr o'r mawr a'r mawreddog a wyliodd orymdaith y merched yn datgelu i ba raddau roedd merched erbyn hynny wedi dod yn gysylltiedig â'r ymdrech ryfel, gan fod dirprwy reolydd y WAAC yn Ffrainc, y rheolydd recriwtio Prydeinig, yn ogystal â rheolydd recriwtio Cymru, yr uwch reolydd ardal, gweinyddwr Gwersyll Parc Cinmel, yn ogystal ag uwch drefnydd y Weinyddiaeth Lafur, i gyd yn ferched.[95]

Ymddangosai fod y byd haearnaidd cyn y rhyfel o gylchoedd ar wahân yn cael ei chwalu gan frwdfrydedd a gwaith caled y merched hynny a oedd yn benderfynol o chwarae rhan sylweddol yn yr ymdrech ryfel. Eto, dim ond rhyw bum mis ar ôl y parêd recriwtio hwnnw ym Mangor a ddathlodd rôl merched yn y lluoedd, llofnodwyd y cadoediad a chyda hynny y daeth y sylweddoliad mai ychydig mewn gwirionedd a oedd wedi newid i ferched, ac mai dim ond ymateb dros dro i'r amgylchiadau y canfu'r wlad ei hun ynddynt fu'r gwaith ar gyfer merched yn ystod y rhyfel. Dadfyddinwyd yr holl wasanaethau merched, a diflannodd unrhyw obeithion y câi merched ddefnyddio'r sgiliau roeddynt wedi'u hennill yn y gwasanaethau yn eu bywyd fel sifiliad yn fuan iawn. Wrth i'r dynion ddychwelyd o feysydd y gad, roedd arnynt eisiau ailafael yn y normalrwydd a fodolai cyn y rhyfel. Golygai hyn fod dynion yn mynd allan i weithio ac ennill bywoliaeth; nid oeddent eisiau gweld merched yn canolbwyntio ar bethau y tu allan i'r cartref. Er canu clodydd y merched am eu rhan yn yr ymdrech ryfel, pan wnaeth y cynhyrchu ar gyfer y rhyfel ddirwyn i ben i'r rheiny a weithiai mewn ffatrïoedd arfau rhyfel, felly yn union eu swyddi hefyd.[96] Yn awr, byddai'r pwyslais ar ddychwelyd adref fel gwragedd a mamau er mwyn caniatáu i'w gwŷr ennill cyflog. Am bedair blynedd, roedd gwladgarwch i ferched wedi golygu cyflawni gwaith rhyfel; yn awr golygai gwladgarwch fynd adref i adael i ddyn gael swydd, a cherydd cyhoeddus, a hyd yn oed orfodaeth gyfreithiol os methasant â gwneud hynny.[97] I'r rheiny a allasai fod wedi teimlo'u bod wedi'u gorfodi i wneud gwaith rhyfel, nid oedd hyn yn broblem ac efallai fod yna hyd yn oed rywfaint o ryddhad bod y rhyfel wedi gorffen. Fodd bynnag, i eraill a oedd efallai wedi dechrau cynefino â ffordd o fyw fwy dilyffethair, a oedd wedi gwerthfawrogi'r cyfle i ennill sgiliau newydd, golygai colli gwaith taledig ddychwelyd i ffordd fwy traddodiadol o fyw, lle'r oedd y dyn yn ennill y bara menyn. I lawer, golygai cyni ariannol fod angen eto ganfod gwaith arall, ac eto yn syth ar ôl y rhyfel, doedd y gwaith a oedd ar gael yn fawr mwy na dychwelyd i weini mewn cartrefi, ac nid oedd hynny'n boblogaidd. Fodd bynnag, petai gweithiwr yswiriedig, megis gweithiwr arfau rhyfel neu weithiwr ffatri, yn gwrthod gwaith a gynigiwyd, byddai'r hawl i 'roddion di-waith' (budd-dal diweithdra) yn dod i ben yn syth, ac nid yw'n fawr o syndod felly bod rhai merched wedi naill ai dychwelyd yn raddol i weini mewn cartrefi neu wedi rhoi'r gorau i hawlio budd-dal yn gyfan gwbl.

Erbyn 1921, ymddangosodd newidiadau amlwg yn arferion gweithio merched dosbarth gweithiol yng Nghymru o gymharu â'r cyfnod cyn y rhyfel, ac er y byddai'n hawdd iawn briodoli'r newidiadau hyn yn gyfan gwbl i'r profiad gweithio yn ystod y rhyfel, nid oes amheuaeth ei fod wedi chwarae'i ran. Golygai cyfleoedd gwaith newydd â gwell cyflogau fod llawer o ferched, yn lle dewis yr opsiwn diogel fel yn y cyfnod cyn y rhyfel o weini mewn cartrefi (a ddenodd 13 y cant yn llai yn 1921 na chyn y rhyfel), wedi troi at feysydd newydd cyffrous megis gwerthiant, lle'r oedd y nifer o ferched a gyflogwyd wedi codi 51 y cant, neu waith clerigol a gyflogai 77 y cant yn fwy o ferched nag yn 1911. Amrywiai profiadau gwaith yn ddi-os o ardal i ardal. Fodd bynnag, at ei gilydd, roedd y niferoedd o ferched mewn gwaith taledig yng Nghymru yn 1921 (21 y cant) 10 y cant yn llai na'r cyfartaledd ar gyfer y rheiny a gyflogwyd yng Nghymru a Lloegr.[98]

Roedd y galwadau am y bleidlais i ferched a oedd wedi bod mor bwysig ym mywydau cynifer o ferched cyn y rhyfel i raddau helaeth

Dinah Evans 109

wedi'u diwallu gan Ddeddf Cynrychiolaeth y Bobl 1918, a byddai hyd yn oed y rheiny nas cynhwyswyd yn y ddeddfwriaeth honno yn derbyn yr hawl i bleidleisio yn 1928. Er bod cyfranogiad merched mewn gwleidyddiaeth ar ôl y cyfnod hwn wedi cynyddu, ledled Prydain, dim ond 36 o ferched a lwyddodd i ddod yn Aelodau Seneddol rhwng y Rhyfel Byd Cyntaf a'r Ail Ryfel Byd a dim ond un oedd yn AS o Gymru, sef Megan Lloyd George, merch David Lloyd George, a enillodd sedd Ynys Môn i'r Rhyddfrydwyr yn 1929 ac a'i daliodd tan 1951. Unwaith i'w hantur fel VAD ddod i ben, priododd Olwen, ei chwaer, a bodloni ar fywyd cartref. I'r rhan fwyaf o ferched dosbarth uchaf, fodd bynnag, roedd diwedd y rhyfel i raddau helaeth yn golygu newid ffocws eu helusengarwch neu ddychwelyd at eu diddordebau cyn y rhyfel. Dyma fel roedd hi gyda Gwendoline a Margaret Davies, a brynodd, ar ôl iddynt ddychwelyd o'u gwaith rhyfel yn Troyes, Neuadd Gregynog fel man lle y gallai gwleidyddion a meddylwyr amlwg gyfarfod a siarad ac fel man i gadw'u casgliad cynyddol o gelfyddyd gain. O ran Margaret Haig Thomas, roedd diwedd y rhyfel wedi cyd-daro â marwolaeth ei thad. Etifeddodd eiddo a buddiannau busnes helaeth, ac erbyn 1919, roedd hi'n eistedd ar fwrdd 33 o gwmnïau, gan gadeirio 7 ohonynt. Etifeddodd hefyd deitl ei thad, ond gwrthodwyd yr hawl iddi eistedd yn Nhŷ'r Arglwyddi oherwydd ei bod hi'n ddynes. Yn ychwanegol at ei buddiannau masnachol, sefydlodd Is-iarlles Rhondda hefyd gylchgrawn gwleidyddol, *Time and Tide*, yn 1920, a'r flwyddyn wedyn, lansiodd y Six Point Group of Great Britain, sef carfan ffeministaidd a bwysai am newidiadau yn y gyfraith yn ymwneud â hawliau mamau a chyfle cyfartal i ferched ym maes addysgu a'r gwasanaeth sifil.[99]

Yn 1919, datganodd y Cadfridog Haig 'na fyddai'r un arolwg o nodweddion y Rhyfel yn gyflawn heb ryw gyfeiriad at y rhan a chwaraewyd gan ferched yn gwasanaethu â Byddinoedd Prydain yn Ffrainc'.[100] Serch hynny, i'r merched ifainc hynny a oedd wedi gadael eu cartrefi i fynd i wasanaethu fel nyrsys yn yr ymdrech ryfel, gartref a thramor fel ei gilydd, hyrddiodd diwedd y rhyfel hwy yn ôl i ganol y gymdeithas batriarchaidd y gallai rhai fod wedi gobeithio cefnu arni am byth. Dychwelodd llawer o ferched adref i ofalu am rieni oedrannus, ymgartrefodd eraill â dynion, ac weithiau â merched, roeddynt wedi'u cyfarfod yn ystod eu gwasanaeth rhyfel; gadawodd rhai, fel Evangeline Morgan, Brydain i ganfod gyrfaoedd a chydnabyddiaeth fel nyrsys dramor.[101] Fodd bynnag, er bod hanes yn canolbwyntio llai ar y sgiliau roedd y merched hyn wedi'u caffael yn ystod eu gwasanaeth yn y rhyfel a mwy ar eu stoiciaeth yn nannedd erchyllterau rhyfel, dros gyfnod y rhyfel, roedd nyrsio wedi ei broffesiynoli, ac roedd nyrsys wedi ennill yr hawl i gydnabyddiaeth swyddogol.[102] I feddygon benywaidd, fodd bynnag, byddai'r llwybr yn llai esmwyth. Er gwaethaf y ffaith fod llawer o ferched yn ystod y rhyfel wedi profi'u cymhwysedd llawfeddygol a meddygol, ac er bod y rhyfel wedi gweld niferoedd cynyddol o ferched yn hyfforddi i fod yn feddygon, pan orffennodd y rhyfel, trodd y proffesiwn yn ei ôl at ei sefyllfa cyn y rhyfel parthed meddygon benywaidd. Roedd y Rhyfel Byd Cyntaf wedi hyrwyddo'r achos dros gydraddoldeb yn y proffesiwn meddygol yn gryf, ond nid oedd yr achos wedi'i ennill o bell ffordd.[103]

Golygai'r nifer uchel o farwolaethau yn ystod y rhyfel na ddeuai priodas a mamolaeth fyth i ran llawer iawn o ferched ifainc. Fodd bynnag, i'r rheiny a fwriadai briodi, roedd yn rhaid gwneud dewisiadau, oherwydd ymddangosai'r rhagolygon o gyfuno gyrfa â mamolaeth yn amhosibilrwydd. Hyrwyddwyd mamolaeth o bob cyfeiriad, hyd yn oed gan rai a fu unwaith yn swffragetiaid, fel Sylvia Pankhurst, a hyrwyddai famolaeth yn daer, hyd yn oed os golygai hynny fytholegu 'cylchoedd ar wahân' y cyfnod cyn y rhyfel. Fodd bynnag, i'r rheiny a ddewisai yrfaoedd, sicrhaodd Deddf (Dileu) Anghymwysterau Rhyw 1919 y câi merched, yn ddamcaniaethol o leiaf, yr un cyfleoedd i fynd i'r proffesiynau â dynion.[104] Yng Nghymru, ymddengys eu bod wedi cofleidio'r rhagolwg hwn o ddifrif oherwydd roedd y ffigwr cyn y rhyfel o 11 y cant o ferched gweithiol Cymru a gyflogid mewn addysgu, llywodraeth leol neu fasnach erbyn 1921 wedi mwy na dyblu i 24 y cant, ac roedd yr ystod o yrfaoedd a oedd ar gael yn awr wedi ehangu i gynnwys gweinyddwyr a rheolwyr.[105]

Mae'r drafodaeth hon ar brofiadau merched Cymru yn ystod y rhyfel wedi diosg y blanced o draddodiadaeth a orchuddiai'r wlad cyn 1914 i ddatgelu carfan gyfan o ferched, o bob dosbarth, a oedd yn fodlon camu y tu hwnt i rolau eu cylchoedd confensiynol ac ar wahân er mwyn ymwneud â'r ymdrech ryfel. Wrth i'r rhyfel raddol chwalu rhwystrau mewn cyflogaeth, petai ond dros gyfnod y rhyfel, aeth merched, o'r bendefigaeth i'r dosbarthiadau gweithiol, ati i fachu'r cyfleoedd a gynigid iddynt. Gwnaeth merched o'r dosbarth uchaf yr hyn a wnaethant orau – sef trefnu, codi arian a chadeirio pwyllgorau. Aeth rhai, fel Gwendoline a Margaret Davies, ymhellach, gan deithio i Ffrainc i ofalu am y milwyr, a chymerodd eraill rolau llywodraethol, fel y gwnaeth Margaret Haig Thomas, comisiynydd Gwasanaeth Cenedlaethol y Merched yng Nghymru a sir Fynwy. Daliodd llawer o ferched dosbarth canol ar y cyfle i ymestyn maes eu dylanwad ac i efelychu'r dosbarthiadau uchaf drwy godi arian a chadeirio pwyllgorau. Fodd bynnag, canfu merched a ddaeth yn VADs fod eu bywydau wedi'u gweddnewid. Mae'n rhaid bod ychydig ohonynt yn ddi-os wedi gwireddu'r freuddwyd o'r nyrs angylaidd yn cyffwrdd yn dyner â thalcen milwr â gwres y dwymyn arno, ond gweithiai'r rhan fwyaf o ferched ifainc shifftiau maith, caled, ac yn bendant heb unrhyw ramant yn yr ysbytai ategol yn agos at adref. I eraill, roedd y realiti hyd yn oed yn fwy eithafol, sef nyrsio'r milwyr a oedd ar fin marw a'r milwyr a anffurfiwyd mewn ysbytai dros dro ger meysydd y gad tra oedd sieliau'n ffrwydro uwch eu pennau. Roedd y cyfan yn wahanol iawn i'w ffordd o fyw cyn y rhyfel ac ni allai unrhyw fath o ddyngarwch fod wedi'u paratoi ar ei gyfer. I ferched y dosbarth gweithiol, roedd y profiad o fod yn y gwasanaeth milwrol yn brofiad hollol newydd, oherwydd yn ogystal ag ennill cyflog gweddol, ac amodau byw rhesymol, llwyddodd rhai i hyd yn oed ennill rhywfaint o annibyniaeth a theithio, gartref a thramor fel ei gilydd. I eraill, cynigiodd y gwasanaethau milwrol y cyfle iddynt hyfforddi fel clercod, cyfle a fyddai'n eu galluogi i fynd am gyfleoedd gwaith newydd ar ôl y rhyfel. Fodd bynnag, symudodd y mwyafrif i weithiau cynhyrchu arfau rhyfel, nad oeddent o reidrwydd yn cynnig gwell amodau gwaith – roeddent yn lefydd peryglus i weithio – ond roedd y cam yn un a ysgogwyd gan gyflogau da â chan yr ymdrech ryfel.

Pan gyhoeddwyd ar ôl y rhyfel *Who's Who in Wales*, caed awgrym ynghylch yr amrywiaeth o ferched Cymru a oedd wedi cymryd rhan mewn gwaith rhyfel. Nid yn annisgwyl, roedd Margaret Haig Thomas, yn awr yn Is-iarlles Rhondda, wedi'i chynnwys. Fodd bynnag, enwodd y gyfrol hefyd ferched llawer llai adnabyddus, merched na fyddai fel arfer wedi'u cynnwys mewn cyfrol o'r fath, fel Mrs H. S. Forbes o St Thomas yn Abertawe, gweithwraig VAD a gofnodir am ei bod wedi dangos dyfeisgarwch mawr yn ystod ymosodiad o'r awyr.[106] Pebai ond dros gyfnod y rhyfel, rhoddwyd y cyfle i ferched yng Nghymru, fel eu chwiorydd yn Lloegr, gofleidio her a gwnaethant hynny gyda chryn hunanfeddiant.

Nodiadau

1. A. Marwick, *War and Social Change in the Twentieth Century* (Llundain: Macmillan, 1974), tt. 76–7. Cyfeithiadau o'r Saesneg yn y bennod gan yr awdur.
2. A. Marwick, *The Deluge: British Society and the First World War* (Llundain: Bodley Head, 1965), tt. 293–4.
3. A. V. Simmonds, *Britain and World War One* (Llundain: Routledge, 2012), tt. 298–9; A.Woollacott, *On Her Their Lives Depend: Munitions Workers in the Great War* (Berkeley, CA a Llundain: University of California Press, 1994), tt. 14–15; D. Beddoe, *Out of the Shadows: A History of Women in Twentieth-Century Wales* (Caerdydd: University of Wales Press, 2000), t. 74; G. J. Degroot, *Blighty: British Society in the Era of the Great War* (Llundain: Longman, 1996), tt. 304–5.
4. Gweler Beddoe, *Out of the Shadows*; M. Pugh, *State and Society: A Social and Political History of Britain 1870–1997* (Llundain: Longman, 1999); Marwick, *War and Social Change in the Twentieth Century*; C. Steedman, *Childhood, Culture and Class in Britain: Margaret McMillan, 1860–1932* (Llundain: Virago Press, 1990); B. Caine, *English Feminism 1780–1980* (Rhydychen: Oxford University Press, 1997); T. Jalland a J. Hooper, *Women from birth to death: the female life cycle in Britain 1830–1914* (Atlantic Highlands, New Jersey: Humanities Press International, 1986); J. Purvis (gol.), *Women's History Britain, 1850–1945* (Bristol, PA: UCL Press, 1995).
5. T. Jalland, *Women, Marriage and Politics, 1860–1914* (Rhydychen: Oxford University Press, 1986), t. 8.
6. J. Gwynn Williams, *The University Movement in Wales* (Caerdydd: University of Wales Press, 1993), t. 150; J. McDermid, 'Women and Education', yn J. Purvis (gol.), *Women's History Britain*, t. 113.
7. Gweler G. E. Jones, *Which Nation's Schools?* (Caerdydd: University of Wales Press, 1990); K. O. Morgan, *Rebirth of a Nation: A History of Modern Wales* (Caerdydd: University of Wales Press; Rhydychen: Oxford University Press, 1982); Beddoe, *Out of the Shadows*.
8. Beddoe, *Out of the Shadows*, tt. 24–7.
9. J. Newby, *Women's Lives: Researching Women's Social History* (Barnsley: Pen and Sword, 2011), tt. 125–30.
10. J. Williams, *Digest of Welsh Historical Statistics*, vol. 1 (Caerdydd: Welsh Office, 1985), tt. 96–7.
11. Williams, *Digest of Welsh Historical Statistics*, vol.1, tt. 96–7.
12. S. D'Cruze, 'Women and the family', yn Purvis (gol.), *Women's History Britain*, t. 72.
13. Darparwyd tystiolaeth anecdotaidd gan y Fonesig Gertrude MacGregor, merch Mrs Tasker, gwraig y deintydd (1976).
14. Beddoe, *Out of the Shadows*, t. 46; M. Pugh, *Women and the Women's Movement in Britain 1914–1999* (Llundain: Macmillan, 2000), tt. 7–8.
15. *Western Mail*, 24 Awst 1914, 4.

16. R. Van Emden a S. Humphries, *All Quiet on the Western Front* (Llundain: Headline, 2004), t. 17.
17. *Western Mail*, 13 Awst, 1914, 2; P. Shapely, *Charity and Power in Victorian Manchester* (Manceinion: Smith Settle, 2000), t. 68.
18. Trigai'r trefnydd anrhydeddus, Annie Watkin Williams (Mrs W. Watkin Williams) yn Rosehill Terrace ger Heol Walter yn Abertawe. Llywyddion y clwb oedd yr Is-iarlles French, y Fonesig Jellico a'r Fonesig Mond.
19. *Cambrian Daily Leader*, 9 Tachwedd 1916, 4; *Cambrian Daily Leader*, 25 Hydref 1915, 6; llythyr at ddynes anhysbys gan Mrs Watkin Williams, 12 Mawrth 1919, LR 393/4 Imperial War Museum Archive, Llundain; Shapely, *Charity and Power in Victorian Manchester*, t. 68.
20. A. Mee (gol.), *Who's Who in Wales 1920* (Caerdydd: Western Mail, 1921), t. 26.
21. Roedd Margaret Haig Thomas yn briod â Humphrey Mackworth o 1908 i 1923. Fodd bynnag, adwaenir hi yn gyffredinol gan ei henw cyn priodi. Pan fu farw'i thad yn 1918, y hi wedyn oedd ail Is-iarlles Rhondda.
22. A. V. John, *Turning the Tide: The Life of Lady Rhondda* (Cardigan: Parthian, 2013), t. 142.
23. Beddoe, *Out of the Shadows*, t. 55.
24. K. Roberts, 'Women's Paramilitary Units in First World War Britain', *International History Review*, xix (Chwefror 1997), 52–65.
25. E. White, *The Ladies of Gregynog* (Caerdydd: University of Wales Press, 1985), t. 17; K. Roberts, 'Gender, Class and Patriotism', tt. 52–65.
26. Gweler T. Fishlock, *A Gift of Sunlight* (Llandysul: Gomer, 2014).
27. Sefydlwyd y FANYs yn 1907; T. Beauchamp, *Fany Goes to War* (Llundain: John Murray, 1919), tt. 1–7; L. Noakes, *Women in the British Army, War and the Gentle Sex, 1907–1948* (Llundain: Routledge, 2006), t. 31; *Daily Graphic*, 25 Chwefror 1908 y cyfeirir ati yn J. Lee, *War Girls: The First Aid Nursing Yeomanry in the First World War* (Manceinion: Manchester University Press, 2005), t. 28.
28. R. Terry, 'Gamwell (Antonia) Marian (1891–1977)', yn yr *Oxford Dictionary of National Biography* (ar gael ar-lein: http://www.oxforddnb.com/view/article/67668 (cyrchwyd Awst 2014)).
29. D. Lloyd George, *War Memoirs*, cyf. 1 (Llundain: Odhams Press, 1938), t. 174.
30. *Liverpool Daily Post and Liverpool Mercury*, 22 Mai 1915, 7; *Llangollen Advertiser*, 5 Mai 1916, 5.
31. T. Michael, 'Women in the First World War', *Project Grace* (Bangor, 1994), t. 6.
32. *Herald of Wales*, 25 Tachwedd 1916, 5.
33. Beddoe, *Out of the Shadows*, tt. 58–9; Degroot, *Blighty*, tt. 140–1; Van Emden a Humphries, *All Quiet on the Western Front*, t. 266; S. R. Grayzell, *Women and the First World War* (Llundain: Longman, 2002), t. 36.
34. Lloyd George, *War Memoirs*, cyf. 1, t. 164.
35. Beddoe, *Out of the Shadows*, t. 61.

36. Adroddiad E. E. Wagstaffe, Goruchwyliwr Lles, Ffatri Sieliau Genedlaethol, Casnewydd, Mai 1919; Adroddiad N. Griffith Jones, Goruchwyliwr Lles, Ffatri Sieliau Genedlaethol, Abertawe, Chwefror 1919; Adroddiad Goruchwyliwr Lles, Uskside National Works, 15 Chwefror 1919.
37. *Cambrian Daily Leader*, 24 Rhagfyr 1914, 6.
38. *Yr Udgorn*, 7 Hydref 1914, 5.
39. *The Spectator*, 3 Gorffennaf 1915, 16.
40. Mee (gol.), *Who's Who in Wales 1920*, t. 336.
41. C. Davies, *A grain of mustard* (Bangor: Jarvis and Foster, 1954), t. 7.
42. *The British Journal of Nursing*, 31 Hydref 1914, 342.
43. *Cambrian News*, 7 Ionawr 1916, 3; *Cambrian News*, 12 Ionawr 1917, 6.
44. *Glamorgan Red Cross Gazette*, Chwefror 1916, 46.
45. Roedd Elsie Inglis, swffragét, yn ddynes raddedig o'r Alban, a aeth ati, ar ôl i'w chynnig i fod yn feddyg yn y maes gael ei wrthod gan Gorfflu Meddygol y Fyddin Frenhinol a'r Groes Goch Brydeinig, i ffurfio'n ddiymdroi Ysbyty Merched yr Alban o dan nawdd Undeb Cenedlaethol yr Alban o Gymdeithasau Pleidlais i Ferched, a chynigiodd ysbytai wedi'u cyfarparu'n gyflawn, i gyd dan ofal merched, i lywodraethau Gwlad Belg, Ffrainc, Rwsia a Serbia.
46. R. Jones, *The History of the Red Cross in Monmouthshire 1910–18* (Casnewydd: British Red Cross Society, 1988), tt. 80–90; *North Wales Chronicle*, 9 Ebrill 1915, 6.
47. 'Notes of the Month', *Welsh Outlook*, 2, 12 (Rhagfyr 1915), 453–4.
48. Anhysbys, *The Call of Our Allies and the Response of the Scottish Women's Hospitals for Foreign Service* (Glasgow: N.U.W.S.S., 1915), t. 4; J. McDermid, 'What's in a name: the Scottish Women's Hospitals in the First World War', *Minerva Journal of Women and War* (gwanwyn 2007), 110.
49. Rowena Hopkin, *scottishwomenshospitals.co.uk* (cyrchwyd Awst 2014); nodyn bywgraffyddol gan Dr Mary Phillips yn A. Powell, *Women in the War Zone: Hospital Service in the First World War* (Stroud: History Press, 2009), tt. 332–3.
50. *Llais Llafur*, 22 Medi 1917.
51. *Cambrian Daily Leader*, 12 Gorffennaf 1915, 3; *South Wales Weekly Post*, 19 Chwefror 1916, 8; *South Wales Weekly Post*, 26 Chwefror 1916, 5.
52. *Western Mail*, 13 Awst 1914, 4; John, *Turning the Tide*, t. 142.
53. Yn y blynyddoedd yn arwain at ddechrau'r rhyfel, roedd y Swyddfa Ryfel wedi cydnabod y byddai ar ei gwasanaethau meddygol milwrol, llyngesol a'r awyrlu angen cefnogaeth feddygol ychwanegol petai'r wlad yn wynebu rhyfel, ymosodiad neu hyd yn oed drychineb cenedlaethol, a'r canlyniad oedd sefydlu'r Cynllun Cymorth Gwirfoddol (VAD) yn 1909. Ymgorfforai'r Cynllun Gymdeithas y Groes Goch Brydeinig, Urdd Sant Ioan o Gaersalem, yn ogystal â Chymdeithas y Fyddin Diriogaethol. Yn hysbys yn wreiddiol fel y Gymdeithas Genedlaethol Brydeinig er Cymorth i'r Gwael a'r Clwyfedig mewn Rhyfel, daeth Cymdeithas y Groes Goch Brydeinig yn hysbys felly yn 1905: Powell, *Women in the War Zone*, t. 18; rhoes Urdd Fodern Sant Ioan yn Lloegr sylw i'r angen am gludiant cymorth cyntaf ac

ambiwlans cyhoeddus yn y Lloegr a oedd wedi'i diwydianeiddio. Rhoddwyd Siartr Frenhinol iddi gan y Frenhines Victoria yn 1888.
54. Mee (gol.), *Who's Who in Wales 1920*, t. 104.
55. Arweiniodd ffrwydriad yn yr Universal Colliery yn Senghennydd yn ne Cymru at farwolaethau 439 o lowyr ac achubwr ar 14 Hydref 1913; gweler hefyd Jones, *The History of the Red Cross in Monmouthshire 1910–18*.
56. *Reports of the Joint War Committee and the Joint War Finance Committee of the Red Cross Society and the Order of St John of Jerusalem in England on Voluntary Aid rendered to the Sick and Wounded at home and abroad and to prisoners of war 1914–1919*.
57. *Report of the Joint War Committee*.
58. N. R. Storey a M. Housego, *Women in the First World War* (Rhydychen, 2013), t. 19.
59. *Cyfrifiad Cymru*, 1911.
60. *http://www.royalvictoriamilitaryhospital.net/* (cyrchwyd Awst 2014).
61. British Red Cross, *Report of the Glamorgan Branch of the Red Cross from Inauguration to 1910*, RCC 25/1-9 British Red Cross Archive; Newby, *Women's Lives*, t. 85.
62. C. E. Hallett, *Containing Trauma: Nursing Work in the First World War* (Manceinion: Manchester University Press, 2009), t. 7.
63. Rheoliadau ar gyfer derbyn i'r Queen Alexandra's Imperial Military Nursing Service, 1904; cymwysterau proffesiynol ac argymhellion ar gyfer penodi Nyrsys Staff, WO25/3956, The National Archives, Kew, Llundain.
64. Gwefan Casgliad y Werin, *http://www.casgliadywerin.cymru/items/32396* (cyrchwyd Awst 2014).
65. Jones, *The History of the Red Cross in Monmouthshire*, tt. 88–9.
66. Hallett, *Containing Trauma*, tt. 125–8.
67. L. Macdonald, *The Roses of No Man's Land* (Llundain: Penguin, 1993), t. 122.
68. Jones, *The History of the Red Cross in Monmouthshire*, tt. 88–9.
69. Hallett, *Containing Trauma*, t. 227.
70. Jones, *The History of the Red Cross in Monmouthshire*, tt. 88–9.
71. *The Glamorgan Red Cross Gazette*, Chwefror 1916, 47.
72. Storey a Housego, *Women in the First World War*, t. 21; *Cambrian News and Welsh Farmers Gazette*, 14 Ionawr 1916, 7.
73. J. S. Reznick, *Healing the Nation: Soldiers and the Culture of Caregiving in Britain during the Great War* (Manceinion: Manchester University Press, 2004), t. 55.
74. O. Dent, *A V.A.D. in France* (Llundain: Grant Richards, 1917), tt. 31–55; R. E. Leake, *Letters of a V.A.D.* (Llundain, d.d.), 95/66, T2 LEA, Llyfrgell y Groes Goch Brydeinig; Mss 1490, N31 Archifdy'r Groes Goch Brydeinig.
75. Jones, *The History of the Red Cross in Monmouthshire*, tt. 27–8.
76. Llyfr llofnodi, XM/5533/23 Archifdy Gwynedd, Caernarfon, Gwynedd.
77. Nodiadau personol, rhif 202, Y Fonesig Olwen Carey-Evans llsgr., Llyfrgell Genedlaethol Cymru, Aberystwyth.

78. *The Times*, 22 Rhagfyr 1914, 9; O. Carey-Evans, *Lloyd George was my father* (Llandysul: Gomer, 1984), t. 82.
79. Noakes, *Women in the British Army*, t. 1.
80. Nodiadau cyfweliad, ACC 2560, Archifdy'r Groes Goch Brydeinig, Llundain; Jones, *The History of the Red Cross in Monmouthshire*, t. 88.
81. C. Hammerle, O. Uberegger a B. B. Zaar (goln), *Gender and the First World War* (Basingstoke: Palgrave Macmillan, 2013), t. 91; Van Emden a Humphries, *All Quiet on the Western Front*, t. 119.
82. Dyddiadur personol, Y Fonesig Olwen Carey-Evans llsgr., Llyfrgell Genedlaethol Cymru, Aberystwyth.
83. *The Glamorgan Red Cross Gazette*, Chwefror 1916, 52.
84. Powell, *Women in the War Zone*, tt. 20–1.
85. Jones, *The History of the Red Cross*, t. 89; Merch yr Ynys, 'Dawn in a French Hospital', *The Welsh Outlook*, 3, 10 (Hydref 1916), 319–20.
86. Y. Fitzroy, *With the Scottish nurses in Roumania* (Llundain: J. Murray, 1918).
87. Noakes, *Women in the British Army*, tt. 62–9.
88. *The Supreme Test of British Womanhood Comes Now!*, WRAF 1/1814, Imperial War Museum, Llundain.
89. *Llanelly Star*, 14 Gorffennaf 1917, 1.
90. *Cambrian News*, 3 Awst 1917, 5.
91. J. S. K. Watson, 'Khaki Girls, VADs and Tommy's Sisters: Gender and Class in First World War Britain', *International History Review*, 9, 1 (Chwefror 1997), 32–51.
92. Beddoe, *Out of the Shadows*, tt. 55–65.
93. Llythyr diddyddiad oddi wrth M. Chalmers-Watson i H. Gwynne Vaughan llsgr., National Army Museum.
94. John, *Turning the Tide*, tt. 157–9.
95. *North Wales Chronicle*, 22 Chwefror 1918, 3.
96. D. Beddoe, 'Munitionettes, Maids and Mams: Women in Wales 1914–1939', yn A. John (gol.), *Our Mothers' Land* (Caerdydd: University of Wales Press, 1991), t. 189.
97. Gweler cymalau'r *Restoration of Pre-War Practices Act*, a ddaeth yn gyfraith ar 15 Awst 1919.
98. Williams, *Digest of Welsh Historical Statistics*, vol. 1, tt. 16–97.
99. John, *Turning the Tide*, tt. 263–9.
100. B. Oliver, *The British Red Cross in Action* (Llundain: Faber, 1966), t. 266.
101. Ar ôl y rhyfel, teithiodd Evangeline Morgan i America ac roedd yn nyrsio yn Santa Barbara pan darodd y ddaeargryn yn 1925; diolchodd dinas Santa Barbara iddi'n ffurfiol am ei gweithredoedd yn helpu'r rheiny a anafwyd yn y ddaeargryn.
102. Ddiwedd 1919, pasiwyd y Ddeddf Cofrestru Nyrsys a oedd yn pennu'r safonau ar gyfer nyrsio, hyfforddi ac asesu. Tair blynedd yn ddiweddarach, dechreuodd y Cyngor Nyrsio Cyffredinol gyhoeddi cofrestr o nyrsys wedi'u hyfforddi.
103. I. R. Whitehead, *Doctors in the Great War* (Barnsley: Pen and Sword

Military, 2013), t. 122. Gweler hefyd Hallet, *Containing Trauma*; Beddoe, *Out of the Shadows*; Powell, *Women in the War Zone*.
104. Deddf (Dileu) Anghymwysterau Rhyw 1919, adran 1: 'a person shall not be disqualified by sex or marriage from the exercise of any public function, or from being appointed to or holding any civil or judicial office or post, or from entering or assuming or carrying on any civil profession or vocation'.
105. Williams, *Digest of Welsh Historical Statistics*, tt. 96–7.
106. Mee (gol.), *Who's Who in Wales 1920*, tt. 402 a 145.

6

'Yr ydym yn awr yn Ffrainc yn paratoi am Christmas Box i'r Kaiser': Cymry America a'r Rhyfel Mawr

Ifor ap Glyn

Rywbryd ym Medi 1918, ysgrifennwyd llythyr i bapur newydd *Y Drych* gan ŵr ifanc o dalaith Efrog Newydd:

> Anwyl Olygyddion... Gadewais Utica Mai 28ain gydag amryw eraill; yr oedd yna bedwar Cymro o honom ni... Robert Thomas Roberts, David J. Williams, Harry Thomas a minau... yr ydym yn awr yn Ffrainc yn paratoi am Christmas Box i'r Kaiser.[1]

Yr oedd awdur y llythyr, William Williams, yn wreiddiol o Landyrnog, ger Dinbych, ond yr oedd wedi ymfudo i America yn hanner cyntaf 1913. Argraffwyd llun ohono yn ei iwnifform filwrol i gyd-fynd â'r llythyr: mae ei law ar lyfr – Beibl, mae'n debyg – a baner ei wlad fabwysiedig yn amlwg y tu ôl iddo.

William Williams.

2. Llun o'r *Drych*, 7 Tachwedd 1918

Erbyn Medi 1918, yr oedd gyda'r 2nd Pioneer Infantry, yn rhan o fyddin yr Unol Daleithiau. Cawn syniad yn ei lythyr o ba mor amlddiwylliannol o ran ei tharddiad oedd byddin yr Unol Daleithiau:

> [M]ae hi yn New Year ar yr Iuddewon yr wythnos yma, felly mae Uncle Sam yn gadael iddynt ddathlu eu gwyl... [O]nd yr wyf yn dysgwyl cyn bo hir y... cawn ni i gyd ddathlu y fuddugoliaeth fawr ydym i gyd yn ei

dysgwyl... Mae gennym ni ddyn ardderchog yn arwain, sef General
Pershing, ...ac fe roddodd anerchiad ardderchog i ni, ac yr oedd efe yn
canmol y dyn du yn y rhyfel yma; dynion dewr ac yn ddynion y mae yr
Ellmyn yn eu hofni yn fawr.[2]

Yn y bennod hon, cynigir golwg bras iawn ar sut y cymerodd y Cymry
a'r Gymraeg eu lle o fewn gwead amlethnig yr ymgyrch Americanaidd hon
yn erbyn y Caiser. Yn ôl cyfrifiad yr Unol Daleithiau ar gyfer 1910, yr oedd
14.7 y cant o'r boblogaeth o 92 miliwn wedi eu geni dramor; ond
amcangyfrifir fod 18 y cant o'u lluoedd arfog yn ystod y Rhyfel Mawr yn
fewnfudwyr.[3]

Edrychir hefyd ar sut yr effeithiodd y Rhyfel Mawr ar gymdeithas Cymry
America yn gyffredinol, gan ddibynnu yn bennaf ar dystiolaeth o'r *Drych*,
sef papur Cymraeg wythnosol yr Unol Daleithiau.[4] Dyma un o'n prif
ffynonellau ar gyfer hanes y diaspora Cymraeg yng Ngogledd America, ond
rhaid bod yn ymwybodol o agenda y papur wrth ei ddefnyddio fel
ffynhonnell. Fel y mae Aled Jones a Bill Jones wedi ei nodi yn eu hastudiaeth
o'r *Drych*, yr oedd yn fwy na phapur newydd – yr oedd yn offeryn i geisio
siapio hunaniaeth Cymry America, yn ieithyddol ac yn foesol.[5]

Yn y cyfnod dan sylw (1914–19) yr oedd dyletswyddau golygyddol y
papur yn cael eu rhannu rhwng Dafydd Rhys Williams (neu 'Index' a
defnyddio'i enw barddol), a anwyd yng Nghefncoedycymer, ac R. Morris
Williams, a oedd yn enedigol o Danygrisiau.[6] Nid yw'n glir gan amlaf pa
un o'r ddau sy'n llefaru yng ngholofnau golygyddol y papur, ond mae eu
safbwynt yn eithaf cyson drwy'r cyfnod dan sylw (a chyfeirir er hwylustod
o hyn allan at 'y golygydd' yn hytrach na'r 'golygyddion'). Er mai
niwtraliaeth oedd polisi'r Unol Daleithiau, yr oedd *Y Drych* o blaid y rhyfel
o'r cychwyn – yr oedd colofn yn dwyn y teitl 'Rhyfel yn Ewrop' yn
ymddangos yn wythnosol o fis Awst 1914 ymlaen – ac yr oedd y golygydd
yn chwyrn yn erbyn yr Almaenwyr, ac yn enwedig eu Caiser. Dyma
ebychiad nodweddiadol o Hydref 1914: 'Nis gall fod amheuaeth y dyddiau
hyn nad y Kaiser yw yr Anghrist. Os oes dau ohonynt, efe yn ddigamsyniol
yw un o'r ddau, a'r gwaethaf.'[7]

Perthnasau'n ymladd

O 1914 ymlaen, cyhoeddwyd nifer o lythyrau gan filwyr Prydeinig ar
dudalennau'r *Drych*. Yr oedd y papur yn apelio'n bennaf at fewnfudwyr
cenhedlaeth gyntaf, a byddai llawer o'r Cymry Americanaidd hyn â
thylwyth yn ôl yn yr hen wlad a oedd yn gwasanaethu ym myddin

Prydain.⁸ Yr oedd rhai llythyrau wedi eu hadargraffu o bapurau Cymru, ond y rhan fwyaf yn cael eu trosglwyddo i'r golygydd gan y perthnasau i'r milwyr hyn yn yr Unol Daleithiau a oedd wedi derbyn y llythyrau ganddynt.

Ceid hefyd luniau a phytiau o newyddion am y milwyr Cymreig hyn, gan nodi'n ofalus eu cysylltiadau Americanaidd:

> Brodor o Llanerchymedd, sir Fon, yw John Jones..., perthynol i'r 16 Batalion Royal Welsh Fusiliers... Chwaer iddo yw Mrs. Wm. Owens, Clinton, N.Y.... Y mae W. O. Jones yn y gatrawd Gymreig Gyntaf, a brodor yw o Bettws, sir Gaerfyrddin, D. C., ac yn nai i'r Parch. J. M. Jones, Mahanoy City, Pa.⁹

Yr oedd y newyddion yn aml yn drist:

> Derbyniodd Mr. Geraint Roberts, Detroit Mich, y newydd galarus o'r Hen wlad fod ei frawd, sef Lieut. Elwyn Roberts, aelod o'r Royal Flying Corps wedi cael ei ladd yn rywle y Ffrainc tra wrth ei orchwyl fel observation officer.¹⁰

Weithiau yr oedd *Y Drych* yn adrodd am filwyr a oedd wedi bod yn byw yn yr Unol Daleithiau, fel Harry Evans, o San Diego, a aeth yn ôl i Brydain ac ymuno â'r Royal Engineers; neu Hughie Griffith, o Utica, a ymunodd â byddin Canada. Pan gyhoeddwyd llun o Hughie yn y papur yn 1916, gellid hawlio yn falch: 'Hana o deulu milwrol o ochr ei dad; bu dau ewyrth iddo yn ymladd yn y Rhyfel Cartrefol, y diweddar Griffith Roberts, Gerlan, Clwtybont, a David Morris, Hydeville, Vt., yr hwn a laddwyd yn mrwydr Fredricksburgh.'¹¹

Yr oedd y Cymry Americanaidd a ymunodd yn y gad fel hyn, tra oedd eu gwlad yn dal yn niwtral, yn rhan o batrwm ehangach. Aeth Eidalwyr Americanaidd fel Vincenzo D'Aquila yn ôl i ymladd dros eu mamwlad, ar ôl i'r Eidal ymuno yn y rhyfel yn 1915.¹² Aeth Americanwyr eraill i ymladd gyda'r Escadrille de Lafayette, sef rhan o lu awyr y Ffrancwyr; ac yn ôl un amcangyfrif, yr oedd cynifer â 25,000 o Bwyliaid o Ogledd America wedi gwirfoddoli i ymladd fel rhan o'r Błękitna Armia (byddin las) dan y Cadfridog Josef Haller.¹³ Fe'u hyfforddwyd yng Nghanada ac yn Ffrainc, gan ymladd fel rhan o'r fyddin Ffrengig i ddechrau; ond fe'i cydnabuwyd fel byddin annibynnol erbyn diwedd y rhyfel. Yr oedd carfan arall o Americanwyr a ddewisodd gefnogi'r Cynghreiriaid cyn 1917, ond heb fynd mor bell â chodi arfau. Ymunodd rhai miloedd o'r Unol Daleithiau, fel Ernest Hemingway, yn yr American Field Service, gan yrru ambiwlansys i gludo'r clwyfedigion yn ôl o'r llinell flaen.¹⁴

Codi arian 1914-17

Yr oedd Cymry America yn gwneud eu rhan i gefnogi'r rhyfel hefyd, fel yr adroddodd un o bapurau Llundain:

> Another big consignment of clothing and useful articles for the Welsh troops at the front, and also parcels for the families of soldiers in Wales who have suffered misfortune owing to the war, left New York on February 10th on board a Cunard liner. They are the gifts of Welsh Americans. This is their third consignment.[15]

Yr oedd hyn yn ganlyniad i apêl ar ddarllenwyr *Y Drych* a wnaed ym misoedd cynta'r rhyfel:

> [N]id ar faes y gwaed yn unig y mae caledi. O! na, mae'n treiddio heddyw drwy aelwydydd dinod cymoedd a threfi Cymru a Phrydain, lle mae y penau teuluoedd a'r meibion gynaliai y teulu wedi ateb galwad corn y gad; lle y mae'r cwpbwrdd gwag a'r llogell ysgafn;... Yno y ceir y dyoeddefwyr tawel, na chlywir adrodd am eu gorchestion yn y frwydr ofnadwy ag angen a chyni. Ar yr adeg dywyll hon yn hanes Prydain, ein dyledswydd ni yn y Talaethau yw anfon ein cymorth arianol i'n brodyr.[16]

Ac yr oedd Cymry America yn barod i ymateb i apêl o'r fath, fel y tystiodd D. J. Rowlands o Redgranite, Wisconsin, wrth ysgrifennu at ei deulu yng Nghymru yn 1915:

> Anwyl John ac Emma Jane... Rwyt yn gofyn beth ydym ni yn ei feddwl o'r Rhyfel ofnadwy yna, wel wir mae yn anodd gwbod beth i feddwl ohoni, ond toes gin neb yma ond y German ei hyn, ddim amhyuath mai gorchfygu geith Germany yn ysdod yr haf nesaf... Hefo'r Allies mae cydymdeimlad y wlad yma fwuaf o lawer. Mae yma filodd lawer yn cael ei hel yma at helpu pob gwlad. Mae y Drych wedi casglu miloedd o Ddollars ac yn dal i gasglu o hyd at helpu dioddefwyr yn Nghymry yn inig. Mi gasglais i yn mysg ychydig Gymry Redgranite yma reit dda...[17]

Drwy ymdrechion pobl fel D. J. Rowlands, llwyddodd darllenwyr *Y Drych* (a gyhoeddwyd yn Efrog Newydd) a'r *Welsh American* (a gyhoeddwyd ym Mhensylfania) i godi £5,000 rhyngddynt, ac fe gafodd ei weinyddu fel y Lloyd George American Relief Fund. Targedwyd ardaloedd y chwareli (a oedd ar stop oherwydd y rhyfel) a sefydlwyd ffatrioedd gwau hosanau, ym Mlaenau Ffestiniog, Tal-y-sarn a Bethesda, rhwng Gorffennaf 1915 ac Ionawr 1916. Nid pobl yr hen wlad oedd yr unig rai i elwa ar haelioni

Cymry America. Codwyd arian hefyd i helpu'r Belgiaid a gollodd eu cartrefi. Dair blynedd ar ôl goresgyniad eu gwlad, cafwyd hysbyseb ar gyfer 'Cyngerdd y Belgiaid' yn Eglwys Moriah, Utica, ynghyd â'r anogaeth hon: 'disgwylir y bydd Cymry y ddinas yn frwdfrydig eu cefnogaeth i'r mudiad teilwng'.[18]

Agwedd at sensoriaeth

Cymaint oedd cefnogaeth *Y Drych* i'r rhyfel yn gyffredinol, pan gafwyd cwynion yn 1915 fod milwyr Cymraeg yn cael eu rhwystro rhag ysgrifennu adref yn eu mamiaith, dyma oedd gan y golygydd i'w ddweud:

> Y mae rhai o'n crancod Cymreig ag eisieu cael hyn o flaen y Parliament. Synem ni fawr weled rhywun cyn bo hir yn dadgan rhyw gynllun fel hyn, sef i bob milwr Cymreig daflu ei arfau i lawr, a gadael rhyngddynt a'r Kaiser! Pynciau mympwyol yw y rhai hyn, y dylid eu hebargofi yn hollol hyd ar ol y rhyfel.[19]

Ar yr olwg gyntaf yr oedd hwnnw'n sylw od braidd, mewn papur uniaith Gymraeg a elwai ar dderbyn llythyrau Cymraeg o faes y gad i'w golofnau! Ond fel y mae Jones a Jones wedi ei nodi, 'the paper's Welsh-only policy... was the subject of lively debate throughout this phase in its history'.[20] Rhaid ystyried cymhlethdod agwedd Cymry America at eu hiaith yn erbyn y cefndir Americanaidd ehangach. Ym mis Hydref 1915, gwnaeth Teddy Roosevelt araith enwog yn ymosod ar 'hyphenated Americans', y sawl oedd yn mynnu glynu wrth eu gwreiddiau:

> The one absolutely certain way of bringing this nation to ruin... would be to permit it to become a tangle of squabbling nationalities, an intricate knot of German-Americans, Irish-Americans, English-Americans, French-Americans, Scandinavian- Americans, or Italian-Americans, each preserving its separate nationality... The men who do not become Americans and nothing else are hyphenated Americans; and there ought to be no room for them in this country.[21]

Pan ymunodd yr Unol Daleithiau yn y rhyfel, yr oedd yna adwaith digon disgwyliedig yn erbyn yr Almaen ac yr oedd dimensiwn ieithyddol i hwnnw. Ar un lefel, yr oedd yn ddigon diniwed, gydag ymgais i ailenwi 'frankfurters' yn 'liberty sausage', a 'sauerkraut' yn 'liberty cabbage', ond yr oedd ochr fwy milain i hyn hefyd. Yn 1918 gwaharddodd talaith Iowa ieithoedd estron mewn ysgolion a mannau cyhoeddus. Ymosodwyd ar weinidog yr efengyl ym Minnesota, pan glywyd ef yn gweddïo yn yr Almaeneg hefo hen ddynes.[22] Pa ryfedd felly os oedd golygydd *Y Drych* yn swnio ar adegau fel petai'n ddi-hid ynglŷn â'r Gymraeg? Gallwn ddeall pam y byddai'n meddwl nad oedd yn gyfnod addawol i bledio hawliau ieithoedd llai yn yr Unol Daleithiau.

Cyhoeddi rhyfel

Ond rydym yn neidio'n rhy bell yn ein blaenau. Pan ysgrifennodd golygydd *Y Drych* ei sylwadau ynglŷn â sensora ym mis Mai 1915, yr oedd yn ymddangos fel petai am gael gwireddu ei ddymuniad a gweld yr Unol Daleithiau'n ymuno yn y rhyfel yn erbyn y Caiser:

> [C]yraeddodd y newydd enbydus am suddiad y Lusitania, llong deithiol berthynol i 'line' y Cunard ... Hysbysid fod yn agos i 400 o Americaniaid ar y bwrdd, a thybir i yn agos i ddau gant foddi ... Y mae ... 'r erchylldra o lofruddiad nifer fawr o Americaniaid, yn wyr, gwragedd a phlant wedi ysgwyd ein llywodraeth ninau yn Washington i iawn ystyriaeth o fileinwaith y Germaniaid o'r cychwyn ac yr oedd yn llawn bryd i'n Harlywydd gymeryd y dyddordeb gweddus yn ngweithredoedd melldigedig yr Hwniaid.[23]

Pasiodd Cymdeithas y Cymreigyddion yn Utica eu bod am anfon bryseb (telegram) at yr Arlywydd Wilson gan ddatgan eu teimladau hwythau'n ddigon croyw hefyd:

> We, members of the Cymreigyddion Society, representing the Welsh people of Central New York, express our horror at the sinking of the Lusitania, regarding it as an act of inhumanity, without justification in law or morals. We further express the hope, that in this critical hour, you may have the wisdom to guide the American people in the paths of honor and peace. Be assured of our confidence and our loyal support.
>
> E. L. GRIFFITH, President[24]

Yr oedd y Cymreigyddion yn nes ati na golygydd *Y Drych*, o ran deall tueddiadau eu harlywydd, canys dewis llwybr heddwch wnaeth Wilson yn 1915; ond pan ddwysaodd y rhyfel ar y môr eto yn 1917, gyda llongau tanfor yr Almaen yn targedu llongau niwtral, yn ogystal â rhai Prydeinig, yr oedd yn rhaid i'r Unol Daleithiau ymateb.

Yr oedd Wilson wedi gobeithio cadw allan o'r rhyfel a cheisio cymodi rhwng y ddwy ochr, ond ni allai anwybyddu'r fath her i hawl yr Unol Daleithiau i fasnachu'n rhydd. Nid oedd telegram Zimmermann wedi helpu chwaith. Yn Ionawr 1917, yr oedd ysgrifennydd tramor yr Almaen, Arthur Zimmermann wedi anfon nodyn at lysgennad yr Almaen yn Washington i ddweud, petai'r Unol Daleithiau yn ymuno yn y rhyfel, y byddai'r Almaen yn cynghreirio â Mecsico a'u cefnogi yn eu hymdrech i hawlio Tecsas, Mecsico Newydd ac Arisona. Cafwyd ymateb chwyrn gan bobl yr Unol Daleithiau pan ddaeth cynnwys y neges hon yn hysbys. Ar ddechrau Ebrill 1917, rhoddwyd y cwestiwn o gyhoeddi rhyfel yn erbyn yr Almaen gerbron y Gyngres a phleidleisiodd 377 o blaid rhyfel a 50 yn erbyn. Ymateb sych braidd a gafwyd gan olygydd *Y Drych*: 'Yr oedd yn dda genym gael y Talethau i amlygu ei theimlad yn ddigamsyniol yn y ffrwgwd hon. Gwell hwyr na hwyrach.'[25]

Dechrau ymrestru a hyfforddi

Yr oedd angen codi byddin newydd i drechu'r Almaen. Cyflwynwyd gwasanaeth milwrol gorfodol ar gyfer dynion rhwng 21 a 30 oed ym Mai 1917,[26] ond cyn hynny yr oedd Cymry ifainc Utica ymhlith y cyntaf i ymrestru, a golygydd *Y Drych* wrth ei fodd:

> Gwelwn enwau y Cymry ieuainc canlynol ymhlith y rhai ag sydd wedi ymuno a'r Utica Machine Gun section, yn nglyn a'r New York Infantry; Henry A. Jones ...; Thomas K. Davies ...; Trevor Jenkins ...; Herbert J. Griffiths ...; Wm L. Jones ...; Edward H. Hughes ... Llongyfarchwn hwy ar eu teyrngarwch i'w gwlad yn nydd ei phrawf.[27]

Cyhoeddodd Côr Meibion yr Haydns eu bod nhw am gyfrannu $25 i brynu gynnau-peiriant Lewis i'r criw uchod, am fod un ohonynt, Henry A. Jones, yn aelod o'u côr. Cyn hir byddai tudalennau'r *Drych* yn frith o luniau meibion yr America Gymraeg yn eu lifrai newydd, megis Lewis E. Davies o Chicago, Owen J. Jones o Minneapolis, neu John Henry Roberts o Edwardsville, Pensylfania.

Gallwn olrhain yn fanylach y broses o fynd yn filwr drwy hanes Evan G. Jones. Nid yw'n glir pa bryd yn union yr ymfudodd Evan o Garndolbenmaen yn sir Gaernarfon i'r Unol Daleithiau. Gwyddys iddo ymsefydlu yn Washington Mills, Efrog Newydd, ac ym mis Tachwedd 1916, symudodd i Utica i redeg busnes llaeth.[28] Ymdaflodd i fywyd Cymreig y ddinas gan ymuno ag un o gyfrinfeydd yr Iforiaid, capel Moreia a'r Cymreigyddion. Daeth yn gyfaill hefyd i olygydd *Y Drych*, R. Morris Williams, ac o ganlyniad nid yw'n syndod fod ei hynt a'i helynt o hynny ymlaen wedi'i gofnodi'n bur fanwl yn y papur.

Cafodd Evan ei alw i'r fyddin ym mis Medi 1917; cyflwynwyd wats iddo gan gyfrinfa'r Iforiaid, a chynhaliwyd parti i ddymuno'n dda iddo yn y tŷ lle y lletyai. Erbyn mis Chwefror 1918 yr oedd yn ysgrifennu at y golygydd o wersyll hyfforddi Fort Hamilton yn Brooklyn:

> Y mae y Fort yma mewn lle dymunol iawn, wrth ymyl y mor; gallaf daflu careg iddo o'r drws yma, a synech weled cynifer o longau sy'n ymwibio ol a blaen ar hyd iddo. Y mae yma lawer iawn o ynau mawr, yr oeddwn yn glanhau yr eira oddi arnynt y dydd o'r blaen, ac yn wir yr oeddwn yn teimlo fy hunan yn dipyn o wron wrth gerdded ol a blaen ar ben un o ynau mawr fy F'ewyrth Sam.[29]

I ddyn a oedd wedi arfer gweithio oriau hirion yn rhedeg ei fusnes ei hun, mae'n debyg nad oedd y ddisgyblaeth filwrol yn ormod o fwrn arno:

> Mae'r clychau yn canu am haner awr wedi chwech y boreu, ac y mae genym ddeng mynyd i fod allan yn y ffrynt a'r gwn ar ein hysgwydd, pryd bydd y roll yn cael ei galw, a bydd yn rhedeg gwyllt ar rai o'r bechgyn. Yna bydd pawb yn myned i ymolchi, a saith o'r gloch bydd yr alwad am frecwast, ac ni bydd eisieu i ni wneyd dim wedyn ond shafio hyd 8:30, pryd y bydd y gloch yn ein galw i lawr i gael 'instruction' ar y gwn...; cymera hyn oddeutu awr, ac yna am ryw awr arall i'r 'store room' i wneyd ychydig waith. Wedi cael ein ciniaw mae y prydnawn yn rhedeg ar yr un cyfeiriad a'r boreu, ond bod y noswyl yn dod ugain mynyd wedi pedwar. A dweyd y gwir, dyna yr unig wyliau a gefais er pan wyf yn y wlad yma, ac wrth y mor hefyd![30]

Erbyn mis Mawrth yr oedd ar ei ffordd i Ffrainc i gwblhau ei gyfnod hyfforddi yno, 'ac wir,' meddai, 'yr wyf yn awyddus iawn i gael myned; y mae genyf ofn garw i'r rhyfel yma ddarfod heb i mi gael gwneyd fy rhan'.[31]

Yr 'homefront' 1917–18

Tra oedd recriwtiaid fel Evan G. Jones yn ymdopi â bywyd newydd yn y fyddin, yr oedd rhaid i bobl yn ôl gartref 'wneud eu rhan' hefyd. Yr oedd angen gwariant enfawr ar ran y llywodraeth cyn y gellid gobeithio ennill y rhyfel ac ym mis Mai 1917 penderfynodd Cymdeithas y Cymreigyddion yn Utica brynu gwerth $500 o 'Liberty Loan Bonds'.[32] Wrth i'r fyddin dyfu dan ofal y Cadfridog Pershing, daeth diwydiannau'r wlad dan ofal Bernard Baruch, er mwyn eu troi at wasanaeth y lluoedd arfog; ac yr oedd Herbert Hoover yn goruchwylio'r ymgyrch i gynhyrchu mwy o fwyd er mwyn cefnogi eu cynghreiriaid newydd. Yr oedd sloganau'r posteri a argraffwyd yn yr Unol Daleithiau yn ystod y cyfnod hwn yn dangos fel yr oedd disgwyl i bawb o bob oed wneud eu rhan, gan gynnwys plant ysgol. Fe'u hanogwyd i dyfu llysiau eu hunain – 'Helping Hoover in our US school garden' – ac fe'u hanogwyd i gadw defaid: 'Boys and girls can help: Join a sheep club. 20 sheep to equip and clothe each soldier.'[33]

Erbyn Hydref 1917, cafwyd sawl apêl daer ar dudalennau'r *Drych* yn gofyn am help gyda'r cynhaeaf:

> Ar feusydd Ffrainc a Flanders y mae bechgyn yr Unol Dalaethau a Canada yn ymladd ochr yn ochr er enill i'r byd ryddid ag y myn Prwsiaeth ei ddinystrio. Tra yn gwneyd hyn, rhaid eu bwydo, a dylai pob gewyn fod ar waith yn dyogelu y cropiau eleni. Mae tymor byr y cynauaf yn golygu y rhaid cael cydweithrediad llafurwyr y ddwy wlad, megys ag y cyweithreda y milwyr yn Ffrainc a Flanders.[34]

Cynigwyd telerau arbennig i gael gweithwyr i fynd draw i Ganada, ar ôl hel eu cnydau eu hunain. Yr oedd angen 40,000 o weithwyr, yn ôl y golygydd, 'i ofalu am 13 Miliwn o Aceri o Wenith yng Nghanada', oherwydd y niferoedd oedd wedi ymuno â'u byddin yn barod.

Crwsâd

Wrth annog dynion ifanc i ymrestru ym myddin yr Unol Daleithiau, un o'r ffilmiau cyntaf gafodd eu gwneud gan y llywodraeth oedd *Pershing's Crusaders*: ac yr oedd synied am yr ymgyrch yn Ewrop fel crwsâd yn un a fyddai wedi gwneud synnwyr perffaith i olygydd *Y Drych* yn sicr. Yr oedd yn cyfeirio'n gyson at y Cynghreiriaid fel y 'Gwledydd Da', ac at eu milwyr fel y 'byddinoedd da'. A chan mai crefydd oedd un o'r prif bethau a oedd yn clymu cymunedau Cymraeg yr Unol Daleithiau ynghyd, nid yw'n syndod fod dimensiwn crefyddol i agwedd llawer iawn o Gymry America at y rhyfel. Yr oedd Owen Caradoc Jones yn un o'r Cymry a oedd yn gwasanaethu hefo byddin Awstralia, ond yr oedd ganddo chwaer yn byw ym Mhensylfania. Pan ysgrifennodd lythyr i'r *Drych* ym Medi 1917, er mwyn annog yr Americanwyr Cymraeg i ymrestru, defnyddiodd enghreifftiau beiblaidd i atgyfnerthu ei apêl atynt:

[M]ae yn bleser digymysg genym weled milwyr yr Unol Dalaethau yn dadweinio y cledd i ymladd brwydr barn a chyfiawnder ochr yn ochr a ni yma... Chwi wladgarwyr hoff, a rhieni cu, sydd ag anwyliaid i chwi yn dod drosodd yma, peidiwch a digaloni. Gofynwyd i Abraham gynt aberthu ei fab, ond ar yr unfed awr ar ddeg nid oedd angenrhaid am aberth mor ddrudfawr, a phe bae y rhyfel hon ond [yn] ein dysgu i ddibynu mwy ar Dduw, a llai yn ein galluoedd ein hunain, pwy na wna gyfaddef nad yw ei hamcan wedi ei gyraedd[.][35]

Wrth ysgrifennu at olygydd *Y Drych* o Ffrainc ym mis Ebrill 1918, achubodd Evan G. Jones y cyfle i gyfarch gwell i'w gyd-grefyddwyr yn ôl gartref:

Hefyd hoffwn i chwi roddi fy nghofion mwyaf cynes i eglwys Moriah; ceisiaf fyw ac ymddwyn yn deilwng o Moriah hefyd a'r seren sydd ar ei 'Service Flag.' Nid buan yr anghofiaf eu caredigrwydd, na chwaith gyngorion ardderchog Mr. Richards a'r blaenoriaid cyn fy ymadawiad, ac dysgwyliaf y byddaf o fwy gwerth nag erioed i'r eglwys ar ol yr ymdrech bresenol.[36]

Yr oedd yn gweld y rhyfel fel rhywbeth a allai arwain at gynnydd ysbrydol wrth iddo gael ei 'brofi yn y tân'. Yr oedd 'service flags' gan gapel Moriah, capel Bethesda, cyfrinfa'r Iforiaid a nifer o sefydliadau Cymraeg eraill yn Utica, sef baneri gyda sêr arnynt i ddynodi faint o'u haelodau a oedd yn gwasanaethu yn y lluoedd arfog. Yn Rhagfyr 1917, cofnodwyd yn falch fod 'un ar bymtheg o ieuenctyd eglwys Bethesda (A) wedi ateb yr alwad i'r frwydr dros gyfiawnder a rhyddid'.[37] Byddai 41 o aelodau Moriah, Utica wedi ymrestru erbyn diwedd y rhyfel.

Ond nid pob crefyddwr a oedd yn gallu derbyn cyfiawnder rhyfel a chyfiawnder lladd. Cyn cyhoeddi rhyfel yn 1917, yr oedd y gân boblogaidd 'I didn't raise my boy to be a soldier' wedi rhoi ffocws i heddychwyr Unol Daleithiau, ac yn 1915 yr oedd Cymreigyddion Utica wedi annog eu harlywydd i dywys pobl America ar hyd llwybrau 'anrhydedd a heddwch'.[38] Boddwyd y lleisiau mwy cymodlon hyn yn gynyddol ar ôl Ebrill 1917. Yn sicr, nid oedd gan olygydd *Y Drych* fawr o amynedd gyda heddychwyr: 'Germaniaid ydynt o ran, a gynorthwyant ar eu gwlad.'[39] Dyna ffordd hawdd o'u pardduo, a chyfeiriodd droeon at gariad honedig heddychwyr America at yr Almaen, gan osgoi trafod, felly, eu hatgasedd at ryfel:

Cynygia rhywun difyr fod Henry Ford yn darparu llong arall ac fod y pasiffistiaid i fyned arni am dro i ymweled a'r Kaiser i'w gael i roi heddwch i'r byd... Dylai un o'r tanforolion gyfarfod a hi a'i chymeryd hi yn gorfforol i Germani, a chael y llynges Brydeinig i ganiatau iddi fyned ond gwrthod ei dychweliad. Dylent oll ymsefydlu yn y wlad a garant.[40]

Serch hynny, mae rhai o'r testunau ar gyfer yr Eisteddfod Calan yn Utica yn 1918 yn awgrymu fod peth cefnogaeth i syniadau heddychol yn parhau hyd yn oed yng nghadarnleoedd *Y Drych*. Testun y bryddest oedd 'Ac ni ddysgant ryfel mwyach', gyda gwobr o $15 a medal aur, a thestun y traethawd oedd 'Hanfodion Heddwch Rhwngwladwriaethol'.[41]

Cynnydd araf y fyddin Americanaidd

Ond i'r rhan fwyaf o Americanwyr Cymraeg ar drothwy 1918, yr unig ffordd i ailsefydlu 'heddwch rhwngwladwriaethol' oedd drwy drechu'r Almaenwyr yn gyntaf. Yr oedd disgwyl pethau mawr gan luoedd yr Unol Daleithiau yn ystod y flwyddyn i ddod. Yn ôl Beriah Evans, ym mhapur *Y Darian* ar ddechrau 1918, 'Ar America y dibynna ffawd y rhyfel.'[42] Ond erbyn mis Ebrill 1918, nid oedd golygydd *Y Celt a'r Cymro Llundain* mor siŵr:

> [B]eth meddech, am filwyr o'r America? Mae'r rhai hyn yn dod i fewn wrth y miloedd yn barhaus, ond gwaith araf ydyw eu ffurfio yn gatrodau effeithiol yn Ffrainc. Ar hyn o bryd mae tua miliwn ohonynt yn paratoi i'r ymgyrch, eithr nid oes ond chwarter y nifer yn alluog i gymryd eu rhan yn y brwydro[.][43]

Ac ar yr union adeg yma yng ngwanwyn 1918, wrth gwrs, yr oedd byddinoedd Ffrainc a'r Ymerodraeth Brydeinig wedi gorfod wynebu ymosodiad mawr yr Almaenwyr, heb nemor ddim cymorth gan yr Americaniaid. Ar ôl i'r Rwsiaid arwyddo cytundeb heddwch hefo'r Almaenwyr yn Brest Litovsk, yr oedd hynny wedi rhyddhau cannoedd o filoedd o filwyr Almaenig o'r ffrynt dwyreiniol; ac ar 21 Mawrth 1918 lansiwyd ymgyrch fawr yn erbyn y Cynghreiriaid, yn y gobaith o'u trechu cyn i'r Americaniaid gyrraedd y maes mewn niferoedd mawr. Bu'n rhaid i filwyr Ffrainc a'r Ymerodraeth Brydeinig encilio am filltiroedd lawer ond daliodd eu llinell rhag bylchu. Yr oedd Lance Corporal Hugh Williams yn un o'r rhai a fu'n wynebu llid yr Almaenwyr yr adeg honno ac ysgrifennodd lythyr digon blin i'r *Drych* ar ddiwedd y rhyfel er mwyn atgoffa darllenwyr y papur o bwysigrwydd y cyfnod hwnnw yn ôl yn y gwanwyn:

Ifor ap Glyn 129

Hwyrach, ...mai yn yr haf yr enillwyd y rhyfel, pan yr oedd yr Ianc yn y drin wrth y miloedd, yn peri i'r glorian droi o blaid cyfiawnder. Wel! Pob diolch i chwi yna; y mae eich byddinoedd wedi gwneyd gwrhydri ardderchog; ond eto, dywedaf, yn fy nhyb i, fod y gelyn wedi tori ei galon ac wedi colli y rhyfel fis Ebrill diweddaf, pan welodd nad allasai dori grym y Prydeinwyr[.][44]

Y niferoedd yn cynyddu, haf 1918

Paham y fath oedi cyn gallu rhoi milwyr Americanaidd yn eu cannoedd o filoedd ar faes y gad? Yn syml, am mai byddin broffesiynol fach iawn oedd gan yr Unol Daleithiau ar ddechrau'r rhyfel, ychydig dros 100,000 o ddynion, ac yr oedd wedi cymryd tipyn o amser i hyfforddi byddin newydd luosog. Dim ond 287,000 o Americanwyr oedd allan yn Ffrainc erbyn mis Mawrth 1918 (pan gafwyd cyrch mawr yr Almaenwyr), ond o'r gwanwyn ymlaen byddai rhengoedd byddin yr Unol Daleithiau yn chwyddo o ryw 200,000 bob mis. Erbyn Tachwedd 1918, byddai bron i 2,000,000 o Americanwyr wedi cyrraedd Ffrainc.

Yn eu plith yr oedd Evan G. Jones o Utica. Erbyn mis Gorffennaf 1918 yr oedd yn paratoi i fynd i'r llinell flaen am y tro cyntaf, ond yr oedd wedi cael rhyw amgyffrediad o natur rhyfel yn barod. Mae'n debyg iddo greu argraff ar ei swyddogion ei fod yn ddyn dibynadwy ac o ganlyniad yr oedd wedi cael secondiad o'r gwersyll hyfforddi:

> Bum am bythefnos yn myned allan gyda plismyn Ffrengig, a'n gwaith ydoedd chwilota y dref yn y nos am fechgyn wedi dianc o'r gwersylloedd i'r dref heb ganiatad, ac felly yn y blaen. Yr oeddwn wrth fy modd yn myned gyda hwynt, gwaith o ddyddordeb mawr ydoedd, chwech o'r milwyr goreu wedi bod yn y ffrynt am dair blynedd. Byddem yn myned at rai tai yn nghanol y nos ac yna rhuthro i fewn gyda llawddrylliau. Ar ol hyn bum yn gwylio un o ysbytai mwyaf y ddinas, a dyddorol dros ben ydoedd gwrando ar y clwyfedigion yn dweyd am eu hanturiaethau pan yn y llinell dan, a'r pethau oedd yn fy nghyffwrdd fwyaf ydoedd, fel y byddai y Boche yn eu tanbelenu gyda y nwy gwenwynig. Un bachgen deunaw oed yn dweyd fel y bu o dan y nwy am wyth awr gyda'r 'gas mask' ar ei wyneb, ac ar derfyn yr wyth awr yn llosgi twll trwy ei 'fask', a hyny yn ei wenwyno. Yr oedd o ddyddordeb i mi hefyd eu clywed yn dweyd gynifer o wahanol fathau o nwy sydd ganddynt, a'r gwaethaf o honynt i gyd, meddai un bachgen a'i glustiau wedi eu llosgi ymaith, ydyw y math nas gellir ei weled na'i arogli chwaith.[45]

Erbyn dechrau haf 1918, ceir mwy a mwy o sôn am filwyr America yn llythyrau a dyddiaduron y Cymry a oedd yn y ffosydd yn barod, hefo byddin Prydain. Soniodd Tom Owen o Fôn am orfod 'gwneud trenches newydd a tugouts yn barod erbyn daw America i tenches [sic]'.[46] Yn un o'i lythyrau adref ar ddiwedd Ebrill 1918, mae'r hyn sydd gan William Thomas Williams i'w ddweud am y cynghreiriaid newydd yn swnio'n od o debyg i'r darlun ystrydebol a geid genhedlaeth yn ddiweddarach adeg yr Ail Ryfel Byd:

> Yr oeddwn mewn tŷ y dydd o'r blaen, a daeth dau o filwyr yr America i mewn. Buom yn ysgwrsio am hir gyda'n gilydd ac fe roddasant ginio da iawn i mi a Chymro arall o Rosllanerchrugog. Yr oedd ganddynt ddigon o arian, ac yr oedd y ddynes wedi dychryn eu gweled yn tynnu y papurau arian yn rholiau o'u pocedi.[47]

Yr oedd milwr cyffredin o'r Unol Daleithiau yn dechrau ar gyflog o $30 y mis, tua 4s. y diwrnod neu bedair gwaith yr hyn yr oedd milwr cyffredin o Brydain yn ei gael. Serch hynny, yr oedd Evan G. Jones a'i gyfeillion yn cael trafferth byw ar hynny hyd yn oed: 'Byddwn i gyd o'r bron yn myned yn "broke" yma cyn diwedd y mis, ac wrth reddf dyna y drefn gyda minau.'[48]

Le Hamel a'r 100 days

Boed ariannog neu beidio, erbyn 4 Gorffennaf 1918, dros flwyddyn ar ôl iddynt ymuno yn y rhyfel, yr oedd yr Americanwyr yn barod i gymryd rhan am y tro cyntaf mewn brwydr fawr:

> Yn agos i Amiens, gwnaeth yr Awstraliaid a'r Americaniaid ymosodiad ar y Germaniaid ar led o bedair milldir ac yn mlaen am filldir a hanner gan gymeryd 1,500 yn gaeth. Dyma y tro cyntaf i'r Awstraliaid a'r Americaniaid gydymladd a'r Germaniaid.[49]

Yr oedd golygydd *Y Drych* yn ymfalchïo yng nghamp ei gydwladwyr, ac eto, ymddangosai fel petai'n teimlo fod rhywbeth an-Americanaidd yn y 'busnes cwffio 'ma':

> Ymddengys fod y bechgyn Americanaidd yn gwneyd gwaith da, ac yn dysgu y grefft o ryfela, er nad oedd hyny yn eu hanian. Chwareu yw hobi fawr yr Americaniaid, ac y maent yn y pegwn cyferbyniol i'r Hwniaid anwaraidd; a phan yr a y rhyfel drosodd, ant yn ol i chwareu, ar ol dyfetha anwariaeth Germani.[50]

Beth bynnag am farn y golygydd, yr oedd llwyddiant y frwydr hon yn Le Hamel yn cynrychioli trobwynt yng nghwrs y rhyfel ac yn nhactegau'r rhyfel hefyd. Dyma ddechrau can niwrnod o frwydro a fyddai'n adennill yr holl dir a gollwyd yn y gwanwyn, ac yn torri ysbryd yr Almaenwyr. Ond wrth i fyddinoedd yr Unol Daleithiau ymdaflu i'r drin, byddai newyddion drwg yn siŵr o ganlyn i nifer o deuluoedd:

> Rhoddwn yma ddarlun o Pte Owen Davies, mab Mr a Mrs John Davies, New York Mills, yr hwn a fu farw o'i glwyfau yn Ffrainc, Gorph. 19, ar ol un o'r brwydrau yno... efe oedd y Cymro cyntaf o gylchoedd Utica perthynol i'r fyddin Americanaidd a gollodd ei fywyd yn ymladd dros ryddid.[51]

Prinder llythyrau yn Y Drych

Mae sawl hysbysiad am farwolaethau milwyr ar dudalennau'r *Drych* yn ystod misoedd olaf y rhyfel, a llawer o adroddiadau digon pytiog am eu hynt – ond cymharol brin yw'r llythyrau a gyhoeddir yn y cyfnod hwn. Ar gyfartaledd, nid oes dim mwy na'r hyn a gafwyd cyn 1917, pan oedd y llythyrwyr gan amlaf yn filwyr Prydeinig gyda rhyw gysylltiad teuluol â rhywun yn yr UDA. Ar ôl 1917, gyda chynifer o ddynion ifainc y cymunedau Cymraeg ar draws America wedi ymateb i'r alwad, gellid tybio y byddai colofnau'r *Drych* yn frith o lythyrau milwyr Cymraeg eu hiaith. Ond nid felly bu. Diolchwn felly am gyfraniadau Evan G. Jones. Ar 22 Gorffennaf cyn mynd i'r llinell flaen yr oedd wedi ysgrifennu at olygydd *Y Drych*:

> [C]eisiaf fy ngoreu anfon gair i chwi o'r llinell dan, lle y byddaf cyn y byddwch wedi darllen y llythyr hwn, ond nis gall ddod yn rhy fuan genyf i, gan fy mod yn awyddus iawn am gael myned i fyny yno. Yr wyf yn teimlo fy hunan yn ddigon cryf i wrthwynebu unrhyw German er fy mod wedi disgyn dau bwys ar bymtheg yn fy mhwysau. Yr wyf yn teimlo yn sicr a hyderus y bydd i'r Duw Mawr fy nghadw trwy'r brwydrau oll.[52]

Erbyn 4 Medi 1918 yr oedd yn paratoi i gymryd rhan yn yr ymosodiad ar St Mihiel. Gan mai dyma'r unig lythyr cyfan o'r llinell flaen gan filwr Cymraeg ei iaith a oedd yn gwasanaethu gyda lluoedd yr Unol Daleithiau, mae'n werth ei ddyfynnu yn ei grynswth:

> Fy Anwyl Gyfaill, Yn unol a'm haddewid yn y llythyr diweddaf, dyma fi yn anfon gair atoch. Nid oes genyf amser i ysgrifenu llawer, efallai cyn hir

y caf hamdden i ysgrifenu mwy i chwi. Yr wyf yn y ffrynt o'r diwedd, ac yr wyf yn gweled rhyfeddodau lawer. Yr wyf yn nghanol y nwy gwenwynig hwnw yn awr ac yn cael fy neffro amryw weithiau bob noswaith. Y mae y peirianau awyrol yn heidiau wrth ein penau ac yn ymladd yn barhaus. Mae y gynau mawr yn myned wrth y miloedd ambell waith, a bydd yn anhawdd clywed gair. Yr wyf wedi bod yma bythefnos bellach. Brydnawn heddyw cawsom amser garw; yr oedd un swyddog a thri o'r bechgyn a minau yn myned i'r ffosydd i ymofyn planiau, a rhyw fan bethau eraill, a chawsom ein pelenu yn arw. Cafodd pedwar o'r bechgyn yn fy ymyl eu hanafu yn ddifrifol gydag un belen, a haner mynyd yn ddiweddarach daeth un arall gan chwibanu a disgyn ddwylath o'n blaenau, ac ar amrantiad neidiasom i dwll oedd yn ein hymyl, a haner eiliad yn ddiweddarach yr oedd y belen yn ffrwydro. Daethom o'r profiad yna yn ddianaf, ac yr wyf yn dysgwyl y byddaf mor lwcus yn barhaus. Cofion filoedd atoch ac at ddarllenwyr y 'Drych'. – Evan.[53]

Diwedd y rhyfel

Ond er mor rhwystredig o brin yw'r llythyrau o faes y gad gan Americanwyr Cymraeg yn y cyfnod hwn, yr oedd eu cyfraniad fel rhan o fyddin yr Unol Daleithiau yn allweddol wrth droi'r fantol yn erbyn byddinoedd y Caiser. Yr oedd yr Almaenwyr yn dal i gilio yn ôl o flaen lluoedd y Cynghreiriaid, neu'r 'byddinoedd da', chwedl golygydd *Y Drych*, ac yr oedd sôn bod y diwedd yn dod. Yn wir, achosodd hynny gryn embaras yn Efrog Newydd, wrth iddyn nhw ddathlu diwedd y rhyfel ar 6 Tachwedd, bum niwrnod cyn pob man arall!

> Nos Fercher gwasgarwyd y newyddion fod Germani wedi cymeryd telerau y Gwledydd Da, ac fod heddwch wedi ei wneyd... Aeth New York... i gryn frwdfrydedd gyda'r cyffro, ac aeth y Maer i draddodi araeth buddugoliaeth i dorf fawr o flaen Neuadd y Ddinas, ond diffoddwyd y gorfoledd gan wrth-hysbysiad a ddaeth a siomedigaeth fawr. Beiir cwmni newyddiadurol am y drwg... Ffrwyth cystadleuaeth oedd hyn, y cwmni ag eisieu curo eraill mewn trosglwyddo newyddion, ac wrth hyny, yn cyhoeddi newyddion cyn eu bod. Caed gair o Washington yn atal y drwg.[54]

Bum niwrnod yn ddiweddarach, fodd bynnag, yr oedden nhw'n dathlu go iawn, ac yr oedd golygydd *Y Drych* yn ymhyfrydu'n hynod 'weriniaethol' yn narostyngiad y Caiser:

Y Kaiser yw calon y drwg o'r dechreu... Yr oedd y Jwnceriaid, sef pendefigaeth Germani, am ei gadw, am y rheswm yr ymddibynent hwy arno ef, yn benaf. Os yr a efe, rhaid fydd iddynt hwythau ddylyn fel cynffon y bwystfil; a byddai o fendith i'r byd eu cael i fyned o fodolaeth.[55]

Wythnos yn ddiweddarach, wrth i drefn bendefigaidd yr Almaen chwalu ymhellach yn sgil y cadoediad, yr oedd y golygydd ar ben ei ddigon: 'Yn ol yr arwyddion yn bresenol, tebyg fod oes ymerodraeth ar ben yn Germani. Daw y son bob dydd o'r braidd am ryw grach-frenin neu gilydd yn ffoi o faes ei lafur, a ffoi a wnelont o fod yn rhwystr i wareiddiad.'[56] Yr oedd buddugoliaeth 1918 yn fuddugoliaeth i wareiddiad yn ei dyb ef. Ac eto, wrth cael gwared ar un drefn wrthun, dyma un arall yn bygwth codi yn ei lle:

> Un o ganlyniadau ymostyngiad Germani a ffoad y Kaiser a'i gymdeithion oddiyno yw ymgodiad y 'Cochiaid' fel y'u gelwir, sef y Sosialiaid eithafol chwyldroadol a beryglant ddyogelwch y wladwriaeth. Y mae y rhai hyn o'r un rhywogaeth a Bolshefikiaid Rwsia, sydd wedi dwyn y wlad hono i ymylon dystryw a newyn. Efengyl y rhai hyn sydd yn gafael yn raddol yn ysgerbwd Germani.[57]

Er bod y golygydd am weld y bendefigaeth yn colli grym, nid oedd hynny'n golygu ei fod am weld trosglwyddo'r grym hwnnw i'r werin. Erbyn diwedd Tachwedd, yr oedd ei ofnau ynglŷn â'r 'Cochiaid', chwedl yntau, wedi'u lliniaru i ryw raddau: '[Y]mddengys na lwyddant i'r graddau ag y gwnaethant yn Rwsia. Y mae y teimlad ar gynnydd yn eu herbyn, a thebyg y ca Germani gydweithrediad y byddinoedd cyngreiriol i roi y "Cochiaid" i lawr.'[58]

Disgwyl dadfyddino

Ond er gwaethaf amheuon y golygydd ynglŷn â'r angen i fynd i'r afael â'r Bolsieficiaid, lleihau maint y fyddin wnaeth llywodraeth yr Unol Daleithiau ar ddiwedd y rhyfel, a gollwng y rhan fwyaf o'r milwyr yn ôl i'w teuluoedd mor fuan â phosib. Ar ddechrau Ionawr 1919, yr oedd gohebydd *Y Drych* yn ninas Efrog Newydd yn gallu adrodd:

> Un o aelodau ffyddlonaf eglwys Gymreig 1159 St, New York yw y brawd David Richards a'i briod. Llawenydd digymysg i'r frawdoliaeth yn 11th St. oedd cael ei groesawu yn ol. Efe yw y cyntaf o ddynion ieuainc ein heglwys i ddod yn ol yn 'honorably discharged'. Mae swn traed eraill yn dod, a gobeithio y cawn eu croesawu yn fuan iawn[.][59]

Ond yr oedd y broses o 'ddadfyddino' yn cymryd amser, ac os oedd rhai milwyr o gefndir Cymreig ddim yn cael dod yn ôl adref i'r Unol Daleithiau mor fuan ag y byddent wedi dymuno, llwyddodd rhai i fanteisio ar y sefyllfa a defnyddio'u *leave* yn Ffrainc er mwyn ymweld â rhywle arall a oedd yn annwyl iddyn nhw. Dyma Lewis E. Davies o Chicago: 'Ar ol treulio naw mis yn Ffrainc, llwyddais i gael caniatad i dalu ymweliad a fy hen gartref yn Blaenau Ffestiniog.'[60] Yr oedd rhai o'r milwyr hyn yn Gymry ail genhedlaeth, yn Americanwyr Cymraeg yn hytrach na Chymry America, ac felly'n ymweld â'r 'henwlad' am y tro cyntaf. Un felly oedd Henry (Hank) Jones o Utica, Efrog Newydd, aelod o gôr yr Haydns ac un o'r rhai cyntaf i ymaelodi yn Ebrill 1917. Ysgrifennodd lythyr hyfryd yn disgrifio'i ymweliad â Chymru:

> Pan gyrraeddasom Llandudno Junction, nis gellwch ddychmygu pa mor gyffrous yr oeddwn. Cyfarfyddwyd fi gan Modryb Alice ac Annie, chwaer Johnnie. Yna aethom i'r Hermitage, pryd y dechreuodd fy ngyrfa fel yfwr te. Siaradasant hyd 2 o'r gloch y boreu.[61]

Bu'n ymweld â'r atyniadau twristaidd arferol – Castell Conwy, y Tŷ Lleiaf yng Nghonwy; Betws y Coed – a chofnododd y cyfan: 'Prynais kodak pan yn Llundain, a chymerais lawer o luniau y dymunaf i chwi eu gweled.' Uchafbwynt ei daith oedd ymweliad â hen gartref y teulu ym Mryn Pwn:

> Yn mhen ychydig fynydau gwelais Taid yn eistedd yn ei gadair freichiau wrth y tan. Boddlon oeddwn wedi hyn ar fy mhererindod, er fod yn rhaid imi ddechreu siarad Cymraeg. Ha! Ha!... Aeth Taid a minau i hela gwningod, a mawr fwynheais ei weled yn eu lladd.

Nid dyletswydd deuluol oedd yn hawlio'i amser i gyd: mae'n sôn yn ddiweddarach am gael te 'gyda 6 o enethod Cymreig, a hylltod o ddigrifwch'! Ond wrth gloi ei lythyr, mae ei feddwl yn troi yn ôl at ei dylwyth: 'Ni buaswn wedi colli y pererindod hwn pe buasai wedi costio ffortiwn. Ni fwynheais ddim yn debyg iddo erioed.'[62] Mae sawl cyfeiriad dadlennol yn y llythyr hwn. Defnyddir y gair 'pererindod' fwy nag unwaith i ddisgrifio'r ymweliad â hen gartref y teulu yng Nghymru. Dyma danlinellu fod y cyswllt Cymreig yn dal yn bwysig i fachgen a oedd wedi ei eni yn yr Unol Daleithiau. Ond, ar y llaw arall, dywedir yn ysgafn 'fod yn rhaid imi ddechreu siarad Cymraeg' pan gyfarfu â'i daid; awgrym ei bod yn well neu'n haws ganddo siarad Saesneg. Mae Cymraeg y llythyr (a bwrw nad oedd wedi ei ysgrifennu'n Saesneg yn wreiddiol, a'i gyfieithu gan rywun arall ar gyfer ei gyhoeddi) yn ddigon coeth yn sicr, ac nid oes

Ifor ap Glyn 135

rheswm i feddwl nad oedd Hank yn siarad yr iaith o gwbl. Yr oedd Utica yn un o'r ardaloedd Cymreiciaf yn yr Unol Daleithiau a digon o dystiolaeth fod yr iaith yno yn cael ei throsglwyddo gan fewnfudwyr i'r genhedlaeth nesaf a thu hwnt. Ac eto, ceir yma awgrym fod sefyllfa'r iaith, hyd yn oed mewn cadarnle fel Utica, yn dechrau troi. Deuwn yn ôl at hyn yn y man.

Croesawu'r milwyr yn ôl

Mae'n anodd dweud faint o effaith gafodd y rhyfel ar filwyr unigol o gymunedau Cymraeg yr Unol Daleithiau. Mae llythyr Hank uchod yn un digon hwyliog ei dôn drwyddo draw, a heblaw efallai am y cyfeiriad ato'n '[m]awr fwynhau' gweld ei daid yn lladd cwningod, nid oes dim yma i awgrymu fod erchyllterau'r rhyfel wedi effeithio'n ormodol arno'n feddyliol. Wrth gwrs, annoeth fyddai mentro unrhyw gasgliadau ar sail un llythyr yn unig, ond wrth i'r milwyr ddychwelyd i'w cartrefi, cyfeirid atynt droeon yng ngholofnau'r *Drych*, ac weithiau, at effaith y rhyfel arnynt. Pan ddaeth Owen J. Jones yn ôl i Minneapolis, ar ôl 11 mis yn Ffrainc, cafwyd y sylw digon amwys hwn gan ohebydd *Y Drych*: 'Ychydig iawn oedd ganddo i'w ddweyd, er ei fod wedi gweled llawer.'[63] Yr oedd Robbie Evans o Plainfield wedi bod mewn sawl brwydr fawr, yn St Mihiel, ac yng nghoedwig Argonne. 'Rhyfedd meddwl ei fod wedi dod trwy yr oll heb niweidio blewyn o wallt ei ben' meddai gohebydd Plainfield; ac yr oedd yn grediniol mai ffydd Robbie oedd wedi rhoi iddo'r 'nerth i ddal yr erchyllderau' ar faes y gad: 'Aeth allan yn gryf ei argyhoeddiad ei fod yn gwasanaethu Duw mor gyflawn a phe bai yn trafod ordinhadau'r cysegr.'[64] Wrth droi at golofnau'r *Drych* er mwyn ceisio asesu pa effaith gafodd y rhyfel ar filwyr cymunedau Cymraeg America, yr hyn sy'n peri rhwystredigaeth yw'r teimlad nad yw'r milwyr yn cael siarad drostynt eu hunain. Yn y ddwy enghraifft uchod, synhwyrwn mai gohebyddion hŷn, sicrach eu Cymraeg efallai, sy'n siarad ar eu rhan. Tybed ai dyna un o'r rhesymau am y prinder llythyrau o'r ffrynt gan fechgyn o gymunedau Cymraeg America, y cyfeiriwyd ato uchod, sef nad oedd yr iaith mor gryf yn eu plith ag yr oedd ymhlith y genhedlaeth hŷn. Byddai hyn yn gyson â chasgliad Aled Jones a Bill Jones yn eu hastudiaeth hwythau o hanes y papur newydd:

> The danger facing *Y Drych* as it emerged from the First World War was that its definitions of Welsh reality in the United States no longer accorded

with the lived experience of an increasingly English-speaking American-Welsh population. In the decades that followed, its moral and cultural construction of Welsh identity was to face its greatest challenge.[65]

Ar ôl i'r milwyr ddychwelyd o Ffrainc, trefnwyd sawl achlysur gan gapeli Utica a chyfrinfeydd yr Iforiaid er mwyn anrhydeddu'r bechgyn a fu'n gwasanaethu eu gwlad. Arwyddocaol yw'r erthygl ganlynol yn disgrifio un o'r cyfarfodydd hyn:

> Nos Sul, yn nghapel Moriah, dadlenwyd taflen bres, 26 wrth 38 modfedd, er anrhydeddu y bechgyn aethant o'r eglwys i gymeryd rhan yn y Rhyfel Mawr. Y mae arni yr arysgrif a ganlyn: 'This tablet was erected in loving and grateful remembrance of the protection of Almighty God to the following men of the congregation who rendered service in, and those who responded to the call of the Great War.'[66]

Aeth yr erthygl rhagddi i enwi'r 41 o fechgyn y capel a ymrestrodd hefo byddin yr Unol Daleithiau, gan nodi fod pob un ohonynt wedi derbyn tystysgrif hefyd, wedi ei llythrennu'n gain, a oedd yn diolch iddynt am eu gwasanaeth – ond yr oedd honno hefyd yn uniaith Saesneg. Dyma ernes fach o'r newid iaith a fyddai'n digwydd yng nghymunedau Cymraeg America yn ystod y degawdau nesaf. Erbyn diwedd yr 1940au, byddai'r *Drych* ei hun wedi troi o fod yn bapur newydd uniaith Gymraeg i fod yn bapur uniaith Saesneg i bob pwrpas.[67] Nid y Cymry oedd yr unig grŵp ethnig yn yr Unol Daleithiau i gael ei effeithio yn y fath fodd. Nododd Evan G. Jones yn un o'i lythyrau i'r *Drych* ei fod o'n rhannu pabell yn Ffrainc gydag Americanwr Swedaidd.[68] Hanerodd y nifer o gyhoeddiadau Swedaidd yn yr Unol Daleithiau rhwng 1915 ac 1932.[69] Amcangyfrifir bod y nifer o bapurau newydd yn yr Unol Daleithiau mewn ieithoedd heblaw'r Saesneg wedi disgyn o 1,323 yn 1917 i 698 erbyn 1960.[70]

Felly er bod y newid ieithyddol a oedd ar fin ei amlygu ei hun ar dudalennau'r *Drych* yn ganlyniad i newidiadau oddi mewn i'r cymunedau Cymraeg eu hunain, rhaid cofio hefyd fod y rheiny'n eu tro yn rhan o batrwm ehangach. Roedd nifer o ffactorau allanol yn dylanwadu ar gymunedau Cymraeg America, gan gynnwys y Rhyfel Mawr ei hun. Cwympodd y niferoedd a oedd yn mewnfudo i'r Unol Daleithiau o 8.795 miliwn rhwng 1900 ac 1910, i 5.736 miliwn rhwng 1910 ac 1920.[71] Felly, wrth i'r to hŷn o fewnfudwyr farw allan, byddai'r genhedlaeth nesaf a oedd wedi ei geni yn yr Unol Daleithiau yn dod yn fwy amlwg o fewn cymunedau ethnig – a'r rheiny'n llai tebygol o fod mor rhugl yn iaith eu rhieni. Yn ystod y rhyfel hefyd, gwelwyd pwyslais cynyddol ar

Ifor ap Glyn 137

bwysigrwydd 'hunaniaeth Americanaidd' yn hytrach na hunaniaeth 'ethnig-Americanaidd'.

I gloi, trown yn ôl at William Williams, Utica, y dyn ifanc â'r hiwmor sych, a oedd yn gweld cyrch ar y gelyn fel 'Christmas box i'r Kaiser'. Pa effaith gafodd y rhyfel arno yntau? '[G]allaf ddweyd fod yn dda genyf i mi gael dod drosodd yma; dyma lle y dylai pob dyn ieuanc iach a chryf fod, er gwneyd ei ran dros wareiddiad.'[72] Er y byddai iaith *Y Drych* wedi newid o fewn y genhedlaeth nesaf, gallwn ninnau ddweud 'fod yn dda gennym' iddo ysgrifennu am y profiadau hynny yn Gymraeg. Mae cyfraniadau dynion fel William Williams, Hughie Griffith ac Evan G. Jones yn ychwanegiad pwysig at swmp yr hyn sydd gennym yn y Gymraeg yn ymateb i brofiadau'r Rhyfel Mawr. Ac os nad yw'r hanesion gan filwyr ifainc cymunedau Cymraeg America mor lluosog a chyfoethog ag y gallwn obeithio, mae hynny ynddo'i hun yn ddadlennol hefyd.

Nodiadau

1. 'Gyda'r Fyddin yn Ffrainc', *Y Drych*, 7 Tachwedd 1918, 8.
2. 'Gyda'r Fyddin yn Ffrainc'.
3. Nancy Gentile Ford, *Americans All! Foreign-born Soldiers in World War I* (College Station: Texas A & M University Press, 2001). Yn 2011 yr oedd 8 y cant o luoedd arfog yr UDA wedi eu geni mewn gwlad arall (ym Mecsico a'r Philippines yn bennaf).
4. Cyfeirir er hwylustod at 'Gymry America' ond mae'n derm sy'n fwy priodol efallai ar gyfer y genhedlaeth gyntaf i ymfudo i'r Unol Daleithiau. Wrth i Gymro ddod yn ddinesydd yn ei wlad newydd, ac wrth drafod plant yr ail a thrydedd genhedlaeth, diau y dylid cyfeirio atynt fel 'Americanwyr Cymraeg' yn hytrach na fel 'Cymry America' (tebyg y byddai'r ddau ddisgrifiad yr un mor anghymeradwy â'i gilydd i rywun fel Theodore Roosevelt; gweler n. 21 isod).
5. Aled Jones a Bill Jones, *Welsh Reflections: Y Drych & America, 1851–2001* (Llandysul: Gomer, 2001).
6. Ar gyfer Dafydd Rhys Williams gweler yr ysgrif yn *Y Bywgraffiadur Cymreig* ar-lein: http://yba.llgc.org.uk/cy/c-WILL-RHY-1851.html (cyrchwyd Medi 2014).
7. *Y Drych*, 29 Hydref 1914, 4.
8. Jones a Jones, *Welsh Reflections*, t. 58.
9. *Y Drych*, 9 Rhagfyr 1915, 4.
10. *Y Drych*, 5 Ebrill 1917, 3.
11. *Y Drych*, 25 Mai 1916, 5.

12. Vincenzo D'Aquila, *Bodyguard Unseen: A True Autobiography* (Efrog Newydd: R. R. Smith, 1931).
13. Philip M. Flammer, *The Vivid Air: The Lafayette Escadrille* (Athens, Georgia: University of Georgia Press, 1981); Paul S. Valasek, *Haller's Polish Army in France* (Chicago, 2006).
14. Carlos Baker, *Hemingway: The Writer as Artist* (Princeton, NJ: Princeton University Press, 1972), tt. 3–4.
15. *Y Celt a'r Cymro Llundain*, 20 Chwefror 1915, 2.
16. 'Apel at Gymry y Talaethau a Chanada', *Y Drych*, 29 Hydref 1914, 5.
17. Ifor ap Glyn, *Lleisiau'r Rhyfel Mawr* (Llanrwst: Carreg Gwalch, 2008), t. 119.
18. *Y Drych*, 5 Ebrill 1917, 5.
19. *Y Drych*, 5 Mai 1915. Yn swyddogol, yr oedd gan filwyr yr hawl i ysgrifennu eu llythyrau yn Gymraeg a chydnabuwyd hyn yn Nhŷ'r Cyffredin ar y 23 Mai 1916; ond yn ymarferol yr oedd yn dibynnu ar agwedd y swyddogion a oedd â'r cyfrifoldeb am eu sensora. Mae'r miloedd o lythyron Cymraeg sydd wedi goroesi yn tystio i lawer lwyddo i fanteisio ar yr hawl hwn.
20. Jones a Jones, *Welsh Reflections*, t. 58.
21. 'Address to the Knights of Columbus, New York City', 12 Hydref 1915.
22. Cherilyn A. Walley, *The Welsh in Iowa* (Caerdydd: University of Wales Press, 2009), t. 48; Richard Rubin, *The Last of the Doughboys: The Forgotten Generation and Their Forgotten World War* (Efrog Newydd: Houghton Mifflin Harcourt, 2013), t. 254.
23. 'Suddiad y Lusitania', *Y Drych*, 13 Mai 1915, 5.
24. 'Cymdeithas y Cymreigyddion', *Y Drych*, 13 Mai 1915, 4.
25. *Y Drych*, 12 Ebrill 1917, 4.
26. Ym mis Awst 1918, estynwyd hyn i gynnwys dynion o 18 i 45 oed.
27. *Y Drych*, 12 Ebrill 1917, 5.
28. *Y Drych*, 2 Tachwedd 1916, 5.
29. 'Llythyr o Fort Hamilton, Brooklyn, N.Y.', *Y Drych*, 7 Chwefror 1918, 8.
30. 'Llythyr o Fort Hamilton, Brooklyn, N.Y.'.
31. 'Llythyr o Fort Hamilton, Brooklyn, N.Y.'.
32. *Y Drych*, 31 Mai 1917, 8.
33. Casgliad posteri'r Imperial War Museum, Q79843; Q79842.
34. 'Bwydwch y Milwyr! Enillwch y Rhyfel!', *Y Drych*, 4 Hydref 1917, 8.
35. 'Llythyr o Faes y Frwydr', *Y Drych*, 22 Tachwedd 1917, 3.
36. 'Llythyr o Ffrainc', *Y Drych*, 23 Mai 1918, 4.
37. *Y Drych*, 27 Rhagfyr 1917, 5.
38. Gweler uchod, n. 24.
39. *Y Drych*, 19 Gorffennaf 1917, 4.
40. *Y Drych*, 5 Ebrill 1917, 4.
41. *Y Drych*, 27 Rhagfyr 1917, 7.
42. *Y Darian*, 21 Chwefror 1918, 8.
43. *Y Celt a'r Cymro Llundain*, Ebrill 1918.
44. 'Llythyr dyddorol', *Y Drych*, 27 Chwefror 1919, 8.

45. 'Llythyr Dyddorol o Ffrainc', *Y Drych*, 29 Awst 1918, 6. Llythyr dyddiedig 22 Gorffennaf 1918.
46. Dyddiadur Tom Owen. Archifdy Môn WM 1055.
47. Llythyr William Thomas Williams at ei rieni, 30 Ebrill 1918. Archifdy Gwynedd XM10066/5.
48. *Y Drych*, 29 Awst 1918, 6.
49. *Y Drych*, 11 Gorffennaf 1918, 5.
50. *Y Drych*, 11 Gorffennaf 1918, 5.
51. *Y Drych*, 5 Medi 1918, 6.
52. *Y Drych*, 29 Awst 1918, 6.
53. 'O'r Ffosydd Blaenaf yn Ffrainc', *Y Drych*, 31 Hydref 1918, 5.
54. 'Rhyfel yn Ewrop', *Y Drych*, 14 Tachwedd 1918, 5.
55. 'Rhyfel yn Ewrop'.
56. *Y Drych*, 21 Tachwedd 1918, 5.
57. *Y Drych*, 21 Tachwedd 1918, 5.
58. *Y Drych*, 21 Tachwedd 1918, 5.
59. *Y Drych*, 9 Ionawr 1919, 6.
60. 'O Ffrainc i Gymru', *Y Drych*, 13 Chwefror 1919, 2.
61. 'Llythyr o Ffrainc', *Y Drych*, 17 Ebrill 1919, 4.
62. 'Llythyr o Ffrainc'.
63. *Y Drych*, 3 Ebrill 1919.
64. *Y Drych*, 24 Ebrill 1919, 3.
65. Jones a Jones, *Welsh Reflections*, t. 76.
66. *Y Drych*, 27 Tachwedd 1919, 5.
67. Jones a Jones, *Welsh Reflections*, t. 104.
68. *Y Drych*, 29 Awst 1918, 6.
69. Ulf Beijbom, 'The Swedish Press', yn Sally M. Miller (gol.), *The Ethnic Press in the United States: A Historical Analysis and Handbook* (New York: Greenwood Press, 1987), t. 385; dyfynnwyd yn Jones a Jones, *Welsh Reflections*, t. 104.
70. Miller (gol.), *Ethnic Press*, dyfynnwyd yn Jones a Jones, *Welsh Reflections*, t. 104.
71. Walter F. Willcox, 'Immigration into the United States', yn *International Migrations, Volume II: Interpretations* (New York: National Bureau of Economic Research, 1931) – ar gael trwy *www.nber.org/chapters/c5104* (cyrchwyd Medi 2014).
72. 'Gyda'r Fyddin yn Ffrainc', *Y Drych*, 7 Tachwedd 1918, 8.

7

'Rhaff ac iddi amryw geinciau': Gwrthwynebiad i'r Rhyfel Mawr yng Nghymru

Aled Eirug

Ar drothwy'r Rhyfel Byd Cyntaf, credai'r Cymry Anghydffurfiol eu bod yn genedl heddychlon mewn gwlad radicalaidd. Er gwaethaf yr wrogaeth a delid i draddodiad heddwch Samuel Roberts, Llanbrynmair a'r 'Apostol Heddwch', Henry Richard, ac er gwaethaf penderfyniadau lu enwadau crefyddol i wrthwynebu pob rhyfel, cefnwyd ar y myth hwnnw yn gyflym iawn ym mis Awst 1914. Ymunodd y mwyafrif o gapeli ac eglwysi i annog dynion ifainc i ymrestru yn y fyddin. Er gwaethaf penderfyniad Undeb yr Annibynwyr yn 1913 fod rhyfel yn groes i ysbryd Crist, o fewn dwy flynedd gallai'r Undeb lawenhau fod digonedd o ddynion yn cael eu recriwtio i'r fyddin.[1] Tanseiliwyd yn llwyr y dybiaeth mai gwlad heddychol a gwrth-filwrol oedd Cymru yn 1914.

Lleiafrif cymharol fach a distadl oedd y gwrthwynebwyr ar ddechrau'r rhyfel, ond wrth i'r gwrthwynebiad gynyddu o Ionawr 1916, yn sgil cyflwyno gorfodaeth filwrol, datblygodd de Cymru yn enwedig yn un o'r prif ffynonellau gwrth-filitariaeth ym Mhrydain.

Ar ddechrau'r rhyfel, arweinid y gwrthwynebiad i'r rhyfel yn bennaf gan y Blaid Lafur Annibynnol (yr ILP), a anghytunodd â pholisi swyddogol y Blaid Lafur o gefnogi'r rhyfel. Keir Hardie, Ramsay MacDonald a Philip Snowden oedd y proffwydi yn pregethu yn y diffeithiwch. Yng Nghymru, roedd dylanwad yr ILP gryfaf yn eu cadarnleoedd yn y de diwydiannol. Yr ILP oedd pwerdy'r Blaid Lafur ar y pryd, yn trefnu propaganda, yn datblygu'r cyngresau llafur lleol, lle byddai undebau llafur yn dod ynghyd, ac yn cynnal beichiau aelodau etholedig o'r Blaid Lafur.[2]

Adlewyrchid y gwrthwynebiad i'r rhyfel gan ddau bapur newydd sosialaidd a Llafurol, sef *Y Dinesydd Cymreig*, a gyhoeddid yng Nghaernarfon, a'r *Merthyr Pioneer*, a berchnogid gan yr ILP. Papur newydd arall annibynnol ei naws a arddelai agwedd olygyddol yn erbyn y rhyfel oedd *Y Darian*, a gyhoeddwyd yn Aberdâr.[3] Er i'r golygydd, y Parchedig J. Tywi Jones, roi rhwydd hynt i gefnogwyr y rhyfel, tebyg i Beriah Gwynfe Evans, gyhoeddi erthyglau cyson yn *Y Darian*, cyhoeddai hefyd erthyglau o blaid gwrthwynebwyr cydwybodol, a llwyddai i gorddi yn ffyrnig yn erbyn y rhyfel. Honnai Tywi Jones mai'r *Darian* oedd 'yr unig bapur yng Nghymru a barhaodd i ddweud y gwir am bethau yn ystod y rhyfel fawr, ac oherwydd hynny y bu rhai o weithwyr Aberdâr yn bygwth "smasho'r" swyddfa'.[4] Felly nid oedd y sefyllfa'n hawdd i'r rheiny a fentrodd fynegi barn annibynnol, a oedd yn groes i'r bloeddiau rhyfelgar, hyd yn oed yn y de diwydiannol.

Gellid rhannu'r gwrthwynebiad i'r rhyfel yn ddwy ran yn bennaf, sef y gwrthwynebiad ar sail grefyddol a Christnogol, ac ar sail wleidyddol a sosialaidd. O ran mynegiad crefyddol, y Crynwyr oedd yr unig enwad a wrthwynebai'r rhyfel yn bendant, gan fod gwrthod cefnogi rhyfel yn un o 'ganonau sefydlog a sylfaenol eu Cristionogaeth hwy'.[5] Ond bychan iawn oedd eu dylanwad yng Nghymru, gyda'u cefnogaeth yn fach ac yn bennaf yn sir Faesyfed, Abertawe, Caerdydd ac arfordir y gogledd.[6]

Ar y cyfan tueddai'r enwadau crefyddol Anghydffurfiol Cymreig i dderbyn bod hwn yn rhyfel cyfiawn, yn yr un modd â'r Eglwys sefydledig. Fodd bynnag, cafwyd nifer o eithriadau, a'r ffigwr mwyaf allweddol yn y mudiad yn erbyn y rhyfel ar sail grefyddol o'r cychwyn cyntaf oedd Thomas Rees, prifathro Coleg Diwinyddol Bala-Bangor. Fe'i hystyrid nid yn unig yn ysgolhaig sylweddol, sosialydd a chenedlaetholwr, ond hefyd yn heddychwr digymrodedd.[7]

Cythruddodd Rees lawer pan gyhoeddodd lythyr yn *Y Tyst* ar 30 Medi 1914, ynghanol cyfnod recriwtio mwyaf toreithiog y rhyfel, a oedd yn gwbl ddamniol o weithgarwch y crefyddwyr hynny a gefnogai'r ymgyrch ryfel, a'r gwleidyddion hynny a anogai ddynion i ymuno â'r fyddin. Gofynnodd i'w ddarllenwyr roi'r gorau i obeithio mai rhyfel i roi terfyn ar ryfel oedd hwn, ac erfyniodd ar ddarllenwyr i beidio credu'r storïau ynglŷn â barbareiddiwch a chreulondeb yr Almaenwyr. Rhybuddiodd rhag gosod '[c]ochl sanctaidd' ar y rhyfel, ac yn arbennig ar y sawl – nid enwodd Lloyd George – a honnai mai rhyfel sanctaidd o blaid cenhedloedd bychain oedd hwn. Cyfeiriodd at yr hyn a honnai oedd rhagrith Prydain, yn gwrthod amddiffyn Lwcsembwrg ar y naill law, ond yn rhuthro i amddiffyn Gwlad Belg ar y llall.

Pa fath amddiffynwyr cenhedloedd bychain yw'r gwledydd sydd heddyw yn treisio Persia, Ffinland, yr Aifft, a Llydaw? Dyweder yn onest fod Lloegr yn ymladd am ei masnach a'i safle a'i dylanwad ymhlith cenhedloedd y byd. Ond nid yw hynny yn galw ar Eglwys Crist i droi'n 'recruiting agency' i berswadio pobl i fynd i ryfel.[8]

Mynnodd nad cyfrifoldeb arweinwyr eglwysig oedd casglu pobl i'r fyddin, a galwodd ar draddodiad ac olyniaeth heddychwyr mawr yr enwad Annibynnol – Henry Richard, Samuel Roberts a Gwilym Hiraethog – i'w 'gadw'n lan'. Cafwyd yr ymateb chwyrnaf posibl i'w lythyr. Yng ngeiriau ei gofiant, 'dringodd y Prifathro... i binacl ei amhoblogrwydd. Ac yn yr unigrwydd oer hwnnw y ceir ef yn broffwyd gwrthodedig.'[9]

Un o gyfraniadau mwyaf pellgyrhaeddol Thomas Rees oedd sefydlu papur Cymraeg yn unswydd i wrthwynebu'r rhyfel, sef *Y Deyrnas*. Hon oedd yr elfen fwyaf unigryw o'r gwrthwynebiad i'r rhyfel yng Nghymru, sef creu cyfrwng oedd yn asio diwinyddiaeth Gristnogol gyda barn led-sosialaidd a oedd yn 'ddaearol ddiriogaethol', gan dalu sylw manwl a deifiol i wleidyddiaeth y cyfnod: 'Ei genadwri fydd mynegi egwyddorion Crist yn nhermau gwleidyddiaeth, masnach, llafur, a holl agweddau ymarferol ein bywyd.'[10]

Roedd gan *Y Deyrnas* gylchrediad o oddeutu 3,000 o gopïau trwy Gymru gyfan a denodd rai o awduron ifanc mwyaf nodedig yr oes i gyfrannu. Fe'i cyhoeddwyd am y tro cyntaf ym mis Hydref 1916, yn dilyn cyfarfod yn y Bermo yn y mis Mawrth blaenorol wrth i'r gwrthwynebwyr cydwybodol cyntaf gael eu carcharu. Ymhlith sylfaenwyr a chyfranwyr *Y Deyrnas* roedd T. Gwynn Jones, T. H. Parry-Williams, y Parch. John Morgan Jones, Merthyr, y Parch. John Morgan Jones, Bangor, y Parch. E. Tegla Davies, a'r Parch. J. Puleston Jones, Pwllheli. Ond Thomas Rees oedd calon y fenter, yn olygydd, awdur traean y cynnwys ac yn ysbrydolwr i fintai ddisglair o fyfyrwyr a gweinidogion ifanc, a ffigyrau amlwg yn niwylliant a llên Cymru.

Araf iawn oedd yr awdurdodau i amgyffred arwyddocâd *Y Deyrnas*. Mewn adroddiad mewnol gan yr uned Military Intelligence ar gyfer gogledd Cymru mor hwyr â Chwefror 1918, amgaewyd cyfieithiadau o ddwy erthygl yn *Y Deyrnas* gan swyddog wedi ei leoli yng Nghaer: 'This paper circulates in North Wales. It is not known to what extent. The editor is Principal Thomas Rees of Bala Bangor Training College.'[11] Roedd y swyddog yn anghywir ar ddau gownt. Coleg diwinyddol, wrth gwrs, oedd Coleg Bala-Bangor, nid coleg hyfforddi, a chylchrediad cenedlaethol, o rhwng 2,500 a 3,000 o gopïau oedd gan *Y Deyrnas*, gyda'r mwyafrif o gopïau yn cael eu gwerthu yn y de diwydiannol.[12] Gellid priodoli gwerthiant *Y Deyrnas* i ddylanwad unigolion allweddol yn lleol, yn weinidogion yr efengyl neu yn weithgar yn y mudiad llafur. Ymhlith gwerthwyr *Y Deyrnas*, er enghraifft, roedd hanner dwsin o weinidogion amrywiol a dynion a oedd yn amlwg yn y mudiad llafur, ac yn fwy arbennig yn gysylltiedig â'r Blaid Lafur Annibynnol a'r Social Democratic Federation (SDF). Yn eu plith roedd yr undebwr, sosialydd a Marcsydd adnabyddus ac aelod o'r SDF, D. R. Owen, Garnant; Tom Evans, Ynysmeudwy, ysgrifennydd cangen yr ILP a'r No-Conscription Fellowship (NCF: y Frawdoliaeth dros Wrthod Ymrestru) yn y pentref; a David Thomas, a weinyddai Cyngor Llafur Gogledd Cymru trwy gydol y rhyfel, yn ogystal â gwasanaethu fel gwrthwynebydd cydwybodol.[13]

Yn ogystal â'r canolfannau hyn, enwyd nifer o gapeli a oedd yn ganolfannau gwrthwynebiad yn aml yn y *Merthyr Pioneer* ac wedi eu lleoli mewn ardaloedd a oedd yn gadarnleoedd i'r ILP yn ne Cymru, tebyg i Jerusalem (Llansawel), Seion (Cwmafon), Carmel (Pant-y-rhyl), Beulah (Cwmtwrch), Bryn Seion (Craig-cefn-parc) a Hope (Merthyr).

Y corff a glymodd y gwrthwynebiad i'r rhyfel yn fwyaf effeithiol oedd Cymdeithas y Cymod, a sefydlwyd ym mis Hydref 1914 er mwyn creu mudiad heddwch ar sail Cristnogaeth. Eu cred oedd 'mai Cariad, fel a ddangosir gan aberth Iesu Grist, yw'r unig sail wirioneddol ar gyfer Cymdeithas'.[14] Y ddau brif swyddog oedd yr ysgrifennydd, y Parch. Richard Roberts, yn wreiddiol o Flaenau Ffestiniog, a George M. Ll. Davies yn ysgrifennydd cynorthwyol. Sefydlwyd y gangen gyntaf yng Nghymru ym Mangor ym mis Mehefin 1915, a'r ail yn Wrecsam ar 2 Mehefin 1915.[15] Lledaenwyd dylanwad Cymdeithas y Cymod i'r de erbyn Medi 1917, pan alwyd cynhadledd yn Llandrindod: daeth 70 o gefnogwyr at ei gilydd, a dewiswyd dau ysgrifennydd – y Parch. D. Wyre Lewis ar gyfer y gogledd, a'r Parch. W. J. Rees, Alltwen ar gyfer y de.[16] Erbyn 1918 roedd nifer o ganghennau Cymdeithas y Cymod trwy Gymru gyfan, ond canolbwynt a man cyswllt y gweithgarwch ar sail Gristnogol yn erbyn rhyfel yn ddiau, yn y Gymraeg neu'r Saesneg yng Nghymru, oedd cylchgrawn *Y Deyrnas*.

Sail gwrthwynebiad aelodau'r ILP i'r rhyfel oedd cymysgedd o wrthwynebiad ar dir moesol ac ar dir gwleidyddol. Ystyrid y Bregeth ar y Mynydd yn unol â'u cred mewn brawdgarwch sosialaidd. Mae John Rae yn crynhoi'r gwrthwynebiad yma fel 'fusion of the political and the moral: socialist opposition to militarism, to restrictions on personal freedom, to undemocratic diplomacy, and to the capitalists' interests invested in the war, was expressed within the context of a moral concern for the sanctity of human life'.[17]

Corn siarad yr ILP oedd papur wythnosol y *Merthyr Pioneer*, a oedd yn ddigyfaddawd yn ei wrthwynebiad. Yn y rhifyn cyntaf ar ôl dechrau'r rhyfel datganodd nad rhyfel rhwng gweithwyr Ewrop oedd hwn ond rhyfel dosbarth rhwng y dosbarthiadau a oedd yn rheoli, a thrwy gydol y rhyfel parhaodd i roi sylw diflino i ymgyrchwyr heddwch.[18]

Un o'r propagandwyr mwyaf effeithiol yn y mudiad llafur oedd y Parch. T. E. Nicholas, neu Niclas y Glais. Cafodd ei eni yn yr un ardal o sir Benfro â Thomas Rees, a daeth y ddau yn gyfeillion ac yn gydymgyrchwyr yn erbyn y rhyfel. Pontiai Niclas y wedd wleidyddol a chrefyddol o'r gwrthwynebiad i'r rhyfel. Yn ogystal â bod yn weinidog gyda'r Annibynwyr yn sir Aberteifi, roedd yn cynnal beichiau gwrthwynebwyr cydwybodol yn y sir, yn bropagandydd diflino ar ran yr ILP, ac yn gyfaill agos i Keir Hardie. Niclas oedd siaradwr Cymraeg amlycaf yr ILP, ac ysgrifennai yn rheolaidd i'r *Pioneer*. Ef a draddododd bregeth angladdol Hardie, ac a ddewiswyd fel ymgeisydd aflwyddiannus yr ILP yn Aberdâr yn etholiad 1918. I lawer tebyg i Niclas, roedd yn amhosibl gwahanu ei safbwynt gwleidyddol a Christnogol tuag at y rhyfel.

Magwyd y newyddiadurwr Percy Ogwen Jones yn Llaneilian yn Ynys Môn, a chafodd ei hun mewn lleiafrif oherwydd ei agwedd at y rhyfel:

> Dim ond dau neu dri ohonom oedd yn gryf ein daliadau. Roeddwn i yn un o'r rheini, a hynny am amryw resymau. Un rheswm oedd y crefyddol wrth gwrs. Ond rheswm arall oedd fod rhyfel yn fy ngolwg i yn ddrwg ynddi ei hun – ac mai gormod o arfogi, yn rhannol gan rai oedd am elwa ar ryfel, oedd wedi arwain iddi. O'r cychwyn cyntaf, felly, roedd fy ngwrthwynebiad i yn fwy ar dir moesol a gwleidyddol nag ar dir crefyddol. Roedd y cyfan i gyd yn ffurfio agwedd neu safbwynt gwrthfilwrol digon pendant.[19]

Tan 1918, dim ond trwy'r Blaid Lafur Annibynnol y gallai aelod unigol ymaelodi â'r Blaid Lafur. Er i'r blaid honno rannu ar fater y rhyfel ym mis Awst 1914, cynhaliodd yr ILP ei gwrthwynebiad i'r rhyfel yn gyson ar y cyfan, er i hyd yn oed Hardie a MacDonald wanio ychydig ar ddechrau'r rhyfel yn wyneb ymateb ysgubol y wlad o'i phlaid.

Yn ne Cymru roedd yr ILP gryfaf, ac yng nghadarnleoedd y blaid honno bu'r gwrthwynebiad i'r rhyfel ar ei fwyaf amlwg a thanbaid: yng nghymoedd Aman a Thawe, ardal Cwmafon, Llansawel a Phort Talbot, yn ogystal â Merthyr, Aberdâr, Cwm Rhymni a chymoedd gorllewinol sir Fynwy. Mewn nifer o'u cadarnleoedd, ceid cysylltiad agos rhwng gweinidogion allweddol a dylanwadol a dynion ifanc y blaid yn lleol. Yn

Llansawel, roedd dylanwad Rees Powell, capel Jerusalem, yn fawr, a'r Parch. John Morgan Jones yntau yn Soar, Merthyr Tudful. Yng Nghwm Tawe, er enghraifft, roedd heddychwyr tebyg i'r Parch. Llewelyn Boyer, Eglwys Annibynnol Dan-y-Graig a'r Parch W. J. Rees, Alltwen, ynghyd â Niclas y Glais, yn ddylanwadau mawr ar sosialwyr ifanc fel Gwenallt ac yn eu cynorthwyo i arddel eu gwrthwynebiad cydwybodol trwy eu hyfforddi i wynebu'r tribiwnlys yn eofn.[20] Yng ngogledd Cymru, roedd canghennau llewyrchus gan y blaid yn ardal chwarelyddol sir Feirionnydd a sir Chaernarfon ar ddechrau'r rhyfel, cyn i gyni economaidd gau chwareli a gwasgaru'r gweithwyr o 1915 ymlaen.[21]

I'r ILP ac eraill o fewn y mudiad llafur, ystyrid gorfodaeth filwrol yn rhan o gynllwyn i greu gorfodaeth ddiwydiannol a'r hyn a elwid 'the thin edge of the wedge of Czarism'.[22] O ganol 1916 ymlaen cynhaliwyd cyfarfodydd protest cyson yn erbyn y rhyfel, a'r brif ganolfan oedd Rinc Olympia Merthyr lle cynhelid cyfarfodydd protest dan nawdd y Gymdeithas Heddwch leol neu'r ILP. Yno ceid tyrfaoedd o oddeutu tair mil o bobl o ganol 1916 a thrwy gydol 1917 mewn cyfnod a welodd gefnogaeth ymhlith dosbarth gweithiol de Cymru i'r Chwyldro yn Rwsia, ac a welodd bwysau cynyddol am heddwch. Llwyddodd y syndicalwyr Cymreig o fewn Ffederasiwn Glowyr Prydain i atal cyflwyno gorfodaeth filwrol ymhlith glowyr Prydain am 11 mis cyfan, tan iddynt golli'r bleidlais yn y balot ym mis Tachwedd 1917. Roedd yr agweddau gwahanol at y rhyfel yn bwydo'r drwgdeimlad a'r ddrwgdybiaeth rhwng Ffederasiwn y Glowyr a'r perchnogion, a danseiliai'r ymdrech ryfel o fewn y diwydiant glo.

Elfen bwysig o'r gwrthwynebiad i'r rhyfel oedd y garfan Farcsaidd a gredai mewn rhyfel dosbarth ond nid rhyfel rhwng grymoedd cyfalafol. Fe'i hysbrydolwyd gan y *Miners' Next Step* a'r gred mewn undebaeth ddiwydiannol yn hytrach na grym gwleidyddol pleidiol. Arthur Horner oedd un o'r dynion ifanc a dyfodd mewn dylanwad o fewn Ffederasiwn y Glowyr yn ystod y rhyfel, ac a ymladdodd yn erbyn arweinwyr mwy ceidwadol a oedd yn gefnogol i'r rhyfel. Yn ei hunangofiant honnai Horner mai ei elyn agosaf oedd perchnogion y gweithfeydd glo a'r llywodraeth yn hytrach na'r Caiser. Er mwyn osgoi gorfod ymuno â'r fyddin ym mis Mawrth 1917, dihangodd Horner dros y môr i Ddulyn ac ymuno â Byddin Dinasyddion Iwerddon, cyn dychwelyd a chael ei ddal ym mhorthladd Caergybi yn cario pamffledi propaganda yn erbyn y rhyfel.[23] Gyda'r un safbwynt â Horner, gellid cyfrif darlithwyr a thiwtoriaid Marcsaidd eu hanian a hyfforddai ddynion ifanc blaengar mewn dosbarthiadau nos a drefnwyd gan y Plebs League a'r Central

Labour College. Carcharwyd nifer ohonynt fel gwrthwynebwyr cydwybodol, ac yn eu plith roedd Nun Nicholas, ffigwr dylanwadol iawn yng Nghwm Tawe, Mark Starr o Aberdâr, athronydd praff a galluog. Erlidiwyd arweinwyr eraill gan gynnwys Noah Ablett ac A. J. Cook am eu parodrwydd i herio'r awdurdodau a galw am ddiwedd i'r rhyfel. Datblygodd nifer o'r dynion hyn yn arweinwyr Ffederasiwn y Glowyr, ac ymhlith sefydlwyr y Blaid Gomiwnyddol newydd yn ne Cymru ar ôl y rhyfel.

Y cyrff a sefydlwyd i weinyddu'r Ddeddf Gorfodaeth Filwrol ym mis Ionawr 1916 oedd y tribiwnlysoedd lleol, gyda llys apêl ym mhob sir, a llys apêl ganolog i wrando ar apeliadau eithriadol. Beirniadwyd agwedd y tribiwnlysoedd yn hallt gan wrthwynebwyr rhyfel o'r cychwyn cyntaf, ond i ba raddau roedd y feirniadaeth ar dribiwnlysoedd yn deg?

Ar y naill law, roedd disgwyl iddynt sicrhau cymaint ag a oedd yn bosibl i ymuno â'r fyddin, ond ar y llaw arall roedd disgwyl iddynt roi chwarae teg i'r sawl a oedd am gael ei eithrio rhag ymuno a'r lluoedd arfog. Ar y cyfan, fel niwsans di-alw-amdano y gwelid y gwrthwynebwyr. Eglura Rae nad oedd y tribiwnlysoedd wedi derbyn cyfarwyddyd am ba opsiynau a oedd ar gael ac roeddent yn ddrwgdybus o'r ceisiadau, ac felly 'nervous of the implications of being "soft" on pacifism in wartime, [they] treated early cases relatively harshly, offering at most the non-combatant option'.[24]

Roedd hyd yn oed y papurau lleol a oedd o blaid y rhyfel yn edliw i'r tribiwnlysoedd eu ffaeleddau. Credai papur lleol Blaenau Ffestiniog fod aelodau'r tribiwnlys lleol yn camgymryd natur y tribiwnlysoedd:

> Camgymeriad rhai yw tybio mai swyddfa Ricriwtio y dylai Tribunal fod. A barnu oddiwrth eiriau rhai aelodau o'r Tribwnalau gallesid tybio mai llys i yrru dynion i'r Fyddin yw tribunal. Ni fuasai yn bosibl gwneyd camgymeriad mwy. Llys yw y Tribunal i ddal y fantol yn deg rhwng y Fyddin a'r wlad... Pan welir y fainc yn wneud gwaith y military representative, nid yw yntau yn deilwng o'r ymddiriedaeth osodwyd ynddo.[25]

Cwestiynai papur gwrthryfel llafurol ardal Caernarfon, Y *Dinesydd Cymreig*, sut y gallai'r tribiwnlys apêl lleol ddyfarnu apeliadau gwrthwynebwyr cydwybodol mewn modd cytbwys, a phwysleisiwyd anhawster osgoi rhagfarn yn eu herbyn:

> nid gorchwyl hawdd yn ol y cyfansoddiad presennol ydyw cadw yn hollol glir o'r dylanwadau hyn, gan fod aelodau y llys a'r person fo'n apelio, yn enwedig mewn ardaloedd bychain, yn adnabod eu gilydd, ac

yn meddu ar rhyw gysylltiadau a rhyw chyfathrachiadau allant brofi yn anfanteisiol i weinyddiad barn onest ac unplyg... Hwyrach mai'r apelydd gaiff mwyaf o gam oddiar ddwylo y Llys ydyw y gwrthwynebydd cydwybodol. Mae'n amheus genym oddi wrth eu gweithrediadau a ydynt yn deall safle rhai apeliant oddiar ystyriaeth gydwybodol.[26]

Yn aml roedd tribiwnlysoedd naill ai yn anwybodus neu yn gwrthod gweithredu yn ôl canllawiau canolog yn ymwneud â gwrthwynebiad cydwybodol. Cyn hwyred â mis Ebrill 1917, bu'n rhaid i brifathro Coleg Diwinyddol y Presbyteriaid yng Nghaerfyrddin, W. J. Lewis, esbonio wrth dribiwnlys y dref fod rheoliadau yn eu lle yn eithrio myfyrwyr diwinyddol o wasanaeth milwrol, cyn belled â'u bod yn astudio ar gyfer y weinidogaeth.[27]

Nid oedd llawer o dribiwnlysoedd chwaith yn deall fod ganddynt hawl i roi eithriad diamod i wrthwynebwyr cydwybodol dan y ddeddf. Cydnabu tribiwnlys apêl sir Ddinbych, er enghraifft, fod ei glerc a'i aelodau heb fod yn ymwybodol o'u hawl i weithredu felly dan y ddeddf.[28]

Roedd gwahaniaeth mawr rhwng agweddau tribiwnlysoedd a'i gilydd. Yn ôl Barlow, tueddai tribiwnlysoedd gwledig i eithrio mwy o ddynion na thribiwnlysoedd trefol.[29] Ar raddfa Brydeinig, un recriwt o bob tri a ymunodd â'r fyddin dan orfodaeth. Mae dadansoddiad Barlow o recriwtio yn sir Gaerfyrddin yn awgrymu bod un dyn wedi ymuno â'r fyddin am bob naw dyn a eithriwyd o'r fyddin, a gellir tybio bod y tribiwnlysoedd yno yn cydymdeimlo gyda'r angen i gadw digonedd o ddynion gartref er mwyn cynnal y diwydiant amaethyddol yn benodol.[30]

Roedd yn anochel bod y mwyafrif o aelodau'r tribiwnlysoedd yn elyniaethus i'r gwrthwynebwyr. Wedi'r cyfan, roedd cynifer ohonynt hefyd wedi gwasanaethu ar bwyllgorau cynllun Derby i annog recriwtio gwirfoddol flwyddyn ynghynt. Doedd wiw i unrhyw aelod ychwaith ddatgan cydymdeimlad gyda gwrthwynebwyr. Roedd James Price yn gynghorydd yn cynrychioli yr ILP ar gyngor Aberafan. Ar ôl iddo gadeirio cyfarfod cyhoeddus yn erbyn gorfodaeth filwrol, cafodd ei ddiarddel o'r tribiwnlys gan ei gyd-gynghorwyr yn dilyn cwyn gan y cynrychiolydd milwrol lleol.[31]

Elfen fwyaf amlwg y gwrthwynebiad i'r Rhyfel Mawr oedd y gwrthwynebwyr cydwybodol a wrthododd dderbyn awdurdod y wladwriaeth a'r lluoedd arfog. Y diffiniad o'r gwrthwynebwyr cydwybodol oedd y dynion hynny a oedd wedi penderfynu eu bod yn gwrthwynebu ac yn ymwrthod â gwasanaeth milwrol gorfodol pan y'i cyflwynwyd ym mis Ionawr 1916.[32] Roeddent yn grŵp cymysg o ddynion yn dod o gefndiroedd amrywiol tu hwnt. Gallai gwrthwynebiad ar sail cydwybod gynnwys nifer helaeth o gymhellion, ond gellir eu gosod mewn pedwar categori yn bennaf, sef gwrthwynebiad ar sail Gristnogol a ystyriai na ddylid ymuno mewn byddin neu ymdrech ryfel; ar sail foesol i ymladd a chymryd bywyd; ar sail sosialaeth ryngwladol yn gwrthwynebu ymladd yn erbyn cydweithwyr; a gwrthwynebiad lle roedd yr unigolyn yn gwrthod hawl y wladwriaeth i'w orchymyn i ymladd. Roedd anhawster mawr gan y wladwriaeth i benderfynu sut i werthuso difrifoldeb cydwybod ac i asesu cymhwyster ceisiadau gwrthwynebwyr i gael eu heithrio.

Disgrifiodd Percy Ogwen Jones y gwrthwynebwyr cydwybodol fel 'ceinciau cymysg' – gyda chymhellion amrywiol, ac yn gwrthwynebu'r rhyfel ar nifer o seiliau:

> Rhaff ac iddi amryw geinciau oedd mudiad heddychwyr 1914–18. Ar un ystyr nid oedd yn fudiad o gwbl; yn hytrach, damwain a chyd-ddigwydd a ddug y ceinciau hyn at ei gilydd yn un rhaff, a Deddf Gorfodaeth 1916 a wnaeth y rhaff... Un agwedd wedi ein hasio'n fudiad a pheri gwrthdrawiad â deddf gwlad. Yr oedd yn wrthdaro yr unigolyn â'r wladwriaeth. Mi gredaf fod i hynny ei werth, a'i fod weithiau'n anochel.[33]

Doedd yna ddim un gredo neu athroniaeth yn eu clymu at ei gilydd. Datganiad ffydd yr NCF oedd y peth agosaf i'r hyn a unai'r criw yma o ddynion, a phwysleisiai hwnnw sancteiddrwydd bywyd a gwrthod hawl y wladwriaeth i orfodi gorfodaeth filwrol. Yn ôl yr NCF, roedd y mwyafrif o wrthwynebwyr yn gwrthwynebu rhyfel ar dir moesol, gan gynnwys nifer helaeth ar sail Gristnogol. Roedd nifer fach yn ddilynwyr Tolstoy, ond roedd nifer hefyd o'r gwrthwynebwyr cydwybodol yn sosialwyr a gredai 'mor gryf ym Mrawdgarwch Dyn ag y gwnâi Cristnogion gredu mewn Duw fel Tad'.[34] Roedd eraill, a oedd yn wrthwynebwyr ar sail wleidyddol, yn gwrthwynebu gorfodaeth filwrol am ei bod yn tanseilio rhyddid dyn ac yn arwain y ffordd i orfodaeth yn y gweithle; credent fod polisi tramor ffôl ar ran Prydain yn rhannol gyfrifol am y rhyfel, neu fod y rhyfel wedi ei achosi gan grwpiau o ddynion yn cynrychioli buddiannau cyfalafol o fewn y gwledydd a oedd yn ymladd. Mewn gwirionedd, yn aml iawn roedd yn anodd gwahaniaethu rhwng y sawl a wrthwynebai ar sail foesol neu ar sail wleidyddol, wrth i lawer nodi'r Bregeth ar y Mynydd fel y dylanwad pennaf arnynt.

Ond roedd sectau crefyddol tebyg i'r Cristadelffiaid, y Plymouth Brethren a Thystion Jehovah, nad oeddent o reidrwydd yn erbyn rhyfel, ond yn gwrthod derbyn awdurdod y wladwriaeth. Cafodd y Cristadelffiaid, er enghraifft, eu heithrio ar yr amod eu bod yn gwneud gwaith o 'bwysigrwydd cenedlaethol', yn aml mewn ffatri arfau.

Mudiad yr NCF oedd y pwysicaf o ran ceisio trefnu'r gwrthwynebwyr cydwybodol. Ffurfiwyd y sefydliad yn Llundain ym mis Tachwedd 1914, a sefydlwyd y gangen gyntaf yng Nghymru yn Llansawel (Morgannwg) ym Mehefin 1915, ynghyd â changhennau ar gyfer sir Fynwy, canol Morgannwg ac Abertawe.[35] Aelodau ifainc o'r ILP yn bennaf a ymgymerodd â'r gwaith o sefydlu canghennau, ond denodd heddychwyr pasiffistaidd yn ogystal. Cadeiriwyd yr NCF yng Nghymru gan Morgan Jones, ysgolfeistr yng Nghaerffili. Fe'i disgrifiwyd yn ei wrandawiad yn y tribiwnlys, fel 'dyn cyhoeddus adnabyddus, ac un o'r dynion gwrth-filitaraidd mwyaf amlwg yn y wlad'. Roedd yn llywydd Cyngor De Cymru yn erbyn Gorfodaeth Filwrol, ac yn un o aelodau pwyllgor cenedlaethol yr NCF. Roedd hefyd yn gadeirydd yr ILP yn ne Cymru, yn sosialydd blaenllaw, yn aelod o Gyngor Gelligaer a chyrff cyhoeddus eraill.[36]

Erbyn Mai 1916, roedd gan Gymru 23 cangen o'r NCF – yn bennaf yng ngorllewin Morgannwg, Caerdydd, Abertawe, ardaloedd Aberdâr a Merthyr, a chymoedd gorllewinol sir Fynwy.[37] Roedd cwlwm clòs ac annatod rhwng yr NCF a'r ILP, a nifer o drefnwyr yr NCF hefyd yn weithgar iawn gyda'r ILP. Yn eu plith roedd John Thomas (Aberdâr), Tom Evans (Ynysmeudwy), George Dardis (Risca), y Parch. T. E. Nicholas (sir Aberteifi).[38] Niclas y Glais oedd cydlynydd yr NCF yn sir Aberteifi, ac er nad oedd cangen fel y cyfryw yng ngogledd Cymru, bu David Thomas a'r Prifathro Thomas Rees ymhlith eraill yn cynghori a hyfforddi gwrthwynebwyr cydwybodol cyn iddynt ymddangos gerbron tribiwnlys.

Synnwyd yr awdurdodau gan niferoedd y dynion a ddaeth gerbron tribiwnlysoedd o fis Chwefror 1916 ymlaen. Prin fod y llywodraeth wedi ystyried yn ddwys yr hyn a fyddai'n digwydd i'r gwrthwynebwyr pe baent yn gwrthod cydweithredu â'r awdurdodau milwrol. Yng Nghymru, mewn nifer o ardaloedd, ymddangosodd grwpiau sylweddol o wrthwynebwyr cydwybodol gerbron tribiwnlysoedd. Bu 23 o fyfyrwyr Coleg Bala-Bangor a rhai colegau eraill ym Mangor o'u blaen; cyfanswm o 62 ym Mhontardawe, yn gymysgedd o aelodau'r ILP a nifer o wrthwynebwyr Cristnogol; 32 ym Merthyr; a 24 yn nhribiwnlys Aberpennar.[39]

Dechreuwyd carcharu dynion ym mis Ebrill 1916, ond yn fuan sylweddolodd y fyddin a'r llywodraeth fod angen cynnig ateb amgen i'r gwrthwynebwyr cydwybodol. O'r herwydd, ym mis Mehefin, cyflwynwyd opsiwn arall, sef trosglwyddo'r gwrthwynebwyr cydwybodol i garchar sifil, a than gynllun y Swyddfa Gartref, cynigid gwaith 'o bwysigrwydd cenedlaethol' i'r sawl a dderbyniai. Adolygwyd yr achosion gan Dribiwnlys Canolog, a rhoddid caniatâd i ddynion ymuno â chynllun y

Swyddfa Gartref os gallent berswadio'r tribiwnlys eu bod yn ddiffuant yn eu gwrthwynebiad. Ceisiodd y fyddin laesu ei dwylo â'r gwrthwynebwyr a cheisiwyd trosglwyddo'r broblem i'r awdurdodau sifil. Serch hynny, daliodd y gwrthwynebwyr cydwybodol 'absoliwt' i greu anawsterau parhaus i'r fyddin.

Amcangyfrif Rae yw bod tua 16,500 o ddynion ym Mhrydain yn ystod y Rhyfel Mawr yn wrthwynebwyr cydwybodol.[40] Mae'r cyfanswm hwn yn cynrychioli oddeutu 0.66 y cant o'r nifer o ddynion a ymunodd â'r fyddin ar ôl cyflwyno gorfodaeth filwrol ym mis Ionawr 1916.[41] Ar sail yr un cyfartaledd o wrthwynebwyr cydwybodol i ddynion a recriwtiwyd dylai Cymru fod wedi cynhyrchu 840 o wrthwynebwyr cydwybodol.

Yng Nghymru, mae oddeutu 720 o ddynion wedi eu hadnabod fel gwrthwynebwyr cydwybodol, ond nid yw'r nifer hon yn gyflawn.[42] Nid yw hwn yn cynnwys 150 o ddynion a ymunodd ag uned arbennig o'r Royal Army Medical Corps (RAMC), na 29 o Gymry a oedd yn perthyn i Uned Ambiwlans y Crynwyr.[43] Hefyd, gwyddom fod 155 o Gristadelffiaid yng Nghymru wedi cael eu nodi yng nghofnodion Pwyllgor Pelham ond dim ond 44 o'r rhain sydd ar y rhestr hon: felly golyga hyn y gellir ychwanegu o leiaf 111 arall at y cyfanswm o 720.[44]

Daw'r rhestr o 25 o fyfyrwyr Bangor o bapurau lleol, papurau Bala-Bangor a phapurau Thomas Rees, ond daw manylion y mwyafrif o wrthwynebwyr cydwybodol yng Nghymru o gofnodion y Tribiwnlys Canolog ac adroddiadau'r NCF a phapur yr NCF, *The Tribunal*. Nid yw'r gwrthwynebwyr cydwybodol o Gymru a ymddangosodd yn unig gerbron tribiwnlysoedd yn Lloegr wedi eu cynnwys yn yr ystadegau isod. Felly nid ydynt yn cynnwys unigolion tebyg i Harold Watkins o Lanfyllin, er enghraifft, a ymddangosodd gerbron tribiwnlys Ledbury yn swydd Henffordd lle bu'n dysgu mewn ysgol ar gyfer Crynwyr, ac a garcharwyd bum gwaith yn ystod y rhyfel, neu chwaith G. M. Ll. Davies, a ymddangosodd gerbron ei dribiwnlys cyntaf yn Finchley, Llundain.[45]

Dewis y gwrthwynebwyr cydwybodol oedd naill ai gwrthod cyfaddawdu a derbyn tymhorau olynol o garchar, sef yr absoliwtiaid, neu dderbyn gwaith o ryw fath na fyddai yn cael ei ystyried yn gymorth i'r fyddin, sef yr 'alternativists', sef y mwyafrif o wrthwynebwyr.

Roedd y llywodraeth yn benderfynol o wneud llwybr yr absoliwtiaid yn anodd. Dywedodd Lloyd George, Gweinidog Rhyfel, ei fod yn gwneud ei orau glas i beidio cynnig consesiynau iddynt:

> With that kind of men I personally have absolutely no sympathy whatsoever, and I do not think they ought to be encouraged... I do not

Aled Eirug 151

think they deserve the slightest consideration... I shall only consider the best means of making the path of that class a very hard one.[46]

Lleiafrif o wrthwynebwyr cydwybodol, sef rhyw 6 y cant o'r cyfanswm ar draws Prydain, a wrthododd gydweithredu â'r llywodraeth yn llwyr ac i'r graddau eu bod wedi gwrthod unrhyw waith a elwid yn 'waith o bwysigrwydd cenedlaethol'.

Ildiodd nifer o ganlyniad i'w cosb, a phenderfynodd eraill ymuno â chynlluniau arbennig y llywodraeth ar gyfer y gwrthwynebwyr, sef cynllun Pelham neu gynllun y Swyddfa Gartref. Ond ar draws Prydain, bu 816 mewn carchar am fwy na dwy flynedd, a bu sawl un yn y carchar am hyd at chwech o gyfnodau gwahanol:

Tabl 7.1: Nifer o wrthwynebwyr cydwybodol gerbron llys milwrol ym Mhrydain

Dwy waith	655
Tair gwaith	521
Pum gwaith	50
Chwe gwaith	3[47]

Yn Nghymru, carcharwyd rhai cannoedd, ond cytunodd y mwyafrif wedyn i dderbyn gwaith o ryw fath. Roedd o leiaf 85 o ddynion yn absoliwtiaid, a hwythau a restrir yn nhabl 7.2.

Tabl 7.2: Nifer o wrthwynebwyr cydwybodol gerbron llys milwrol yng Nghymru

Unwaith	31
Dwy waith	32
Tair gwaith	15
Pedair gwaith	5
Pum gwaith	2[48]

Adlewyrchai'r dynion hyn y gymysgfa o ddaliadau gwleidyddol a chrefyddol a gymhellai'r gwrthwynebwyr i fabwysiadu agwedd gwbl ddigymrodedd yn erbyn y rhyfel.

Y ddau a garcharwyd bum gwaith oedd Ithel Davies o Gwm Tafolog ym mhlwyf Cemaes yn sir Drefaldwyn, ac Emrys Hughes o Abercynon. Roedd y ddau yn sosialwyr ond yn dod o gefndiroedd gwahanol iawn. Roedd Ithel Davies yn fab fferm a oedd eisoes yn adnabyddus fel bardd a llenor. Dylanwadwyd arno gan Undodiaeth a sosialaeth ei dad a chan bapur y Blaid Lafur, a dderbynnid gartref.[49] Roedd eisoes wedi dwyn perswâd ar nifer o fechgyn ifainc yr ardal i ymuno â'r NCF, a chredai mai dyna pam y'i herlidiwyd gan yr awdurdodau.[50]

Roedd Emrys Hughes wedi bod yn athro dan hyfforddiant ac eisoes yn amlwg iawn yn yr ILP yn ne Cymru. Roedd yn sosialydd ac yn gyfaill agos i Keir Hardie. Ymresymai na allai gefnogi rhyfel rhwng grymoedd imperialaidd a gadael i'r dosbarth gweithiol ddioddef yn y gyflafan a mynnodd gael ei eithrio o wasanaeth milwrol ar sail ei sosialaeth. Credai, meddai, fod rhyfel a militariaeth yn wrthwynebus i les y bobl ac i ddatblygiad dynoliaeth.[51]

Mae'r pum gwrthwynebydd a garcharwyd bedair gwaith yn adlewyrchu'r amrywiaeth o safbwyntiau yn erbyn rhyfel, lle roedd cymhellion gwleidyddol, crefyddol a moesol yn aml yn gymysg. Disgrifiodd Chris Morgan o Bontarddulais ei hun fel undebwr llafur yn yr Undeb Trafnidiaeth ac fel Annibynnwr. Roedd Pryce Brown, o'r Trallwng, yn fyfyriwr a oedd wedi gweithio ar fferm. Roedd E. D. Mort yn sosialydd adnabyddus ac yn aelod blaenllaw o Undeb y Docwyr yn Nhaibach, ger Port Talbot. Roedd Philemon Edwards, o Dongwynlais, yn aelod o'r ILP, yn Fedyddiwr ac yn aelod o'r Crynwyr a hefyd yn aelod o'r NCF ac yn löwr. Roedd Edgar Davies, o'r Fenni, yn aelod o Gymdeithas y Cymod, yn Fedyddiwr ac yn fynychwr cyfarfodydd y Crynwyr. Roedd yn aelod hefyd o'r NCF, a'r mudiad yn erbyn y rhyfel, yr Union of Democratic Control, ac wedi bod yn glerc banc ac athro mewn ysgol i'r Crynwyr yn Great Malvern, swydd Caerwrangon.[52]

Roedd derbyn gwaith o unrhyw fath gan y wladwriaeth yn annerbyniol i'r absoliwtiaid hyn. Hyd yn oed os nad oedd gwaith yn ymwneud yn uniongyrchol â'r rhyfel, byddai yn rhyddhau rhywun arall i wneud gwaith rhyfel. Yn haf 1916, dechreuwyd cynnal Tribiwnlys Canolog a wrandawai ar achosion gwrthwynebwyr cydwybodol mewn carchar, a chynnig 'gwaith o bwysigrwydd cenedlaethol' iddynt. Yn ôl Ithel Davies:

> teimlem ni a wrthododd fod y lleill wedi ein bradychu braidd ac wedi ei gwneud yn haws i'r llywodraeth ein cadw yng ngharchar. Teimlem, petai pawb wedi gwrthod ac wedi hawlio rhyddid diamodol, y byddai'n anos i'r llywodraeth ein cadw yng ngharchar.[53]

Aled Eirug 153

Yr eithriad mwyaf cyfyng i wasanaethu yn y fyddin ar gyfer gwrthwynebwyr cydwybodol oedd yr hwn a gynigid gan y Non-Combatant Corps (NCC). Roedd disgwyl i wrthwynebwyr weithio naill ai ym Mhrydain neu dramor ac roedd y gwaith yn cynnwys cario stretsieri, gwaith porthor mewn ysbytai ac amrywiaeth o waith corfforol. Roedd ymuno â'r NCC yn gwbl annerbyniol i'r mwyafrif o wrthwynebwyr gan fod disgwyl iddynt wisgo iwnifform a dod dan awdurdod y fyddin. Yn ysgrifennu o Barc Cinmel ym mis Medi 1916, dangosodd y gwrthwynebydd cydwybodol digyfaddawd E. H. Wilson ei anfodlonrwydd â'r rhai a ymunodd â'r NCC:

> Myself, I cannot look upon those who have accepted non-combatant service as being real Conscientious Objectors. You either object to any army service or you do not. To be hanging on the fringe of the army, doing easy and safe work, seems very inconsistent.[54]

Un anhawster sylweddol oedd y diffyg cytundeb ynglŷn ag ystyr y term 'non-combatant'. Weithiau gorchmynnwyd i'r gwrthwynebwyr gario arfau neu ffrwydron. Yn y pen draw ymunodd un o bob tri o wrthwynebwyr yn yr NCC, ond arwydd o fethiant yr opsiwn oedd i bron hanner ohonynt wrthod ufuddhau i orchmynion ar ôl sylweddoli natur gwaith y corfflu ac felly ymddangos o flaen llys milwrol a chael eu carcharu.[55]

Ym mis Mai 1916, ceisiwyd gorfodi Percy Ogwen Jones i ymuno â'r NCC ym Mharc Cinmel, wedi rhoi ystyriaeth i gyngor di-ildio Bertrand Russell ar y pryd, nid yn unig bod ymladd yn ddrwg ond bod helpu eraill i ymladd yn ddrwg:

> O dipyn i beth, fel y deuai'n fwyfwy eglur beth oedd gwaith NCC, sylweddolwn na allwn aros i'w wneud. Un bore dyma wrthod... Daeth sarjant i'r cwt a gorchymyn imi fynd ar barêd. Gwrthodais a dweud na allwn ufuddhau dim rhagor i orchmynion milwrol. Aethpwyd i nol sarjant arall, dywedais yr un peth wrth hwnnw a'r canlyniad oedd mynd a fi i'r guard room. Yno fe'm cefais fy hun yn un o ddeg neu ddeuddeg oedd wedi penderfynu'n debyg imi.[56]

O ganlyniad dedfrydwyd Percy Ogwen Jones i ddwy flynedd o garchar ac fe'i hanfonwyd i Wormwood Scrubs. Lleihawyd ei ddedfryd yn ddiweddarach i dri mis, a threuliodd weddill y rhyfel mewn carchardai a gwersylloedd dan gynllun y Swyddfa Gartref.

Sefydlwyd Pwyllgor Pelham ym mis Ebrill 1916 i ddelio â gwrthwynebwyr cydwybodol a oedd yn barod i ymgymryd â gwaith o 'bwysigrwydd cenedlaethol'. Cawsant weithio fel arfer ar ffermydd, mewn coedwigaeth, neu ffatrïoedd. I'r pwyllgor, roedd y gwrthwynebwyr cydwybodol weithiau yn drafferthus ac yn aml yn anaddas ar gyfer bywyd milwrol:

> taken as a whole COs seemed to be abnormal in their general outlook on life, as well as in the matter of military service, and a substantial number of them were found to suffer from some form of physical disability.[57]

O'r 203 o Gymru a dderbyniodd waith gan bwyllgor Pelham, roedd trichwarter ohonynt yn Gristadelffiaid, y mwyafrif o ardaloedd trefol Morgannwg, sir Fynwy ac ardal Llanelli a Rhydaman yn sir Gaerfyrddin. Eu hegwyddor sylfaenol yng nghyd-destun y rhyfel oedd eu bod yn gwrthod yn lân â derbyn awdurdod y wladwriaeth ac felly'n gwrthod gorfodaeth filwrol.

Yn wyneb y llif o wrthwynebwyr cydwybodol i'r carchardai erbyn canol haf 1916, ymateb y llywodraeth trwy enau Lloyd George oedd peidio ag ildio modfedd i'r gwrthwynebwyr ar sail absoliwt ond i roi cyfle i wrthwynebwyr weithio mewn gwersylloedd arbennig dan ofal y Swyddfa Gartref. Crëwyd gwersyll yn Dyce ger Aberdeen lle gweithiodd 250 dynion mewn chwarel wenithfaen. Ond gan fod yr amgylchiadau yno mor ddrwg, caewyd y gwersyll ac anfon y dynion yn ôl i garchar yn Wakefield a Warwick.

Ym mis Mawrth 1917, trosglwyddwyd traean o'r gwrthwynebwyr a oedd dan y cynllun i Princetown yn Dartmoor, a drowyd yn ganolfan waith. Disgrifiodd George M. Ll. Davies fywiogrwydd amrywiol y gwrthwynebwyr cydwybodol yno:

> Er Corinth ni bu erioed gymaint o gymysgedd credoau ac opiniynau – Eglwyswyr, Pabyddion, Presbyteriaid, Methodistiaid, Christadelffiaid, 'Plymouth Brethren', Marxian Socialist, Anarchists, Gwyddelod, Saeson, Scotiaid, Cymry, Iddewon, Rwsiaid, arlunwyr – yn byw, bwyta ac yn bod tu fewn i furiau uchel ty'r caethiwed. Ar ddrws un gell gwelir y Rhybudd, 'Gwaed. Pa fodd y dihangoch.'
> Yng nghell y Pabydd y mae croes a chanwyllau, mewn ystafell o'r neilldu y mae'r Crynwyr yn cyfarfod mewn distawrwydd a brawdoliaeth addoliad sydd yn agored i bawb. Mewn man arall y mae'r Plymouth Brothers yn canu'n uchel am gariad Crist, ond yn gwrthod caniatad i Gristion o enwad arall uno a'r gwasanaeth. Y mae'r Sosialwyr wedi rannu'n gyffelyb: un ysgol a blediant y Rhyfel Dosbarth – Gweithiwr yn erbyn Meistr – yn gwawdio a chondemnio Sosialwyr yr ILP y rhai a gredent nad yw ennill y feistrolaeth ar gyfalaf yn Alpha ac Omega pob

ymgais llafurawl. Y mae yr Anneddfwr (Anarchist) yn ysgwyd ei ben arnynt ill eu dau ac yn gofyn paham y talent y fath wrogaeth i lywodraeth a cheisio ennill a defnyddio ei awdurdod, hyn lle argyhoeddi y werin mai mewn Llywodraethau – a'r gallu a roddir iddynt ormesu gwerin gan y werin – y mae'r drwg gwreiddiol yn dechreu.

Wrth ddyfod o unigedd carchar y convicts teimla dyn fraw a syndod bron wrth gael ei daflu yn ddisymwth i'r fath for o ryddid a gwahaniaethau mewn meddwl, cred, ac opiniwn. Nid oes un dim yn gysegredig na heb fod yn agored i'w herio. Os oes un agwedd feddyliol yn fwy amlwg na'i gilydd – yr agwedd i wrthsefyll ydyw – gwrthfilitariaeth, gwrth-awdurdod – boed feddyliol neu gymdeithasol. Dyma effaith y carchar – creu yspryd ystyfnig, a dyfnhau gwrthwynebiad... Ond ymhen amser, daw'r profiad fod dynion yn aml yn well na'u credo ac weithiau yn waeth.[58]

Crëwyd canolfannau eraill, gan gynnwys nifer yng Nghymru – Llanddeusant tu allan i Langadog, Llannon ger Llanelli, Penderyn, lle adeiladwyd argae, a Thalgarth, lle roddwyd gwaith i'r gwrthwynebwyr adeiladu sanatoriwm. Er gwaethaf awyrgylch y cyfnod, ceid ymateb cefnogol mewn sawl man. Yn Llannon yng Nghwm Gwendraeth, er enghraifft, cawsent groeso cynnes. Y Tymbl oedd y pentref agosaf, a byddai'r gwrthwynebwyr yn derbyn gwahoddiadau i de a chael caniatâd y gyfrinfa leol i ddefnyddio'r llyfrgell a'r 'stiwt' yn lleol.[59]

Mae'n briodol hefyd ystyried grŵp o ddynion a ystyriai eu hunain yn wrthwynebwyr cydwybodol, ond a osgodd y broses ffurfiol o ddatgan gwrthwynebiad, wrth iddynt ymuno â chwmni arbennig o'r RAMC a sefydlwyd ym mis Ionawr 1916. Y ddau a oedd tu cefn i sefydlu uned Gymreig y gatrawd oedd y Parch. John Williams, Brynsiencyn a'r Brigadydd Owen Thomas. Rhan o'r cytundeb sylfaenol ar gyfer sefydlu'r gatrawd oedd na throsglwyddid yr un aelod o'r cwmni tan unrhyw amgylchiadau o'r RAMC i unrhyw adran ymladdol o'r fyddin.

Roedd Albert Evans Jones (Cynan) ar y pryd yn fyfyriwr gradd yng Ngholeg y Bedyddwyr, Bangor. Wrth adrodd hanes sefydlu'r cwmni, pwysleisiodd mai 'cwmni o basiffistiaid' oeddent gan mwyaf, a bod ganddynt 'wrthwynebiad cydwybodol i ladd ac ymladd'.[60] Myfyrwyr o Gymru oedd y mwyafrif o'r uned newydd, o Goleg Diwinyddol y Bala, Bala-Bangor, Coleg y Brifysgol, Aberystwyth, Coleg Dewi Sant, a Choleg Prifysgol Gogledd Cymru, Bangor. Ond taflwyd amheuon ar yr addewidion a roddwyd iddynt am eu statws arbennig gan orchymyn milwrol ar 14 Mehefin 1918, a dywedwyd nad oedd gwrthwynebiad gan y Swyddfa Ryfel i drosglwyddo'r myfyrwyr diwinyddol Cymreig i'r *infantry*. Esbonia R. R. Williams mai modd oedd hwn i hwyluso ffordd tri o aelodau'r corfflu i ennill comisiwn pellach yn y fyddin, ac mewn catrawd a oedd yn hogi arfau, ond tanseiliwyd egwyddor sefydlu'r cwmni.[61]

Felly casgliad amrywiol iawn o ddynion oedd gwrthwynebwyr cydwybodol Cymru, yn dod o gefndiroedd amrywiol yn nhermau economaidd ac o ran eu credoau. Roeddent yn cynnwys dynion amlwg, yn eu plith yr awduron Gwenallt, T. H. Parry-Williams, y newyddiadurwr Percy Ogwen Jones, a'r bardd, llenor, addysgwr ac arweinydd y Blaid Lafur yng ngogledd Cymru, David Thomas. O'r byd gwleidyddol roedd o leiaf chwech a ddaeth yn Aelodau Seneddol, gan gynnwys Ness Edwards, Emrys Hughes, Morgan Jones, Thomas William Jones a'i frawd James Idwal Jones o Bonciau, Wrecsam, a George M. Ll. Davies. Roedd addysgwyr amlwg, nifer yn Farcswyr rhonc, fel Nun Nicholas a Mark Starr, a gwŷr a ddaeth yn amlwg ym mudiad addysg y gweithwyr, gan gynnwys Dan Harry, Mansel Grenfell, Gorseinon, a John Thomas, Aberdâr.

Gwnaeth oddeutu hanner y gwrthwynebwyr ddatgan ymlyniad wrth gorff neu drefniant crefyddol a gwleidyddol o ryw fath. Datganodd 352 o'r gwrthwynebwyr Cymreig ymlyniad crefyddol (ac os gynhwysir aelodau'r cwmni Cymreig a godwyd fel rhan o'r RAMC, gellir rhestru dros 500 a oedd yn aelodau o enwad neu eglwys benodol). O'r 352, roedd 155 yn aelodau o sect y Cristadelffiaid; yr ail fwyaf oedd y Crynwyr, gydag oddeutu 50; yna roedd yr Annibynwyr a'r Bedyddwyr gydag oddeutu 40 yr un; y Methodistiaid gydag oddeutu 20; a'r Plymouth Brethren gydag oddeutu 15.

Wrth ddisgrifio eu teyrngarwch i fudiad arbennig, datganodd 49 ymlyniad wrth yr ILP, a 31 wrth Gymdeithas y Cymod, gydag un yr un ar gyfer y British Socialist Party, yr SLP, ac un Sosialydd Cristnogol. Mae'n deg awgrymu, fodd bynnag, bod aelodaeth o'r ILP yn debygol o fod yn uwch nag a awgrymir gan yr ystadegau hyn.

Tueddai lleoliad y gwrthwynebwyr i adlewyrchu lleoliad poblogaeth Cymru – gyda thros hanner ym Morgannwg a sir Fynwy. Ond mae'r niferoedd yn adlewyrchu hefyd gryfder yr ILP yn lleol mewn ardaloedd penodol – Llansawel, Aberdâr, Merthyr, Cwm Rhymni, Cwm Tawe ac ardal dyffrynnoedd Aman a Lliw.

Beth oedd arwyddocâd y gwrthwynebwyr cydwybodol a'r gwrthwynebiad? I lawer wrth gwrs, bradwyr a chachgwn neu *shirkers* na haeddai barch na chydnabyddiaeth oeddent. Ond cred eu cefnogwyr, gan gynnwys rhai a oedd o blaid y rhyfel ond yn erbyn gorfodaeth filwrol fel Aelod Seneddol dwyrain Caerfyrddin, W. Llewelyn Williams, oedd eu bod yn ferthyron, dan erledigaeth ac yn dioddef sen a dirmyg. Er i Williams gefnogi'r rhyfel yn frwd o'r dechrau, fe'i gelyniaethwyd gan Lloyd George â'i gefnogaeth i orfodaeth filwrol. Cymharodd ef y gwrthwynebydd i'r Piwritan John Penri, a ferthyrwyd oherwydd ei ffydd:

> He knew of a young Welsh poet who was doing hard labour for the fourth time. As Recorder he had never given two years' hard labour to the most hardened criminal who had come before him. 'Are we living really in the twentieth century in the era of Christ?' he asked. 'Are people who profess to be Christians so lost to all sense of shame that these things are going to be allowed to go on? I protest against it myself, and I care nothing what the consequences may be.'[62]

Adlewyrchai Williams hinsawdd fwy goddefgar yn y farn gyhoeddus ynglŷn â gwrthwynebwyr cydwybodol erbyn diwedd y rhyfel, ac fel bargyfreithiwr amlwg yn ne Cymru, dewisodd ymddangos ar ran gwrthwynebwyr cydwybodol ac aelodau gweithgar o'r mudiad gwrth-ryfel a erlidid yn y llysoedd. Ac i lawer yn y mudiad gwrth-ryfel, cyfnod o ferthyrdod a thair blynedd o erledigaeth a ddioddefwyd gan y gwrthwynebwyr cydwybodol. Disgrifia'r Parch. E. K. Jones hon fel pennod euraidd yn eu hanes:

> y cyfarfodydd gweddi mewn cell cloedig; y sgwrs ysbrydol, yr adnodau wedi eu sgwennu ar wal o ddur; tristwch dros y milwr ardderchog a aberthwyd yn ofer; ymddygiad addfwyn ein dynion yn y Court Martial; dewrder yn wyneb salwch, a pan bo rheswm yn methu, parodrwydd llon i farw am y ffydd.[63]

Mae'n creu darlun o hunanaberth a dioddefaint sydd yn cael ei adlewyrchu yn aml ym mywgraffiadau gwrthwynebwyr y cyfnod. Er enghraifft, mae T. W. Jones (Arglwydd Maelor yn ddiweddarach) yn disgrifio 'y profiad o'r chwerwder hwn a'r agwedd meudwyol i'm bywyd mewn canlyniad oedd y brofedigaeth fwyaf a'r waethaf a ddaeth i'm rhan erioed'.[64] Fel y cydnabu T. W. Jones, roedd llawer o'r chwerwder yn cael ei achosi gan golled perthynas yn y rhyfel ac 'yr oedd yn anodd i'r teuluoedd hynny ddeall fy safle innau'.[65]

Bu 69 o wrthwynebwyr cydwybodol trwy Brydain farw o ganlyniad uniongyrchol i'w triniaeth, gan gynnwys pump o Gymru: Hal Beynon o Abertawe, George Dardis o Risca, Alfred Statton a John Evans o Gaerdydd, ac Albert Rudall o Gasnewydd. Arwyddocâd safiad y gwrthwynebwyr, yn ôl John Graham, oedd bod y wladwriaeth, am y tro cyntaf, wedi ei gorfodi i wynebu anufudd-dod sifil i'w gorchmynion ar lefel eang: 'flat disobedience, followed up by a weighty weapon of passive endurance'.[66]

Pa mor effeithiol mewn gwirionedd fu'r ymgyrchu yn erbyn y rhyfel?

Credai'r gwrthwynebwr cydwybodol a'r newyddiadurwr, Percy Ogwen Jones, mai gwendid sylfaenol y mudiad oedd ei ddiffyg undod. Wrth fyfyrio ar y '[r]haff ac iddi amryw geinciau' datganodd mai 'Ceinciau cymysg ydoedd, ac fe gafodd lliaws o rai pur wahanol eu hunain yn gydgarcharorion.' Serch hynny, credai, wrth edrych yn ôl, fod y ceinciau hyn wedi medru cytuno ar un agwedd yn benodol, sef y pwysigrwydd allweddol o beri gwrthdrawiad â deddf gwlad a'r wladwriaeth.[67]

Cafodd ymgyrchu gwleidyddol y mudiad yn erbyn y Rhyfel Byd Cyntaf effaith amlwg ar Brydain trwy gydol yr 1920au a'r 1930au, gan mai polisi tramor yr ILP o sicrhau cyflafareddu rhwng gwledydd a'i gilydd a ddaeth yn bolisi tramor y Blaid Lafur yn gyfan gwbl. Ac effaith hynny oedd arafu militareiddio Prydain hyd yn oed wrth i'r Almaen gynyddu ei grym milwrol a'i huchelgais gwleidyddol drwy gydol yr 1930au. Cynyddodd y mudiad heddwch yng Nghymru yn y cyfnod rhwng y ddau ryfel mawr, sefydlwyd y Deml Heddwch a'r Ganolfan Materion Ryngwladol yng Nghaerdydd yn 1938, a chafwyd cefnogaeth dros filiwn o bleidleiswyr o Gymru, sef 62.3 y cant, yn galw ar Brydain i aros yn aelod o Gynghrair y Cenhedloedd yn 1935.[68]

Lliwiwyd y farn gyhoeddus ar heddwch bron yn gyfan gwbl gan yr ymateb i'r rhyfel. Er i etholiad 'Khaki' 1918 danlinellu pa mor amhoblogaidd oedd y gwleidyddion hynny, tebyg i Niclas y Glais, a gysylltid gyda'r ymgyrchu yn erbyn y rhyfel, eto yn isetholiad Caerffili yn 1921, etholwyd Morgan Jones fel yr Aelod Seneddol cyntaf a fu'n wrthwynebydd cydwybodol. Etholwyd G. M. Ll. Davies yn Aelod Seneddol Prifysgol Cymru yn 1922, a newidiodd agweddau llawer tuag at wrthwynebwyr cydwybodol pan sylweddolwyd cyn lleied oedd y ddarpariaeth ar gyfer yr arwyr o filwyr a ddychwelodd o'r gad.

Erbyn yr Ail Ryfel Byd, effaith profiad yr awdurdodau o ddelio gyda'r gwrthwynebwyr cydwybodol oedd bod y rheolau yn ymwneud â nhw yn fwy rhyddfrydig a gwareiddiedig. Crëwyd tribiwnlysoedd mwy proffesiynol wedi eu llenwi gan unigolion gyda hyfforddiant cyfreithiol. Penderfynwyd hefyd y byddai'n dderbyniol cael mwy nag un sail dros gael eithriad o wasanaeth milwrol. Derbyniwyd yr egwyddor y dylid rhoi pob cyfle i wrthwynebwyr gael mentro o'r cychwyn cyntaf i wneud gwaith o bwysigrwydd cenedlaethol cyn belled nad oedd yn dod dan awdurdod y fyddin.[69]

Ond efallai mai siom fwyaf y mudiad yn erbyn y Rhyfel Byd Cyntaf oedd ei fethiant i effeithio o gwbl ar gwrs y rhyfel, ac i gyfuno'r elfennau amrywiol o wrthwynebiad i'r rhyfel er mwyn dwyn perswâd ar Brydain i atal yr ymladd.

Aled Eirug 159

Nodiadau

1. Dewi Eirug Davies, *Byddin y Brenin* (Abertawe: Tŷ John Penry, 1988), tt. 45–65.
2. R. E. Dowse, *Left in the Centre: The Independent Labour Party 1893–1940* (Llundain: Longmans, 1966).
3. Noel Gibbard, *Tarian Tywi* (Caernarfon: Gwasg y Brython, 2011), t. 113.
4. 'Tarian y Gweithiwr', *Y Darian*, 28 Mehefin 1934, 2, dyfynnwyd yn Gibbard, *Tarian Tywi*, t. 117.
5. E. K. Jones, yn *Ffordd Tangnefedd* (Llandysul: Cymdeithas Heddwch yr Annibynwyr Cymraeg, 1943), t. 19.
6. W. Gethin Evans, *Quakers in Wales and the First World War* (cyhoeddwyd yn breifat, 2015).
7. J. Roose Williams, *T. E. Nicholas: Proffwyd Sosialaeth a Bardd Gwrthryfel* (Bangor: Y Blaid Gomiwnyddol, 1971).
8. *Y Tyst*, 30 Medi 1914.
9. Thomas Eirug Davies, *Cofiant Thomas Rees* (Llandysul: Gwasg Gomer, 1939), t. 138.
10. Gerwyn Wiliams, *Y Rhwyg: Arolwg o Farddoniaeth Gymraeg ynghylch y Rhyfel Byd Cyntaf* (Llandysul: Gwasg Gomer, 1993), t. 179; *Y Deyrnas*, Hydref 1916, 12.
11. Archif Genedlaethol, AIR1/560/16/15/5.
12. Coleg Prifysgol Bangor, *Papurau Bala-Bangor*, Mss238.
13. Coleg Prifysgol Bangor, *Papurau Bala-Bangor*, Mss238.
14. Gwynfor Evans, *George M. Ll. Davies: Pererin Heddwch* (Abertawe: Cymdeithas y Cymod yng Nghymru, 1980).
15. Aled Eirug, 'Agweddau ar y Gwrthwynebiad i'r Rhyfel Byd Cyntaf yng Nghymru', *Llafur*, 4, 4 (1987), 62; Jill Wallis, *Valiant for Peace: A History of the Fellowship of Reconciliation* (Llundain: The Fellowship of Reconciliation, 1991).
16. *Y Deyrnas*, Medi 1917, 5–8.
17. John Rae, *Conscience and Politics: the British Government and the Conscientious Objector to Military Service* (Rhydychen: Oxford University Press, 1970), tt. 82–3.
18. *Merthyr Pioneer*, 8 Awst 1914.
19. Percy Ogwen Jones, hunangofiant, trwy ddwylo ei fab, Geraint Percy Jones.
20. Albert Davies, *Wanderings*, hunangofiant heb ei gyhoeddi, d.d.
21. Cyril Parry, 'Gwynedd Politics, 1900–1920: The Rise of a Labour Party', *Cylchgrawn Hanes Cymru*, 6, 3 (1973).
22. Casgliad papurau'r Blaid Lafur Annibynnol, London School of Economics, cofnodion cangen Llundain o'r ILP, 3 Mawrth 1916.
23. Arthur Horner, *Incorrigible Rebel* (Llundain: McGibbon & Kee, 1960), t. 9.
24. Rae, *Conscience and Politics*, t. 224.
25. Sylwadau'r Golygydd, *Y Rhedegydd*, 25 Mawrth 1916.
26. *Y Dinesydd Cymreig*, 8 Mawrth 1916.

27. *Carmarthen Journal*, 7 Ebrill 1917; Robert Phillips, 'Gorfodaeth Milwrol yn sir Gaerfyrddin yn ystod y Rhyfel Mawr' (traethawd MPhil, Prifysgol Cymru Llanbedr Pont Steffan, 2007), 77.
28. Archif Genedlaethol, WO32/2051/3319.
29. Robin Barlow, 'Aspects of the Great War in Carmarthenshire' (traethawd PhD, Prifysgol Cymru, 2001), 138.
30. *Llanelly Mercury*, 14 Medi 1916.
31. *Llais Llafur*, 27 Mai 1916.
32. Rae, *Conscience and Politics*, t. 70.
33. Percy Ogwen Jones, *Ceinciau Cymysg*, sgwrs radio ar y BBC, 6 Tachwedd 1964.
34. *The No-Conscription Fellowship: a souvenir of its work during the years 1914–1919* (Llundain: NCF, d.d.), t. 9.
35. *Llais Llafur*, 19 Mehefin 1915.
36. *Llais Llafur*, 3 Mehefin 1916.
37. Papurau Catherine Marshall, Archif Swydd Cumbria, D/MAR/4/4.
38. Thomas C. Kennedy, *The Hound of Conscience: a History of the No-Conscription Fellowship, 1914–1919* (Fayetteville: University of Arkansas Press, 1981), tt. 294–301.
39. *North Wales Chronicle*, 3 Mawrth 1916; *Merthyr Pioneer*, 18 Mawrth 1916; *Merthyr Pioneer*, 11 Mawrth 1916.
40. Rae, *Conscience and Politics*, t. 132. Mae amcangyfrif Rae yn seiliedig yn bennaf ar ffynonellau papurau'r llywodraeth trwy'r Tribiwnlys Canolog a'r Bwrdd Llywodraeth Leol, yn ogystal â phapurau Pwyllgor Pelham. Nid yw'r ystadegau yn cynnwys y rhai a dderbyniodd wasanaeth yn yr RAMC nag yn Uned Ambiwlans y Crynwyr.
41. Ian Beckett a Keith Simpson, *A nation in arms: a social study of the British Army in the First World War* (Manceinion: Manchester University Press, 1985), t. 11.
42. Mae'r ffigwr yn seiliedig ar ymchwil heb ei chyhoeddi hyd yn hyn gan yr hanesydd Cyril Pearce.
43. Archif Uned Ambiwlans y Crynwyr, Cardiau Personél Uned Ambiwlans y Crynwyr, Ffeiliau ffilm 599–601, Tŷ Cwrdd y Crynwyr, Llundain.
44. Papurau T. E. Harvey, Blwch 9, Adroddiad Pelham, Mai 1919.
45. Harold Watkins, *Life has kept me young* (Llundain: Watts, 1951), tt. 86–126; E. H. Griffiths, *Heddychwyr Mawr Cymru* (Caernarfon: Llyfrfa'r Methodistiaid Calfinaidd, 1967), t. 55.
46. Hansard, 5 HC 84, colofn 1758–9.
47. *The No-Conscription Fellowship*, t. 5.
48. Bas data gan Cyril Pearce, *Gwrthwynebwyr i'r Rhyfel 1914–18* (heb ei gyhoeddi, 2015).
49. Ithel Davies, *Bwrlwm Byw* (Llandysul: Gwasg Gomer, 1984), t. 8.
50. Davies, *Bwrlwm Byw*, t. 61.
51. *Merthyr Pioneer*, 11 Mawrth 1916.
52. Bas data gan Cyril Pearce.

53. Davies, *Bwrlwm Byw*, tt. 72–3.
54. 'Conscientious Objectors at Rhyl', *Merthyr Pioneer*, 30 Medi 1916, 3.
55. Rae, *Conscience and Politics*, t. 88.
56. Percy Ogwen Jones, hunangofiant.
57. Adroddiad terfynol Pwyllgor Pelham, t. 126, yn T. E. Harvey, Blwch 11, Llyfrgell Tŷ'r Crynwyr, Llundain.
58. 'Profiad o Garchar', *Y Dinesydd Cymreig*, 5 Mai 1918, 2.
59. 'Casgliad papurau Catherine Marshall', Adroddiad W. J. Roberts i bwyllgor canolog yr NCF ar amgylchiadau byw gwersylloedd Llannon a Llanddeusant, 30, 31 Mawrth 1917.
60. Rhagair gan Cynan yn R. R. Williams, *Breuddwyd Cymro mewn dillad benthyg* (Lerpwl: Gwasg y Brython, 1964), tt. ix–x. Gweler y dyfyniad llawn ym mhennod Gerwyn Wiliams yn y gyfrol hon.
61. Williams, *Breuddwyd Cymro mewn dillad benthyg*, tt. 54–5.
62. Llewelyn Williams, *Llanelly Star*, 12 Ionawr 1918.
63. E. K. Jones, *Y Deyrnas*, Tachwedd 1919.
64. Arglwydd Maelor, *Fel Hyn y Bu* (Dinbych: Gwasg Gee, 1970), t. 88.
65. Maelor, *Fel Hyn y Bu*, t. 88.
66. John Graham, *Conscription and Conscience: a history 1916–1919* (Llundain: Allen & Unwin, 1922), t. 343.
67. Jones, *Ceinciau Cymysg*.
68. Goronwy J. Jones, *Wales and the Quest for Peace* (Caerdydd: University of Wales Press, 1969), t. 140.
69. Rae, *Conscience and Politics*, tt. 242–5.

8

'Un o Flynyddoedd Rhyfeddaf Hanes': Cyflwyno'r Rhyfel Mawr yn Nhudalennau Cymru yn 1917

Gethin Matthews

Egyr y rhan fwyaf o rifynnau cylchgrawn *Cymru* gyda darn golygyddol. Teitl yr un a ysgrifennodd Syr Owen Morgan Edwards ar gyfer rhifyn mis Ionawr 1917 oedd 'Y Rhagolygon', ac yn y paragraff cyntaf fe welir yn syth fod crafangau'r rhyfel yn drwm ar ei feddwl.

> Y mae'r flwyddyn newydd i fod yn un o flynyddoedd rhyfeddaf hanes. Gwawria ar ryfel ehangaf, creulonaf, a mwyaf difrodlyd yr oesoedd. Hawdd ysgrifennu'r gair rhagolygon; ond pwy fedr weled dim yn glir wrth edrych i fwg magnelau y flwyddyn newydd? Ni welir yno ond ansicrwydd, difrod anaele, a phryder ingol.[1]

Mae'r geiriau hyn yn taro'r darllenydd fel datganiad gonest o'r sefyllfa, ac maent yn ddigon proffwydol. Wrth edrych yn ôl ar ddigwyddiadau 1917, rydym yn gweld bod y pryder, y difrod a'r ansicrwydd wedi parhau, ac yn wir wedi dwysáu, yn ystod y flwyddyn. Fodd bynnag, i gyd-fynd â'r teimladau hyn, roedd gan O. M. Edwards obaith hefyd. Trwy gydol ei ysgrifau ceir datganiadau o'i ffydd Gristnogol, ei ffydd ym Mhrydain a chyfiawnder ei hachos, a hefyd ffydd yng Nghymru a'r deffroad cenedlaethol a allai ddeillio o aberth eithriadol y rhyfel. Er bod ambell ddatganiad sy'n anghyson â'r weledigaeth hon, yn gyffredinol mae ei athroniaeth yn gydlynol trwy gydol misoedd tywyll 1917. Mae'n siŵr bod llawer o'i ddatganiadau yn anghysurus i ddarllenwyr heddiw ond mentraf awgrymu eu bod yn ddealladwy ac yn gyfiawnadwy yn nhermau sefyllfa 1917. Sylwebydd craff, dysgedig, deallus oedd O. M. Edwards, ac er i'w ragfarnau liwio nifer o'i ddatganiadau, eto fel cyfanwaith mae ei olwg ar y byd yn gyson.

Yn syml, mae'n werth yr ymdrech i ddeall y byd trwy lygaid Edwards, oherwydd mae'n ein cynorthwyo ni i ddeall un o bosau mawr y rhyfel. Sut roedd hi'n bosibl i bobl barhau â'u hymroddiad i'r rhyfel, er gwaethaf y gost ddynol roedden nhw'n hollol ymwybodol ohoni, pan nad oedd neb yn gallu gweld ffordd i ddod â'r ymladd i ben?[2] Fe welir bod barn Edwards yn gadarn, er gwaethaf ei wybodaeth am y loes a achoswyd gan yr ymladd, a'r ing a'r gofid personol yr oedd yntau a'i deulu yn eu dioddef. I Edwards, nid oedd modd bodloni ar ddewis arall.

Dewiswyd 1917 fel y flwyddyn i'w hastudio yn bennaf oherwydd gellir dadlau mai dyma flwyddyn dywyllaf y rhyfel. Ym mlynyddoedd cynnar y rhyfel, efallai bod llygedyn o obaith y byddai'r ymladd drosodd yn weddol fuan: hyd yn oed yn 1916 roedd yn bosibl credu y byddai 'un ymgyrch fawr' yn gallu torri amddiffyn y gelyn. Nid oedd fawr o le ar gyfer y fath optimistiaeth yn 1917. Bu farw mwy o filwyr Prydeinig yn 1918, ond o leiaf y flwyddyn honno fe ddaeth taw ar yr ymladd (yn y Gorllewin, o leiaf) cyn diwedd y flwyddyn. Efallai ei bod braidd yn artiffisial i ystyried dim ond y 12 rhifyn o *Cymru* a ymddangosodd yn 1917 – wedi'r cyfan, fe allwn astudio unrhyw rediad o 12 o rifynnau o gyfnod y rhyfel (neu, yn wir, rhediad o 10 neu 20 neu 30 o rifynnau). Fodd bynnag, mae rhyw fath o undod i'r flwyddyn: mae'r darn golygyddol ar y cychwyn fel petai'n agor pennod newydd ac mae'r sylwadau golygyddol ar y diwedd yn cau pen y mwdwl.

Y rheswm canolog dros astudio safbwynt *Cymru* at y rhyfel yw bod y cylchgrawn ei hunan yn ddylanwadol, a phobl Cymru yn fodlon gwrando ar gyngor O. M. Edwards. Erbyn 1917 roedd yntau wedi bod yn gymeriad amlwg ym mywyd cyhoeddus Cymru ers dros dri degawd. Disgrifia K. O. Morgan ef fel 'perhaps the most powerful single personal influence upon the generation up to 1914'.[3] Fe weithiodd yn egnïol i drosglwyddo ei weledigaeth ef o hanes a diwylliant Cymru i'w thrigolion, gan gyhoeddi dwsinau o lyfrau a golygu nifer eang o gylchgronau.[4] Yn ei gyhoeddiadau lluosog pwysleisiodd undod Cymru fel uned ac ef, yn anad neb, oedd yn gyfrifol am sefydlu 'myth' y werin. Yn ôl Alun Llywelyn-Williams, Edwards 'a roes ffurf i'r syniad, a'r mynegiant cyflawn cyntaf ohono, a than ei ddewiniaeth ef daeth yn syniad llywodraethol ym meddwl ac yn llenyddiaeth Cymru Gymraeg'.[5] Gwelir y llinyn hwn yn rhedeg trwy dudalennau *Cymru*, y cylchgrawn a sefydlodd yn 1891 ac a olygodd hyd ei farwolaeth yn 1920. Dyma ei gyfrwng ar gyfer cyfathrebu'n uniongyrchol â gwerin Cymru, a chenhadu iddynt: 'ymladd brwydr enaid gwerin cenedl fechan' ys dywed G. Arthur Jones.[6] Nid oes amheuaeth mai dyma'r un cyhoeddiad yr ystyriodd Edwards yn gonglfaen ei waith a'i genhadaeth. Llafur cariad ydoedd, ac yn ogystal ag ariannu'r fenter bu'n buddsoddi llawer o'i egni a'i obeithion ynddi.[7]

Wrth reswm, mae'n anodd dweud i sicrwydd pa mor ddylanwadol oedd yr ysgrifau, a phrofi bod daliadau a gweithredoedd y darllenwyr wedi newid yn sgil yr hyn a ddaeth o ysgrifbin Edwards.[8] Mae'n amlwg y byddai'r darllenwyr yn derbyn gwybodaeth a chyngor o nifer fawr o ffynonellau eraill hefyd. Fodd bynnag, ceir tystiolaeth led reolaidd ym mhapurau newydd Cymru o gyfnod y rhyfel bod trafodaeth agored am gynnwys datganiadau Edwards yng nghylchgrawn *Cymru*. Yn *Y Darian*, datgana fod y cylchgrawn yn 'deilwng o'i enw, ac nid oes yr un cyhoeddiad a adlewyrcha mor gyflawn fywyd a meddwl gwerin Cymru'.[9] Mae sawl datganiad tebyg yng ngholofnau'r *Clorianydd*, *Y Cymro* a'r *Gwyliedydd Newydd*.[10] Mynegodd gohebydd *Y Cymro* ei anfodlonrwydd pan glywodd rywrai yn wfftio at *Cymru*, 'y cyhoeddiad a olygir mor ragorol gan Mr O. M. Edwards'.[11]

Gweledigaeth genedlaetholgar oedd gan Edwards, er, fel y pwysleisia Lowri Angharad Hughes, nid hunanlywodraeth wleidyddol oedd ei amcan, ond hunanhyder diwylliannol: 'Nod *Cymru* oedd rhoi i'w ddarllenwyr ymdeimlad o hunan-barch a hunan-werth.'[12] Wrth dderbyn y diffiniad hwn o genedlaetholdeb, gellir honni bod ymgais Edwards dros y degawdau yn gymharol lwyddiannus. Hynny yw, fe gynigodd weledigaeth o Gymru a oedd yn atyniadol i bobl ei oes a'u hybu i werthfawrogi eu Cymreictod yn fwy. Yn ei ysgrif goffa i Edwards, dywedodd W. Llewelyn Williams '*Cymru* and *Cymru'r Plant* have done more for Welsh nationalism than all our politicians put together'.[13]

O ran niferoedd y darllenwyr, mae'n ymddangos mai dim ond 1,600 o gopïau'r mis a argraffwyd o'r cylchgrawn yn 1917, er i Edwards nodi bod y copïau'n cael eu cylchredeg, fel bod nifer o unigolion yn eu darllen, gan gynnwys nifer fawr o ddynion a wasanaethai y tu allan i Gymru.[14] Un rheswm pam roedd cylchrediad y cylchgrawn wedi lleihau yn y cyfnod oedd prinder papur, a dyma hefyd y rheswm pam y cwtogwyd maint y cyhoeddiad o 48 i 32 o dudalennau ym mis Ebrill 1917.[15] Fodd bynnag, roedd ffyrdd eraill i ysgrifau Edwards yn *Cymru* gyrraedd cynulleidfa eang. Ailgyhoeddwyd nifer o'i adroddiadau ym mhapurau newydd Cymru, a hefyd bapurau newydd Cymraeg y tu hwnt i ffiniau'r wlad. Diddorol yw nodi bod yr erthygl olygyddol ym mis Ionawr 1917 wedi'i hailgyhoeddi yn llawn yn *Yr Herald Gymraeg* a'r *Dravod* (sef papur newydd Cymry Ariannin), a'i dyfynnu'n helaeth yn *Y Darian* a *Baner ac Amserau Cymru*.[16] Nododd *Y Darian* yn uniongyrchol mai'r bwriad o ailgyhoeddi'r darn oedd sicrhau bod yr 'erthygl ragorol' yn cael ei darllen gan gynulleidfa ehangach nag yr oedd cylchgrawn *Cymru* yn ei chyrraedd. Er nad oedd ei brif gyhoeddiad bellach yn cyrraedd yn uniongyrchol gynulleidfa gystal, fe ellir dweud i sicrwydd bod Syr O. M. Edwards yn ddyn uchel iawn ei barch ar y pryd. Ceir digon o dystiolaeth ym mhapurau newydd y wlad o'r parch tuag at Edwards pan y'i hurddwyd yn farchog ym mis Ionawr 1916. Datganodd gohebydd *Y Cymro*, 'Llawenychwyd Cymru ben-bwy-gilydd' pan dderbyniwyd y newyddion.[17]

Yn ogystal â bod yn unigolyn disglair, roedd Edwards hefyd yn gynrychiadol o do o ddynion Cymraeg mentrus a llwyddiannus yn y cyfnod. Os derbyniwn awgrym K. O. Morgan fod Cymru wedi profi 'ail- enedigaeth' yn y degawdau wedi 1880, yna roedd nifer o ddynion yn fydwragedd i'r dadeni.[18] Fel y noda Alun Llywelyn-Williams, fe ddaeth Edwards a nifer o wleidyddion dylanwadol Cymru (megis Lloyd George a T. E. Ellis) i'w hoed 'ar grib y don fawr a oedd sgubo ymaith yr holl hualau a fu cyhyd yn caethiwo dyhead y werin ymneilltuol am allu cymdeithasol a pholiticaidd'. Felly, roedd eu golwg ar y byd yn un optimistaidd yn ei hanfod, a rhannent y 'dyb ddiniwed' fod 'holl gwrs y canrifoedd yn arwain yn ogoneddus at ddeffroad mawr y werin'.[19] Yn wir, mae'r gair 'deffro' neu 'ddeffroad' yn un o'r geiriau sy'n britho ysgrifau O. M. Edwards. Yn ogystal, fel y noda Manon Jones, nid dim ond disgrifio'r deffroad a fu oedd cenhadaeth Edwards, ond ysgogi'r deffroad a oedd ar ddod.[20] Nid rhywbeth niwtral oedd hanes a thraddodiadau Cymru i Edwards felly, ond arfau i'w defnyddio i fowldio'r dyfodol.[21]

Agwedd arall hanfodol ar gredo Edwards oedd ei ffydd yn naioni a mawredd yr Ymerodraeth Brydeinig. Fel y dangosodd Aled Jones a Bill Jones, roedd ysgrifau Edwards a oedd yn ymwneud â'r ymerodraeth bob tro yn pwysleisio cyfraniad y Cymry at dwf a mawredd rôl Prydain ar y llwyfan rhyngwladol.[22] Er hynny, nid oedd yn ddall i'r ffaeleddau yng ngweithrediad sefydliadau'r ymerodraeth ac yn wir roedd yn gas ganddo'r ysbryd militaraidd. Felly roedd ei ysgrifau adeg Rhyfel y Boer yn gymhleth ac yn troedio'n ofalus. Nid oedd Edwards yn mawrygu'r rhyfel nac yn ymffrostio yn y buddugoliaethau ar faes y gad, ond roedd yn frwd iawn dros dynnu sylw at gyfraniad y Cymry a'r catrodau Cymreig yn yr ymgyrchoedd yn Ne Affrica.[23] Roedd yn optimistaidd y byddai byd gwell yn deillio o'r rhyfel hwn, gyda Phrydain unwaith yn rhagor yn adeiladu enw iddi ei hun fel gwarchodwr gwledydd bychain.

Roedd ffydd Edwards yn rhan hanfodol o'r darlun. Gan ei fod yn gweld cyfraniad y cenhadon Cymreig yn dod â gwareiddiad Cristnogol i rannau o'r byd oedd o dan adain Prydain, gallai ddod i'r casgliad fod yr ymerodraeth yn hyrwyddo'r gorchwyl llesol hwn. Clodwiw a gogoneddus, felly, oedd rôl y Cymry o fewn yr Ymerodraeth Brydeinig, ac roedd gwell ar y gorwel: 'daw yr amser i Gymru gymeryd ei rhan yng ngwareiddiad ac yn llywodraethiad y byd'.[24]

Gellir gweld cysondeb amlwg rhwng agwedd Edwards adeg Rhyfel y Boer a'r hyn a ysgrifennodd o 1914 ymlaen. Iddo ef, fel cynifer o ddeallusion eraill Ewrop, fe ddaeth y Rhyfel Mawr fel sioc, yn gwbl groes i'w ddaliadau bod gwareiddiad ar gynnydd. 'Nid oedd un argoel am y rhyfel alaethus yr ydym yn awr yn ei chanol' ysgrifennodd yn rhifyn Hydref 1914. Ar yr un dudalen, datganodd unwaith eto ei atgasedd tuag at ryfel: 'Ni welaf urddas na mawredd mewn rhyfel.' Rhydd fai ar 'yr ychydig fawrion hynny fynnodd wthio'r cenhedloedd hyn… i ryfel andwyol'.[25] Wrth reswm, nid arweinwyr Prydain oedd y rhai euog yn nhyb Edwards, a cheir nifer o ddatganiadau yn nhudalennau *Cymru* a thu hwnt am gyfiawnder ac anrhydedd achos Prydain. Yn ei ddarn golygyddol ym mis Gorffennaf 1917, datganodd yn blwmp ac yn blaen nad oedd modd i arweinwyr Prydain wneud fel arall ym mis Awst 1914: 'Gall Prydain edrych ar y tair blynedd ofnadwy gyda chydwybod glir.'[26]

Felly fe dderbyniodd Edwards y ddadl bod hwn yn rhyfel cyfiawn, ac fe gyflwynodd ddadleuon dros ei ymladd trwy gydol y gyflafan. Datgana Hazel Davies yn gryno, 'In *Cymru* he presented the case for war.' Mae hithau'n pwysleisio bod ei safbwynt yn gyson â'i ganfyddiad o hanes Cymru, fel gwlad fechan a oedd wedi brwydro ers canrifoedd yn erbyn gormes. Fe dderbyniodd y ddadl (chwedl Lloyd George) mai ymgyrch oedd hon i amddiffyn gwledydd 'pum troedfedd' yn erbyn bwlïod y byd.[27]

Cymaint fu ymroddiad Edwards i achos Prydain fel ei fod yn ymddangos yn rheolaidd ar lwyfannau cyfarfodydd recriwtio ym Meirionnydd a'r cylch o ddechrau'r ymgyrch ymlaen. Dyfynnir ei eiriau mewn cyfarfod ym Mhenrhyndeudraeth yn *Y Cymro* lai na mis ar ôl dechrau'r rhyfel: 'yr oedd y rhyfel yn un cyfiawn, ac y mae rhaid i ni ymladd mewn hunan-amddiffyniad'.[28] Yn hyn o beth roedd ei safbwynt yn gyson hyd ddiwedd y rhyfel. Credodd fod aberth 'bechgyn goreu' Cymru wrth iddynt 'frwydro dros ddynolryw' yn cadw enaid cenedl y Cymry 'yn fyw ac yn bur': hynny yw, eu bod yn paratoi y ffordd ar gyfer y deffroad a oedd ar ddod.[29]

Fodd bynnag, mae hefyd yn amlwg bod Edwards wedi bod yn aros cyhyd am ddeffroad ei bobl erbyn 1917 nes ei fod yn poeni a fyddai'n gweld y blodeuo yr ysai amdano. Mae golygyddol Ionawr 1917 yn dod i ben gan daro nodyn o bryder:

Hen gri galw marchogion Arthur oedd 'Deffro, mae'n ddydd.' Y mae'r dydd wedi gwawrio ers blynyddoedd, ac yn prysur fynd heibio. Fy ngwlad hoff, fy Nghymru, lle mae'r deffro?[30]

Yn naturiol, gyda llanw a thrai newyddion 1917, weithiau roedd optimistiaeth yn amlwg yng ngeiriau Edwards, ac weithiau clywir tinc o anobaith neu bryder. Un elfen a oedd yn hanfodol i ddatganiadau optimistaidd Edwards oedd y ffaith fod Cymro Cymraeg, un o'r werin bobl roedd yntau'n wastad wedi brolio eu cymeriad, wrth y llyw yn San Steffan. Rhydd Edwards fraslun o'r symudiadau gwleidyddol a hwylusodd ffordd Lloyd George i rif 10 Downing Street ar dudalennau 'Cronicl y Misoedd' fis Ionawr. Dyma ryw fath o 'ddyddiadur' cyhoeddus, lle rhoddodd Edwards ei ddadansoddiad o'r newyddion diweddaraf, ynghyd ag ambell sylw tymhorol.[31] Ar 12 Rhagfyr 1916, ychydig ddiwrnodau wedi i Lloyd George gymryd yr awenau, ystyriodd Edwards y sefyllfa yn gyffredinol a barnu mai 'Dyma ddiwrnod duaf y rhyfel eto.' Rhestra'r ffyrdd y mae'r 'gelyn' (gair a ddefnyddir bedair gwaith yn y paragraff) yn 'ymdaith ymlaen', gan fanteisio'n ddichellgar ar y sefyllfa. Yna, mae'r paragraff nesaf yn cynnig gobaith:

> Ond y mae ochr oleu. Mae gennym Brif-weinidog wedi ei osod i ennill y rhyfel, a chabinet i'r pwrpas hwnnw'n unig. Mae'r wlad wedi dod yn barod i wneud unrhyw aberth y gelwir arni i'w wneud; y mae'n barod i roi ennill y rhyfel o flaen popeth arall.[32]

Nid oedd tudalennau 'Cronicl y Misoedd' yn newydd yn 1917: ymddangosodd yr adran hon am y tro cyntaf yn rhifyn mis Rhagfyr 1914. Fodd bynnag, roedd ychwanegiad newydd o fis Awst 1916 ymlaen. O dan y teitl roedd cartŵn o Lloyd George, yn sefyll ger murfylchau castell (a chanddynt debygrwydd amlwg i bensaernïaeth Caernarfon) yn gwisgo arfwisg, ac yn craffu ar y gorwel. Mae'r neges yn glir ac yn ddiamwys: mae'r gwleidydd hwn o Gymro yn gweithio'n ddiflino i'n hamddiffyn ni rhag unrhyw elyn.[33]

Yn gyson yn nhudalennau *Cymru* yn 1917 ceir sylwadau a thriniaeth hynod o ffafriol o Lloyd George, fel unigolyn ac fel gwleidydd. Mae'r gerdd iddo, gan D. Tecwyn Evans, yn rhifyn mis Ionawr yn ei led-addoli. Croesewir y Prif Weinidog newydd yn 'Farchog Cyfiawnder a'r Cenhedloedd mân'. Mae ei enw 'Yn chwyfio goruchafiaeth' i 'Fyddinoedd Rhyddid'. Terfynir y fawlgan gan nodi cenedligrwydd yr arwr:

A CHYMRO wyt! a Chymru fach rhaglaw
Fydd, am dy fagu di, yn fawr byth mwy.[34]

Rheswm arall a roddodd achos i O. M. Edwards godi rhywfaint ar ei galon wrth edrych ar y sefyllfa ryngwladol oedd sut roedd gwledydd y byd yn dod i gefnogi achos Prydain a chyfiawnder, a sut roedd ysbryd diwygio a gwneud iawn am gamau'r gorffennol yn ysgubo'r byd (y tu hwnt i smotyn du'r Almaen). Er gwaethaf y newyddion tywyll a ddaeth yn gyson o feysydd y gad, fe welai Edwards oleuni. Ymfalchïodd yn y chwyldro yn Rwsia ym mis Chwefror a oedd wedi ysgubo awtocratiaeth y Tsar o'r neilltu, 'megis y wawr wedi ei gwasgaru ar y mynyddoedd'.[35] Nododd mai ymhlith gweithredoedd cyntaf y weinyddiaeth newydd oedd 'adfer ei ryddid i Finland' a chaniatáu i 'Poland drefnu ei llywodraeth ei hun'.[36] Yna, pan ddatganodd arlywydd Unol Daleithiau America ei fwriad i ymuno â'r Cynghreiriaid yn y rhyfel, roedd y rhyddhad a'r gobaith yn amlwg. 'Dyma genedl gref yn dod i'r maes, a daw diwedd y rhyfel yn agosach o fisoedd... O Arglwydd y lluoedd, onid yw'r amser wedi dod i roddi inni fuddugoliaeth lwyr!'[37]

Ym mis Gorffennaf, dywedodd Edwards 'daeth mwy o allu i werin rhai o'r gwledydd mewn tair blynedd nag a ddaeth mewn tair canrif o'r blaen'. Mae'n ceisio cyfiawnhau'r aberth trwy edrych ar elfennau positif megis y ffordd y daeth mwy o rym i werinoedd nifer o wledydd, a chan ddatgan bod 'gwerinoedd y byd' wedi dod 'yn agos at eu gilydd'. Felly, catalydd i lanhau cymdeithas yw'r rhyfel, er gwaethaf y gost: 'Daeth y byd yn barotach i ymburo... Mae ysbryd y byd yn fwy egniol, yn fwy difrif, yn fwy pur; y mae gobaith yn goleuo awyrgylch y gwledydd.'[38]

Yn ogystal â'i ddarnau golygyddol a 'Cronicl y Misoedd', roedd platfform i Edwards fynegi ei farn bersonol yn gryf ar dudalennau 'At Ohebwyr', adran a ymddangosodd ar ddiwedd pob rhifyn. Ysgrifennodd cyfrannydd i'r *Goleuad* mai dyma'r adran y byddai ef yn troi ati gyntaf yn y cylchgrawn bob tro, a'i fod yn credu bod 'llu o ddarllenwyr yn gwneud yr un peth'.[39] Ceir problem eithaf sylfaenol wrth i ni geisio astudio'r adran hon (rhwng un dudalen a phedair tudalen lawn bob mis), gan mai dim ond hanner y sgwrs sydd gennym. Mae'n rhaid i ni ddyfalu'r sylw neu'r cwestiwn a gododd y gohebwyr.[40] Fodd bynnag, mae'n amlwg wrth nifer o atebion O. M. Edwards fod yr ymofyniad yn ymwneud yn uniongyrchol â'r rhyfel.[41]

Yn yr adran hon ceir enghreifftiau lu o ysgrifau sydd yn cryfhau'r dadleuon o blaid y rhyfel a wnaethpwyd yn ei ysgrifau golygyddol. Ni ddangosodd Edwards lawer o amynedd â'r rhai a ddadleuodd yn erbyn ei safiad bod yn rhaid parhau â'r ymladd hyd fuddugoliaeth. Cyhoeddodd ym mis Hydref nad oedd yn fodlon gwrando ar gwynion am sut y gweithredwyd yr ymgyrchoedd: 'ein dyledswydd fawr anhebgor yw ennill y rhyfel'. Ar yr un dudalen, mynegodd ei falchder yn ei Brydeindod: 'Y mae Prydain heddiw y wlad ryddaf yn y byd.'[42]

Yn yr adran 'At Ohebwyr' roedd yn aml yn llym ei feirniadaeth o'r Almaenwyr a'u gweithredoedd. Felly, datganodd ym mis Mai, 'Y mae'r Almaenwyr yn chwerwach nag y bu'r Ffrancwyr yn yr un rhyfel erioed', ac ym mis Awst wrth wrthgyferbynnu ffordd Prydain a'r Almaen o ymladd ar y môr, dywedodd fod dinistr yr Almaenwyr 'yn un creulon a barbaraidd'.[43] Rhoddodd fanylion darluniadol yn Hydref am sut y llofruddiwyd 40 o griw y *Belgian Prince* yn fwriadol mewn gwaed oer.[44]

Os yw datganiadau Edwards am rinweddau creulon yr Almaenwyr yn gwneud i ni deimlo'n anghysurus ganrif yn ddiweddarach, beth felly am ei sylwadau am y Tyrciaid? Mae'r rhain yn gyson yn hynod o hallt, gan ddifrïo pobl Twrci, nid dim ond llywodraethwyr Ymerodraeth yr Otoman. Yn syml, 'Gwlad bwdr' oedd Twrci, yn ôl Edwards.[45] Ond er eu bod yn eithafol ac annerbyniol eu naws o safbwynt yr unfed ganrif ar hugain, mae'n rhaid eu darllen yng nghyd-destun yr hyn roedd Edwards yn ei wybod am hil-laddiad pobl Armenia gan yr awdurdodau Twrcaidd a oedd yn digwydd ar y pryd. Gweler yr hyn a ddatganodd yn 'Cronicl y Misoedd' fis Ionawr: 'Dadguddio hanes y Twrc yn Armenia wna i waed pob dyn ferwi ynddo; a gwneud iddo fynnu rhyddhau y trueiniaid sydd eto dan ffrewyll y bwystfil creulon hwn.'[46]

Mae'r ffaith fod y dioddefwyr yn Gristnogion a'u llofruddwyr yn Fwslemiaid yn lliwio beirniadaeth Edwards. Mae'n amlwg bod gohebydd (a ddefnyddiodd y ffugenw 'Coelo Syria') wedi ysgrifennu i anghytuno ag Edwards, gan glodfori'r Tyrciaid am fod yn bobl groesawgar, ond nid oedd Edwards yn fodlon ildio modfedd ar ei safbwynt. Yn ei ymateb mae'n egluro mewn termau hiliol y berthynas rhwng y rhai a reola Ymerodraeth yr Otoman a'r Cristnogion sydd o dan eu llach.

> Gorthrymwr ydyw'r Twrc, heb ddigon o allu i fasnachu, wedi rheoli cenhedloedd mwy gwareiddiedig nag ef ei hun ers cenhedlaethau, yn llawn drwg dŷb o bob cyfnewidiad ac yn cashau pob cam ymlaen.[47]

Bydd y sawl sydd yn gyfarwydd â damcaniaethau 'dwyreinoldeb' yn gweld yn syth sut y mae ffordd o feddwl Edwards yn crisialu'r dwyreiniwr fel creadur sydd ar ei hôl hi o ran gwareiddiad a dysg, mewn gwrthgyferbyniad â'r gorllewinwr blaengar.[48]

Hefyd, dyma enghraifft o Edwards yn hanfodoli: hynny yw, crynhoi'r hyn a ystyriai yn nodweddion trigolion gwlad ac yn pennu pa rinweddau sydd yn hanfodol yn eu cymeriad. Mae erthygl olygyddol ganddo o fisoedd cynnar y rhyfel yn cynnwys brawddeg sy'n crisialu'r ffordd hon o feddwl: 'Y mae cenhedloedd fel pe wedi cymeryd ffurf unigolion, a gwelwn beth yw greddf, cydwybod, enaid, amcan pob un.'[49] Felly, mae geiriau negyddol a chysyniadau treisgar yn llithro'n hawdd i ddisgrifiadau Edwards o'r Tyrciaid megis '[g]wanhau', '[t]ân a gwaed', a '[b]rad'.[50] Roedd Prwsia yn wlad 'o uchelwyr celyd a hunangeisiol a diddiwylliant'.[51] Ar y llaw arall, mae'r disgrifiadau o gynghreiriaid Prydain yn pwysleisio bod y gwledydd ar ochr cyfiawnder. Roedd 'Belgium ddiniwed' yn dioddef 'caethiwed y Ffleming' a 'chaethiwed y Walloon'.[52] Wrth drafod rhinweddau'r prif gynghreiriaid cyfeiriodd at 'amynedd Rwsia' a 'gwrhydri Ffrainc'.[53]

Felly roedd ysgrifau Edwards yn ei gylchgrawn yn ddi-ildio yn eu cyflwyniad o'r rhyfel fel gornest rhwng y da a'r drwg; y cyfiawn a'r anghyfiawn; y gwyn a'r du. Yn ôl y bydolwg hwn, y rhai mwyaf clodwiw oedd y milwyr, y rhai a oedd o'u gwirfodd yn barod i aberthu eu bywydau dros egwyddorion uwch. Ceir enghraifft ddigamsyniol o hyn yn yr erthygl 'Arthur' gan John Lloyd yn rhifyn mis Rhagfyr, sydd yn adrodd hanes Arthur Roberts o Lanberis a fu farw tra'n gwasanaethu gyda lluoedd yr Anzac. Mae'n adrodd hanes ei fywyd fel antur ramantus ac yntau fel Cymro delfrydol, wrth iddo deithio ar draws y byd tra'n coleddu ei wreiddiau. (Mae'n derbyn clod arbennig am ei ran yn sefydlu cymdeithas Gymraeg 'i noddi llên a chân' ar Ynys Vancouver.) Wedi iddo ymfudo i Awstralia dechreuodd y rhyfel ac fe wirfoddolodd Arthur 'oherwydd y credai ac y gobeithiai mai un o ganlyniadau'r rhyfel fyddai rhoi terfyn ar ryfeloedd ac ysbryd milwrol drwy'r holl fyd, a phrysuro'r dydd y deuai gwerin y gwledydd i'w hiawnderau'. Wedi iddo gael ei glwyfo yn ymgyrch Gallipoli fe aeth Arthur ymlaen gyda'r Anzacs i ardal y Somme, lle bu farw ar 9 Awst 1916. Er gwaetha'r ffaith fod yr erthygl yn cynnwys nifer o ddatganiadau gan Arthur sy'n awgrymu iddo weld ffolineb y rhyfel (er enghraifft, 'The next time you are asked to go to war by a statesman, arrange to take him along with you') mae casgliad yr awdur yn datgan yn ddiamheuol bod Arthur a'i debyg yn arwyr: 'nac aed dewrder digymar y cymeriadau gloewon hynny a syrthiodd yn aberth dros ryddid byth o'n cof'.[54]

Enghraifft arall o erthygl a glodforai hunanaberth milwr yw 'Marw Hen Filwr' a ddisgrifia gymeriad Joe Wright, a wirfoddolodd i ailymuno â'r fyddin yn 1914. Dywed yr awdur, 'nid wyf yn meddwl y gallech chwi

Gethin Matthews 171

ddangos gwell engraifft o wladgarwch dygn'.[55] Ceir enghreifftiau eraill o farwnadau barddol sydd yn portreadu'r milwyr trancedig mewn golau arwrol: trafodir rhai o'r rhain isod.

Yn ogystal â'r ysgrifennu *am* filwyr yn nhudalennau *Cymru*, nid yw'n syndod bod gofod wedi'i neilltuo ar gyfer eu hysgrifau hwythau. Efallai nad yw'n syndod ychwaith i ddarganfod Ifan ab Owen Edwards ymhlith y cyfranwyr. Roedd yntau wedi gwirfoddoli yn 1916, gan ymuno â'r Motor Transport Service, er mawr ofid i'w rieni, yn enwedig ei fam.[56] 'Dwy Fynwent' yw teitl ei lith, ac mae'n disgrifio mynwent filwrol Almaenig sydd bellach y tu ôl i linellau'r fyddin Brydeinig, ac eglwys a mynwent gerllaw a ddinistriwyd gan yr Almaenwyr (yr 'Ellmyn' neu 'y gelyn', ys dywed yr erthygl). 'Yr ochr draw i'r coed erys carnedd o gerrig – adfeilion eglwys Ffrengig. Chwythwyd hi i fyny gan y gelyn, a dinistriasant groesau cerrig a haearn ei mynwent hi.' Yn ogystal â thynnu sylw at y difrod a wnaethpwyd gan yr Almaenwyr, mae Ifan yn tynnu sylw at y gwahaniaeth yn y geiriad sydd ar feddau'r milwyr Almaenig yn eu mynwent (*Hier ruht in Gott* – 'Yma'r huna yn Nuw') a'r hyn sydd ar feddau'r milwyr Prydeinig a gladdwyd ganddynt (*Hier ruht ein Englisher soldat unb* – 'Yma'r huna filwr Prydeinig anadnabyddus'). Gofynna Ifan, 'Ai dyma un o effeithiau rhyfel, i ddyn gredu nas gall ei elyn "Huno yn Nuw"?'[57] Gwrthgyferbyniad â'r sylwadau hyn yw ysgrif gan filwr arall sydd yn adrodd straeon am 'Caredigrwydd Gelyn'. Disgrifir llythyr o gydymdeimlad a anfonwyd at deulu gan Almaenes, chwaer i filwr a oedd wedi darganfod eu hanwyliad yn farw yn Ffrainc, a cheir disgrifiad llygad-dyst o gadoediad answyddogol yn y ffosydd.[58]

Mae sawl adroddiad arall o faes y gad gan filwyr yn nhudalennau *Cymru* yn 1917. Mae rhai ohonynt yn ddigon manwl eu disgrifiadau o'r amgylchiadau a wynebodd y dynion, er bod hunansensoriaeth yn amlwg mewn mannau eraill. Un a ddarparodd nifer o ddisgrifiadau o fywyd y milwr ar gyfer y cylchgrawn yn ystod y rhyfel oedd T. H. Lewis. Yn ei ysgrif 'Yn Swn y Drin' wrth sôn am orsaf feddygol ger maes y gad, ysgrifennodd 'Fe'm hesgusodwch am beidio a darlunio y lle hwn.' Ysgafn yw nifer o'r manylion a rydd yr erthygl hon, eithr ar y diwedd mae datganiad am gyfiawnder yr achos y mae'n ymladd drosto. Mae'n disgrifio'r ffosydd fel 'creithiau hagr ar wyneb dynoliaeth: hagr, ie, ond creithiau anrhydedd hefyd', ac yn disgrifio'r meirw fel y 'dewrion hynny, nad oedd ynddynt fai namyn caru ohonynt eu gwlad yn angerddol'.[59] Erbyn diwedd y flwyddyn roedd T. H. Lewis yn ysgrifennu o Facedonia i ddisgrifio 'Nadolig yn y Dwyrain'. Mae ei ddisgrifiadau o wlad Groeg yn fanwl eu manylion am ddiwylliant ac arferion y bobl, gan bwysleisio gan amlaf yr hyn sydd yn anghyfarwydd i ymwelydd o Gymro. Ceir hefyd rai o'r rhagfarnau am yr 'arall' megis yn y sylwadau 'Ar ôl bod cyhyd o dan iau'r Twrc ni ellid disgwyl safon uchel o ddiwylliant ymhlith y brodorion' ac 'Araf y datblyga'r Dwyrain, ac ar bob llaw gwelwn agweddau o fywyd a'm hatgoffai o gyfnod y Testament Newydd.'[60]

Ceir adroddiadau o feysydd eraill y gad sydd yn fwy ecsotig na ffosydd Ffrainc a Fflandrys yn y cylchgrawn. Disgrifia Dewi Williams 'Dolennau Del' Mesopotamia tra mae Thomas Apsimon 'Yn Anialwch Sinai'.[61] Yn ogystal â disgrifio'r golygfeydd anghyfarwydd mae'r ysgrifau hyn yn clodfori'r milwyr am eu dycnwch a'u dewrder, ac yn aml yn cyfeirio'n benodol at rinweddau clodwiw y milwyr Cymreig. Geilw T. H. Lewis yn uniongyrchol ar i'w gyd-wladwyr gydnabod cyfraniad ei gymrodyr:

> Wrth sylwi mor galon-gynnes y mae'r Cymry pan ymhell o'u gwlad, a gweled sut y cadwant eu nodweddion, nid allwn lai na gofyn paham na wneir rhyw ymgais i gofnodi gorchestion ein cydwladwyr ar faes y gad.

Yn ogystal â'r erthyglau a oedd yn ymwneud yn uniongyrchol â'r rhyfel, fe dreiddiodd ofnau a phryderon yr ymladd i sawl agwedd ar gynnwys y cylchgrawn. Un ffordd elfennol yr effeithiodd y rhyfel ar y cylchgrawn oedd yng nghynnwys y straeon a gyflwynwyd ynddo. Roedd *Cymru* o'r cychwyn wedi darparu llwyfan ar gyfer ffuglen newydd, a straeon a gyfieithwyd o ieithoedd eraill. Yn aml, mae'r straeon hyn yn adlewyrchu rhagfarnau cenedlatholgar O. M. Edwards yr hanesydd. Yn nhudalennau *Cymru* yn 1917 ceir wyth rhifyn o 'Croes Ifori Gwenllian', rhamant a osodwyd yn llys Owain Gwynedd. Mae hwn yn dilyn yn nhraddodiad straeon tebyg a gyhoeddwyd yn y blynyddoedd cyn y rhyfel, ac felly yn enghraifft o gynnwys y cylchgrawn yn rhydd o ddylanwad y gyflafan gyfredol.[62] Fodd bynnag, gwelir ôl y rhyfel yn glir yn rhai o'r straeon eraill.

Yn rhifyn cynta'r flwyddyn ceir 'Dau Gyfaill', sef cyfieithiad gan R. Silyn Roberts o *Deux Amis*, stori fer gan Guy de Maupassant.[63] Cyhoeddwyd y stori wreiddiol yn 1882 ac mae'n perthyn i 1871, cyfnod y rhyfel rhwng Ffrainc a Phrwsia. Edrydd y stori hanes y ddau gyfaill, trigolion Paris tra oedd y ddinas dan warchae, sy'n penderfynu mynd ar daith bysgota i'w hoff lecyn, er ei fod rhwng llinellau'r ddwy fyddin. Mae'r Prwsiaid yn eu cipio a'u dienyddio, heb yr un gronyn o drugaredd na dynoliaeth. I'r darllenydd cyffredin yn 1917, nid oedd unrhyw arwydd mai stori am ryfel o gyfnod arall yw hon, ond yn hytrach roedd y ddelwedd o'r swyddog Prwsaidd bwystfilaidd, oer, digywilydd yn perthyn i'r presennol.

Yn yr un modd ag yr oedd nifer o'r erthyglau yn y cylchgrawn yn rhydd o staen y rhyfel, ceir llawer o farddoniaeth yn nhudalennau *Cymru* 1917 nad yw'n ymwneud â'r rhyfel o gwbl. Ym mis Ionawr ceir 'Telynegion y Misoedd' gan Glyn Myfyr sydd (fel yr awgryma'r teitl) yn delynegol a bugeilgerddol eu naws. Yn yr un rhifyn ceir cerdd o'r enw 'Llwyn Serch' gan R. J. Rowlands, 'Canfod Drain Cyn Gweld Rhosynau' gan Murmurydd a barddoniaeth gan Defynnog yn canu clodydd Dinas, sir Benfro.

Fodd bynnag, yn y rhifyn hwn ceir hefyd gerddi er cof am ddau filwr a fu farw ar faes y gad yn 1916. Yn syth ar ôl 'Telynegion y Misoedd' mae tri phennill gan Anellydd er cof am yr is-gorpral John Davies, Crugybar; ychydig dudalennau yn ddiweddarach ceir cerdd hir gan Bryfdir er cof am David Davies, glöwr o'r Caerau. Brithir y ddwy gerdd hyn gan 'iaith 1914' a cheir cyfeiriadau at ddyletswydd, anrhydedd ac aberth yn treiddio trwyddynt. Dyma'r pennill cyntaf i goffáu John Davies:

> Cymro gwyl a milwr-wron
> Gwnaethost ti yr 'Aberth Mawr,'
> Rhoist dy fywyd, rhoist dy galon,
> Rhoist ieuenctyd yn ei wawr
> Er amddiffyn dwyfol hawliau
> Belgium, Ffrainc, a Phrydain wiw,
> Er amddiffyn dynol freiniau
> Rhag gelynion dyn a Duw.[64]

Yn yr un modd, mae penderfyniad David Davies i ymuno â'r fyddin yn cael ei bortreadu fel dewis anrhydeddus, aruchel a gwrol. Yn ogystal â bod yn wladgarol-Brydeinig, mae'r cyfeiriadau at arwyr hanes Cymru yn dangos bod David yn deilwng o'i etifeddiaeth Gymraeg.

> Clywodd gorn y gâd yn galw; gwelodd Brydain dan ei phwn;
> I bob ysbryd fynnai wrando, llais dyledswydd ydoedd hwn.
> Ufuddhaodd ef i'r alwad fel ei ddewr henafiaid gynt,
> Cyn i ddybryd sain gorfodaeth gyffro'n bywyd ar ei hynt.
> Oni chlywodd am Lywelyn, oni welodd blas Glyndwr?
> Oni sylwodd ar ein cestyll gyda'r ddraig ar frig pob twr?
> Cerddodd hwn i'r maes yn hoew, cydiodd yn ei dryll a'i gledd;
> Gwell na byw dan orthrwm ydoedd gan y llanc gofleidio'i fedd.[65]

Mewn rhai o'r cerddi telynegol mae crafangau'r rhyfel i'w gweld yn glir. Mae tri phennill cyntaf 'Mai' gan ap Melangell yn fugeilgerddol, yn clodfori gogoniant natur yn y gwanwyn. Yna ceir y llinellau

> Ni cha Tom ei chlywed 'leni –,
> Syrthiodd yn y gad,
> Yn nhir Gâl yn swn y gelyn
> Gwel ei feddrod mad[66]

Ceir nodyn i egluro mai cyfeiriad yw hwn at Thomas Harri Jones a fu farw yn ymgyrch y Somme.

Gwelir enghraifft arall o'r rhyfel yn ymddangos mewn cerddi ar bwnc arall yn y penillion i ddathlu priodas Olwen Lloyd George a Chapten T. J. Carey-Evans. Yng nghanol y sylwadau rhamantus toreithiog – a thros ben llestri – ceir sylwadau hallt am yr Almaenwyr, gan nodi bod y capten wedi dychwelyd yn ddiogel 'Er gwaethaf y gelyn, ei fagnel, a'i frad.'[67]

Enghraifft arall o'r rhyfel presennol yn ymwthio i farddoniaeth ar destun arall yw'r cyfeiriadau at frwydro yn y gerdd 'Arwyr Cymru' sydd yn agor rhifyn mis Awst. Yn y pennill am Gerallt Gymro, nodir 'Bu'r Cymry gynt mewn aml i frwydr fawr | Yn erbyn traha'r estron.' Eto, yn y pennill am Esgob William Morgan:

> Molwn y milwr dewr, ein dyled yw,
> Wynebodd erom erchyllterau câd[68]

Mae llawer o'r cerddi'n llawn hiraeth am Gymru a phryder y rhai a adawyd yng Nghymru am eu hanwyliaid. Ymddengys y gair 'Cymru' wyth o weithiau yng nghân Myfyr Hefin, 'Rhywle yn Ffrainc'.[69] Mae 'Mam y Milwr' yng ngherdd Glyn Myfyr yn gofidio'n chwerw am dynged ei mab, tra hefyd yn datgan mai 'Efe sydd yn sefyll rhyngof | a phrofiad ofnadwy'r drin.'[70] Cerdd arall Glyn Myfyr yw 'Seibiant y Milwr', sydd â thema gref o ofidio teulu'r milwr am ei ffawd, wrth iddo gychwyn 'ar lwybr Dyledswydd i'r drin'. Maent yn iawn i ofidio oherwydd, fel y dywed y pennill olaf, 'gwobr y gwron yw bedd': 'Rhoed miloedd o feibion y werin yn ebyrth ar allor eu gwlad.'[71]

Dwy enghraifft arall o gerddi sydd yn hanfodol delynegol yw'r rhai gan y milwyr Iorwerth M. Davies a J. H. Richards. Ysgrifennodd Davies 'O Fro y Frwydr' ym Macedonia ym mis Mehefin 1917, tra'n gwasanaethu gydag uned Gymreig yr RAMC. Yn y gerdd mae'n hiraethu am ei wlad enedigol, ei thraddodiadau a'i chysuron: ymddengys y gair 'Cymru' 11 o weithiau yn y chwe phennill.[72] Mae 'Tant Hiraeth' gan Richards yn gân serch gan filwr sydd oddi cartref, 'mysg y miloedd hyf', sydd yn teimlo'n unig ac yn gweld eisiau ei gariad.[73]

Mae'n deg nodi nad oes manylu ym marddoniaeth y milwyr hyn ar eu gorchwyl fel milwyr. Y rhai sydd *yn* barddoni am ffosydd ac ymladd yw'r rhai a ysgrifennai o ddiogelwch eu cadeiriau esmwyth yng Nghymru. Beirniadodd Tecwyn Lloyd y math yma o gerddi yn hallt yn ei ysgrifau, gan wawdio'r rhai a ysgrifennodd am yr ymladd heb iddynt fod 'o fewn dau can milltir i unrhyw ryfel yn eu bywyd... Nid oes yma rithyn o amgyffred gwae a gwallgofrwydd y Rhyfel, dim treiddio i'r dioddefaint, dim gwylder yn wyneb yr anfadrwydd'.[74] Yn wir, mae rhai o'r delweddau a greodd y beirdd gartref yng Nghymru wrth ddychmygu ymladd y ffosydd yn codi cyfog ar y darllenydd heddiw. Dyma'r ddelwedd ramantus a greodd Gwilym Dyfi o dranc milwr o Gymro:

> Yng nghyffro y taro mawr,
> Cwympodd y glew filwr hoew,
> A chafwyd ef gyda'r wawr,
> A gwên ar ei wyneb marw.[75]

Mae cerddi eraill ar dudalennau *Cymru* yn 1917 sydd yn ceisio portreadu marwolaeth y milwr fel aberth nobl, gwrol – ac yn rhywbeth a wnaed dros Gymru. Yn ôl George Williams, fe aeth 'Ein Glewion Feibion Glan' yn wirfoddol i aberthu eu hunain:

> I'n diogelu ni,
> A chadw'n glaear anrhydedd
> Ein cenedlaethol fri.
>
> Fe erys eu gwrhydri –
> Mewn cof tra'r Wyddfa'n bod,
> Bydd myrdd o genedlaethau,
> Yn glir adseinio'u clod[76]

Mae geiriau Anellydd am John Davies syrthiedig yn adleisio ymadrodd enwog Rupert Brooke:

> Lle gorweddi di, fy machgen,
> Y mae darn o Gymru iach
> Er yn Ffrainc mae'th dawel wely,
> Cymru biai'th galon fach[77]

Felly mae'r negeseuon a gyfleir gan y cerddi hyn fel cyfanwaith yn glir ac yn gyson.[78] Maent yn frith o eiriau fel 'anrhydedd', 'cyfiawnder', 'Rhyddid', 'gwrhydri', 'gwroniaeth' a 'dewr'. Mae'r 'gelyn' yn cael ei bardduo'n rheolaidd, a'i 'frad' a'i 'ymffrost' yn cael eu melltithio – dyma 'gelyn dyn a Duw', ys dywed Anellydd. Ar y llaw arall, saif 'Cymru wen'

176 *'Un o Flynyddoedd Rhyfeddaf Hanes'*

fel delfryd o bopeth sydd yn dda a phur yn y byd. Nid oedd pob cerdd yn y cylchgrawn yn ymwneud â'r rhyfel o bell ffordd, ond yn sicr nid oedd lle gan O. M. Edwards yn *Cymru* ar gyfer unrhyw brydyddiaeth a oedd yn gymedrol neu'n gymodlon ei agwedd tuag at yr Almaen.

Wrth drafod barddoniaeth yn y cylchgrawn yn y flwyddyn arbennig 1917, mae'n rhaid trafod Hedd Wyn. Daw'r cyfeiriad cyntaf ato yn 'Cronicl y Misoedd' fis Hydref: 'Hedd Wyn wedi marw yn Ffrainc dros ei wlad.'[79] Cynhwysa rhifyn Tachwedd nifer o eitemau am y bardd coll. Ceir cerddi Eifion Wyn ('Fab y mynydd â'r athrylith gref – Cofia Cymru fach am ei aberth ef') a J. W. Jones ('A thra byddo praidd hyd lethrau y bryn | Anfarwol am oesau fydd enw Hedd Wyn').[80] Yn 'At Ohebwyr' enwir ef gan O. M. Edwards mewn rhestr o feirdd a gollwyd yn y rhyfel (sydd hefyd yn cynnwys Rupert Brooke ac Edward Thomas), ac mae'n apelio ar unrhyw un sy'n meddu ar un o'i gerddi neu lythyrau i'w cyfrannu i gyfrol goffa'r bardd.[81] Nodir hefyd yn y rhifyn hwn fod arian yn cael ei gasglu i godi cofeb iddo yn Nhrawsfynydd.[82] Yn rhifyn mis Rhagfyr ceir mwy o farddoniaeth iddo, sy'n cyfeirio at 'ei wrhydri dillyn'.[83]

Fe welwn fan hyn fod Hedd Wyn yn troi'n eilun, hyd yn oed yng nghanol y cyflafan pan nad oedd neb yn gallu bod yn sicr beth fyddai tynged y rhyfel. Wrth i Edwards a'r awduron eraill geisio gweld rhyw fath o oleuni ynghanol tywyllwch y lladdfa roeddent yn troi straeon o farwolaeth ym maw Fflandrys a Ffrainc yn weithredoedd o anrhydedd, gwrhydri ac aberth. Roedd hyn yn hollol gyson â chenhadaeth Edwards yn nhudalennau *Cymru* yn 1917. Er gwaetha'r gost, nid oedd dewis ond dal ati i ymladd, â ffydd y byddai byd gwell yn dod. Awgrymaf fod y weledigaeth hon yn un synhwyrol a chydlynol ar y pryd, hyd yn oed os yw hanes y byd wedi 1918 yn dangos yn ddi-ddadl ei bod yn gyfeiliornus.

Ar dudalen olaf *Cymru* 1917 ceir sylwadau O. M. Edwards 'At Ohebwyr'. Mae'n cychwyn trwy gyfaddef yn blaen mai dyma 'ddiwedd y flwyddyn fwyaf llawn o anhawsterau yn hanes *Cymru*'. Ond eto, mae'n mynnu taro nodyn gobeithiol.

> Er pryder y misoedd a'r blynyddoedd, er pob colli, er pob ing a galar, rhaid i ni gofio am barhad bythol ysbryd Cymru. Yr ymdrech fawr i ni yw cadw bywyd Cymreig ein cenedl yn effro ac yn bur, er mwyn heddyw ac er mwyn oesoedd sydd i ddod. Gwnaiff *Cymru* ei ran tra y medr redeg. Bydd ei rifynnau nesaf y rhai goreu ymddanghosodd, cyfunir ymddynt feddylgarwch tawel hoffus Cymru ac ynni deffrous y Rhyfel Mawr.[84]

Nid dim ond gobaith a ddatgelir yma, ychwaith, ond dyletswydd. Yn yr un modd ag yr oedd gan wŷr ieuainc Cymru ddyletswydd i ymrestru i amddiffyn eu gwlad, roedd dyletswydd ar bawb a arhosai yng Nghymru – ac, efallai, yn enwedig ar y llenorion, y beirdd a'r deallusion – i barhau â'r gwaith o baratoi ar gyfer y deffroad a oedd ar ddod, a hwyluso ei ddyfodiad. Yn ôl ym mis Mai, datganodd Edwards 'A hyd yn oed yn y dyddiau ofnadwy hyn, pan glywir gruddfannau cenhedloedd cryfaf y ddaear yn yr ymdrech am eu rhyddid a'u bywyd, oni ddylem ddal i godi llef Cymru, pa mor egwan a bloesg bynnag, am barhad gwreiddiau ei bywyd?'[85] Nid oedd dewis gan Edwards ond parhau â chenhadaeth ei fywyd. Ni fyddai ei reddf, ei ffydd na'i wladgarwch yn caniatáu iddo unrhyw lwybr arall.

Pan ddaeth y cadoediad ym mis Tachwedd 1918, yn ei ryddhad fe gredai Edwards fod Rhagluniaeth wedi gweithredu i sicrhau bod cyfiawnder yn fuddugol, a bod byd gwell ar y gorwel. Mae ei ddarn golygyddol, 'I Ddynion Ewyllys Da', yn byrlymu â chyfeiriadau at dangnefedd,'cân yr angylion' a rhyddid – yn ogystal â nifer o gyfeiriadau beirniadol at 'y Prwsiaid, yr Awstriad a'r Twrc – hen erlidwyr trahaus y byd'. Mae'r cyfeiriadau at 'y gelyn' yn frith o ddelweddau o gaethiwed, sy'n dwyn i gof ddioddefaint pobl Israel yn yr Aifft – ond gyda llawenydd mae Edwards bellach yn gallu datgan bod rhyddid ar y ffordd i bobl y byd benbaladr. Yn enwedig, mae deffroad ar y ffordd i'r Cymry, ac mae profedigaeth arbennig ein gwlad ni yn sicr o arwain at ysbryd newydd o ddadeni: 'Deffry cân angylion ym mywyd y Cymry. Ni aberthodd un genedl fwy; ni ddyhea yr un genedl yn fwy am dangnefedd; ni chyfunodd neb mor drylwyr barodrwydd i ymladd dros ryddid ac ewyllys da i ddynion.'[86]

Aberth; rhyddid; dyletswydd; cyfiawnder: dyma 'eiriau 1914' o hyd yn cael eu defnyddio. Y thema gyson fan hyn, fel trwy gydol blynyddoedd yr ymladd, yw bod yr ymgyrch yn un angenrheidiol a chyfiawn: roedd pwrpas i'r cyfan wrth i'r byd deithio trwy'r tywyllwch hunllefus i oleuni'r byd newydd. Ar delerau Owen Morgan Edwards, mae'r cyfan yn gwneud synnwyr yn y pen draw: yr yr un modd ag y daeth Duw i achub pobl Israel rhag y Pharoaid creulon, fe ddaeth Duw i sicrhau bod goleuni a rhyddidgarwch Cymru/Prydain/y Cynghreiriaid yn trechu hualau tywyll y gelyn.

Bu farw Edwards ar 15 Mai 1920 wedi cyfnod blin o salwch, ac felly ni chafodd fyw i weld mai ofer oedd ei obeithion am ddeffroad a dadeni ymysg y Cymry wedi eu haberth eithriadol.

Nodiadau

1. 'Y Rhagolygon', *Cymru*, 52, 1 (Ionawr 1917), 11–12, 11. Rhifynnau Ionawr i Fehefin 1917 yw cyfrol 52 y cylchgrawn, rhifau 1 i 6; rhifynnau Gorffennaf i Ragfyr 1917 yw cyfrol 53, rhifau 1 i 6. Yn y troednodiadau dilynol, nodir y mis a'r dudalen yn unig yn y cyfeiriadau at y cylchgrawn yn 1917.
2. Stéphane Audoin-Rouzeau ac Annette Becker, *14–18: Understanding the Great War* (Efrog Newydd: Hill and Wang, 2002), yn enwedig tt. 98–104.
3. Kenneth O. Morgan, *Rebirth of a Nation: Wales 1880–1980* (Caerdydd: University of Wales Press; Rhydychen: Oxford University Press, 1982), tt. 103–4. Ceir nifer fawr o erthyglau a llyfrau am O. M. Edwards a'i ddylanwad ar ei famwlad. Gweler, er enghraifft, John Davies, 'O. M. Edwards', *Welsh Historian* (Gwanwyn 1987), 26–7; Hazel Davies, *O. M. Edwards* (Caerdydd: University of Wales Press, 1988); Manon Jones, 'Owen Morgan Edwards: Hanesydd Cymreig', *Y Traethodydd*, 165, 697 (Hydref 2010), 207–31; Alun Llywelyn-Williams, 'Owen M. Edwards: Hanesydd a Llenor', *Y Traethodydd*, 114 (1959), 1–16; Lowri Angharad Hughes, 'O. M. Edwards: Ei Waith a'i Weledigaeth', *Ysgrifau Beirniadol*, XXIX (2010), 51–77.
4. Noda John Davies yn 'O. M. Edwards' ei fod wedi ysgrifennu neu olygu 55 o lyfrau erbyn 1907, ac ychwanegu 35 yn rhagor at y cyfanswm cyn ei farwolaeth yn 1920. Yng nghanol yr 1890au roedd Edwards yn gyfrifol am gyhoeddi pum cylchgrawn yn gydamserol.
5. Llywelyn-Williams, 'Owen M. Edwards', 7.
6. Gwilym Arthur Jones, *Bywyd a Gwaith Owen Morgan Edwards* (Aberystwyth: Cwmni Urdd Gobaith Cymru, 1958), t. 53.
7. Davies, *O. M. Edwards*, tt. 39–40; Manon Jones, '"Annwyl Gyfaill...": Yr Ohebiaeth rhwng John Morris-Jones ac O. M. Edwards', *Y Traethodydd*, 69, 709 (Ebrill 2014), 114–39, 117.
8. Dyfynna Lowri Angharad Hughes dystiolaeth uniongyrchol, fodd bynnag, sydd yn profi effaith ysgrifau *Cymru* ar gynulleidfa yn Abertawe yn 1894 ('O. M. Edwards', 52–3).
9. 'Y Naill Beth a'r Llall', *Y Darian*, 22 Mawrth 1917, 1.
10. Gweler, er enghraifft, 'Mr O. M. Edwards a'r Rhyfel', *Y Clorianydd*, 20 Ionawr 1915, 2; 'Efrydwyr Diwinyddol' a 'Syr O. M. Edwards a Heddwch', *Y Clorianydd*, 7 Tachwedd 1917, 2; 'O. M. yn Nrych y Gorffennol', *Y Clorianydd*, 24 Gorffennaf 1918, 2; 'Cymru a'r Rhyfel', *Y Cymro*, 16 Awst 1916, 6; 'Mwy ynteu llai o arfau', *Gwyliedydd Newydd*, 9 Tachwedd 1915, 1. Gweler hefyd lythyr y Caplan A. W. Davies sydd yn cyfeirio at waith Edwards, 'Gair o Ganaan', *Gwyliedydd Newydd*, 22 Ionawr 1918, 8.
11. 'Nodion Cymreig', *Y Cymro*, 4 Tachwedd 1914, 1.
12. Hughes, 'O. M. Edwards', 67–8.
13. W. Llewelyn Williams, 'Sir Owen Edwards', *Welsh Outlook*, 7, 6 (Mehefin 1920), 135–6, 136.
14. D. Tecwyn Lloyd, 'Nodyn ar y "Cymru" Coch', *Journal of the Welsh Bibliographical Society*, 10, 1 (Rhagfyr 1966), 27–8. Noder hefyd y sylw yn

llythyr Dewi Williams o Fesopotamia (Mai, 206): 'Blasus hefyd fuasai Cymru'.
15. 'At Ohebwyr', Mai, 213.
16. *Yr Herald Cymraeg*, 16 Ionawr 1917, 2; *Y Dravod*, 6 Ebrill 1917, 5; *Y Darian*, 18 Ionawr 1917, 4; *Baner ac Amserau Cymru*, 3 Chwefror 1917, 4.
17. David Samuel, 'Syr Owen Edwards', *Y Cymro*, 12 Ionawr 1916, 9.
18. Morgan, *Rebirth of a Nation*, yn enwedig pennod 4, 'The National Revival', tt. 90–122.
19. Llywelyn-Williams, 'Owen M. Edwards', 5.
20. Jones, 'Owen Morgan Edwards', 211.
21. Lowri Angharad Hughes Ahronson, '"A refreshingly new and challenging voice": O. M. Edwards's Interpretation of the Welsh Past', yn Neil Evans a Huw Pryce (goln), *Writing a Small Nation's Past: Wales in Comparative Perspective, 1850–1950* (Farnham: Ashgate, 2013), tt. 127–40, 129–31.
22. Aled Jones a Bill Jones, 'Empire and the Welsh Press', yn Simon J. Potter (gol.), *Newspapers and Empire in Ireland and Britain* (Dulyn: Four Courts Press, 2004), tt. 75–91, 83–90.
23. 'Blodau a Chwyn', *Cymru*, 19, 110 (Medi 1900), 104.
24. 'Yr Ymylwe Geltaidd', *Cymru*, 18, 105 (Ebrill 1900), 201. Gweler hefyd Jones a Jones, 'Empire and the Welsh Press', tt. 87–9.
25. 'At Ohebwyr', *Cymru*, Hydref 1914, 200.
26. 'Dydd Holi Cydwybod', Gorffennaf, 10.
27. Davies, *O. M. Edwards*, tt. 45–7.
28. 'Cymru a'r Rhyfel', *Y Cymro*, 2 Medi 1914, 7.
29. Allan o araith a draddodwyd gan O. M. Edwards yn Eisteddfod Genedlaethol Aberystwyth, 1916, dyfynnwyd yn Hazel Walford Davies, *Bro a Bywyd Syr O. M. Edwards* (Caerdydd: Cyngor Celfyddydau Cymru, 1988), t. 137.
30. 'Y Rhagolygon', Ionawr, 12.
31. Er enghraifft, y sylw 'Sul eiraog' am 17 Rhagfyr 1916 ('Cronicl y Misoedd', Ionawr, 97). Yn aml, ni roddodd Edwards newyddion am y rhyfel ar y Saboth.
32. 'Cronicl y Misoedd', Ionawr, 97.
33. Ymddangosodd y cartŵn bob mis hyd at derfyniad adran 'Cronicl y Misoedd' ym mis Rhagfyr 1918.
34. D. Tecwyn Evans, 'Y Gwir Anrhydeddus D. Lloyd George', Chwefror, 98.
35. 'At Ohebwyr', Mehefin, 243; 'Dydd Holi Cydwybod', Gorffennaf, 10. Fodd bynnag, fel y byddai dyn yn ei ddisgwyl, ni chroesawodd Edwards 'chwyldroad gwaedlyd' Tachwedd 1917 ('Cronicl y Misoedd', Rhagfyr, 211).
36. 'Cronicl y Misoedd', Mai, 209.
37. 'Cronicl y Misoedd', Mai, 210.
38. 'Dydd Holi Cydwybod', Gorffennaf, 10–11.
39. 'Nodiadau'r Dydd', *Y Goleuad*, 11 Mai 1917, 5.
40. Awgryma Hazel Davies, fodd bynnag, ei fod yn achlysurol yn ffugio

cwestiynau gan y darllenwyr fel ei fod yn gallu darparu dadl arbennig (*O. M. Edwards*, t. 45).
41. Amgangyfrifaf fod tua un ymhob pump yn ymateb yn uniogyrchol i amgylchiadau'r rhyfel – allan o 253 o gofnodion yn y flwyddyn mae o leiaf 51 ohonynt yn ymwneud â'r rhyfel.
42. 'At Ohebwyr', Hydref, 136.
43. 'At Ohebwyr', Mai, 214; Awst, 71.
44. 'At Ohebwyr', Hydref, 136.
45. 'Dydd Holi Cydwybod', Gorffennaf, 9.
46. 'Cronicl y Misoedd', Ionawr, 97: mynediad am 15 Rhagfyr 1916.
47. 'At Ohebwyr', Mai, 213.
48. Edward Said, *Orientalism* (Llundain: Penguin, 1977), e.e. tt. 204–8. Ceir sylwadau hallt iawn am ddatganiadau gwrth-Semitaidd Edwards yn Gareth Miles, 'O'r Bala i Belsen', *Barn*, 383, 384 (Rhagfyr 1994/Ionawr 1995), 21–3.
49. 'Crefydd a Rhyfel', *Cymru*, Rhagfyr 1914, 249–50, 250.
50. 'At Ohebwyr', Mehefin, 243; 'Miss Gee', Rhagfyr, 171; 'Dydd Holi Cydwybod', Gorffennaf, 11.
51. 'Dydd Holi Cydwybod', Gorffennaf, 9.
52. 'Dydd Holi Cydwybod', Gorffennaf, 10.
53. 'Cronicl y Misoedd', *Cymru*, Mehefin 1915, 334.
54. John Lloyd, 'Arthur', Rhagfyr, 197–200. Ar gyfer ei gofnod ar wefan y *Commonwealth War Graves Commission*, gweler http://www.cwgc.org/find-war-dead/casualty/1454828/ (cyrchwyd Medi 2014).
55. Morgan Rees, 'Marw Hen Filwr', Mai, 191–2.
56. Hazel Walford Davies (gol.), *Llythyrau Syr O. M. Edwards ac Elin Edwards 1887–1920* (Llandysul: Gomer, 1991), tt. 486–94.
57. Ifan ab O. Edwards, Maes y Frwydr, 'Dwy Fynwent', Medi, 77.
58. O'Moore Phillips, 'Caredigrwydd Gelyn', Awst, 61–2.
59. T. H. Lewis, 'Yn Swn y Drin', Mawrth, 117–20.
60. T. H. Lewis, 'Nadolig yn y Dwyrain', Rhagfyr, 206–10. Ceir mwy o ysgrifau gan T. H. Lewis am ei brofiadau milwrol yng nghylchgrawn *Cymru* yn 1916, 1918 ac 1919.
61. Dewi Williams, 'Dolennau Del', Mai, 205–6; Thomas Apsimon 'Yn Anialwch Sinai', Gorffennaf, 16–20; Rhagfyr, 188–92. Ceir hefyd lythyr gan Dewi Williams ar ymweliad â Bryniau Casia yn rhifyn Rhagfyr, 195. Ceir mwy o gyfraniadau gan Thomas Apsimon o'r Aifft a Phalesteina yn 1918.
62. Er enghraifft, gweler stori 'Owen Tudur' (sef tad-cu Harri Tudur) yn rhifynnau Ionawr i Fehefin 1913.
63. 'Dau Gyfaill', Ionawr, 21–4.
64. Anellydd, 'Mewn Cof', Ionawr, 14.
65. Bryfdir, 'David', Ionawr, 19–20.
66. ap Melangell, 'Mai', Mai, 192.
67. Caerwyson, 'Y Briodas', Awst, 70.
68. Athro, 'Arwyr Cymru', Awst, 41–2. Noda mai testun y farddoniaeth yw'r

arwyr a oedd newydd gael eu hanfarwoli mewn marmor yn Neuadd y Ddinas, Caerdydd.
69. Myfyr Hefin, 'Rhywle yn Ffrainc', Mawrth, 116.
70. Glyn Myfyr, 'Mam y Milwr', Mawrth, 120.
71. Glyn Myfyr, 'Seibiant y Milwr', Rhagfyr, 193–4.
72. Iorwerth M. Davies, 'O Fro y Frwydr', Rhagfyr, 172.
73. Pte J. H. Richards, 'Tant Hiraeth', Gorffennaf, 26.
74. D. Tecwyn Lloyd, 'Llenyddiaeth Cyni a Rhyfel, 1914–1939', yn *Llên Cyni a Rhyfel a Thrafodion Eraill* (Llandysul: Gwasg Gomer, 1987), tt. 11–42, 26.
75. Gwilym Dyfi, 'Cwymp y Milwr', Ebrill, 180.
76. George Williams, 'Ein Glewion Feibion Glan', Mawrth, 120.
77. Anellydd, 'Mewn Cof', Ionawr, 14. Yn ddiddorol, pan gyhoeddwyd cyfieithiad o soned Rupert Brooke yn nhudalennau *Cymru* ym mis Mawrth (150), ni newidiodd G. R. Thomas y cyfeiriad at 'England' i Brydain: 'Os trengu wnaf, yn unig cofier hyn – | Fod acw gongl mewn rhyw estron faes, | Sydd lecyn byth o Loegr.'
78. Am enghreifftiau eraill gweler Caswallon, 'Ymadawiad y Milwr', Gorffennaf, 50 ac A. S. Thomas, 'Y Noswyl', Hydref, 116.
79. 'Cronicl y Misoedd', 135.
80. Eifion Wyn, 'Hedd Wyn', 146; J. W. Jones 'Cadair Wag Hedd Wyn', 167.
81. 'At Ohebwyr', 168.
82. 'Cofeb Hedd Wyn', 150.
83. Dewi Eden, 'Hedd Wyn', 180.
84. 'At Ohebwyr', Rhagfyr, 212.
85. 'At Ohebwyr', Mai, 213.
86. O. M. Edwards, 'I Ddynion Ewyllys Da', *Cymru*, 55, 329 (Rhagfyr 1918), 161–2.

9

'Segurdod yw Clod y Cledd': David Davies a'r Helfa am Heddwch Wedi'r Rhyfel Mawr

Huw L. Williams

Mae yna ganfyddiad ymhlith y Cymry bod heddychiaeth yn rhan ganolog o'n traddodiad, a bod yna ymlyniad cryf iddi ymhlith mwy nag un grŵp o'r gymdeithas. Yn wir, mae penodau eraill yn y gyfrol hon yn tystio i'r gweithredu brwd yn erbyn y Rhyfel Mawr, yn ystod y blynyddoedd ymladdgar hynny. Er y traddodiad clodwiw hwn, teg dweud mai yn y blynyddoedd wedi'r rhyfel y daeth heddychiaeth i ennill ei phlwyf fel y mudiad prif ffrwd a adnabyddir heddiw. Dyma gyfnod Cyngor Cymreig o Undeb Cynghrair y Cenhedloedd, ac mae geiriau ei gyfarwyddwr, Gwilym Davies, yn 1922, yn tystio i'r gobaith a'r uchelgais a berthynai i'r mudiad heddwch ar y pryd: 'Cymru fydd y rhagfur yn erbyn y rhyfel nesaf.'[1] Blaenllaw ymysg y datblygiadau yma oedd sefydlwr a noddwr y cyngor, y Barwn David Davies, ŵyr i'r diwydiannwr enwog o'r un enw, a fuddsoddodd ei egni di-ben-draw a'i gyfoeth helaeth er mwyn hyrwyddo'r achos.

Bwriad y bennod hon yw olrhain gweithgarwch y gŵr arbennig hwn o gyfnod y rhyfel ymlaen, gan esbonio a chloriannu'r gwaith a ddaeth fel ymateb uniongyrchol i drybini a gwastraff y brwydro. Ceisiaf osod ymdrechion Davies o fewn cyd-destun y dosbarthiadau cymdeithasol a gynrychiolai. I raddau roedd ei ymateb i'r rhyfel yn adlewyrchu safiad nifer fawr ymhlith Rhyddfrydwyr blaenllaw Cymru y cyfnod, ac yn hynny o beth fe welwn mai un o sgileffeithiau'r rhyfel ymysg dosbarthiadau gwleidyddol y wlad oedd rhoi hwb enfawr i achos heddychiaeth, a fyddai'n gosod y seiliau ar gyfer mudiad sy'n parhau'n rymus hyd heddiw. Yn wir, mae'r Deml Heddwch sydd yn sefyll ym Mharc Cathays

Caerdydd yn gofadail i'r twf hwn yn y gefnogaeth i heddychiaeth – yn ogystal ag ymdrechion personol Davies, a gyfrannodd £58,000 tuag at godi'r adeilad.[2]

Ac eto, er bod hanes David Davies yn codi cwr y llen ar stori ehangach yn sgil y rhyfel, mae diddordeb arbennig i'w ganfod yn y tueddiadau neilltuol yn ei weithgarwch a'i waith – a'r gwrthbwyntiau achlysurol a gynigant i'r naratif ehangach. Dechreuwn felly gyda'i hanes unigryw ef, cyn rhoi sylw i'w weithgarwch o'r rhyfel ymlaen – a cheisio esboniad o'i drawsnewidiad o filwr i ymgyrchydd heddwch. Awn ati wedyn i fyfyrio ar ei hanes o safbwynt tueddiadau ehangach yr oes. Yn adran olaf y bennod trafodwn a myfyriwn ar yr hyn a ystyriaf innau fel ei gyfraniad hynotaf – sef ei ysgrifau ar heddwch. I raddau maent yn adlewyrchu cefnogaeth eang y cyfnod i'r gynghrair, ond ar yr un pryd enghreifftiant arwahanrwydd Davies fel dyn a meddyliwr, gyda'i weledigaeth ogoneddus. Yn ei waith fe welir, yn fy nhyb i, yr hyn a'i nodweddai fel unigolyn, sef ei ymlyniad wrth dueddiadau ehangach rhyddfrydol ei oes, a'r unplygrwydd a'r hynodrwydd a'i gwnaeth yn ddyn ar wahân. Gadewir i'r darllenydd benderfynu ai cyfraniad nodedig i heddychiaeth Gymreig a thu hwnt a geir yn ysgrifau Davies neu ynteu ymateb hynod ac eithafol i greithiau rhyfel.

'Dai Bob Man'

Ceir sawl ysgrif eisoes sydd yn mynd i'r afael â hanes y dyn byrlymus, egnïol hwn, a adnabyddir oherwydd sawl gorchwyl sylweddol, pellgyrhaeddol.[3] Yn sail i'w holl waith roedd y golud enfawr a etifeddodd ef a'i ddwy chwaer, a grëwyd yn y lle cyntaf gan eu tad-cu, David Davies yr Ocean, neu 'Top Sawyer' (un o'r ychydig Gymry cynhenid a bentyrrodd gyfoeth helaeth o ddiwydiannau mawrion de Cymru).[4] Etifeddasant – yn ogystal â'r Cwmni Ocean ffyniannus – ffortiwn sylweddol iawn yng nghyd-destun y cyfnod.

Adnabyddir ei chwiorydd yn bennaf am y casgliad o gelf argraffiadol a waddolwyd i'r Amgueddfa Genedlaethol yng Nghaerdydd, ond roedd David Davies yr ail a'i fryd ar waith dyngarol mwy ymarferol, megis sefydlu mudiad gwrth-diwbercwl yn 1910 (gyda rhodd o £125,000).[5] Bu'n Aelod Seneddol Rhyddfrydol dros sir Drefaldwyn o 1906 tan 1929 yn ogystal, ond yn ôl John Graham Jones, 'David Davies devoted himself above all else to the cause of world peace.'[6]

Mae'n bwysig ceisio mynd i'r afael â'r dyn a'i le o fewn ei gymdeithas a gosod hyn o fewn cyd-destun deallusol ehangach yr oes. Er bod unrhyw ddisgrifiad ohono yn ei ddarlunio'n anochel fel enghraifft adnabyddadwy o haenau uwch cymdeithas – a oedd yn ogystal yn adlewyrchu tueddiadau ehangach y Cymry – rhaid bod yn ofalus wrth ymdrin â'r cymeriad unigryw hwn. Petaswn yn ceisio ei ddiffinio fel ymgorfforiad o'r dosbarth uwch Cymreig yn y cyfnod, byddai'n amhosib unioni'r ddelwedd, oherwydd rhaid cydnabod hynodrwydd Davies yn ei orchwylion a'i syniadau. Yn fwy na dim, yr hyn sy'n ei nodweddu yw'r paradocsau mawr, ac i'm tyb i, cyniga'r gwrthbwyntiau hyn fan cychwyn addawol wrth archwilio ei deithi meddwl ef a'i fath yn y cyfnod dan sylw.

Paradocs elfennol a nodweddai ei sefyllfa gymdeithasol, bid siŵr. Ar yr olwg gyntaf, aelod o'r bonedd oedd David Davies, ac roedd ei fodd o fyw yn adlewyrchu rhai o draddodiadau gorau'r haen hon o gymdeithas. Mynychodd ysgol fonedd yng Nghaeredin, aeth rhagddo i astudio hanes ym Mhrifysgol Caergrawnt, cyn etifeddu os nad union sedd ei dad-cu, yna ei rôl wleidyddol fel Aelod Seneddol sir Drefaldwyn.[7] Yn ei osgo a'i ymddygiad roedd fel petai'n gyfforddus yn lifrau traddodiadol haen uchaf cymdeithas, gan fwynhau yn arbennig y rôl o arwain nid un, ond dwy helfa.

Fodd bynnag, nid oedd, wrth gwrs, yn aelod o un o hen deuluoedd bonheddig Cymru, ond yn hytrach etifedd arian newydd. Wrth ystyried yn fanwl ei ymddygiad a'i weithgarwch yn arwynebol iawn y mae'r osgo o fonheddwr yn ymddangos. Anodd ydyw dychmygu aelodau mwy traddodiadol, gofalus a hunangeisiol yr haen hon o gymdeithas yn mentro yn yr un modd neilltuol â Davies – nac yn ymadael â'u harian gyda'r un brwdfrydedd. Sylw digon annadleuol yw awgrymu felly y dylem ystyried Davies nid fel cynrychiolydd confensiynol yr uchelwyr Cymreig, ond yn hytrach fel etifedd y math arbennig hwn o ddynion rhyddfrydol, ymddyrchafedig yr Oes Fictoraidd, a oedd, diolch i'w dad-cu, yn gwisgo lifrai'r bonedd.[8] Ac yn hytrach na chanolbwyntio ar bentyrru ffortiwn ac anrhydeddau pellach, dewis Davies, trwy ddefnyddio ei gyfoeth a'i ddylanwad, oedd troi ei olygon at newid y byd.

Ymddengys bod y tyndra rhwng y ddau fyd, neu'r ddau fydolwg, wedi parhau trwy ei oes, a mynegwyd hyn mewn ffyrdd diddorol o dro i dro. Fel gwleidydd roedd yn gefnogol i ymdrechion Lloyd George i liniaru sgileffeithiau tlodi ar y bobl, ond yn gyndyn iawn i weld unrhyw fygythiadau i'r drefn dirfeiddiannol. Ar yr ochr ysgafnach o fywyd, mae detholiad o'r *Western Mail* yn 1920 yn enghraifft hyfryd o'r modd yr oedd Davies yn troedio'r bwlch rhwng y haenau cymdeithasol – fel rhyw gymysgedd od o *Colonel Blimp* a'r *Great Gatsby*:

Major David Davies, M.P., has invited all those who went overseas with the 14th Battalion Royal Welch Fusiliers to spend Whit-week with him at Llandinam, his seat in Montgomery. Major Davies personally raised and commanded this battalion in the trenches. Over 600 invitations have been issued, and it is expected that the reunion will create a record in house parties. The old comrades will arrive at Llandinam on Friday next and will at once commence the long programme of amusements which has been arranged. Friday is devoted to yarns of the trenches, and in the evening there will be a concert. Next day there will be contests in every kind of sport. On the following Monday special trains will convey the old battalion to Llandrindod Wells, where an otter hunt will take place with the Hawkestone Otter Hounds, one of the two packs of which Major Davies is master. On Tuesday, May 27, Major Davies and his guests will enjoy sea bathing at Aberystwyth, also to be reached by special train. More otter hunts and sports follow until the party breaks up on May 28.[9]

Beth bynnag fo'i sefyllfa gymdeithasol, mae'n debyg fod Davies wedi cefnogi'r rhyfel gyda'r un brwdfrydedd â'r mwyafrif o'i gyfoedion yn 1914, ac roedd arlliw yr ysbryd hunanddyrchafedig yn amlwg yn ei weithgaredd cynnar, wrth iddo fynd ati i greu, hyfforddi ac arwain catrawd ei hunan i ymuno â'r rhyfel yn Ffrainc. Daeth ei ymdrechion i ben yn sgil yr alwad o Downing Street gan ei gydwladwr, Lloyd George, ond buan y cafodd hwnnw ddigon ar egni byrlymus ac agwedd ddiflewyn-ar-dafod ei gyfaill ifanc. Ni chafwyd croeso ym mhob lle i Dai Bob Man!

3. David Davies a'i fataliwn ym mis Tachwedd 1915

4. Aduniad bataliwn David Davies yn Llandinam, haf 1937

Heliwr heddwch

Er y diweddglo anffodus i'w yrfa yn y Rhyfel Mawr, yr hyn sydd o ddiddordeb pennaf yw'r paradocs yn ei safiad wedi'r rhyfel. Lle byddai'n ddisgwyledig, efallai, i gyn-arweinydd gwleidyddol o'r rhyfel, o haenau uwch cymdeithas, fawrygu'r fuddugoliaeth a gogoniant y rhyfel, aeth Davies ymlaen i gysegru ei fywyd i achos heddwch. Dichon fod modd darlunio ymrwymiad Davies i'r mudiad heddwch wedi'r rhyfel fel parhad o'i arferion gynt: o ymlynu wrth achos da y dydd. Ac eto mae'n anodd iawn peidio â dod i'r casgliad bod yna sêl arbennig yn perthyn i'w weithgarwch newydd, y meddai dim ond y rheiny a dystiodd i ddiflastod, dinistr a gwastraff rhyfel arni.

Ymysg ei orchestion – gyda chymorth ei chwiorydd – roedd sefydlu Cadair Gwleidyddiaeth Ryngwladol yn Aberystwyth (y gyntaf o'i bath), noddi'r Cyngor Cymreig o Undeb Cynghrair y Cenhedloedd, sefydlu'r New Commonwealth Society yn 1932, ac ariannu'r Deml Heddwch yng Nghaerdydd. Fel y mae Brian Porter, yn ei bennod ar Davies yn ei ddatgelu, roedd Davies yn ddiedifar yn ei ymdrechion i hybu achos heddwch, nid yn unig fel gwleidydd ac arglwydd yn Llundain a thu hwnt, ond yn ogystal trwy feithrin y mudiadau 'ar lawr gwlad' yng Nghymru.[10] Un enghraifft anhygoel o'i ymdrechion i ddwyn perswâd ar yr Unol Daleithwyr i ymuno â'r gynghrair oedd trefnu apêl gyda llofnodion 400,000 o fenywod Cymreig, a gyflwynwyd i Eleanor Roosevelt yn Washington yn 1924, fel cynrychiolydd menywod yr UD.

Ymysg y straeon godidocaf oedd ei benderfyniad i wahodd dros gant o gynrychiolwyr o 22 o wledydd i Aberystwyth i gynnal cynhadledd flynyddol Ffederasiwn Rhyngwladol Cymdeithasau Cynghrair y Cenhedloedd ar ôl i'r awgrym o gynnal y gweithgareddau yn Dresden gael ei wrthod. Trefnodd drên dosbarth cyntaf o Lundain i'r holl gynrychiolwyr, gyda swyddogion y brifysgol yn trefnu'r holl ddigwyddiad. Yn eu hamser hamdden cafwyd tripiau i bentrefi cyfagos, lle'r oedd y menywod wedi eu gorchymyn i wisgo'r wisg draddodiadol!

Dywed Porter – ac efallai mai dyma sydd wrth wraidd honiad gan Peter Wilson ei fod yn 'blwyfol' yn ei heddychiaeth[11] – fod Davies yn 'passionately keen to associate Wales with the cause of internationalism and to see that it enjoyed a worldwide reputation as a nation committed to peace'.[12] Mae modd awgrymu fod Davies a'i debyg wedi cael cryn lwyddiant gyda'u nod, wrth arddel achos heddwch a'r gynghrair yn arbennig, gyda 63 y cant o'r Cymry yn cymryd rhan yn y Bleidlais Heddwch a drefnwyd gan Undeb y Gynghrair yn 1935, o gymharu â 38 y cant ar draws y DU.[13] Ac eto, yn groes i'r tueddiadau torfol yma a fagwyd yn rhannol gan weithgaredd diflino'r barwn, fe ddangosodd eto ei unplygrwydd a'i fodlonrwydd i nofio yn erbyn y llif, gan herio egwyddorion y gynghrair o gyd-ddiogelwch a diarfogi fel rhai annigonnol a llwfr hyd yn oed.

Ac yn y cyswllt hwn, gwelir paradocs personol yn ei amlygu ei hun yn David Davies, wrth i ddyn gweithredoedd, erbyn 1929, droi'n ddyn geiriau, gan benderfynu troi ei law at ysgrifennu. Cynnyrch y digwyddiad annhebygol hwn oedd clamp o gyfrol, dros saith gan tudalen o hyd, wedi'i enwi *The Problem of the Twentieth Century*.[14] Y broblem yn ôl Davies, a honno oedd yn ei gorddi cymaint o safbwynt amcanion y gynghrair, oedd anorfodrwydd rhyfel arall – oni bai fod y geiniog yn disgyn mai'r bygythiad a'r defnydd o rym fuasai'r unig fodd o ddwyn perswâd ar wladwriaethau i ymatal rhag trais. Nid sôn am unrhyw fath o rym di-sail, ar hap yr oedd Davies, ond llaw gadarn y gyfraith. Pe bai breuddwyd Henry Richard, ymysg eraill, o gyfundrefn o gyflafareddu a diarfogi am weld golau dydd, yna rhaid oedd wrth heddlu rhyngwladol er mwyn gweithredu penderfyniadau Tribiwnlys Rhyngwladol ar sail cyfraith ryngwladol, a fyddai'n gynsail i'r gyfundrefn gyfiawn. Nid oedd dibynnu ar ewyllys simsan aelodau'r gynghrair i helpu ei gilydd mewn rhwydwaith llac, dan faner cyd-ddiogelwch, yn foddion digon llym i rwystro unrhyw unben a oedd â'i fryd ar fygwth ei gymdogion. Fe ddaeth i'r casgliad hwn ymhell cyn twf Hitler a Mussolini; yn wir roedd ei syniadau'n mynd ymhell i'r cyfeiriad hwn ym mlynyddoedd olaf y Rhyfel Mawr.

Cawn ysgrifau ganddo yn y *Welsh Outlook* – y cyfnodolyn Saesneg ei iaith y bu Davies yn ei ariannu am flynyddoedd maith – sydd yn ystyried yn ddwys beth yw pwrpas ymladd y rhyfel a pha fath o gyfundrefn y dylid ei sefydlu, mewn llith sylweddol a gyhoeddwyd yn Ionawr 1918 (adeg pan nad oedd unrhyw sicrwydd am dynged yr ornest):

> What then is the definition of our war aims? ...the creation of a new world order which will, so far as it is humanly possible, remove war from the category of human crimes. To achieve this result it is proposed to call into existence a League of Nations which will set up machinery for the settlement of all international disputes. But in order that this League may have any chance of success three conditions are essential. (1) It must rest upon the foundation of the free self-determination of nationalities, carried out under international guarantees. (2) It must be endowed with the necessary powers, military, diplomatic, and economic, to enforce its decisions. (3) It must come into existence during the war, and must only admit enemy States when they have abandoned the foreign territories which they have occupied, as well as made full reparation for the destruction of civilian life and property in the countries that they have devastated.[15]

Nid oes gennym hunangofiant gan Davies i ddisgrifio'r trawsnewid a awgrymir gan ei weithredoedd – o ryfelwr brwd i ymgyrchydd heddwch. Mae Kenneth O. Morgan yn awgrymu bod yna nifer o'r un anian ddelfrytgar a fu'n chwilio am noddfa yn y syniad o ryngwladoldeb a fyddai'n caniatáu ymlyniad wrth genedligrwydd y cyfnod cyn y rhyfel. Yn hytrach na chadw at safbwynt Lloyd George o frwydr tan y diwedd un, daethant i gofleidio syniadau aruchel Woodrow Wilson a'r ddelfryd o Gynghrair y Cenhedloedd.[16] Fodd bynnag, mae yna ambell awgrym sy'n esbonio'r newid agwedd, a'r trawsnewidiad o'r milwr a gododd gatrawd ei hun i'r dyn a gododd y Deml Heddwch. Cofier, er enghraifft, nad oedd Davies erioed wedi cefnu'n llwyr ar y syniad o arfogi, yn yr ystyr bod ei weledigaeth o heddwch yn seiliedig ar y bygythiad o rym. Yn hynny o beth, mwy credadwy yw'r farn mai esblygiad yn hytrach na chwyldro a welwyd yng nghredoau y barwn. Wrth geisio dehongliad o'r datblygiad syniadaethol hwn, mae yna rai ffeithiau moel am ei yrfa yn ystod y rhyfel sydd yn ddadlennol.

Fe ymrestrodd yn syth wedi dechrau'r rhyfel, gan ymuno gyda Chyffinwyr De Cymru a'r Ffiwsilwyr Brenhinol Cymreig, ac wedi iddo gael ei ddyrchafu'n llifftenant-gyrnol fe aeth ati i sefydlu ei fataliwn ei hun. Gorddweud, efallai, yw awgrymu bod Davies wedi'i gyfareddu gan ramant rhyfel, ond yn sicr roedd yna ddiddordeb a brwdfrydedd yn ei agwedd at ymarfer, hyfforddi, technoleg a strategaeth. Erbyn Rhagfyr 1915 roedd Cartrawd y 14eg RWF Caernarfon a Môn wedi cyrraedd y ffrynt, lle bu iddynt dreulio pum mis yn y ffosydd o gwmpas Laventie, Festubert a Givenchy. Er mor fawr oedd ei frwdfrydedd a'i ymroddiad, awgryma J. Graham Jones iddo fagu ffieidd-dra at amgylchiadau rhyfel yn y misoedd hynny: 'a profound distaste for the squalor and filth of trench warfare and the massive loss of life which had already taken place'.[17] Buan iawn yr oedd yn San Steffan, yn mynegi ei bryderon a'i anfodlonrwydd gyda threfniant a rheolaeth yr ymgyrch – gydag anerchiad i'r perwyl hwnnw ym mis Ionawr 1916 tra cymerai seibiant o'r bataliwn.

Ni fu rhaid iddo ddioddef llawer mwy, wedi iddo dderbyn swydd fel ysgrifennydd seneddol preifat Lloyd George, pan ddyrchafwyd ef yn Ysgrifennydd Gwladol Dros Ryfel. Bu'n ymgyrchu'n fewnol dros y misoedd nesaf er mwyn sicrhau dyrchafiad ei gyfaill i Downing Street, ac yn wir pan wireddwyd y nod hwn daeth Davies yn rhan o'r cylch mewnol enwog hwnnw 'The Garden Suburb'. Ond yn ddigon buan y'i hesgymunwyd ohono – cwta flwyddyn wedi iddo gymryd ei swydd gyntaf gyda Lloyd George, roedd hwnnw yn rhoi'r hwi iddo, oherwydd yr hyn a ystyriai fel ei gecru, cwyno a beirniadaeth ddi-baid. Gwelai Davies bobl a phenderfyniadau carbwl ym mhobman, a phan drodd Davies ei feirniadaeth at y Prif Weinidog – wel, dyna'i ddiwedd hi. Yn ôl Jones, fe geisiodd Davies ailymuno gyda'r ymdrech ar y ffrynt, ond iddo gael ei rwystro – yn bosib iawn gan ei gyfaill gynt. Erbyn diwedd y rhyfel roedd Davies yn llais croch dros yr achos am amcanion clir a chyfundrefn wleidyddol ryngwladol newydd.

Down i'r casgliad felly fod David Davies yn ddyn a brofodd erchyllterau'r rhyfel ar flaen y gad, a gollodd gyfeillion, a fu'n dyst i ddifaterwch ac anhrefn y sefydliad gwleidyddol a oedd yn camreoli ac yn aberthu cymaint yn ddiangen, ac a gafodd ei ddadrithio gan ei arwr, a oedd yn ei feddwl ef yn rhy barod i aberthu ei egwyddorion a'i weledigaeth ynghylch datrysiad y rhyfel. Yr hyn sydd yn eich taro chi'n fwy na dim wrth droi'r dail ym mhapurau rhyfel 'Dai Bob Man' yw swmp y wybodaeth a oedd ar flaenau ei fysedd, a rhychwant eang ei weithgarwch – boed hynny yn ei ddyddiau cynnar yn arwain ei gartrawd, yn ei swydd fel ysgrifennydd Lloyd George, neu yn ymchwilio ac ymgyrchu yng nghyswllt y cwestiwn sylfaenol o 'amcanion heddwch'.[18]

Yn y cyswllt penodol hwn, nid oedd Davies o reidrwydd wedi cefnu ar y syniad o ymladd tan y diwedd un, ond yn hytrach fe drodd ei olygon at ddibenion y fuddugoliaeth arfaethedig honno, a'r hyn y gellir ei wneud o safbwynt osgoi rhyfeloedd tebyg yn y dyfodol. Yn fwy na dim, yr hyn sy'n ei amlygu ei hun yng ngweithgaredd a chyfathrebu Davies yn ei gyfnod yng ngweinyddiaeth Lloyd George, a'r dyddiau wedyn, oedd ei rwystredigaeth a'i anghrediniaeth yn wyneb gwastraff llwyr y rhyfel. Gwastraff bywyd, ond hefyd gwastraff adnoddau, gwastraff egnioedd, gwastraff talent – a'r diffyg cyffredinol i weinyddu a rheoli'r ymgyrch ryfel mewn modd effeithlon a fyddai'n sicrhau ei ddiwedd. Un enghraifft o'r diffyg cyffredinol i weithredu'n effeithiol – a oedd yn amlwg yn dân ar groen Davies – oedd y tueddiad i lenwi uchelfannau'r rhengoedd gydag unigolion a benodwyd ar sail eu haddysg a'u cysylltiadau yn hytrach na'u profiad neu'u llwyddiant. Ac yn fwy cyffredinol, fel rhywun a oedd wedi gweld â'i lygaid ei hun y symiau anferthol dan sylw a graddfa'r gwariant, roedd yn y sefyllfa orau posib i amgyffred ffolineb a lloerigrwydd rhyfel.

O ddarllen ei nodiadau a'i ddeunydd darllen yn ei gyfnod yn Downing Street, mae'n amlwg bod ei olygon yn barod wedi eu troi at sylfaen a goblygiadau moesol y rhyfel. Nid realydd mohono, yn nhraddodiad Hobbes a Machiavelli, a ystyriai rhyfel yn ganlyniad anochel natur gwleidyddiaeth, ond yn hytrach Cristion a delfrydwr a oedd am geisio ei orau glas i'w ystyried fel brwydr dros gyfiawnder a dyfodol gwell. Does dim rhyfedd felly – wrth iddi wawrio'n gynyddol arno fod erchyllterau, gwastraff a hirhoedledd y rhyfel yn tanseilio daliadau a gobeithion felly – mai ei gasgliad yn y tymor hir oedd bod angen osgoi rhyfel ar bob cyfrif, a sefydlu cyfundrefn ryngwladol heddychlon. Os na cheid ymdrech lew i'r perwyl hwnnw, i ba ddiben fu'r holl ddinistr a welwyd yn y blynyddoedd erchyll hynny?

Nid troedigaeth a achosodd ymlyniad David Davies wrth achos heddwch na ffydd o'r newydd yng ngallu'r ddynoliaeth i ddilyn llwybr y tangnefeddwyr, eithr dadrithiad cynyddol gydag arweinwyr y byd, a'i gred bod hunanddifodiant dynolryw yn bosibiliad go iawn – oni bai bod grym a thrais yn cael eu ffrwyno a'u rhwymo wrth achos cyfiawnder. Byddai awgrymu felly fod Davies y rhyfelgi wedi troi'n golomen heddwch, oherwydd ei brofiad yn y rhyfel, yn gorsymleiddio'r mater braidd. Gellir olrhain edefyn o gysondeb o ffurfio catrawd yn y rhyfel i godi'r Deml Heddwch – er mor baradocsaidd yr ymddengys hynny. Roedd o blaid y rhyfel oherwydd ei fod o'r farn bod angen sefyll yn erbyn troseddau'r Pwerau Canolog, a chredai y gallasai buddugoliaeth ysgubol osod y sylfaen ar gyfer heddwch ystyrlon. Trwy flynyddoedd blin y rhyfel, fodd bynnag, sylweddolodd pa mor aneffeithiol oedd pwerau'r *entente*, a dechreuodd yn raddol bach adnabod a ffurfio'r syniad o gyfundrefn o rym fyddai nid yn unig yn llethol, ond yn gweinyddu cyfiawnder yn ogystal.

Roedd yn eithriad ymysg gwleidyddion a'r lluoedd arfog yn ei gred bod heddwch parhaus a chyfundrefn gyfiawn yn nod cyraeddadwy, ac roedd codi'r Deml Heddwch yn ddatganiad digamsyniol o'r gred hon. Ar y llaw arall, ni fyddai byth yn gwadu'r hyn a ystyriai'n natur anhepgorol grym, er mwyn sicrhau'r heddwch hwnnw. O'r weithred gyntaf o ymuno â'r rhyfel, datblygu a hyrwyddo defnydd o rym effeithiol a chyfiawn fyddai prif nod yr heliwr heddwch.

Dyn ar wahân, neu blentyn yr oes?

Yn anffodus ddigon, nid oedd dinistr a dioddefaint y Rhyfel Byd Cyntaf yn ddigonol, mae'n debyg, i ysgogi'r ddynolryw i sefydlu'r math o gyfundrefn y credai Davies ei bod yn allweddol er mwyn sefydlu heddwch. Yn wir, roedd ei anghytundeb gyda'r mudiad heddwch yng Nghymru a thu hwnt ar un olwg yn anochel, oherwydd beiddgarwch ei syniadau. Roedd y syniad o greu heddwch trwy rym yn un a fyddai'n wrthun i heddychwyr o'r iawn ryw, tra oedd yr un syniad yn awgrymu paradocs na fyddai o reidrwydd yn ei gwneud hi'n hawdd na'n hygyrch i'r hwyrddyfodiaid ei lawn ddeall. Yn sicr roedd yn tynnu'n groes i hynny o draddodiad heddwch a fodolai yng Nghymru ac a gynrychiolid gan SR Llanbrynmair a Henry Richard. Dyma'r math o heddychiaeth bur a oedd yn ymlynu wrth yr athrawiaeth a fu'n ganolog i gred y Crynwyr, a dibynnai ar y math o ddiwinyddiaeth opstimistaidd a gredai y byddai'r ddynolryw yn dod i ddeall dros amser resymoldeb y trywydd heddychlon. Yn hynny o beth, fe welir unwaith eto yn syniadaeth Davies ei arwahanrwydd, a'r sail iddi yn nes at y math o Galfiniaeth a gysylltir fwy gyda throad y bedwaredd ganrif ar bymtheg na dechrau'r ugeinfed ganrif. Y pechod gwreiddiol a gwendid dyn yn ei sgil a wna rhyfel yn anochel, a'r unig obaith o iachawdwriaeth ar wyneb y ddaear oedd y syniad y gallai rhyfela di-dor arwain yn y pen draw at y casgliad hanfodol: mai dim ond grym a allai achub y ddynolryw o'i natur dreisiol.[19]

Awgrymir gan fwy nag un yn ogystal fod argymhelliad Davies o'r defnydd o rym yn adlewyrchu ei safle penodol ef o fewn y gymdeithas. Mae geiriau Brian Porter yn crisialu'r dehongliad hwn yn y modd mwyaf lliwgar. Awgryma, wrth inni ddod i ddeall gweledigaeth Davies o heddlu rhyngwladol a'i gysyniad o ddefnydd cyfiawn o rym, '[that] one begins to see the squire of Llandinam and Master of Foxhounds in a novel yet curiously familiar role: allotting tasks, seizing up the country, planning new and exciting types of hunt to extirpate the vermin and predators of the world'.[20]

O safbwynt esblygiad syniadau gwreiddiol Davies, o fod yn arweinydd ar gartrawd yn y rhyfel i fod yn ymgyrchydd diflino dros heddwch, yna mae ei ymddygiad yn cael ei esbonio i ryw raddau gan osodiadau cyffredinol gan Kenneth Morgan yn *Rebirth of a Nation*. Sonia am dueddiadau Rhyddfrydwyr y cyfnod a oedd yn gweld yr haul yn gwawrio ar eu goruchafiaeth wleidyddol ac yn chwilio am brosiect newydd. Fe amlygwyd y symudiad hwn ymysg y garafan Gymreig gan dueddiad i fynd ar un o ddau drywydd: ymafael mewn modd radical yn y traddodiad o genedlaetholdeb a cheisio gwthio'r neges honno, neu fynd i'r cyfeiriad arall gan ganolbwyntio ar ryngwladoldeb ac ehangu prosiect rhyddfrydol yr Ymoleuad o heddwch parhaol.²¹

Rhydd y tueddiadau hyn weithgarwch Davies mewn cyd-destun ehangach, ond mewn modd nodweddiadol, tynnu'n groes iddynt a wna'r barwn. Yng nghyswllt yr awgrym fod rhyddfrydwyr yn edrych tua gorwelion newydd, yna teg yw dweud, chwedl John Graham Jones, nad oedd Davies erioed wedi ymddiddori mewn gwleidyddiaeth bleidiol.²² Yn wir, fe deimlai prosesau a thraddodiadau'r Senedd yn drwsgl ac yn rhwystredig. Llawer gwell oedd ganddo ymhél â gorchwylion tu allan i San Steffan megis y gymdeithas wrth-diwbercwl. Parhad o'i arferion oedd ei weithgarwch wedi'r rhyfel felly, nid dilyn y lliaws Rhyddfrydol mewn ymgais i ddarganfod pwrpas newydd i'w wleidyddiaeth.

Yng nghyswllt ei ryngwladoldeb newydd, yna ymddengys eto mai torri ei gŵys ei hun a wna Davies. Fe gyfunodd ei ryngwladoldeb gyda chefnogaeth frwd i'r syniad o Blaid Gymreig (er nad oedd y blaid yr esgorwyd arni yn 1925 o reidrwydd yn cyd-fynd â'i syniadau gwleidyddol).²³ Tra byddai aml i genedlaetholwr yn cefnogi'r egwyddor o ryngwladoldeb, ac aml i ryngwladolwr yn cefnogi'r egwyddor o genedlaetholdeb, roedd Davies yn eithriad yn ei weithgarwch ymarferol dros y ddau – gan gynnwys ei gynhaliaeth o'r *Welsh Outlook* a oedd yn gryf dros ddatganoli, a threfnu nifer o gynadleddau ar hyd y blynyddoedd yn Llandrindod Wells yn arddel yr achos.²⁴

Wrth edrych yn ôl ar weithgaredd David Davies yng nghyswllt y mudiad heddwch, amlygir sawl tuedd bwysig o'r cyfnod a nodweddai'r dosbarth llywodraethol a gynrychiolid ganddo. Yn gyntaf roedd ei gefnogaeth a'i gyfraniad brwd i'r ymgyrch ryfel; wedi'r rhyfel gwelir dechreuadau tranc y Blaid Ryddfrydol fel grym gwleidyddol pwerus, a chefnogaeth gynyddol i'r mudiad heddwch – gan gynnwys yn benodol ymlyniad wrth y syniad o gyd-ddiogelwch o fewn Cynghrair y Cenhedloedd. Ac eto, yn achos David Davies, elfennau cefndirol oedd y rhain i'w stori bersonol, neilltuol, yn hytrach na thueddiadau a oedd yn diffinio ei weithgarwch. Roedd fel petai'n adlewyrchu dyheadau'r sefydliad, ond eto'n ei herio ar bob cyfle. Dewis sefydlu ei gatrawd ei hun a wnaeth yn hytrach na chynnig ei hun i'r fyddin. Ymddengys na hidiai ryw lawer am dranc ei blaid, fel un nad oedd erioed wedi ymddiddori mewn gwleidyddiaeth bleidiol, a chyda'r adnoddau i ddilyn ei fympwyon ei hun. Cyfrannai'n helaeth i'r ymgyrch heddwch, ond gan feirniadu'n hallt geidwadaeth a diffyg gweledigaeth y prif ffrwd.

Yn y pen draw, oblegid rhwystredigaeth gynyddol gyda'r sawl nad oedd yn rhannu ei weledigaeth na'i ofid am y drychineb a oedd ar ddigwydd, fe drodd at y gair ysgrifenedig yn y gobaith o ledu ei syniadau a'i amcanion. Dyna efallai'r paradocs mwyaf yn achos yr 'heliwr heddwch'. Fe drodd y dyn gweithredodd yn ddyn geiriau, gan droi geiriau athronwyr enwocaf y traddodiad gorllewinol yn arfau o'i blaid. Yn yr adran olaf awn ati i fanylu ar y syniadau hyn – a cheisio amlygu sut y buont yn gynnyrch unigryw teithi meddwl y Methodist Cymreig.

Y paladin Cymreig olaf un?

Hawdd yw cwympo i'r fagl o draethu'n helaeth am hynt a helynt personol Davies, arfer sydd yn frith ymhlith y rheiny sydd wedi ysgrifennu amdano. Maent yn creu penodau digon difyrrus, ond nid ydynt yn ceisio dehongli na dadansoddi ei syniadau craidd. Awgrym Peter Wilson yw nad oes yna lawer sy'n werth ei ddarllen, ond anghytuno a wna Porter, sydd yn mynnu fod ei gyfraniad i'r traddodiad hwn yn haeddu 'archwiliad manwl'.[25] Y man cychwyn yw datganiad arall gan Wilson ynglŷn â'r hyn sy'n nodweddu'r meddylwyr mae'n eu dewis yn ei gyfrol *Thinkers of the Twenty Years' Crisis*, sef eu bod oll wedi ceisio datblygu fframwaith hanesyddol a chysyniadol sydd yn cynnig modd o ddehongli digwyddiadau'r gorffennol, a chynnig trywydd ar gyfer gweithredu yn y dyfodol. Yn y cyd-destun hwn, mae beirniadaeth Wilson o Davies yn ymddangos braidd yn nawddoglyd – nid yn annisgwyl, mewn llyfr 700 tudalen o hyd megis *The Problem of the Twentieth Century*, mae ganddo ddigon o le i fynd ati i ddatblygu syniadau ar hyd y llinellau hyn.

Y bwriad felly yw amlinellu'n fras brif syniadau Davies, yn arbennig ei alwad am heddlu rhyngwladol, a cheisio deall mewn manylder sut y maen nhw'n cael eu cyflwyno o fewn ei fframwaith hanesyddol a chysyniadol – un y gellid ei ystyried yn nodweddiadol 'Gymreig'. Rwyf am awgrymu nad gwyddor wleidyddol neu hyd yn oed ddamcaniaeth gymdeithasol sydd wrth wraidd syniad Davies o heddlu rhyngwladol, ond ei fod yn gynnyrch athroniaeth hanesyddol benodol. Ymhellach, nid oes modd cynnig dadansoddiad llawn o David Davies a'i waith heb roi sylw teilwng i'r dylanwad Methodistaidd, radicalaidd ar ei fydolwg.

O safbwynt ehangach y bennod a'r gyfrol hon, wrth ddadansoddi cysyniadau Davies, rhaid cadw mewn cof nad gweithred academaidd gan athro yn ei dŵr ifori mohoni. Penllanw blynyddoedd o ymgyrchu diflino oedd y testun hwn a'r lleill a ddilynai, ac ym marn y barwn dyma oedd ei waith cenhadu pwysicaf. Am y rheswm hwn yn unig gellir cyfiawnhau rhoi gwrandawiad ystyrlon i'w waith. Roedd ei ymdrechion i ddarbwyllo ynghylch yr angen i ddiwygio'n sylfaenol y system ryngwladol a hynny drwy'r amryfal sefydliadau a gweithgareddau a gefnogai wedi methu. Teimlai, felly, mai'r gair ysgrifenedig oedd y cyfrwng gorau iddo ddwyn perswâd ar y rhai oedd yn cyfrif.[26] Er ei barch i'r cleddyf, mae'n debyg iddo gasglu mai'r ysgrifbin oedd y grym mwyaf nerthol, a saif ei weithiau gyfysgwydd â'i gofadeiladau eraill i heddwch. Yn hynny o beth, gellir darllen a dehongli'r cysyniadau yn ei waith fel yr ymateb eithaf i greithiau y Rhyfel Mawr, ac ymdrechion mwyaf un o'r Cymry amlycaf i osgoi trychineb arall a sefydlu cyfundrefn heddychlon. Efallai nad yw cymeriadu Brian Porter ohono yn bell ohoni, pan ddywed mai Davies i rai yw'r 'last Welsh paladin in high quest of the Grail'.[27]

I ddechrau, felly, gyda'r heddlu rhyngwladol. Mae dyfyniad o waith Davies yn crynhoi'n hyfryd ei agwedd at y syniad. Yn ysgrifennu yn 1930, mae o'r farn na fydd modd osgoi rhyfel arall oni bai am ddyfodiad llu o'r fath. I'w ddyfynnu:

> That the international police force has not yet been called into existence is no answer to the arguments which have been advanced on its behalf. That it will arrive sooner or later is as sure as that the day follows the night. The vital question which confronts humanity is whether or not it will have to be purchased at a price in blood and treasure which will not only stagger but may annihilate our civilisation. This is the problem of the twentieth century.[28]

Yn gyntaf mae'n werth nodi'r math o gorff a oedd gan Davies mewn golwg. Nid heddlu 'annibynnol' mohono, ond yn hytrach braich y gyfraith, a oedd yn gweithredu'r gyfraith hon ar ran tribiwnlys rhyngwladol a grëwyd fel un o gonglfeini Cynghrair y Cenhedloedd, neu'r corff grymus yr oedd Davies yn gobeithio y byddai rhyw ddydd yn ei olynu, gyda chyfamod llawer ehangach yn gynsail iddo. Roedd yr heddlu i weithredu o dan uwch gwnstabl a phedwar dirprwy, pob un i'w ddewis o blith mawrion y gynghrair. Am y fraint o dderbyn diogelwch yr heddlu, fe fyddai gwledydd llai yn prydlesu eu tiriogaeth ar ei gyfer. Gyda synnwyr trannoeth, un o'r awgrymiadau mwyaf brawychus yw'r syniad o Balesteina fel tiriogaeth rydd-ddaliadol (*freehold*) i'r awdurdod rhyngwladol, pencadlys gyda holl arfau mwyaf pwerus y byd!

Adlewyrcha'r drefn arfaethedig hon un o brif egwyddorion y drefn newydd, sef bod yr arfau mwyaf datblygedig megis awyrennau, tanciau a nwy, i'w cyflwyno i'r heddlu rhyngwladol er mwyn sicrhau 'grym llethol'. Dim ond yr arfau hyn a oedd yn ofynnol i'r heddlu gwladol gadw'r heddwch y câi'r gwledydd eu meddiannu o dan y drefn hon. Roedd yr heddlu hyn i weithredu pe na bai gwlad yn fodlon cyd-fynd gyda dedfryd y llys rhyngwladol, a oedd i sicrhau proses o gyflafareddiad yn achos pob un anghydfod rhwng gwledydd. Roedd hyn oll i weithredu fel rhan o drefn newydd lle'r oedd y pwerau mawr yn gweithredu ochr yn ochr â nifer ddethol o bwerau llai fel corff gweithredol y Gynghrair Ryngwladol – corff mwy effeithlon na'r hyn a oedd yn bodoli ac nid annhebyg i'r Cyngor Diogelwch a ddatblygodd o dan drefn y Cenhedloedd Unedig.

Yn ogystal â'i ffydd mai dyma oedd yr unig opsiwn, a fyddai'n hwyr neu'n hwyrach yn cael ei wireddu, un nodwedd amlwg arall y ddelfryd hon yw cymaint y mae'n dibynnu, fel y mae Porter yn ei nodi, ar y syniad o'r gyfatebiaeth ddomestig: mai gwireddu'r drefn o gyfraith, llys a heddlu o dan un awdurdod ffederal, oedd yr unig ateb 'rhesymegol' i'r broblem o ryfel. Yn yr un modd ag y mae grym yn llawforwyn cyfiawnder o fewn y drefn wladol, felly hefyd y gallai grym, yn nwylo'r heddlu rhyngwladol, sicrhau teyrnasiad yr hyn a eilw'n 'The Empire of Right'.

Yn y geiriau hyn clywir adlais o athroniaeth wleidyddol Immanuel Kant, ac yn wir, mae Davies yn dibynnu'n helaeth ar ddehongliad o waith Kant, fel cynsail syniadaethol i'w ddelfryd ef.[29] Mae hyn yn arbennig o wir yn ei drafodaeth ar y defnydd o rym. Mae'n feirniadol o'r heddychwyr hynny sydd yn gwadu fod trais yn gallu bod yn rym er daioni, ac yn mynnu'n hytrach ei fod yn briodol a chyfiawn o dan yr amodau cywir. Yr amodau hynny yw awdurdodaeth y gyfraith, er mwyn cadw'r drefn. Yn y cyd-destun gwladol, nid oes modd cadw'r drefn ac amddiffyn y gyfraith heb rym llethol y wladwriaeth, a ystyrir yn ymgorfforiad o'r cytundeb cymdeithasol. Felly hefyd y mae angen y gallu i osod ataliadau a gweithredu cosb fel rhan o drefn gyfreithiol ffederal, ryngwladol.

Yn dilyn Kant, mae Davies yn beirniadu creadigaeth Grotius a'i debyg, sef cyfreithiau rhyfel.[30] Adlewyrchant oruchafiaeth grym dros reswm a chyfiawnder: 'Masquerading in the garb of legality, force imposed its own rules and regulations under the ridiculous description of the "laws of war".'[31] Mae'n werth cofio mai dyma'r union gyfreithiau ac egwyddorion y galwodd Lloyd George arnynt i gyfiawnhau ymyrraeth Prydain yn y Rhyfel Mawr, ac fel cynsail i grefu ar ddynion ifanc y wlad i ymuno yn y frwydr. Yn hytrach na chyfraith benodol ar gyfer rhyfel – llythyren bur farw ym marn Davies a drinnid mewn modd ystrywgar – yr hyn sydd ei angen yw awdurdod rhyngwladol gyda'r hawl i osod ataliadau ar y drwgweithredwyr. Yn ei dyb ef, nid gweithred o ryfel fyddai gweithred o'r fath – hynny yw, gwleidyddiaeth trwy foddion eraill – eithr gweithredu'r gyfraith mewn amodau sy'n cyfateb i 'reolaeth filwrol' y drefn wladol. Hynny yw, pan fo'r drwgweithredwyr wedi gwrthod dyfarniad y llys rhyngwladol, cânt eu cosbi.

A oes gan Davies unrhyw gynsail ar gyfer ei ddadl fod y syniad o heddlu rhyngwladol yn rhyw fath o gwblhad o brosiect Kant? Mae Davies yn awgrymu y byddai dilyn Kant trwy waredu byddinoedd sefydlog mewn ffederasiwn byd-eang yn arwain at greu un grym rhyngwladol, er mwyn ei amddiffyn a sicrhau teyrngarwch i'r gyfraith a'r cyfansoddiad. Mae ganddo ddau ddyfyniad o'r testun *Tua Heddwch Parhaus* i gefnogi ei ddehongliad. Yn gyntaf, 'no other beginning of a law-governed society can be counted upon than one that is brought about by force; upon this force, too public law afterwards rests'.[32] Yn ail, bod rheoli gelyniaeth o fewn y bobl yn gofyn 'that they may even compel one another to submit to compulsory laws and thus necessarily bring about the state of peace in which laws have force'.[33] Yn olaf, mae'n dyfynnu o'r traethawd *Yr Egwyddor o Gynnydd*, lle mae Kant yn cynnig y sylw nad oes modd mynd i'r afael ag anarchiaeth Ewrop heb 'a system of International Right founded upon public laws conjoined with power, to which every State must submit'.[34] Yn amlwg y mae defnydd Kant o'r termau 'force' a 'power' yn awgrymu o safbwynt Davies y defnydd o rym milwrol. Nid dyma'r lle i geisio pwyso a mesur ei ddehongliad yn fanwl, ond mae'r ffaith fod Davies wedi troi un o destunau lleiaf adnabyddus Kant, ar yr egwyddor o gynnydd, yn brawf ynddo'i hun fod ei ysgolheictod yn haeddu parch.

Heb os, mae yna le am drafodaeth fanylach ar rôl grym yn y ddelfryd Kantaidd, ond hyd yn oed pe na bai safiad Davies ar Kant yn dal dŵr, mae'n werth pwysleisio'r rheswm y mae'n apelio at ei athroniaeth. A hynny'n bennaf yw'r nod o geisio amddiffyn y syniad na all grym fod yn foesol, na gwasanaethu cyfiawnder, oni bai ei fod yn gweithredu ar ran cyfraith ryngwladol, yr esgorwyd arni gan drefn ffederal, led-ddemocrataidd. Mae ailddehongli athroniaeth Kant yn ei oes ei hun yn arwain Davies at un casgliad penodol: 'to the creation of international sanctions, not as the ultimate goal, but as the broad highway which leads to the citadels of justice and peace'.[35]

Mae brawddegau felly'n awgrymu delfrydiaeth Davies yn gryf, ond buasai'n gamgymeriad mawr i ddod i'r casgliad fod ganddo ryw fath o ffydd naïf yng ngallu'r ddynolryw i orchfygu trais a rhyfel. Mae ei gred yn natur ffaeledig y ddynolryw yn frith yn ei waith. Mae'n cyfeirio at 'shortcomings and depravity' y natur ddynol, ac yn canmol unigolion fel Rousseau a Penn am eu cydnabyddiaeth o lygredigaeth dyn.[36] Dyma fethiant rhai o'i ragflaenwyr yn y mudiad heddwch, megis Henry Richard, a oedd yn dibynnu ar foeseg perffeithiaeth yn y gobaith y byddai diarfogi yn digwydd o wirfodd. Dim ond trwy sicrhau diogelwch a threfn ryngwladol yn y lle cyntaf y byddai gobaith o weld gwladwriaethau'n aberthu eu harfau a'u hystyried yn ddianghenraid. Mae Davies yn cydnabod hefyd na fyddai'r drefn newydd yn un berffaith. Ni fydd trais yn cael ei waredu o'r system ryngwladol, yn yr un modd nad yw'r llysoedd na'r heddlu wedi gwaredu trosedd o gymdeithas, ac oherwydd llesgedd a breuder dyn y mae yna'n wastad siawns na fydd cyfiawnder yn cael ei weinyddu'n gywir. Ond er nad oes modd gwaredu trais, rhaid ymestyn ffiniau ataliad – *prevention* – mor bell â phosib, a symud o'r agwedd realaidd sydd yn treiddio gwleidyddiaeth ac yn annog y drifft tuag at ryfel.

Fe gyfeirir at Davies fel 'Heliwr Heddwch', neu'r 'Peacemonger', a cheir yr awgrym fod ei agwedd at wleidyddiaeth ryngwladol yn deillio'n rhannol o leiaf o'i gymeriad tanllyd ac ymosodol, a'i fydolwg pendefigaidd a oedd yn creu'r argraff o'r posibiliad o reolaeth lwyr. Mae'n ddigon posib fod hyn yn wir. Ond i'm tyb i nid oes modd anwybyddu dylanwad radicaliaeth ac Anghydffurfiaeth Gymreig ar ei syniadau. Daw Davies o deulu Methodistaidd, enwad a ymadawodd yn hwyr â'r Eglwys, ac a barhaodd i fod yn fudiad 'sefydliadol' ym mlynyddoedd cyntaf y bedwaredd ganrif ar bymtheg. Yn wir, yn ei ddadansoddiad o'r 'Meddwl Ymneilltuol' y mae Iorwerth Peate yn galaru am ddylanwad y Methodistiaid ar ymneilltuaeth, yn llygru'r mudiad hwn gyda'i frwdfrydedd i ymwneud â'r byd, cyfaddawdu a dylanwadu, yn hytrach nag ymbellhau o dotalitariaeth y drefn wleidyddol.[37] Yn sicr nid oedd gostyngeiddrwydd yr hen ymneilltuaeth yn perthyn i David Davies.

Yn ei ddehongliad o optimistiaeth radicaliaeth Gymreig, mae Glanmor Williams yn sôn am ei nodweddion amlycaf: cred mewn dylanwad heddychlon masnach; pwyslais ar bwysigrwydd y gymuned ryngwladol a dyhead i symud tu hwnt i wladwriaethau; canfyddiad o Brydain Fawr fel pŵer uwchraddol gyda'r gallu i ddylanwadu er gwell; y syniad o wyddoniaeth fel modd i wella ystâd foesol a materol y ddynolryw; ac yn anad dim, y posibiliad o newid y byd.[38] Roedd y gobaith hwn i'w weld yn y Beibl, a rhesymoliaeth dyn, ac ymyrraeth achlysurol Duw er gwell, a oedd yn hollbwysig i'w ddealltwriaeth o hanes. Er gwaethaf ffaeleddau'r ddynolryw, roedd modd creu byd, nad oedd, wrth gwrs, yn cyrraedd perffeithrwydd Dinas Dduw, ond a oedd yn sicr yn agos ati. Mewn termau diwinyddol, dyma roedd Awstiniaeth wedi ei orchuddio gyda thalp go dda o Belagiaeth. Trwy gofleidio'r arfau a'r technolegau diweddaraf, atgyfnerthu cyfundrefn gyfreithiol gadarn gyda grym, ac adnabod y dinistr a fygythid gan barhad o'r *status quo*, fe allai'r ddynoliaeth ddatgloi'r gallu i sicrhau heddwch – o fath – ar y ddaear.

Er bod Calfiniaeth Davies, felly, yn amlwg yn y cyfeiriadau cyson at wendid anorchfygol dyn, fe'i lleddfir gan yr optimistiaeth an-athrawiaethol sy'n nodweddiadol o Anghydffurfiaeth Gymreig, chwedl Williams. Mae'n rhoi llais i'r gred fod y ddynolryw yn 'impelled by a divine though inscrutable purpose, plod[ing] slowly onwards to some viewless goal'.[39] Gyda'r weledigaeth hon o iachawdwriaeth ar wyneb y ddaear, mae Davies eto'n hawlio agosrwydd athrawiaethol Kant. Nid yw Kant, yn ôl Davies, yn dibynnu ar newid moesol yn natur dyn, ond yn hytrach rhagluniaeth, 'the deep-lying wisdom of a Higher Cause, directing itself towards the ultimate practical end of the human race'.[40] O'r safbwynt hwn, yn ôl Davies, mae erchyllterau rhyfel yn symud y ddynolryw tuag at gydweithrediad yn y pen draw. Y dewis arall ydyw difodiant dyn yn gyfan gwbl – mynwent enwog Kant sy'n ymddangos ar ddechrau *Tua Heddwch Parhaus*. Yng ngolwg Davies, mae dyfodiad yr arfau dinistriol a welwyd yn ystod y Rhyfel Byd Cyntaf wedi ein prysuro ar y llwybr at y dinistr hwn, gan adael dim ond un dewis rhesymegol er mwyn osgoi, i ddefnyddio ei ymadrodd ef, 'holocaust'.[41]

Dau sylw i gloi, felly, o safbwynt fframwaith hanesyddol a chysyniadol Davies, a sut y mae'n effeithio ar ein canfyddiad o'r gorffennol a'r dyfodol. Mewn un ystyr mae'n aneithriadol oherwydd ei fod yn dilyn Kant i'r fath raddau. Ac eto, mae yna elfennau neilltuol i'w ddehongliad yn yr ystyr ei fod yn mynnu bod y syniad o heddlu rhyngwladol yn gyson gyda'r weledigaeth Kantaidd, sydd yn ei ymestyn ymhell y tu hwnt i weledigaeth yr athronydd gwreiddiol. Pwysicach efallai yw cofio bod syniadau Davies wedi eu hadeiladu ar y sgaffald hwn, oherwydd mae'n egluro gweledigaeth Davies: nid siryf y gorllewin gwyllt mohono, ond lluoedd arfog cydweithredol yn gweithredu'r gyfraith ar ran y gyfraith ryngwladol wedi ei sefydlu ar gyfamod byd-eang, ffederal. Grym moesol sydd ganddo mewn golwg – llawforwyn cyfiawnder ac nid pwerau mawrion yn y byd. Yn ail, i'm tyb i mae gwerthfawrogiad o'r bydolwg crefyddol a moesol y magwyd Davies ynddo yn ychwanegu at ein dealltwriaeth o'i weledigaeth, a'i ffydd yn ei syniadau. Ymhellach, mae hyn yn ychwanegu at drafodaethau ehangach ym maes gwleidyddiaeth ryngwladol mewn modd nad ydyw wedi ei gydnabod (oblegid y tueddiad i ymhél â Davies fel personoliaeth yn hytrach na meddyliwr). Y mae realwyr, y meddylwyr sydd yn dominyddu'r maes ac yn ymlynu wrth weledigaeth elyniaethus o wleidyddiaeth ryngwladol, yn hoff o olrhain eu hetifeddiaeth ddeallusol yn ôl trwy Hobbes at Awstin Sant, a chanfyddiad y cawr deallusol hwnnw o natur ffaeledig dyn. Dyma gonglfaen cred cynifer ohonynt ym mharhad anochel rhyfel. Etifeddion y ddiwinyddiaeth hon oedd y Calfiniaid, ond mae Anghydffurfiaeth Gymreig yn un enghraifft o'r gred y gallai'r ddynolryw oresgyn sgileffeithiau gwaethaf y pechod gwreiddiol a gweithio tuag at drefn feidrol a fyddai'n deilyngach o'r Creawdwr. Yng ngweledigaeth David Davies o wleidyddiaeth ryngwladol yr hyn a geir yw'r bydolwg hwn wedi ei drawsgyweirio i'r gyfundrefn ryngwladol – her i'r meddylfryd realaidd bod cydnabyddiaeth o ddiffygion dynol o reidrwydd yn rhwystr i'r gobaith o heddwch.

Casgliadau

Dyn unigryw a llawn gwrthddywediadau oedd y Barwn Davies. Mae hyn yn amlwg o safbwynt ei gefndir a'i weithredoedd neilltuol. Ac eto, mae ei hanes yn un diddorol dros ben o safbwynt datblygiadau wedi'r rhyfel ymysg dosbarthiadau gwleidyddol Cymreig, yn enwedig Anghydffurfwyr Rhyddfrydol blaenllaw. Mae'n arddangos inni sut roedd y rhyfel wedi cymell ymateb sylweddol o safbwynt poblogrwydd y mudiad heddwch. Chwedl John Davies, dim ond ychydig o'r Anghydffurfwyr Rhyddfrydol hyn a ddilynai yn nhraddodiad Henry Richard o heddychiaeth egwyddorol, gyda'r mwyafrif yn ymlynu wrth y syniad cyffredinol o gyd-ddiogelwch.[42]

I'r rhain y perthynai Davies, ond gwelwn yn ei weithredoedd a'i waith nad oedd yn fodlon gyda'r hyn a ystyriai'n weledigaeth anghyflawn, ac roedd am wireddu cyfundrefn o fath gwahanol. Yn y bennod hon rwyf wedi ceisio dadlau bod y ddelfryd a'r weledigaeth a oedd yn ei yrru yr un mor ddiddorol â'r holl weithgarwch a chad-drefnu sydd yn gyfrifol am ei enwogrwydd. Roedd ei gred mewn cyfundrefn fyd-eang ffederal gyda grym heddlu i'w chefnogi mewn llawer ystyr yn anhygoel, ac yn gwthio radicaliaeth Gymreig i'w heithaf yn y cyd-destun rhyngwladol. Roedd ei weledigaeth yr un mor bellgyrhaeddol â'r Cymry adnabyddus eraill, Richard Price a Henry Richard, ond trwy ddechrau gyda diwinyddiaeth fwy pesimistaidd roedd yn cyrraedd delfryd hyd yn oed fwy uchelgeisiol.

Fel yr awgrymir yn y bennod hon, ychydig iawn o ystyriaeth sylweddol a roddir i'w syniadau, ond yn ddiamheuol roedd yn llygad ei le o safbwynt rhagweld y drifft tuag at yr Ail Ryfel Byd. Roedd yn llawer llai llwyddiannus wrth geisio dwyn perswâd ar eraill mai'r ffordd orau o'i osgoi oedd trwy chwyldroi'r drefn ryngwladol. Yn hynny o beth mae yna debygrwydd gyda'r gweledydd hynod arall o ganolbarth Cymru, Robert Owen. Roedd y ddau yn gredinol mai'r unig beth a oedd yn rhwystro gwireddu cyfundrefn iwtopaidd oedd methiant eraill i ddeall pwysigrwydd a gwirionedd gwaelodol eu negeseuon. Yr hyn sy'n fwyaf diddorol, efallai, yw'r ffaith fod y ddau yn dychmygu cyfundrefn fyd-eang heddychlon er cychwyn gyda safbwyntiau tra gwahanol ynghylch y natur ddynol. Roedd Owen wedi diosg Calfiniaeth cymuned Fethodist ei febyd, a'i disodli gyda syniad seciwlar, optimistaidd o ddynoliaeth a oedd yn awgrymu posibiliadau di-ben-draw i'r cymeriad dynol, pe bai amodau cymdeithas yn cael eu newid er gwell. Ar y llaw arall, bu Davies yn deyrngar i ddiwinyddiaeth besimistaidd ei enwad, gan ddadlau mai'r tueddiad i wrthdaro a rhyfela a fyddai'n gorfodi diwygiad pellgyrhaeddol a chyfundrefn heddychlon yn y pen draw.

O edrych yn ôl ar ei syniadau, y cwestiwn dengar sy'n codi yw sut y byddai dyfodiad y grym llethol eithaf wedi effeithio ar ei weledigaeth. Bu farw yn 1944, blwyddyn cyn pryd o safbwynt arddangosfa drychinebus o botensial y bom atom. I raddau mae hanes ers hynny yn dangos bod ei bwyslais ar bŵer ataliol y grym llethol yn taro deuddeg. Ni cheir rhyfeloedd rhwng y pwerau niwclear (er inni ddod yn agos at hynny ar un achlysur enwog). Mae parhad rhyfeloedd cartref ac ymosodiadau y rhai cryf ar y gwan yn tystio i'w gred nad yw cyfundrefn ryngwladol wan ac anghyfiawn yn gydnaws â heddwch parhaol. Hawdd fyddai diystyru syniadau David Davies ar sail ei argymhelliad ynghylch y defnydd o rym llethol. Ond rhaid cofio pen draw ei ddadleuon, a'i ffieiddio wrth ryfel yn sgil ei brofiadau o'r Rhyfel Mawr, wrth gloriannu a chynnal archwiliad manwl o'i athroniaeth heddwch – yn ogystal â dwyn i gof gwpled Emrys, yr oedd mor hoff o'i ddyfynnu:

> Segurdod yw clod y cledd,
> A rhwd yw ei anrhydedd.

Nodiadau

1. John Davies, *Hanes Cymru* (Llundain: Penguin, 2007), t. 572.
2. Edgar L. Chappell, *Cardiff's Civic Centre: A historical guide* (Caerdydd: Priory Press, 1946), t. 47.
3. John Graham Jones, 'The Peacemaker: David Davies, Lord Davies of Llandinam', *Montgomery Collections*, 101 (2013); J. Graham Jones, 'The Peacemonger', *Journal of Liberal Democrat History*, 29 (winter 2000–1), 16–23; Brian Porter, 'Lord Davies, E. H. Carr and the Spirit Ironic: a Comedy of Errors', *International Relations*, 16, 1 (Ebrill 2002), 77–96; Brian Porter, 'David Davies and the Enforcement of Peace', yn David Long a Peter Wilson (goln), *Thinkers of the Twenty Years' Crisis: Interwar Idealism Reassessed* (Rhydychen, 1995), tt. 58–78; Michael Pugh, 'Policing the World: Lord Davies and the Quest for Order in the 1930s', *International Relations*, 16, 1 (Ebrill 2002), 97–115; Paul Rich, 'Reinventing Peace: David Davies, Alfred Zimmern and Liberal Internationalism in Interwar Britain', *International Relations*, 16, 1 (Ebrill 2002), 117–33.
4. I ddarllen rhagor am fywyd a gyrfa (neu'n gywirach, gyrfaoedd) David Davies a'i dad-cu, wele Peter Lewis, *Biographical Sketch of David Davies (Topsawyer), 1818–1890, and his grandson David Davies (1st Baron Davies), 1880–1944* (d.d.).
5. Davies, *Hanes Cymru*, t. 476.
6. Jones, 'The Peacemonger', 19.
7. Jones, 'The Peacemonger', 16.
8. Porter, 'David Davies and the Enforcement of Peace', t. 58.
9. 'War Battalion Spending a Week at Llandinam', *Western Mail*, 17 Mai 1920. Diolch i Gethin Matthews am dynnu fy sylw at yr erthygl hon.
10. Porter, 'David Davies and the Enforcement of Peace'.
11. Peter Wilson, 'Introduction: The Twenty Years' Crisis and the Category of "Idealism" in International Relations', yn Long a Wilson (goln), *Thinkers of the Twenty Years' Crisis*, tt. 1–23.
12. Porter, 'David Davies and the Enforcement of Peace', t. 60.
13. Davies, *Hanes Cymru*, t. 572.
14. David Davies, *The Problem of the Twentieth Century* (Llundain, 1930).
15. David Davies, 'War Aims and the League of Nations', *Welsh Outlook*, Ionawr 1918, 9–12.
16. Kenneth O. Morgan, *Rebirth of a Nation: A History of Modern Wales* (Caerdydd: University of Wales Press; Rhydychen: Oxford University Press, 1982), tt. 202–4.
17. Jones, 'The Peacemonger', 17.
18. Wele'r papurau yn ymdrin â'r ddau ryfel yn Llyfrgell Genedlaethol Cymru, i'w harchebu dan yr enw 'Lord Davies of Llandinam Papers, Class C'.
19. Wele, er enghraifft, Davies, *The Problem*, t. 171.
20. Porter, 'David Davies and the Enforcement of Peace', t. 62.
21. Morgan, *Rebirth*, tt. 202–4.

22. Jones, 'The Peacemonger', 17.
23. Davies, *Hanes Cymru*, t. 526.
24. Morgan, *Rebirth*, t. 178.
25. Porter, 'David Davies and the Enforcement of Peace', t. 9.
26. Am hanes manwl cyd-destun creu'r testun hwn, wele Jones, 'The Peacemaker'.
27. Porter, 'David Davies and the Enforcement of Peace', t. 75.
28. Davies, *The Problem*, t. 115.
29. O'r holl athronwyr enwog, heddychlon eu safbwynt, o'r Ymoleuad – gan gynnwys y Cymro Richard Price – Immanuel Kant sydd yn sefyll ben ac ysgwyddau yn uwch na phob un arall o safbwynt ei athroniaeth heddwch a'i weledigaeth o gyfundrefn rynglwadol gyfiawn. Ei waith enwocaf ar y pwnc yw'r testun ar y llwybr i heddwch parhaol, a ddyfynnir yn helaeth gan David Davies sef *Perpetual Peace*, cyf. M. C. Smith (Llundain: George Allen and Unwin Ltd, 1917).
30. Adnabyddir Hugo Grotius, ynghyd â Samuel Pufendorf ac Emer de Vattel, fel y cyfreithegwyr pwysicaf o wawr yr oes fodern, a drawsgyweiriodd syniadau Cristnogol Awstin ac Acwin am ryfel cyfiawn i'r cywair seciwlar. Gosododd y ddau y sylfaen ar gyfer y traddodiad sydd hyd heddiw yn dadlau bod modd ystyried rhyfel yn gyfiawn ac yn gyfreithlon, hyd yn oed o fewn cyfundrefn ryngwladol sydd heb ddatblygu system gyfreithiol sefydlog a byd-eang, a chyson ei defnydd. Wele, er enghraifft, Hugo Grotius, *Hugo Grotius on the Law of War and Peace: Student Edition*, gol. Richard Tuck (Caergrawnt: Cambridge University Press, 2012).
31. Davies, *The Problem*, t. 343.
32. Yn Davies, *The Problem*, t. 93, dyfyniad o Kant, *Perpetual Peace*, t. 164.
33. Allan o Kant, *Perpetual Peace*, t. 154.
34. Yn Davies, *The Problem*, t. 93, dyfyniad o Immanuel Kant, 'The Principle of Progress', yn *Principles of Politics*, cyf. W. Hastie (Caeredin: T&T Clarke, 1891), t. 75.
35. Davies, *The Problem*, t. 173.
36. Davies, *The Problem*, t. 164.
37. Iorwerth C. Peate, 'Y meddwl ymneilltuol', *Efrydiau Athronyddol*, 14 (1951), 1–11.
38. Glanmor Williams, 'Seiliau optimistiaeth y radicaliaid yng Nghymru', *Efrydiau Athronyddol*, 15 (1952), 45–55.
39. Davies, *The Problem*, t. 58.
40. Davies, *The Problem*, t. 92, dyfyniad o Kant, *Perpetual Peace*, t. 143.
41. Davies, *The Problem*, t. 177.
42. Davies, *Hanes Cymru*, t. 572.

Diolch i Gethin Matthews am ei gymorth gyda'r bennod, ac yn arbennig am dynnu fy sylw at y dyfyniadau o'r *Western Mail* a'r *Welsh Outlook*.

10

Cofio Wncl Tomi

Elin Jones

Yn ail hanner y Rhyfel Mawr ymunodd Thomas Bevan Phillips, brawd hynaf fy nhad, â'r fyddin. Gwirfoddolwr ydoedd, ychydig dros 18 mlwydd oed, ac wedi bod yn gweithio fel glöwr am bum neu chwe blynedd, oddi ar iddo adael yr ysgol yn 13.[1] Roedd yn gweithio ym Mhwll Oakwood, Maesteg, gyda'i dad, Daniel Phillips. Ymaelododd Tomi â'r 14eg Bataliwn y Gatrawd Gymreig, y 'Swansea Pals', a bu'n ymladd yn Ffrainc gyda'i gatrawd tan ddiwedd y rhyfel.[2] Daeth adre'n ddiogel i Faesteg, a mynd yn ôl i weithio dan ddaear.

Wrth geisio darganfod mwy am hanes y milwr ifanc hwn yn y rhyfel, rhwystredigaeth i flino'r ymchwilydd yw cyn lleied o wybodaeth sydd ar gael am ei gyfnod yn y fyddin. Rhywbeth digon cyffredin yw hynny: dros y degawdau fe gollwyd neu ddinistriwyd cyfran helaeth o'r cofnodion milwrol. Profodd yn anodd iawn dod o hyd i fwy o fanylion swyddogol amdano sydd yn ategu'r amlinelliad moel uchod. Ni ddaeth y 'Tommy' hwn i amlygrwydd yn y fyddin; ni chafodd ei glwyfo ac nid enillodd unrhyw sylw a gofnodwyd yn swyddogol chwaith. Er nad oes unrhyw wybodaeth fanwl amdano yn y casgliadau o ddogfennau milwrol, gallwn fod yn sicr mai ei rif yn y gatrawd Gymreig oedd 75203, sy'n awgrymu ei fod wedi ymuno ar ddiwedd 1917 neu'n gynnar yn 1918. Fodd bynnag, er ei fod wedi ymuno pan oedd gorfodaeth filwrol mewn grym, nid oedd yn weithredol yn ei achos ef gan ei fod yn löwr, ac felly mae'n sicr mai ei benderfyniad ef oedd mynd i'r fyddin.

Ni lwyddais i ddarganfod cyfeiriad ato fel milwr yn adroddiadau papurau newydd y cyfnod, hyd yn oed y rhai lleol. Mae adroddiadau Tabor, y capel y perthynai ef ac aelodau eraill ei deulu iddo o 1916 ymlaen, yn cofnodi'r nifer a ymaelododd yn y lluoedd arfog ac enwau'r rhai a gafodd eu lladd, ond ni cheir enwau'r rhai a aeth i ryfel a dod adre'n ddiogel o ffrynt y gorllewin.[3]

Yn sicr roedd Wncl Tomi yn arwr i'w deulu ei hun, ond nid oherwydd iddo ymladd yn y ffosydd a pheryglu ei fywyd dros ei wlad. Iddyn nhw, nid ei flwyddyn neu ddwy yn y rhyfel oedd yn ei ddiffinio, ac nid dyna uchafbwynt ei fywyd chwaith. Roedd Tomi'n arwr i'w deulu oherwydd ei yrfa fel cenhadwr, ac am ei fod yn meddu ar ffydd gadarn a phersonoliaeth arbennig iawn.

Rhoddodd Tomi'r gorau i weithio yn y pwll glo yn 1924, er mwyn mynd i Goleg Trefeca i gael y cymwysterau i fynd ymlaen i gymryd gradd. Enillodd BA wedyn yng Ngholeg Prifysgol Cymru Caerdydd, a BD yn Aberystwyth, cyn gwneud cwrs hyfforddiant yng Ngholeg Selly Oak, Birmingham. Yna aeth i'r India yn 1934, i faes cenhadol y Methodistiaid Calfinaidd, ac yno bu'n gweithio fel athro a chenhadwr tan 1970.[4] Roedd yn brifathro Ysgol y Bechgyn yn Shillong rhwng 1934 ac 1936, ac eto rhwng 1945 ac 1948, ac yn bennaeth Coleg Diwinyddol Cherrapunji o 1950 i 1961. Enillodd yr MBE am ei waith yn yr Ail Ryfel Byd, pan weithiodd gyda Syr Keith Cantlie i drefnu cynhaliaeth i ffoaduriaid a milwyr clwyfedig yn ystod ymgyrchoedd Imphal a Kohima yn Burma.

Ar ôl dychwelyd i Gymru, treuliodd flynyddoedd ei ymddeoliad yn Eglwys-bach, Dyffryn Conwy, bro enedigol ei wraig Menna. Rhwng 1971 ac 1972 fe'i hanrhydeddwyd â'r fraint o fod yn llywydd Cymanfa Gyffredinol Eglwys Bresbyteraidd Cymru. Ar ôl marwolaeth ei wraig yn 1988, daeth Tomi i fyw at fy nhad yn Ystrad Mynach, Cwm Rhymni ac yno y bu farw, yn Ysbyty'r Glowyr, Caerffili, yn 1991.

Yn dilyn ei farwolaeth, ysgrifennwyd erthyglau cofiannol amdano sy'n cyfeirio at ei gyfnod yn y fyddin adeg y Rhyfel Byd Cyntaf, ond cyfeiriadau ydynt: ni cheir unrhyw fanylion am y blynyddoedd hynny yn ei fywyd.[5] Tebyg iawn yw'r cyfeiriad yn yr adroddiad byr ar Tomi a geir yn hanes capel Tabor, Maesteg, a ysgrifennwyd yn Hydref 1940, adeg dathlu canmlwyddiant yr eglwys honno. I'r rhai a barchai ei waith fel cenhadwr, ymylol oedd ymwneud Tomi â'r rhyfel i brif berwyl ei fywyd.

> Argyhoeddiad dwfn ac yspryd cenhadol cryf – dyna ddau o nodweddion amlycaf 'T.B.' Yn eu grym hwy dug yr efengyl mewn anrhydedd, drwy lawer iawn o anawsterau, o gylch ei gartref i fryniau'r India.
>
> Adeg y Rhyfel Mawr fe'i cafodd ei hun yn y fyddin, ac oddeutu 1916, cafodd brofiad o droedigaeth ysprydol. Ymaelododd o'i wirfodd yn eglwys Tabor, ac efe oedd blaenffrwyth y teulu a ddaeth yn gryno i'r eglwys ar ei ol.[6]

Felly i gymuned y capel ac i'w deulu, fe grisialodd y cof am T. B. Phillips fel gŵr ysbrydol, parchus, ac iddynt hwy (a minnau) roedd yn amhriodol i feddwl amdano fel unrhyw beth arall. Ond wrth imi ymchwilio ymhellach i hanes Wncl Tomi, fe gafodd rhai o'm syniadau eu herio, a hyd yn oed eu dymchwel.

Wrth i ni geisio deall magwraeth Tomi yng nghymdeithas de Cymru ar ddechrau'r ugeinfed ganrif, ceir anhawster oherwydd mae'n rhaid amgyffred dylanwad dwy garreg sylfaen ganolog sydd wedi diflannu o'r golwg bellach. Un o'r sylfeini hyn oedd y diwydiant glo. Daeth tad Tomi i Faesteg i weithio yn y pwll, a daeth Tomi a'i frodyr wedyn i ddysgu crefft y glöwr dan hyfforddiant eu tad. Roedd pwll Oakwood yng nghanol Maesteg, a chafodd Tomi ran helaeth o'i addysg gynradd yn ysgol y pwll. Pan gyrhaeddodd diwydiant glo Cymru ei uchafbwynt yn 1913, cyfrannodd gwaith Tomi a'i deulu i'r miliynau o dunelli o lo a allforiwyd o borthladdoedd y de. Roedd dros 600 o byllau yn ne Cymru ganrif yn ôl: does dim un heddiw. Y garreg sylfaen arall oedd y capel, lle dderbyniodd Tomi addysg yn yr ysgol Sul a thrwy gyfrwng y cymdeithasau a dosbarthiadau amrywiol a gynhelid dan nawdd y capel. Caewyd capel Tabor, lle roedd Tomi a'i deulu'n aelodau, flynyddoedd yn ôl, ac mae'n dŷ annedd heddiw, fel cynifer o'r capeli eraill yng Nghymru. Mae ffydd Gristnogol yn perthyn i ymylon cymdeithas Cymru yn ail ddegawd yr unfed ganrif ar hugain, ond can mlynedd yn ôl roedd yn ganolog ac yn hanfodol bwysig i Tomi a'i deulu.

Oherwydd y newidiadau ysgubol a ddigwyddodd yn ystod y ganrif ddiwethaf, mae meddylfryd degawdau cyntaf yr ugeinfed ganrif yn ddieithr iawn bellach. Serch hynny, ceir blas o'r byd diflanedig hwnnw yn y nodiadau a ysgrifennwyd gan fy nhad, brawd ieuengaf Tomi.[7] Treuliodd Tomi ei flynyddoedd olaf gyda fy nhad a'u brawd Jacob yng nghartref fy nhad yn Ystrad Mynach. Ysgrifennodd y llith yn fuan wedi i Tomi farw, ac mae edmygedd fy nhad o'i frawd, a'r rhesymau dros hynny, yn disgleirio trwy'r cyfan.

Credaf fod yr adroddiad hwn yn mynd â'r darllenydd yn nes at fyd diflanedig cymoedd de Cymru yn 1914 nag unrhyw eiriau o'm heiddo. Ar ôl y frawddeg agoriadol, 'Ganwyd T. B. (Tommy) Phillips, mab cyntaf Daniel a Mary Catherine, yn 239 Bridgend Road, Maesteg', fe aeth fy nhad ymlaen i roi manylion am fywyd crefyddol y teulu ac addysg Tomi yn 'ysgol Pwll Dafis (Oakwood)':

> Cafodd yno wobr gan yr Ysgol Feistr, R. J. Jones am yr ysgrif oreu yn yr Ysgol ar Africa. Roedd gan Tomi [d]ddiddordeb mawr yn y digwyddiadau yno oherwydd [r]oedd brawd Mam wedi marw yn y Rhyfel yno.

Y wobr oedd llyfr am David Livingstone ac fe gysylltodd Tomi hanes Livingstone â'i brofiad o'r Diwygiad pan yn byw yn y Cernydd.[8] Y pryd hwnnw roedd wedi holi ei fam yn fanwl am y rheswm bod y gweithwyr yn canu wrth fynd a dychwelyd o'u gwaith. Aethpwyd ag ef gyda'i fam a'i dad i nifer o'r Cyfarfodydd yn yr awyr agored a thystiodd Tomi lawer gwaith i'r awyrgylch cyfeillgar yn y cyfarfodydd a bod cysylltiad [rhwng] canu'r bobl a gwaith Livingstone. Bu'r ddau beth, y canu a'r llyfr, yn ddylanwadol iawn ar ei fywyd.

Pan yn ddeng mlwydd oed pasiodd arholiad a chael mynediad i Ysgol yr 'Higher National' ym Mhlasnewydd.[9] Un o'i gyfeillion agos yno oedd Idris Cox a ddaeth yn ddyn flaenllaw gyda'r Blaid Gomiwnyddol ym Mhrydain.[10] Yn y flwyddyn 1911, gadawodd Tomi yr ysgol a dechreu gweithio ym Mhwll Dafis (Oakwood) ar y ffâs glo ac yno'n cyfarfod a chymeriadau oedd yn weithgar iawn gyda Mudiadau fel Sant Ioan (Ambiwlans), Dirwest, a'r Ysgol Sul.

Eglura'r nodiadau fod Tomi a'i frodyr wedi dechrau mynychu capel Tabor yn hytrach na Libanus oherwydd bod eu mam yn poeni am beryglon yr afon roedd yn rhaid iddynt ei chroesi i gyrraedd Libanus. Felly, rhoddwyd sail i'w haddysg grefyddol yn ysgolion Sul Eglwys Coety, Libanus a Thabor.

Wedi dilyn cyrsiau yn yr Ysgol Nos mewn (Mining) safodd arholiad Fireman (Deputy) yn un-ar-bymtheg mlwydd oed, a llwyddo – un o'r ifanca' i basio'r arholiad hwnnw.[11] Cymerodd ran hefyd yng ngweithgareddau Undeb-y-Glowyr gan gael ei ddewis yn ifanc iawn yn aelod pwyllgor llyfrgelloedd y Cwm. Bu'n dadleu'n gryf iawn tros hawliau Llyfrgell y Garth ac am sefydlu Llyfrgell newydd i weithwyr Cwmdu. Enillodd sylw yr Aelod Seneddol, Vernon Hartshorn[12] a bu iddo annog Tommy i ymddiddori ei hun yn y drafodaeth boliticaidd, gan ddweud wrth eraill 'We have a natural leader of men here'.

Ymunodd â'r fyddin (14th Welsh) a bu yn Ffrainc o 1916 i ddiwedd y Rhyfel 1918 ac yno yn cael ei ddewis gyda Lewis Gunners yn un o'u harweinwyr gan gydnabod ei ddealldwriaeth o'r peiriant a'i allu i gael nifer o ddynion i gydweithredu. Daeth yn ôl gartref ar ddiwedd y rhyfel yn Heddychwr argyhoeddiedig i helpu cynnal y teulu trwy weithio yn y pwll glo (Cwmdu). Yn gynnar ar ôl dychwelyd cafodd ofal am Heading yn agor gwaith newydd. Mi roedd yna District yn y Pwll South yn Cwmdu Tommy Phillips (District). Enillodd enw da, a pharch gan swyddogion a gweithwyr fel glowr da. Ceisiodd nifer o swyddogion ganddo i gymryd gwaith fel swyddog ond gwrthodod bob cais, nes o'r diwedd gael cais gan y Prif Swyddog y Cwmni (North's Navigation Coal Coy). Ateb Tomi i'r cais hwnnw oedd 'I've got another job'. Yna daeth cais, braidd yn swrth, oddiwrth y Swyddog i roi gwybodaeth o'r job arall

Elin Jones 207

yma, a chafodd y negeseuydd neges glir iawn – 'Tell Mr Rees that if he had been attending Sunday School he would have known that I was elected Superintendant a short while ago'. Daeth pob ymdrech i wneud swyddog ohonno i ben.

Aeth fy nhad ymlaen i ysgrifennu chwe thudalen arall am hanes bywyd ei frawd, ond y ddwy frawddeg uchod yn unig sydd ganddo am ran Tomi yn y Rhyfel Mawr. Nid yw'n cyfeirio at resymau Tomi dros ymuno â'r fyddin, na manylu ar ei gyfnod yn y ffosydd, er ei bod yn amlwg wrth iddo edrych yn ôl iddo ymestyn cyfnod gwasanaeth ei frawd a honni iddo ymuno flwyddyn neu fwy cyn y dyddiad cywir. Un nodwedd o bwys yn yr ysgrif yw'r brif lythyren i'r gair 'Heddychwr', sydd hefyd wedi ei danlinellu. Mae balchder fy nhad yn ei frawd yn amlwg trwy'r ysgrif i gyd, ond nid yw'n arwr iddo am ei fod yn filwr. I fy nhad, ffydd gadarn, nerth cymeriad a gallu meddyliol Tomi sy'n bwysig, a hefyd ei lwyddiannau addysgol, ei gyfraniadau cymdeithasol a'i ran yng ngweithgareddau'r capel.

Mae'r atgofion sydd gen i o gartref rhieni fy nhad ym Maesteg hefyd yn gyfrwng i ail-greu byd diflanedig cymoedd y de ganrif yn ôl. Roedd rhieni fy nhad wedi eu geni yn yr 1870au, ac roedd awyrgylch Fictoraidd i'w cartref. Treuliais lawer o amser yno oherwydd mai'r cartref oedd ffocws bywyd cymdeithasol y teulu. Roedd fy nhad, fy mam a minnau'n ymweld â theulu fy nhad bob dydd Sadwrn, pan fyddai fy mam yn pobi ar gyfer y teulu yno. Byddem hefyd yn ymweld yn gyson â theulu estynedig fy nhad yn ardal Pencoed, Gilfach Goch a Glynogwr.

Roedd rhieni Tomi yn dal yn fyw, a dau o'i frodyr, Ted a Jacob, yn ddibriod ac yn byw gyda nhw. Cefais fy ngeni yn 1944, ac felly mae fy atgofion yn debyg o berthyn i ddiwedd yr 1940au a dechrau'r 1950au, ond credaf fod rhai agweddau ar fywyd y teulu heb newid llawer ers troad yr ugeinfed ganrif. Er bod trydan a dŵr yn y tŷ, a stôf nwy hefyd, gwell gan fy mam-gu goginio bwyd ar y *range* a oedd yn dominyddu'r ystafell fyw fawr. Cynnyrch eu tir eu hunain oedd llawer o'r bwyd hwn hefyd. Roedd gan fy nhad-cu dipyn o dir o gwmpas y tŷ, lle byddai'n cadw gwyddau, ieir a moch, a byddai'n lladd a halltu mochyn yn rheolaidd.

Perchid y Saboth, pan fyddai pob aelod o'r teulu yn mynychu'r cwrdd o leiaf unwaith, a'r rhan fwyaf ohonyn nhw ddwy os nad tair gwaith ar y diwrnod sanctaidd. Roedd y teulu cyfan yn llwyrymwrthodwyr – doedd neb ohonynt yn yfed alcohol nac yn rhegi. Roedd parchusrwydd yn ogystal â chrefydd yn bwysig; glendid, gwaith caled, dewrder, dyfalbarhad a dygnwch oedd y nodweddion a edmygid ganddynt. Roedd llawer o barch i allu meddyliol ac i'r llwyddiannau academaidd a dystiolaethai i hynny.

Gweinidogion yr Efengyl oedd arwyr y teulu. Gallent ymfalchïo yn y ffaith fod dau o'r meibion wedi eu hordeinio, sef Thomas Bevan, y mab hynaf, a David John, y brawd nesaf. Roeddynt ill dau yn uchel eu statws teuluol oherwydd hynny, ond Wncl Tomi a oedd ar y brig, am ei fod yn genhadwr ar faes cenhadol yr enwad, sef Bryniau Casia yng ngogleddddwyrain yr India. Creiriau'r India oedd trysorau'r cartref ym Maesteg, felly. Llythyron wythnosol o'r India a ddarllenwyd gennym ddydd Sadwrn; barn fy nhadcu neu Wncl Tomi a ddyfynnwyd i benderfynu unrhyw ddadl, ac adroddid storïau amdano a ddangosai ei ddoethineb a'i grafftter. Hoffai fy mam-gu a fy nhad sôn am y Tomi bach yn 'pregethu', gan sefyll ar gadair a defnyddio'r cefn fel pulpud. Ond ni allaf gofio neb yn adrodd unrhyw straeon am hanes Wncl Tomi yn y Rhyfel Byd Cyntaf, er y cyfeirid weithiau at ei gyfraniad yn yr Ail Ryfel Byd.

Fodd bynnag, mae un peth yn aros yn fy nghof. Roedd fy mam-gu yn hoff iawn o luniau, ac roedd nifer o luniau lliwgar yn hongian ym mhob ystafell yn y tŷ. Lluniau crefyddol neu luniau'r teulu oedd y rhan fwyaf ohonynt, ond yn eu plith roedd llun mawr lliwgar o filwr ifanc. Safai'r milwr hwn yng nghanol adfeilion tref a ddistrywiwyd gan ryfel, a chofiaf ddod i wybod taw llun milwr o'r Rhyfel Byd Cyntaf ydoedd, a bod Wncl Tomi wedi ymladd yn y Rhyfel Mawr. Cofiaf edmygu'r *puttees* am goesau'r milwr, a hoffi'r gair anghyfarwydd *puttees* hefyd. Ond dyma'r unig gysylltiad â'r Rhyfel Byd Cyntaf y cofiaf ei weld yng nghartref Tomi.

Pan ddechreuais ddysgu yn Ysgol y Preseli, Crymych yn 1974, y Rhyfel Byd Cyntaf oedd un o'r testunau a oedd gen i i'w ddysgu. Porais drwy adroddiadau'r *Tivyside* am y blynyddoedd 1914–18, a dod o hyd i lawer o dystiolaeth berthnasol i'r pwnc. Ond sylweddolais fod gwell ffynhonnell gen i gartref, pan ddaeth Wncl Tomi ac Anti Menna i aros gyda'm rhieni yn Ystrad Mynach. Penderfynais ei holi am ei brofiadau yn y Rhyfel Byd Cyntaf, a'u recordio ar gyfer y dosbarth. Cofiaf straffaglu gyda pheiriant tapiau, a chofiaf hefyd amynedd Wncl Tomi, a manylder ei atgofion.

Defnyddiais gynnwys y tapiau yn fy nosbarthiadau am nifer o flynyddoedd ac felly fe ddeuthum yn gyfarwydd â'u cynnwys. Gwaetha'r modd fe ddiflannodd y tapiau gyda llif y blynyddoedd, ond mae'r straeon a adroddodd yn fyw yn fy nghof.

Disgrifiodd ei hyfforddiant mewn gwersyll ar gyfer darpar filwyr, yn dysgu dril, sut i ymladd a sut i drin arfau. Dywedodd fod un o'r swyddogion a oedd yn gyfrifol am eu hyfforddiant yn ffiaidd dros ben, yn

Elin Jones 209

gweiddi a rhegi ar y milwyr ifanc dibrofiad. Roeddynt yn ei gasáu, ac yn y diwedd trodd y milwyr prentis hyn yn ei erbyn. Rhegodd y swyddog yn gas ar un ohonynt wrth iddynt ddrilio, a thaflodd y milwr ifanc hwnnw ei ddryll i'r llawr. Gwnaeth ei gyfeillion yr un peth yn union, ac yna gilio i'r barics, er i'r swyddog weiddi ar eu hôl. Eisteddent yn eu barics wedyn am weddill y prynhawn, yn ceisio dyfalu beth fyddai'n digwydd iddynt nesaf, gan eu bod wedi gwrthod gorchymyn swyddog. Er eu bod mor newydd i'r gwaith roeddynt wedi dysgu digon i wybod taw trosedd ddifrifol iawn oedd gwrthod ufuddhau i orchymyn swyddog. Yna daeth gwŷs iddynt ymgynnull yn sinema'r dref. Aethant yno yn bryderus iawn, gan ddisgwyl y gwaethaf. Pan oeddynt yn eu seddau, ymddangosodd prif swyddog y gwersyll ar y llwyfan. Eglurodd iddynt fod rhaid i bob milwr ufuddhau'n ddigwestiwn i bob gorchymyn. Ar faes y gad byddai'u bywydau'n dibynnu ar ufudd-dod milwyr eraill a'u parodrwydd i ddilyn cyfarwyddiadau eu swyddogion, er mor gas y gallai'r rheiny fod. Wrth eu gwaith arferol roedd amser ganddynt i feddwl, amser i drafod ac amser i ddod i benderfyniad. Nid oedd hynny'n bosibl mewn brwydr, a rhan o hyfforddiant pob milwr oedd dysgu ufuddhau i unrhyw orchymyn yn ddigwestiwn – ac ar unwaith. Gofynnodd iddynt addo eu ffyddlondeb a'u hufudd-dod iddo, nid er ei fwyn ef, ond er eu mwyn eu hunain, ac er mwyn eu cyfeillion a oedd eisoes yn ymladd yn erbyn y gelyn.

Enillodd ei anerchiad galonnau'r dynion ifanc; gwnaethant yr addewid, a dychwelyd i'r gwersyll yn barod i aberthu nid eu bywydau'n unig, ond eu hewyllys rydd hefyd. Ufuddhaon nhw i bob gorchymyn o hynny ymlaen, meddai Wncl Tomi, ond ni welson nhw'r swyddog cas eto. Tybiodd iddo gael ei anfon o'r gwersyll, a'i fod wedi ei effeithio gan erchyllterau'r rhyfel nes iddo golli ei iawn bwyll, gan beri iddo ymddwyn mor ffiaidd.

Aeth Wncl Tomi i ymladd yn Ffrainc, yn y ffosydd a oedd mor nodweddiadol o'r Rhyfel Byd Cyntaf. Disgrifiodd yr amgylchiadau i mi: y llaid a'r budreddi, y drewdod a'r saethu diddiwedd. Byddai'r dŵr yfed a ddarparwyd ar gyfer y llinell flaen yn cyrraedd mewn tuniau petrol, meddai, a byddai haen o'r petrol ar ei wyneb. Roedd gwynt y petrol yn ddigon i droi'r stumog cryfaf, meddai, ac yn peri dolur rhydd hefyd.

Pan gyrhaeddodd Wncl Tomi y llinell flaen, roedd yn bedwerydd mewn tîm dryll Lewis. Ei waith ef oedd bwydo'r bwledi i'r un nesaf yn y criw. Roedd problem gan ei dîm: roedd Rhif Un, sef y 'Number One Gunner' wedi colli ei bwyll, ac yn saethu'r dryll trwy'r amser tuag at y gelyn. Roedd hynny'n perygu pawb arall oherwydd ei fod yn tynnu sylw'r gelyn, a'u gwneud yn darged i'r Almaenwyr. Bu'n rhaid ei anfon o'r ffrynt, a chyn bo hir roedd Wncl Tomi wedi ennill ei le, ac yn 'Number One Gunner' ei hun: roedd y lleill naill ai wedi eu lladd, neu wedi eu hanafu'n ddifrifol.

Roedd cof arbennig o dda gan Wncl Tomi, ac roedd yn cofio'n glir sut roedd trin a thrafod y dryll Lewis. Tynnodd ddeiagram manwl i mi, gan ddisgrifio sut i lanhau'r dryll yn iawn a'i drin yn effeithiol. Roedd bron 70 o flynyddodd wedi mynd heibio ers iddo afael yn y dryll, ond nid oedd wedi anghofio'r grefft a ddysgodd yn llaid a llaca Ffrainc.

Dysgodd wers hefyd am frawdoliaeth y ddynoliaeth yng nghanol y brwydro. Un diwrnod gofynnwyd i Wncl Tomi fynd â rhes o garcharorion rhyfel yn ôl o'r llinell flaen. Almaenwyr oeddynt, ac yn ddigon parod i'w ddilyn i ddiogelwch. Ond gelynion oeddynt i'r Tomi ifanc, rhai o'r 'Hun' oedd wedi dod â distryw ar Ewrop gyfan, a gofalodd eu trin yn llym. Ond newidiodd ei agwedd tuag atynt pan lithrodd ef ei hun yn y llaid, ac estynnodd un o'i garcharorion ei law iddo, gan gynnig cymorth iddo. Gafaelodd Wncl Tomi yn llaw ei elyn, edrychodd yn ei lygaid, a sylweddolodd taw dyn ifanc fel ef ei hun ydoedd. Ni allai ei gasáu ddim rhagor. Dywedodd wrthyf iddo sylweddoli yn y foment honno beth oedd brawdgarwch.

Cofiaf wrando'n astud ar atgofion Wncl Tomi, gan ryfeddu at fanylder ei atgofion, ac erchylltra'r hyn a ddisgrifiai. Anodd oedd cysoni'r hen weinidog addfwyn, parchus a eisteddai'n dawel o fy mlaen â'r milwr ifanc yn ymfalchïo yn y grefft o ladd gyda'r dryll Lewis, ac yn ymladd am ei fywyd yng nghanol y llaid, y mochyndra a chyrff pydredig dynion a cheffylau.

'Ond roedd hynny'n ofnadwy, Wncl Tomi!' dwedais yn y diwedd. 'Sut yn y byd oedd modd i chi ddygymod â'r erchyllterau hyn i gyd?'

'O, mwynheais e', 'merch i' oedd ei ateb annisgwyl: ateb sydd wedi aros yn fyw yn fy nghof.

Ar y pryd roeddwn i'n meddwl ein bod yn ymladd dros gyfiawnder, ac yn erbyn drygioni. Croesgad ydoedd i fi, ac mae credu hynny'n ei wneud yn bosibl i ddyn ddioddef popeth. Erbyn heddiw rwy'n gwybod i fi gael fy nhwyllo i gredu felly, ond ni allaf wadu ei wirionedd i fi yr adeg honno. 'Brainwashing' oedd e, mewn gwirionedd, ond nid oeddwn yn gwybod hynny.

Edrychodd arnaf yn ddwys. '"Lions led by donkeys" – dyna'r hyn oedden ni'n wir' meddai ef.

Dechreuais ymchwilio i hanes Wncl Tomi yn y Rhyfel Byd Cyntaf ar gyfer y llyfr hwn yn 2013. Roedd 20 mlynedd arall wedi mynd heibio ers i fy nhad ysgrifennu ei adroddiad. Roedd ef a phob un arall o feibion Daniel a Mary Catherine Phillips wedi marw, a'u cartref wedi ei wacáu a'i werthu. Roedd lleisiau'r teulu'n fud bellach; yr holl luniau mawr lliwgar a fu yn y gegin gynt wedi hen fynd i'r bin sbwriel, a diflannodd y tapiau a wneuthum i pan oeddwn yn athrawes ddibrofiad. Serch hynny, roeddwn yn ffyddiog y byddai modd dod o hyd i dystiolaeth i ategu'r atgofion a hanesion y teulu ac i ychwanegu at y brawddegau moel am gyfnod Tomi yn y fyddin.

Ond er bod Wncl Tomi yn arwr i'w deulu, nid am ei fod yn filwr roedd hynny, a phrin yw'r dystiolaeth am ei gyfnod yn y fyddin sydd wedi ei chadw ganddo ef na'i deulu. Nid yw ei lyfr gwasanaeth ymhlith y llyfrau a phapurau eraill a ddaeth i'm gofal. Byddai wedi derbyn dau fedal am ei wasanaeth yn ystod y Rhyfel Byd Cyntaf, ond nid oes sôn am y medalau hyn heddiw. Enillodd Wncl Tomi yr MBE am ei waith yn ystod yr Ail Ryfel Byd, ac etifeddwyd y fedal honno gan Gwilym, yr hynaf o'i neiaint. Does neb yn y teulu'n cofio gweld medalau'r Rhyfel Byd Cyntaf erioed. Os cadwodd ddyddiadur, mae hwnnw wedi diflannu hefyd. Byddai wedi anfon llythyrau adref at ei rieni: mae'r rheiny hefyd wedi mynd gyda llif amser.

Dau beth yn unig sydd wedi eu cadw o gyfnod Tomi yn y rhyfel. Un yw llun mawr o'r milwr ifanc yng ngwisg y gatrawd Gymreig. Ar gefn y llun mae nodyn yn llawysgrifen nai Tomi, y diweddar Edgar Phillips, Llangynwyd, yn dweud taw llun o Tomi yn 20 mlwydd oed yn 1918 ydyw.[13]

Yr ail beth sydd ar gael yw gweddillion albwm yn cynnwys lluniau a chardiau post a gasglwyd gan fy nhad a'i frodyr yn ystod y Rhyfel Byd Cyntaf a'r degawd canlynol. Mae cynnwys yr albwm yn ategu fy atgofion o bwysigrwydd crefydd ym mywyd teulu fy nhad. Ceir nifer o gardiau post gydag adnodau o'r Beibl arnynt, a rhai â lluniau cenhadon megis James Chalmers, David Livingstone a John Williams (a ferthyrwyd ar un o ynysoedd y Môr Tawel). Mae tudalennau a

5. Thomas Bevan Phillips

lluniau ar goll; does dim byd wedi ei ysgrifennu ar gefn y rhan fwyaf o'r cardiau post, a does dim enwau i lawer o'r lluniau niferus o filwyr, unigolion a grwpiau teuluol. Ond yn eu plith mae un darn o dystiolaeth, sef cerdyn o Redcar a anfonwyd at y teulu gan Tomi ar 31 Mai 1918: dyma awgrym cryf ei fod o hyd yn derbyn ei hyfforddiant milwrol bryd hynny, a heb fod eto yn y ffosydd.

Rhaid oedd troi at ffynonellau eraill felly i geisio cadarnhau rhai o'r ffeithiau am fywyd cynnar Tomi sydd yn adroddiad fy nhad. Un adnodd, sy'n deillio o ddull yr Hen Gorff o nodi pob dimai a gyfrannwyd gan yr aelodau i'r achos, yw adroddiadau ariannol eglwys Tabor.[14] Mae'r adroddiadau'n cadarnhau bod Wncl Tomi wedi ymaelodi yn Nhabor yn 1916: mae enw Thomas Phillips yn ymddangos yn rhestr yr aelodau am y tro cyntaf yn 1916, tua diwedd y flwyddyn honno. Rhyfedd, serch hynny, yw sylwi ar dystiolaeth yr adroddiad ar gyfer y flwyddyn honno, sy'n dangos bod fy mam-gu wedi ymaelodi ar yr un adeg â'i mab, ond ar ei phen ei hun, heb unrhyw gyfeiriad at fy nhad-cu. Dyma adeg pan restrid menywod priod dan enwau eu gwŷr. Roedd fy mam-gu yn agos iawn at ei mab hynaf, a dylanwad Tomi efallai oedd wedi peri iddi ymaelodi gydag ef yn eglwys Tabor, heb ei gŵr na neb arall o'r teulu. Byddai hynny'n ategu sylw'r Parch. Melville Jones am ddylanwad Tomi ar ei deulu, a chyfeiriad fy nhad at y drafodaeth a fu rhwng Tomi a'i fam yn dilyn ei dröedigaeth ysbrydol.

Erbyn 1917 mae enw Mr Daniel Phillips yn rhestr yr aelodau hefyd, gydag enw fy mam-gu yn dilyn enw ei gŵr yn y dull arferol. Mae enwau rhai o'u meibion yno hefyd – David John, yr ail fab, yn rhestr yr aelodau, a Gwyn a Jacob yn rhestr y plant. Nid yw enw Tomi wedi ei restru yn 1918, ond mae yn ôl ar y rhestr yn 1919, ac nid oes bwlch arall nes iddo adael am yr India yn 1934. Mae'r cofnodion hefyd yn ategu sylwadau fy nhad am y cyfrifoldebau a ddaeth i'w frawd. Erbyn 1920, er enghraifft, roedd yn ysgrifennydd cyffredinol yr ysgol Sul ac yn drysorydd y gymdeithas ddiwylliadol.

Difyr hefyd yw canfod, trwy gyfrwng cofrestr bedyddiadau'r capel, na chafodd tri mab ieuengaf y teulu eu bedyddio tan 1922 pan oedd Willie'n 15, Gwyn yn 13 a Jacob yn 11.[15] Mae'r manylion annisgwyl hyn yn taflu peth amheuaeth ar y darlun o deulu parchus a chrefyddol sydd i'w ganfod yn adroddiad fy nhad, ac a dderbyniais yn ddigwestiwn pan oeddwn yn blentyn. Tybed a oedd teulu fy nhad yn nes at fyd y dafarn na'r capel cyn i Wncl Tomi gael y dröedigaeth grefyddol ysgubol honno a barodd iddo ymaelodi yng nghapel Tabor? A gafodd ei dröedigaeth effaith bell-gyrhaeddol ar deulu a oedd wedi colli gafael ar ei ffydd, fel yr awgryma

Elin Jones 213

sylw'r Parch. Melville Jones: 'efe oedd blaenffrwyth y teulu a ddaeth yn gryno i'r eglwys ar ei ôl'?[16]

Cofiaf rai storïau a glywais gan fy nhad yn ei henaint sy'n awgrymu nad oedd daliadau dirwestol y teulu wedi eu gwreiddio mor ddwfn ag a feddyliais. Er enghraifft, dywedodd wrthyf i fy nhad-cu roi'r gorau i yfed pan benderfynodd Wncl Tomi fynd i'r weinidogaeth. Nid oedd am ymddwyn mewn ffordd a fyddai'n cael ei hystyried yn anaddas i dad gweinidog.

Ni fyddai neb yn y teulu yn cyfeirio at hyn pan oeddwn yn blentyn, ond gwn nawr fod fy mam-gu yn gweini yn nhafarn y White Hart, a gedwid gan ei brawd, pan briododd hi a fy nhad-cu.[17] Mae'r cofrestru swyddogol yn dangos hefyd iddynt briodi yn Hydref 1897, a ganed Tomi yn Ebrill 1898. Cofiaf i fy nhad ddweud wrthyf unwaith am fy nhad-cu yn ceryddu un o'i gyd-weithwyr dan ddaear am daflu ei ferch feichiog allan o'r tŷ am 'ddod â chwiddyl [cywilydd] ar y teulu'. Atgoffodd fy nhad-cu ei gyfaill iddyn nhw ill dau briodi eu gwragedd oherwydd eu bod yn feichiog, a dylai fod cywilydd arno ef am drin ei ferch mor ddidrugaredd, a hynny oherwydd iddi fod mor anffodus â charu dyn nad oedd yn barod i'w phriodi. Ar y tad a'r cariad roedd y cywilydd, ym marn fy nhad-cu, nid ar y ferch.

Mae adroddiadau papurau newydd cyfnod y Rhyfel Byd Cyntaf am Faesteg yn adlewyrchu tref o gyffro, o gyfarfodydd cyhoeddus afreolus, o feddwdod ac ymladd sydd ymhell iawn o'r atgofion sydd gen i o Faesteg yr 1950au. Maent ymhell hefyd o adroddiadau'r capel a chylchgronau'r enwad, megis *Y Drysorfa*.

Ar ddiwedd ei oes y dechreuodd fy nhad sôn wrthyf am yr ochr 'amharchus' i fywyd ei deulu, a hynny mewn sgyrsiau anffurfiol ar yr aelwyd. Soniodd am dymer wyllt Wncl Tomi, a'i allu i ymladd. Fodd bynnag, nid oes cyfeiriad at yr agweddau hyn yn ei adroddiad, a fwriadwyd fel cofnod cyhoeddus o fywyd ei frawd.

Dehongliad yw pob ymgais i ysgrifennu hanes, ac adlewyrcha pob dehongliad syniadau, blaenoriaethau a chredoau yr awdur. Mae rhai fy nhad i'w canfod yn glir iawn. Iddo ef, nid rhan Wncl Tomi yn y Rhyfel Byd Cyntaf oedd yn bwysig, ond y ffaith i'w brofiadau ei droi'n heddychwr. Nid ei gyfnod yn y ffosydd oedd uchafbwynt bywyd ei frawd, ond y blynyddoedd maith yn y maes cenhadol ar fryniau Casia. Mae'r un safbwynt i'w ganfod yn *Preswylfeydd y Goruchaf*. Ymddengys i mi fod tröedigaeth ysbrydol Wncl Tomi yn 1916 wedi cael llawer mwy o effaith arno ef a'i deulu na'i gyfnod yn y fyddin yn ystod y Rhyfel Mawr.

Ond mae un hanes o ail hanner y Rhyfel Mawr heb ei adrodd eto, ac i mi dyma stori sy'n dweud llawer am effaith y rhyfel ar gynifer o deuluoedd yng Nghymru a thu hwnt. Dywedodd fy nhad wrthyf sawl gwaith i'w fam dderbyn parsel trwy'r post, yn fuan wedi i Tomi ymuno â'r fyddin. Yn y parsel roedd y dillad a gymerodd Tomi gydag ef i'r fyddin, cyn iddo dderbyn ei wisg filwrol. Roedd fy nhad tua wyth neu naw mlwydd oed ar y pryd, a chofiodd hyd ddiwedd ei fywyd weld ei fam yn agor y parsel, ac yna'n eistedd yn swp ar waelod y grisiau yn y cyntedd, yn llefain y glaw wrth afael yn nillad ei mab a'u gwasgu i'w hwyneb.

Nodiadau

1. Seilir y sylwadau hyn ar hanes bywyd ei frawd a ysgrifennwyd gan 'nhad yn ei henaint (gw. isod, n. 7), ond fe'u hategir gan nodiadau ar hanes cyffredinol y teulu a wnaethpwyd gan fy nghefnder, y diweddar Edgar Phillips, Llangynwyd, a chan gofnodion swyddogol, megis cofrestri genedigaethau a marwolaethau, a chofnodion enwad y Methodistiaid Calfinaidd (Eglwys Bresbyteraidd Cymru bellach). Roedd fy nhad-cu a'i feibion yn gweithio ym Mhwll Oakwood, y Garth, Maesteg, a adnabuwyd ganddynt fel 'Pwll Dafis'. Ni lwyddais i ddod o hyd i gofnodion y pwll hwnnw.
2. Gweler llyfr Bernard Lewis, *Swansea Pals: A History of the 14th (Service) Battalion, Welsh Regiment in the Great War* (Barnsley: Pen and Sword, 2004).
3. Llyfrgell Genedlaethol Cymru, C.M. Archives EZ2/108. Gweler, er enghraifft, adroddiad 1918. Nodir marwolaeth James H. Owen ('Yr hwn a syrthiodd yn y fyddin'), a chyfeiria'r gweinidog yn ei lythyr i'r aelodau at ddiwedd y rhyfel, ond mewn termau cyffredinol iawn. Nid yw'n cyfeirio wrth eu henwau at yr aelodau a ddychwelodd yn ddiogel.
4. Ceir rhagor o wybodaeth am ei waith yn yr India yn Ednyfed Thomas, *Bryniau'r Glaw: Hanes Cenhadaeth Dramor Eglwys Bresbyteraidd Cymru* (Caernarfon: Gwasg Pantycelyn ar ran Bwrdd y Genhadaeth, 1988), e.e. tt. 178, 185, 200, 202, 205, 223, 245, 265, 269, 287-90, 325-6. Nid oes yma gyfeiriad at ei hanes cyn iddo gyrraedd y maes cenhadol. Ceir darlun gwahanol o waith y cenhadon yn Nigel Jenkins, *Gwalia in Khasia* (Llandysul: Gomer, 1995), ond sylwer ar y cyfeiriad yno at Tomi: 'something of a legend', t. 259, a'r disgrifiad ohono ar d. 260.
5. Gweler, er enghraifft, erthygl y Parch. D. Ben Rees, 'Obituary: the Rev T. B. Phillips', *The Independent*, 21 Hydref 1991, 23.
6. Parch. Melville Jones, *Preswylfeydd y Goruchaf* (Maesteg: Brodyr Gibbs, 1940), tt. 29-30.
7. Dyfynnir o lungopi o lawysgrif yn ysgrifen Gwyn Phillips (1908-98). Cywirais rai camgymeriadau sillafu ac ati, ond ni newidiais ddim ar y geiriau eu hunain. Yr ysgrif hon yw sail yr erthygl am Tomi yn *Y Bywgraffiadur Ar-lein* (*http://wbo.llgc.org.uk/cy/c8-PHIL-BEV-1898.html* (cyrchwyd Mehefin 2014)).

8. Tyddyn yn y Coety oedd y Cernydd. Rhydd R. Thomas, *Hanes Bywyd y Dr. David Livingstone* (Caernarfon: Cwmni y Cyhoeddwyr Cymreig, 1912) argraff o gynnwys tybiedig y llyfr hwn. Fe all taw hwn oedd y llyfr a dderbyniodd Tomi'n wobr: mae cof gen i o weld y llyfr yng nghartref y teulu pan oeddwn yn blentyn.
9. Nid yw cofnodion yr ysgol hon yn Archifdy Morgannwg.
10. Idris Cox (1899–1989): un o arweinwyr y Blaid Gomiwnyddol yn ne Cymru, ond yn y cyswllt hwn, mae'n werth nodi iddo ddechrau gweithio ym mhwll glo'r Garth ym Maesteg yn 1913; daeth yn gynrychiolydd cyfrinfa'i undeb yn ardal Maesteg yn 1913, a phan oedd yn 18 oed etholwyd ef hefyd i Bwyllgor Rheoli Sefydliad Glowyr y Garth. Gw. ymhellach http://wbo.llgc.org.uk/cy/c6-COX0-IDR-1899.html (cyrchwyd Mehefin 2014).
11. Ceir adroddiad yn y papur lleol sydd yn cadarnhau hwn: 'Maesteg Examination Results', *Glamorgan Gazette*, 2 Gorffennaf 1915, 7. Gweler enw Idris Cox hefyd yn yr adroddiad fel un a fu'n llwyddiannus yn ei arholiad.
12. 1872–1931: asiant glowyr Maesteg o 1905 ymlaen; erbyn 1911 yn flaenllaw yn Undeb Cenedlaethol y Glowyr; Aelod Seneddol etholaeth Ogwr o 1918 hyd at ei farwolaeth. Gw. ymhellach, http://wbo.llgc.org.uk/cy/c-HART-VER-1872.html (cyrchwyd Mehefin 2014).
13. Eiddo Mrs Edgar Phillips, Llangynwyd. Rwy'n ddiolchgar iddi am ganiatâd i'w gynnwys yma. Cafodd Edgar ei fagu ar fferm Brynrhyg, a bu'n byw wedyn yn Llangynwyd, ger Maesteg. Treuliodd lawer o amser gyda 'nhadcu a'm mam-gu, ac fe gafodd y llun pan gliriwyd yr hen gartref.
14. Llyfrgell Genedlaethol Cymru, C.M. Archives EZ2/108.
15. Llyfrgell Genedlaethol Cymru, C.M. Archives EZ2/108.
16. Jones, *Preswylfeydd y Goruchaf*, t. 29.
17. Nodiadau ar hanes y teulu gan fy nghefnder, Edgar Phillips. Rwy'n ddiolchgar i'w weddw eto am ganiatâd i'w defnyddio.

11

Cynan a'i Frwydr Hir â'r Rhyfel Mawr

Gerwyn Wiliams

Dechreuodd brwydr Cynan â'r Rhyfel Mawr yn 1915 ac fe barodd weddill ei oes. Brwydr oedd hi am fynegiant, ymdrech greadigol i fynegi ei argraffiadau a'i brofiadau o'r rhyfel drwy eiriau a delweddau a mydrau. At hynny, brwydr i garthu'r profiad, i'w dreulio o'i system a'i oroesi. Brwydr yn ogystal i reoli'r digwyddiad, i sicrhau na fyddai'n ei lethu ac na châi yntau ei ddiffinio yn unig ac yn ormodol, fel bardd ac fel unigolyn, gan y rhyfel. Ond gan gofio sylw John Davies – 'am hanner can mlynedd wedi 1918 ceid ym mhob cwr o Gymru wŷr a ystyriai'r rhyfel fel eu hunig brofiad cyffrous' – brwydr hefyd i sicrhau na fyddai gweddill ei fywyd yn cael ei fyw'n anniddig ac yn siomedig yng nghysgod y rhyfel.[1]

Ddechrau'r rhyfel yn Awst 1914 roedd Cynan ar drothwy blwyddyn olaf ei gwrs BA tair blynedd yng Ngholeg y Brifysgol ym Mangor ac yntau'n fyfyriwr o Goleg y Bedyddwyr; ei bwnc arbennig oedd athroniaeth a'i bynciau eraill oedd Groeg, Hebraeg, Cymraeg a Saesneg. Daeth i Fangor yn fyfyriwr 17 oed yng Ngorffennaf 1912, yr hynaf o bum plentyn Liverpool House, Pwllheli a aned ar 14 Ebrill 1895 a'i fedyddio'n Albert Evans Jones. Yn 1915 enillodd y gadair yn Eisteddfod y Myfyrwyr dan feirniadaeth un o'i athrawon ym Mangor, John Morris-Jones, a theitl y bryddest arobryn oedd 'Rhyfel'. 'Canu am ryfel y tu allan i brofiad am y Rhyfel Mawr' a wnâi yn honno yn ôl tystiolaeth yr hunangofiant byr a gyhoeddwyd yn *Barn* yn Chwefror 1971, ac fe'i claddwyd 'yn rhywle yn hen gylchgronau Coleg y Brifysgol' sef *The Mascot* (Mawrth 1915).[2] Ond fel y sylwodd Bedwyr Lewis Jones yn un o'r ymdriniaethau gorau â bywyd a gwaith Cynan, nid yw hynny'n hollol wir gan ei fod wedi ailwampio ac ailgylchu rhannau ohoni'n ddiweddarach; er enghraifft, ailweithiwyd y diweddglo a'i gyflwyno fel darn yn ei hawl ei hun, 'L'Envoi (I Gymrodyr y Rhyfel Mawr)', sef cerdd glo *Telyn y Nos* yn 1921.[3]

Dros y chwe blynedd nesaf byddai'n ychwanegu at 'Rhyfel' nifer o gerddi eraill ynghylch y Rhyfel Mawr ac yn eu cynnwys yn ei gyfrol gyntaf yn 1921. Pan gyhoeddwyd *Telyn y Nos* ni threfnwyd mo'i chynnwys yn gronolegol; i'r gwrthwyneb, byddai'n agor gyda cherdd ddiweddaraf Cynan a sail ei enwogrwydd sef pryddest 'Mab y Bwthyn' a ysgrifennwyd o safbwynt un a oroesodd y rhyfel. Ond o'u harchwilio'n fanwl, mae'r cerddi hefyd yn cynnwys persbectif delfrytgar sifiliad tuag at y rhyfel yn ogystal â phersbectif profiadol milwr yn ystod y rhyfel.

Dwy o'r cerddi dibrofiad yw 'Corn Gwlad, 1914' ac 'Y Muriau Dur', dwy gerdd na ddewisodd Cynan eu cynnwys pan aeth ati ddiwedd yr 1950au i hel ei gerddi ynghyd ar gyfer *Cerddi Cynan* (1959).[4] Mae'r gerdd gyntaf yn clodfori dynion o bob haen gymdeithasol a phob rhan o'r Ymerodraeth Brydeinig a ymatebodd i'r alwad i'w hamddiffyn: 'Mae'r llanciau oedd echdoe'n salw | Mewn siopau oeraidd a llwm | Yn ymgyrch fel cewri heddyw | Yn nadwrdd y bib a'r drwm.'[5] Ar y naill law dyrchefir arwriaeth y milwyr hyn a'u hysbryd aberth, ond gofidir hefyd am y dinistr sydd ar gerdded: 'Cenwch eich cnul, O glychau; ac wylwch, angylion glân, | Mae'r gorwel yn arw, tangnefedd yn marw a'r ddaear i gyd ar dân.'[6] Canu mawl i'r llynges Brydeinig a wneir yn 'Y Muriau Dur' a mynegi ffydd ddiamod yn ei gallu i amddiffyn 'plant [a] gwragedd' rhag y 'gwarth sydd waeth na'r bedd'.[7] Tybed na farnodd Cynan gyda synnwyr trannoeth fod naïfrwydd a brwdfrydedd y ddwy gerdd hon wedi dyddio gormod yn sgil ei brofiad uniongyrchol o'r rhyfel iddo allu eu cynnwys yng nghasgliad 1959?

Daeth y trobwynt mawr ym mywyd Cynan ddechrau 1916. Bryd hynny y ffurfiwyd y Welsh Students Company, RAMC, cwmni o fyfyrwyr a siaradai Gymraeg gan mwyaf. Heblaw am rai gweinidogion ordeiniedig, ymgeiswyr am y weinidogaeth oedd y rhan fwyaf o'r cwmni arbennig hwn. Fel hyn y disgrifiwyd ffurfio'r uned gan Cynan:

> ar gyfer gwŷr ifainc o'r fath y llwyddodd Prif Gaplan y Milwyr Cymreig, y Dr. John Williams, Brynsiencyn, gael gan y Swyddfa Ryfel gytuno i ffurfio'r cwmni arbennig hwn o'r R.A.M.C. Rhan o'r cytundeb sylfaenol oedd na throsglwyddid yr un aelod o'r cwmni tan unrhyw amgylchiadau o'r Royal Army Medical Corps i unrhyw adran ymladdol o'r fyddin. Ar y sicrwydd hwn, a gyflwynwyd inni ar ran y Swyddfa Ryfel gan y Cyrnol John Williams a'r Brigadydd Owen Thomas, y penderfynodd efrydwyr diwinyddol Cymru yn llu mawr y gallent ymuno â'r cwmni heb dreisio cydwybod.
>
> Gan hynny, ar wahân i ryw ddau neu dri allan o dros ddau cant, mi ddwedwn i mai cwmni o basiffistiaid oeddem ni...[8]

Daw'r sylwadau hyn o'i ragarweiniad i'r gyfrol a gyhoeddwyd gan un o gyn-aelodau'r uned, y Parch. R. R. Williams.[9]

Fel y tystia Densil Morgan, yn wahanol i athrawon Coleg yr Annibynwyr neu'r Bala-Bangor, sef yr heddychwyr radical Thomas Rees a John Morgan Jones, roedd Silas Morris, prifathro Coleg y Bedyddwyr yn frwd o blaid y rhyfel. Roedd cryn dyndra ar y pryd rhwng staff y ddau goleg a leolwyd y drws nesaf i'w gilydd ym Mangor Uchaf. Roedd Silas Morris yn gefnogol i fyfyrwyr a âi naill ai i ryfela neu i wasnaethu fel caplaniaid, ac ordeiniodd rai er mwyn gwasanaethu fel caplaniad ymhell cyn iddynt gwblhau eu cyrsiau academaidd.[10] Ceir disgrifiad o lygad y ffynnon o Fangor yn ystod y rhyfel gan Lewis Valentine, un o gyd-Fedyddwyr Cynan bryd hynny:

> Aeth bywyd coleg yn ddiflas a bygwth gorfodaeth filwrol ar y wlad. Yr oedd pennaeth coleg y Brifysgol ym Mangor [Harry Reichel] yn frwd o blaid y rhyfel er ei fod yn hanner Almaenwr... Yr oedd prifathro Coleg y Bedyddwyr yntau'n bleidiol iawn i'r rhyfel, ac yn credu mai dyletswydd pob myfyriwr oedd ymuno â'r fyddin. Yr oedd gennyf gryn feddwl o'r prifathro a thyfodd fy mharch iddo i'r diwedd...[11]

Yn ei gais diweddarach i gael ei wneud yn gaplan a ddyddiwyd 15 Mehefin 1917, byddai Cynan yn cyfeirio at ei brofiad milwrol blaenorol sef ei aelodaeth o Officers' Training Corps (OTC) Prifysgol Cymru rhwng Ionawr a Mehefin 1915, uned hyfforddi milwrol yr OTC y byddai'n cyfeirio ati'n ddiweddarach yn ei gerdd ergydiol 'Balâd (Anerchiad nas clywir oddiar risiau Cofeb yr un o'n Colegau, Ddydd y Cad-Oediad)'.[12] Roedd Lewis Valentine yntau'n aelod o'r OTC a chyfeiria at roi 'oriau lawer i ymarferiadau a gwrando ar ddarlithoedd, ac un ddarlith bwysig ar sut i dreiglo'r gwin port yn arlwyfa'r swyddogion, canys ni ellid swyddog effeithiol ym myddin Lloegr heb iddo lwyr ddysgu'r ddefod gysegredig hon'.[13] Cyfeiria hefyd at y ffaith fod eu pennaeth, Silas Morris, wedi eu 'cyfarfod a chymeradwyo'n gwaith ac erfyn bendith Dduw arnom', ond i amryw gyd-fyfyrwyr dynnu'n ôl ac mai dim ond Cynan, D. J. Jones ac ef ei hun a ymunodd â'r RAMC yn y diwedd.[14] Yn ogystal â chefnogaeth prifathrawon y brifysgol a'r coleg i'r rhyfel a hefyd gefnogaeth ei athro Cymraeg, John Morris-Jones, tybir bod cefnogaeth David Lloyd George – a fyddai erbyn diwedd 1916 yn brif weinidog rhyfel – yn ffactor arall a berswadiodd Cynan i ymrestru. Wedi'r cyfan, roedd ei dad yn un o Ryddfrydwyr amlwg Pwllheli, un o brif drefi etholaeth Lloyd George; cyfansoddai ganeuon etholiadol poblogaidd ar ei gyfer; ac roedd yn aelod ffyddlon o'r 'Pwllheli 23rd', gosgordd o Ryddfrydwyr ifainc a ofalai fod y gwleidydd yn cael ei ddiogelu ac yn cael gwrandawiad teg mewn cyfarfodydd gwleidyddol yn neuadd y dref, yn enwedig ar ddechrau'r ganrif pan oedd ei wrthwynebiad i Ryfel y Boer yn fater dadleuol.[15] I raddau, felly, roedd ymrestriad Cynan yn 1916 yn arwydd o'i deyrngarwch i Lloyd George.

Ar 28 Ionawr 1916 yn y Rhyl y bu'r ymrestru hwnnw a Cynan yn un o 240–60 y cyhoeddwyd rhestr o'u henwau a'u henwadau yn *Y Cymro* ar 16 Chwefror. Wrth ddiolch yn 1964 i R. R. Williams am ymgymryd â'r gwaith o gofnodi hanes y cwmni, dywedodd Cynan y byddai perygl fel arall i'r sôn amdano fynd yn angof, rhywbeth a fuasai'n 'resyn mawr pan gofier rhan mor amlwg a chwaraeodd amryw o'r aelodau ym mywyd Cymru wedi'r rhyfel'.[16] Ymhlith yr aelodau 'amlwg' hynny roedd Lewis Valentine, cyd-Fedyddiwr i Cynan; J. O. Parry-Williams, brawd i T. H. Parry-Williams; John Llywelyn Hughes a fyddai'n weinidog ar Cynan yng Nghapel Mawr Porthaethwy'n ddiweddarach yn ei oes; David Ellis, Penyfed, y bardd a gollwyd dan amgylchiadau dirgel ym Macedonia'n ddiweddarach; a'r eglwyswr William Alfred Pritchard Jones.[17]

Ar ôl treulio cyfnodau'n hyfforddi yn Sheffield a Llandrindod, hwyliodd 150 – yn ôl ffigwr R. R. Williams – o aelodau'r cwmni ar fwrdd yr Essequibo o Southampton am Salonica, ail ddinas fwyaf Groeg, ar 11 Medi 1916 a chyrraedd yno ddeng niwrnod yn ddiweddarach ar 21 Medi. O'r 240–60 gwreiddiol, aeth 40 i longau ysbyty, rhai i Ffrainc – roedd Lewis Valentine a Fred Pritchard Jones yn eu plith – ac eraill i'r Aifft a mannau eraill. Gwahanwyd aelodau'r cwmni ymhellach ar ôl cyrraedd ardal Macedonia, 'Chwalfa dost', chwedl Cynan, 'a'r hogiau wedi bod yn glos gyfangorff Cymraeg un a chytûn'.[18] Fel hyn y mae'n darlunio ei leoliad ef:

> Ac felly y'm cefais fy hun gyda rhyw ddyrnaid eraill o'r hen hogiau yn aelod o'r 86th Field Ambulance ar lan Afon Strwma, gyferbyn â gynnau mawr Caer Rwpél yng nghadernid y mynyddoedd a warchodai'r bwlch rhwng Macedonia a Bwlgaria... Hen Territorial Field Ambulance oedd yr 86th, a'r rhan fwyaf o'r aelodau yn adnabod ei gilydd gartref gan eu bod oll yn dyfod o'r un rhanbarth, sef Tyneside[19]

Disgrifia Cynan y gwrthdaro diwylliannol rhwng y Cymry a'r hen filwyr hyn a goleddai ragfarnau yn eu herbyn oherwydd eu diffyg cefndir milwrol, eu cenedligrwydd Cymreig a'u haddysg golegol. Ceir stori gan Cynan am un o'r cwmni'n cael llond bol ar y sefyllfa a herio'r prif enllibiwr i ornest bocsio. Enillodd a gwneud iawn am y sarhad. Fodd bynnag, mae'n debygol mai ychwanegiad i gryfhau doniolwch y stori yw'r awgrym fod y darpar weinidog hwnnw wedi dysgu ei sgiliau bocsio fel *sparring partner* i'r pencampwr o Bontypridd, Freddie Welsh. Ond nid arhosodd Cynan drwy'r rhyfel gyda'r bechgyn hyn: fe'i penodwyd yn gaplan 'i lawr yn ysbytai'r *base* i gychwyn, ac yna yn y ffosydd gyda chatrawd yr 11th *Worcesters*', a'i drosglwyddo, cyn diwedd y rhyfel, o Facedonia i Ffrainc.[20]

Beth rhoddodd ei aelodaeth o'r cwmni hwn i Cynan? Profiad o gymrodoriaeth unigryw a chlòs yn un peth. Efallai ei fod wedi aberthu tair blynedd o addysg bellach ar gyfer gradd BD, ond cafodd addysg lawer cyfoethocach mewn dynoliaeth empathig a Christnogaeth ymarferol, hyfforddiant a ledodd ei orwelion a'i brofiadau. 'Amcanwn sgrifennu darn o Realism noeth i argyhoeddi y bobl "sydd dda ganddynt ryfel" ac hefyd i agor llygaid y bobl sy'n synnu na ddaeth y bechgyn adref o Ffrainc fel "saint"' yw ei eiriau dadlennol a deallgar mewn llythyr at R. Silyn Roberts yn Nhachwedd 1920 ac yntau ar y pryd wrthi'n paratoi 'Mab y Bwthyn'.[21] Yng ngeiriau Densil Morgan, 'Roedd profiad y caplaniad a'r myfyrwyr diwinyddol ar faes y gad wedi hyrwyddo ysbryd mwy eciwmenaidd yn eu plith heb sôn am ddiffyg amynedd gydag agweddau caethaf yr hen biwritaniaeth.'[22] Deuai prawf pellach ei fod, yn sgil ei brofiad o ryfel, yn gweld y tu hwnt i ffiniau enwadol pan enillodd ei ail goron genedlaethol yn yr Wyddgrug yn 1923 gyda phryddest am y Tad Damien a gysegrodd ei fywyd i wahanglwyfion ynys Molocai. Anfonodd ysgrifennydd y 'Protestant Truth Society' yn Llundain lythyr ato ar y pryd:

> He accused me of doing something unworthy of a Presbyterian Minister in writing an epic about the work of a Roman Catholic priest.
> I replied that a man who could do what Father Damien did, I regarded as my Father in God, the Father in God of all those poor lepers in Molokai, and the Father in God of the 'Secretary of the Protestant Truth Society', if only God gave him the grace and humility to see it.
> I suppose you could say I was striking a blow for the ecumenical movement before that movement had come into existence.[23]

Mae modd dehongli prysurdeb a llawnder bywyd Cynan ar ôl y rhyfel hefyd fel arwydd o'r fraint a'r cyfrifoldeb a deimlai o fod wedi goroesi: onid oedd yn byw ei fywyd hefyd dros y rhai na chafodd ddod o'r rhyfel yn fyw? Yng ngeiriau Lewis Valentine pan ryddhawyd ef o'r fyddin: 'Yr oedd y fawr waredigaeth a gafwyd yn dodi enbyd o gyfrifoldeb arnaf, ac ar bawb a gafodd waredigaeth debyg, – nid nyni mwyach oedd biau'n rhyddid.'[24] Ond rhywbeth arall a gafodd Cynan oedd cyfle i ymddyrchafu, cyfle arwyddocaol pan feddylir am y Cynan sefydledig a fyddai'n dal cyfres o swyddi cyhoeddus yn ddiweddarach yn ei oes, boed Gofiadur,

Archdderwydd neu Lywydd y Llys, a chyfyngu'r sylw i'r Eisteddfod Genedlaethol yn unig. Dywed R. R. Williams fod y rhan fwyaf o aelodau'r uned wedi ymdynghedu 'i beidio â chymryd swydd yn y byd yn ystod cyfnod y paratoi yn Llandrindod': roedden nhw wedi ymuno i wasanaethu fel milwyr cyffredin, ond mabwysiadodd rhai 'agwedd llai eithafol' yn ddiweddarach.[25] Unwaith eto, dyfelir bod rhywfaint o ddylanwad Lloyd George yn y cefndir. O safbwynt caplaniaid, doedd dim darpariaeth ar gyfer Anghydffurfwyr yn y fyddin pan dorrodd y rhyfel, a doedd gan yr Arglwydd Kitchener fawr o awydd unioni'r cam chwaith. Fodd bynnag, fe arweiniodd gwrthwynebiad Lloyd George i agwedd Kitchener yn y cabinet at sefydlu'n fuan yr United Army and Navy Board i recriwtio caplaniaid o blith enwadau'r Bedyddwyr, yr Annibynwyr, y Methodistiaid Cyntefig a'r Methodistiaid Unedig, datblygiad yr oedd y Parch. J. H. Shakespeare, ysgrifennydd Undeb Bedyddwyr Prydain Fawr a chyfaill i Lloyd George, yn ganolog iddo. Erbyn i Lloyd George ddod yn Ysgrifennydd Rhyfel yn 1916 yn dilyn marwolaeth Kitchener, ymyrrodd i sicrhau na fyddai'r Anglicaniaid yn tra-arwglwyddiaethu o fewn y fyddin a bod nifer sylweddol o gaplaniaid Anghydffurfiol ychwanegol yn cael eu penodi yn ogystal â rhai o Eglwys Loegr.[26] Tybed nad oedd elfen o warchod buddiannau'r Anghydffurfwyr, y dadleuwyd eu hachos gan Lloyd George, a thrwy hynny ei gefnogi yntau, yn rhan o benderfyniad Cynan i dderbyn comisiwn dros dro a gwasanaethu fel caplan yn 1917?

Cyfeiria R. R. Williams yn arbennig at David Morris Jones a Cynan a ddaeth yn gaplaniaid – deuai'r cyntaf yn gaplan ar gatrawd Hedd Wyn yn ddiweddarach a darllen y gwasanaeth claddu ac offrymu'r weddi yn ei angladd.[27] Dyma eiriau Cynan ei hun:

> Yn Ionawr 1916 ymunais â'r 'Welsh Students' Company R.A.M.C. Myfi oedd 'Senior Student' Coleg y Bedyddwyr ar y pryd. Euthum allan i Salonika yr un flwyddyn. Yno wedi tri mis ar ddeg o brofiad Active Service ordeiniwyd fi trwy gennad Principal Silas Morris a'r Parch. J. H. Shakespeare. Yn fuan wedi hynny apwyntiwyd fi'n Gaplan.[28]

Mae'n amlwg bod cael ei godi'n gaplan yn destun balchder i Cynan: yn y llythyr at Megan, ei gyfnither, sy'n cynnwys y drafft cyntaf un o 'Anfon y Nico i Lan Dŵr', dywed nad 'celwydd i gyd oedd stori'r deryn bach hwnnw fu'n sibrwd yn dy glust fod rhywun wyt ti'n ei 'nabod i'w apwyntio'n gaplan cyn hir'.[29] Mewn llythyr a anfonodd ei gariad a'i ddarpar wraig, Nel, ato ddiwedd 1918, fel hyn y mae'n ei gyfarch yn gellweirus: 'Dear Monsieur Le Capitaine, How now, what swank!!', ac egyr llythyr arall diddyddiad o gyfnod y rhyfel gyda 'Capt Jones'.[30] O un a fyddai'n casglu teitlau ac anrhydeddau'n ddiweddarach yn ei oes, golygai ei gomisiwn gyda'r fyddin ei fod yn cario'r teitl capten.

Ymhlith y pedwar llythyr yn cymeradwyo i awdurdodau'r fyddin gais Cynan i gael ei benodi'n gaplan i'r milwyr, roedd un wedi ei arwyddo gan Puleston Jones ynghyd â naw o bobl eraill. Y Parch. Puleston Jones oedd gweinidog dall Capel Methodistaidd Penmount ym Mhwllheli, tref enedigol Cynan, a safodd fel heddychwr yn ystod y rhyfel. Yng nghanol yr holl leisiau pleidiol i ryfel, tybed faint o ddylanwad fu ef ar Cynan ar y pryd? Cofiai Cynan ef fel cyfaill teuluol, yr unig un a ymwelai â'i gartref a allai guro ei dad yn chwarae *draughts* a chanddo ei fwrdd chwarae arbennig o'i wneuthuriad ei hun.[31] Ar yr aelwyd ym Mhwllheli doedd pethau ddim yn hawdd i deulu Cynan: yn 1917 ymrestrodd yr ail o fechgyn yr aelwyd, ei frawd iau, Alwyn, â'r fyddin, a chael ei garcharu gan yr Almaenwyr yn ddiweddarach. Mae Cynan yn talu teyrnged iddo yn ei hunangofiant ac yn egluro fel y tanseiliwyd ei iechyd gan ei garchariad ac iddo farw'n ŵr cymharol ifanc, yn 52 mlwydd oed yn 1951.[32]

Am ddwy flynedd, o Hydref 1917 tan Fedi 1919, ymddangosodd cerddi ar dudalennau'r misolyn *The Welsh Outlook* – mae'n debyg drwy gysylltiad Cynan gyda'r bardd R. Silyn Roberts – a ganwyd o lygad y ffynnon.[33] Dyma drefn eu hymddangosiad:

- 'Ym Min y Môr', Hydref 1917
- 'Anfon y Nico i Lan Dŵr', Chwefror 1918
- 'Malaria', Awst 1918 (ond ymddangosodd yn *Y Cymro*, 3 Ebrill 1918, cyn hynny)
- 'Hiraeth', Tachwedd 1918
- 'De Profundis', Rhagfyr 1918
- 'Cambrai', Awst 1919
- '"Ac Wele Doethion a Ddaethant o'r Dwyrain"', Medi 1919

Ac eithrio'r ddwy olaf – yn Ffrainc y cyfansoddwyd 'Cambrai, 1918' – o Salonica yr anfonwyd y gweddill. Yr ymateb personol i'r rhyfel sy'n rhoi grym i gerddi rhyfel Cynan o'r cychwyn cyntaf, y cyferbynnu penodol rhwng ei bresennol ym Macedonia a'i orffennol yn 'y Morfa' ac Aber-erch, y cymharu hefyd rhwng tlysni merched Groeg a'i gariad, Nel, yn ôl yng Nghymru ac a ddeuai'n wraig iddo ar ôl y rhyfel.[34] Mae'r un hiraeth yn hydreiddio 'Anfon y Nico i Lan Dŵr' ac felly hefyd yr enwi lleoedd argyhoeddiadol sy'n gwreiddio'r gerdd mewn lle ac amser: cyferbynnir afon Struma gyda'r Fenai a chyfeirir at daith yr aderyn 'dros Frynsiencyn' hyd at 'Lyn Traffwll' a 'Glan Dŵr' lle y mae ei gefnder a'i gyfnither, Wil a Megan, yn byw.[35] Mae dynoliaeth ddengar i'r cerddi hyn a'r sefyllfa a ddisgrifir sef ceraint wedi eu gwahanu oherwydd amgylchiadau rhyfel yn cyflwyno emosiynau hawdd uniaethu â nhw. Ac roedd 'Anfon y Nico' yn haws byth ymateb iddi oherwydd yr iaith lafar gynnes, agosatoch, os mentrus yn ei hanffurfioldeb, a ddefnyddiwyd ynddi.

Tynnodd ei ddwy gerdd ryfel gyhoeddedig gyntaf, 'Ym Min y Môr' ac 'Anfon y Nico', sylw ar un waith: roedden nhw'n llwyddiannau o'r cychwyn cyntaf ac yn allweddol i lansio gyrfa Cynan fel bardd cenedlaethol. Yn wahanol i R. Williams Parry, T. Gwynn Jones a W. J. Gruffydd a oedd eisoes yn feirdd sefydledig ac yn brifeirdd cyn y rhyfel, daw Cynan, fel Hedd Wyn, i amlygrwydd yn sgil ei gerddi rhyfel. Yn fuan ar ôl eu cyhoeddi gyntaf cynhwyswyd y ddwy gerdd gan Annie Ffoulkes yn ei blodeugerdd boblogaidd *Telyn y Dydd* yn 1918 – arwydd o'i phoblogrwydd oedd ei bod hi mewn pedwerydd argraffiad erbyn 1929 – a bu hynny'n gymorth i sefydlu gyrfa Cynan a hyrwyddo ei enw da. Yn breifat ac yn gyhoeddus, roedd y newyddiadurwr hirben E. Morgan Humphreys yn hael ei glod i'w gerddi. 'Go deneu yr ymddengys "Telyn y Dydd" i mi ag eithrio'ch gwaith chwi, Williams Parry, ac un neu ddau arall, megis Cynan, pwy bynnag ydyw' oedd ei sylw mewn llythyr at T. Gwynn Jones.[36] Ac mewn adolygiad cadarnhaol ar y gyfrol yn *Y Goleuad*, y papur enwadol a olygai ar y pryd, sylwodd mai rhai o gerddi 'mwyaf dyddorol' y llyfr oedd eiddo'r milwyr a'r morwyr sef W. J. Gruffydd, R. Williams Parry, a'r ddau fardd-filwr Hedd Wyn a Gwilym Williams a gollwyd yn ystod y rhyfel.[37] Yn ei dyb ef, arwyddai cynnwys rhyngwladol eu cerddi gyfeiriad newydd ar gyfer llenyddiaeth Gymraeg. Yn hytrach na gresynu at y bygythiadau a ddeuai yn sgil y rhyfel, mae'n ddiddorol sylwi ar bwyslais prin Morgan Humphreys ar y cyfleodd creadigol newydd a gynigid ganddo, a chyfeiria'n benodol at Cynan fel yr 'engraifft oreu o fardd wedi ei ysbrydoli gan y golygfeydd dieithriol a dygwyd ef i'w canol gan ffawd rhyfel'.[38] Gan ddyfynnu pennill cyfan o 'Min y Môr', canmola'r 'ddawn arbenig i gyfleu awyrgylch hiraeth' gan roi ei fys yn gynnar ar un o nodweddion diffiniol cerddi Cynan.[39] Sylweddolai Cynan yntau bwysigrwydd cael ei gynnwys yn y flodeugerdd ac ymfalchïai yn hynny mewn rhestr o'i orchestion a baratowyd ganddo cyn ei lwyddiant mawr gyda 'Mab y Bwthyn':

> Ymddengys fy nhelynegion o dro i dro yn y Welsh Outlook uwch yr enw Cynan, a barnwyd hwy'n ddigon da gan Miss Annie Ffoulkes i'w cynnwys yn ei 'Thelyn y Dydd' – 'detholiad o waith beirdd gorau'r chwarter canrif ddiwethaf'.[40]

Serch poblogrwydd 'Ym Min y Môr' ac 'Anfon y Nico', wrth iddo yntau adolygu gyrfa farddol Cynan yn 1981, y ddwy soned a gyfansoddodd tra oedd yn gaplan yn Ffrainc a ganmolwyd yn arbennig gan Bedwyr Lewis Jones. Barnodd fod 'Y Bedd Di Enw' yn cynnwys disgrifiadau a oedd yn 'feiddgar o newydd' tra galwodd 'Cambrai, 1918' yn 'wreiddiol ac yn gyfoes fyw' a'i henwi yn un o'r 'cerddi Rhyfel 1914–18 gorau sydd gennym yn Gymraeg'.[41]

Bu profiad ymarferol Cynan o Gristnogaeth yn ystod y rhyfel o'r pwys mwyaf iddo gyda golwg ar ei ddyfodol:

> Cyn bod gartre'n hir iawn teimlwn nad oedd nodweddion pwysicaf yr hen gylch yn apelio ataf o gwbl ar ôl fy mhrofiad fel Caplan.
>
> Yn Ffrainc ni fyddwn byth yn gofyn i ba eglwys y perthynai'r sawl a ddymunai aros yn y Cymun, ond wedi dyfod yn ôl dyma fi ar unwaith yng nghanol Caeth-Gymunwyr a dim golwg am Eglwys ym mysg Bedyddwyr heb i minnau hefyd fod yn Gaeth-Gymunwr.
>
> O dipyn i beth deuthum wyneb yn wyneb â phethau eraill ynglŷn â'r Enwad sydd yn hollol groes i f'ysbryd, e.e. y modd y pwysleisir ffurf ordinhad ar draul 'pethau trymach y gyfraith', ac uwchlaw'r cwbl yr anhrefn a'r dyryswch a gwyd o ffurflywodraeth annibynnol yr eglwysi.
>
> Ar ôl ystyriaeth ddwys a myfyrdod maith teimlwn nad teg fyddai i mi aros gyda'r Bedyddwyr, a nodweddion y Methodistiaid yn apelio mwy o lawer ataf.
>
> Felly ar ôl ymddiswyddo oddi ar lyfr Coleg Bangor, a rhoi gwybod i'r awdurdodau fy mod yn talu 'nhreuliau addysg yn ôl, anfonais at Ysgrifennydd Cyfundeb y Methodistiaid i gynnig fy ngwasanaeth fel gweinidog iddynt hwy.[42]

Yr un pryd yn union roedd yn dal i farddoni: enillodd goron Eisteddfod Penbedw ym Mai 1919 gyda'r bryddest 'Buddugoliaeth', ond ni ellir cyfrif hon ymhlith cerddi rhyfel gorau Cynan, ac mae'r fersiwn ohoni sy'n ymddangos yn *Telyn y Nos* yn cynnwys darnau a ganibaleiddiwyd o 'Rhyfel', y gerdd ryfel 'ddibrofiad' a enillodd iddo gadair yn 1915. Yna yn 1920 yn nhref y Barri y cafwyd y gyntaf o goncwestau llenyddol Cynan yn yr Eisteddfod Genedlaethol pan wobrwyd casgliad o gerddi ganddo. Aeth dros flwyddyn heibio cyn i gyfrol fuddugol y Barri, *Telyn y Nos*, weld golau dydd a thewychwyd ei chynnwys yn arw erbyn hynny gan y gerdd agoriadol, 'Mab y Bwthyn', a ymestynnai dros draean o'i hyd. Canmolir yn ei rhagair wreiddioldeb, annibyniaeth meddwl a beiddgarwch ei hawdur a chyfeiria Cynan yn ei ragair yntau at amgylchiadau cyfansoddi'r cerddi yn Salonica a Ffrainc. Mewn gair, roedd newydd-deb a ffresni i'r cerddi hyn na welwyd mo'u tebyg o'r blaen yn y Gymraeg.

Mae 'Mab y Bwthyn' yn 1921 yn gerdd fwy uchelgeisiol na'r un a luniwyd gan Cynan cyn hynny: yn un peth mae hi'n ymestyn hyd at 800 llinell – daliai'r bryddest a'r awdl eisteddfodol yn brawf stamina o'r cyfnod Fictoraidd – ac yn cwmpasu'n amseryddol gyfnod cyn, yn ystod ac ar ôl y rhyfel. Darlunnir y traethydd yn profi magwraeth wledig braf, yn etifeddu gwerthoedd Cristnogol solat, yn dod o hyd i gariadferch o'r enw Gwen, ac yna'n ymaelodi â'r fyddin pan ddaw'r rhyfel. Dyna sy'n drysu ei fywyd: o glywed bod Gwen wedi 'syrthio' yn Llundain, aiff ati i ladd Almaenwyr yn ddiedifar, fe'i dyrchefir am ei gampau milwrol, a daw'n ôl i Lundain pan ddaw'r brwydro i ben a manteisio ar lafur rhad i godi'n fasnachwr llwyddiannus. Mae'n wir fod ynddi elfennau gorsyml a sentimental, ond mae'r darluniau realaidd o ryfel yn rhai tra chofiadwy a blaengar ac felly hefyd y darlun o effaith marwolaeth yr Almaenwr a leddir ganddo ar ei deulu:

> O dan y gwifrau – pigog, geirwon,
> A thros bentyrrau hen o'r meirwon.
> O Dduw! a raid im' gofio sawr
> Y fan lle'r heidiai'r llygod mawr,
> A bysedd glas y pethau mud
> Ar glic eu gynnau bron i gyd?[43]

* * *

> Y Glas a'r Coch! Rwy'n cofio'n awr!
> – Y dyn a wingai ar y llawr,
> A'r ing yng nglas ei lygaid pur
> Pan blennais ynddo'r fidog ddur;
> A'r ffrydlif goch, a'r ochain hir[44]

Cerdd gymod yw 'Mab y Bwthyn' yn y pen draw, cerdd sy'n cyflafareddu rhwng milwyr a sifiliaid a rhwng Prydeinwyr ac Almaenwyr. Cerdd goroeswr hefyd sy'n ceisio trafod y profiad o ryfel yn gytbwys a'i osod mewn persbectif. Mae'n sylweddoli'r cyd-ddioddef sy'n uno'r ddwy ochr yn y rhyfel, a thrwy ddarlunio aduniad y ddau gariad ar ddiwedd y gerdd, mae'n profi bod modd i'w ddioddefwyr oroesi'r dinistr ac ailgodi eu bywydau. Nid yw ei llwyddiant yn syndod yn y byd a hithau'n gerdd a gyfathrebai mor uniongyrchol â'r oes a oedd ohoni yn yr 1920au a chanddi neges ymarferol a chysurlon i'w chyflwyno.

Ond mae'n amlwg nad oedd Cynan wedi treulio'r profiad o ryfel o'i gyfansoddiad oherwydd gyda phryddest am ddau gariad y dryswyd eu bywydau gan y gyflafan yr aeth ati i gystadlu am ei ail goron genedlaethol flwyddyn ar ôl ei lwyddiant gyda 'Mab y Bwthyn'. Cerdd gymar i 'Mab y Bwthyn' yw 'Y Tannau Coll' ond bod y bardd yn cymryd golwg fwy diobaith ar bethau y tro hwn: methir ag adfer ffydd Myfanwy ac mae hi'n gwneud amdani hi ei hun yn y Tafwys. Roedd ei diweddglo trasig yn wrthbwynt amlwg i ddiweddglo cadarnhaol 'Mab y Bwthyn', ac efallai nad apeliai hynny at ddau o'r beirdd-bregethwyr a feirniadai. Ni hoffodd Gwili na Dyfnallt – un o feirdd-gaplaniaid y rhyfel – mohoni ac roedden nhw'n gweld bai ar Cynan am ddal ati i drafod thema'r rhyfel. Yn eironig ddigon o wybod am ei hawdur, aeth y ffaith fod dylanwad 'Mab y Bwthyn' i'w gweld mor glir arni hi – fel amryw gynigion eraill yn yr un gystadleuaeth – yn ei herbyn. Ond roedd gan T. Gwynn Jones agwedd fwy deallgar tuag ati a sylweddolai na ellid mor hawdd â hynny dreulio profiad y rhyfel a thynnu llinell dano.

Doedd yr adwaith hwn yn erbyn barddoniaeth ryfel ddim yn gyfyngedig i Gymru; felly roedd yr ymateb yn Lloegr hefyd ar y pryd. Yng ngeiriau Osbert Sitwell yn 1923, a fu ei hun yn filwr yn y rhyfel, fe'i hystyrid erbyn hynny'n 'Very bad form | To mention the war.'[45] A bron nad oedd Cynan ei hun wedi rhagweld peryglon cael ei orddiffinio fel bardd gan y rhyfel: er mor amlwg oedd cysgod y rhyfel ar *Telyn y Nos* – yn wir, go brin y byddai'r gyfrol yn bod oni bai amdano – ceisiodd ymbellhau rhywfaint oddi wrtho. Yn lle'r llun ohono mewn lifrai milwrol a anfonodd yn wreiddiol at R. Silyn Roberts i'w leoli ar ddechrau'r gyfrol, anfonodd lun ohono'i hun fel sifiliad, a llun ohono'n gwisgo siwt sy'n ymddangos mewn un fersiwn o argraffiad cyntaf y gyfrol ac mewn gwisg gweinidog mewn fersiwn arall. Cynhwysodd hefyd epigraff o *Llyfr Du Caerfyrddin* sy'n arwyddo ymgais i leoli'r ymateb i'r rhyfel mewn cyd-destun lletach, hynny yw, un mwy oesol a llai tymhorol.

Ac eto, er gwaetha'i ofnau ei hun ac er gwaetha'r rhybuddion beirniadol, ni allai Cynan ddianc rhag y rhyfel a phan gyhoeddwyd *Caniadau Cynan* yn 1927, yn ogystal ag 'Y Tannau Coll', roedd ynddi o leiaf naw o gerddi ychwanegol yn ymateb i ryfel. Cyfieithiadau yw pump o'r cerddi dan sylw a Cynan fel petai'n canfod empathi cysurlon gyda chydfeirdd. Cyhoeddwyd *A Shropshire Lad* gan A. E. Housman gyntaf yn 1896, ond profodd y sylw canolog yn y cerddi i feidroldeb y llanc ifanc, y cefndir gwledig a'r nodyn lleddf a phesimistaidd eu bod nhw'n dra phoblogaidd yn ystod Rhyfel y Boer a hefyd y Rhyfel Byd Cyntaf. Cyfaddasiad yw 'Carnguwch' o 'Bredon Hill', ac unwaith eto, Gwen yw enw'r gariadferch, a'r thema drachefn yw dau gariad yn cael eu gwahanu. Yn erbyn cefndir gwledig tebyg y gosodir 'Yn Amser Dryllio'r Cenhedloedd', cyfieithiad o 'In Time of "The Breaking of Nations"' gan

Thomas Hardy. Cyflwyno darlun o oesoldeb a pharhad yng nghanol cyfnod o ddistryw ac anhrefn a wnâi'r gerdd wreiddiol pan gyhoeddwyd hi gyntaf yn Ionawr 1916, a '[ph]ara a wna hyn' yw neges Cynan yntau wrth fyfyrio ar geffyl gwedd yn aredig a'r serch rhwng dau gariad.[46]

Mae dwy o'r cerddi rhyfel gwreiddiol yn *Caniadau Cynan* yn dangos fel yr oedd Cynan yn ceisio'i orau glas, os nad i wneud synnwyr o'r rhyfel, yna o leiaf i'w leoli o fewn cyd-destun hanesyddol lletach. Try Cynan unwaith eto yn nheitl 'Beddeu a'u Gwlych y Glaw' at lenyddiaeth fore *Llyfr Du Caerfyrddin* fel y gwnaeth ar ddechrau *Telyn y Nos*. Cynigiai'r cyd-destun hwnnw gysur iddo: nid peth cwbl unigryw mo'r rhyfel a bu'n rhaid i feirdd ganrifoedd o'i flaen ymateb i'r un thema. Ar yr 'hogia' bach o Gymru' sy'n gorwedd 'dan y croesau gwyn' yn Fflandrys y mae ffocws y gerdd hon, bechgyn a dynnwyd yno gan '[F]reuddwyd am Armagedon | A Heddwch llawer gwell.'[47] Dyma aelodau o genhedlaeth Cynan ei hun, bechgyn ifainc yr uniaethai ac y cydymdeimlai â nhw, ac mae clywed 'sŵn myrthwylion | Trwy ddrws y ffatri dân' yn ei aniddigo, hynny yw, arwyddion fod y byd eto'n ailymarfogi er gwaetha'r addewid am ryfel i roi terfyn ar ryfel am byth.[48] Ond fel yn y cyfieithiad o'r gerdd gan Hardy, ceisio dwyn cysur o sylweddoliad stoicaidd ac aeddfed a wna'r gerdd hon hefyd: gan mai 'dynion ydyw dynion', ni ellir disgwyl dim gwell heddiw fwy nag yn y gorffennol.[49] Cerdd ryfel fwyaf cyhoeddus a datganiadol *Caniadau Cynan* yw 'Cyfamod Hedd'. Dyma Cynan y pregethwr yn ledio emyn o'r pulpud yn deisyfu 'heddwch fel yr afon, | A chyfiawnder fel y môr.'[50] A'r gerdd wedi'i lleoli gyferbyn â 'Beddau a'u Gwlych y Glaw', mae apêl y pennill clo yn amlwg:

> Ysbryd Duw, er mwyn y beddau
> Ar bellennig fryn a phant,
> Ac er mwyn calonnau ysig,
> Ac er mwyn ein hannwyl blant,
> Ac er mwyn yr Hwn weddïodd
> Dros elynion dan Ei glwy,
> Tro'n hwynebau i Galfaria
> Fel na ddysgom ryfel mwy.[51]

Dyma lais y Cynan awdurdodol a hyderus, y llais cymodlon a swyddogol. A chymryd cerddi rhyfel *Caniadau Cynan* yn eu crynswth, felly, yn y cyfieithiadau o gerddi Housman cafwyd awyrgylch ffatalistaidd, ymdeimlad tebyg o anorfodaeth ac oesoldeb pethau yn y cyfieithiad o gerddi Hardy, rhyw naws urddasol a chlasurol yn sgil y cyfeiriadau at *Llyfr Du Caerfyr*ddin yn 'Beddau', ac ysbryd cymodlon, cytbwys a chyfrifol yn

'Cyfamod Hedd'. Yn y pum achos y mae hi fel petai Cynan yn ceisio codi uwchlaw ei brofiad o ryfel, yn ceisio dygymod ag ef, ei dderbyn a'i ddofi. Ond tystia'r ddwy gerdd 'Balâd' a 'Monastîr' nad oedd Cynan wedi cael y llaw uchaf yn llwyr ar ei brofiad, ac yn y ddwy gerdd hon y clywir ei ymateb mwyaf diddorol i'r rhyfel.

Yn 'Balâd', cerdd sy'n dwyn yr is-deitl 'Anerchiad *nas* clywir oddiar risiau Cofeb yr un o'n Colegau, Ddydd y Cad-oediad', y mae'n amlwg bod Cynan o hyd yn flin oherwydd y rhyfel a bod y profiad yn dal i'w gorddi. O gofio iddo ymuno â'r OTC ac yna'r RAMC pan oedd yn fyfyriwr ym Mangor, mae'n gerdd bersonol ei hergyd sy'n feirniadol o'r modd y coffeir y rhai na ddaeth yn ôl yn fyw o'r rhyfel:

> beth yw hyn er ein sarhad? –
> Carreg a'r celwydd arni hi,
> 'MELYS YW MARW DROS EIN GWLAD.'[52]

Darlunnir bryntni a realiti rhyfel – '[b]rath y fidog ddannedd lli', '[b]wled boeth ei si' – er mwyn awgrymu mor anghyfaddas oedd dathlu, fel yng ngeiriau Horas, melystra a phriodoldeb dyn yn marw dros ei wlad. Cyfeiria at 'ddawnsio ffri | Gan blant eich budrelwyr' ac at ganu iach 'y dorf ddi ri'. Ni fynnai'r meirwon 'glodydd gwag na bri', ond mae'r modd difeddwl hwn o'u coffáu yn annheilwng ohonynt. Mae'r cyfeiriad at 'Hen ffrindiau'r ffos a'i sifalri | Sydd heddiw'n llwgu am eich brad' yn awgrymu'r anniddigrwydd a deimlai amryw hen filwyr na werthfawrogwyd eu haberth, nad oedd gwaith addas ar eu cyfer ar ôl dod adref, ac na chrëwyd yr hyn a addawyd iddynt sef gwlad addas i arwyr fyw ynddi.[53]

Codi llais dros gymrodyr y Rhyfel Mawr a wnâi Cynan yn 'Balâd', ond nid yw dweud nad oedd ei ymateb yn gwbl wreiddiol yn bychanu dim ar gywirdeb y teimlad sydd y tu cefn iddi. Yn 'Dulce Et Decorum Est' a gyhoeddwyd yn 1918, roedd Wilfred Owen wedi rhoi'r farwol i'r un celwydd: 'The old Lie; Dulce et Decorum est | Pro patria mori.'[54] Cyn hynny, yn ei gyfraniad yntau i realaeth farddol Gymraeg, darluniodd T. Gwynn Jones Ryfel y Boer mewn cerdd hir o'r enw 'Pro Patria!' yng nghylchgrawn *Y Beirniad* yn 1913. Ac yn '1914–1918: Yr Ieuainc wrth yr Hen' a ysgrifennodd ar ddydd y cadoediad yn 1918 roedd W. J. Gruffydd wedi pwyntio bys cyhuddgar y meirwon ifanc at aelodau'r hen do a fu mor barod i'w gyrru fel ŵyn i'r lladdfa.

Cyfraniad mwy creadigol ddiddorol o'r hanner felly yw'r gerdd 'Monastîr'. Yn hon mae Cynan yn dychwelyd at y math o wrthgyferbyniadau a archwiliodd yn rhai o'i gerddi rhyfel cynharaf fel 'Anfon y

Nico', 'Ym Min y Môr' a 'Hwiangerddi'. Dinas ym Macedonia oedd Monastîr ac erbyn hyn y mae'r hiraeth a brofodd Cynan yn gweithio o chwith: ac yntau erbyn yr 1920au'n weinidog gyda'r Methodistiaid ym Mhenmaen-mawr yn gwrando ar res o ystadegau diflas mewn cyfarfod misol yn ôl yng Nghymru, crwydra ei feddwl i Fonastîr:

> Ymdeithiwn unwaith eto yn filwr gyda'r llu
> Ac eco'n trampio cyson yn deffro'r creigiau du.
> Clybûm yr hen ganeuon, a'r un hen eiriau ffraeth,
> Gorfoledd gwŷr yr Antur Fawr ai'n rhydd o'u carchar caeth.[55]

Cyferbynna'r diaconesau 'a'u gwallt yn barchus-dynn' sy'n annerch o'r sêt fawr gyda'r fugeiles Chloe a'i 'gwallt yn rhedeg yn rhydd' ac a redai 'yn droednoeth ataf a chroeso ar ei min'.[56] Mae Cynan yn gweld eisiau hen gymrodoriaeth y fyddin a chwmni rhamantus Chloe: 'Gwybu fy nghalon hiraeth dir | Am Fonastîr, am Fonastîr.'[57] Ni fu ei brofiad o ryfel yn gwbl ddinistriol, wedi'r cyfan: fe'i nodweddid hefyd gan onestrwydd, rhyddid a hyd yn oed ramant. Ond rhoddai'r gerdd hefyd fynegiant i rwystredigaeth a brofwyd gan Cynan yn fuan ar ôl y rhyfel fel y tystiodd R. Bryn Williams:

> Aeth yn weinidog i Benmaenmawr wedi'r rhyfel, ac yn fuan wedyn cynhelid y Sasiwn yn Llandudno. Aeth yntau yno a dilyn yr holl gyfarfodydd, ond diflasodd ar y mynych sôn am drefniadau a materion ariannol ac adroddiadau pwyllgorau. Teimlai'n siomedig fel gŵr ifanc a ddychwelodd o'r gad yn llawn delfrydau a gobeithion, gan nad oedd yno weledigaeth nac arweiniad i'r cyfnod. Yn ffodus iddo, cyn troi'n ôl i'w lety, aeth i gyfarfod a gynhelid gyda'r nos, a chlywed neges gŵr a fu dan gabl ac yng ngharchar dros ei argyhoeddiadau yn ystod y rhyfel. Siaradodd George M. Ll. Davies yn syml ar fater heddwch, gan ddyfynnu'n aml y cwpled:
>
> > Ffordd newydd wnaed gan Iesu Grist
> > I basio heibio uffern drist.
>
> Taniwyd y bardd ifanc.[58]

Yn ôl a ddywedodd wrth R. Bryn Williams, clywed pregeth George M. Ll. Davies a yrrodd Cynan i gyfansoddi 'Mab y Bwthyn', ac mae'r cwpled o emyn gan William Williams, Pantycelyn yn ymddangos yn y bryddest.[59] Byddai'r llyfryn a gyhoeddodd yn 1922 yn cynnwys pryddest 'Y Tannau Coll' hefyd yn gyflwynedig i'r pasiffist gweithredol George M. Ll. Davies sy'n awgrymu ymrwymiad Cynan wrth heddychiaeth. At hynny, a 'Monastîr' yn adweithio'n erbyn caethiwed crefydd enwadol, mae'n werth cofio bod Cynan wedi ymadael â'r weinidogaeth gyfundrefnol yn 1931 ac wedi ymgymryd â swydd academaidd a roddai fwy o ryddid iddo. Dyma awgrym arall o ba mor sylfaenol a phellgyrhaeddol fu effaith y rhyfel arno. Sut y byddai Cynan yn ymagweddu at y Rhyfel Mawr yn ddiweddarach yn ei oes ac a fyddai'n llwyddo i'w dreulio o'i gyfansoddiad? Yn 1934 roedd yn rhan o bererindod a drefnwyd gan aelodau blaenllaw'r Orsedd i ymweld â bedd Hedd Wyn yn Fflandrys. Dyma rai o eiriau Cynan bryd hynny gerbron bedd y prifardd o Drawsfynydd:

> Cwynir mai prin yw arweinwyr o welediad ac athrylith heddiw mewn llenyddiaeth, fel mewn gwleidyddiaeth, trwy wledydd Ewrob. A ellwch chwi synnu, a'r gwledydd wedi tywallt eu gwaed ifanc mwyaf addawol i lawer gwter y Rhyfel yn gwbl ddiarbed am dros bedair blynedd. Os oedd rhywbeth yn eisiau i'n hargyhoeddi ni o wallgofrwydd rhyfel, gallwn feddwl nad arhosai neb heb ei argyhoeddi ar ôl pererindod fel hon o fynwent i fynwent sy'n orlawn o wyr ieuainc a dorrwyd i lawr ym mlodau eu dyddiau. Fe ddywedir wrthym weithiau am eu haberth; ond teg imi gyfaddef na welais i ddim byd eto ym Mhrydain ar ôl 1918 yn werth y filfed ran o'r aberth a gynrychiolir gan y beddau hyn. A thywyll yw'r dyfodol hefyd.[60]

Gwir y gair: ymhen pum mlynedd byddai'n Ail Ryfel Byd.

Fel y tystir gan lythyr a baratodd ar gyfer golygydd *Y Faner*, deffrodd rhyfel 1939–45 beth o ysbryd protesgar y Cynan ifanc; clywir adlais ynddo o'r Cynan y gresynodd Bedwyr Lewis Jones iddo barchuso'n llawer rhy gynnar fel bardd.[61] Dyma'i eiriau dychanol ar y pryd, llith y mae'n werth ei dyfynnu yn ei chyfanrwydd:

> Syr,
>
> Y mae'n eglur fod y bobl a sgrifennodd hen emynau Cymru wedi methu'n ddirfawr, a barnu wrth y dehongliadau diweddaraf o ystyr Cristnogaeth. Ni all dyn lai na thosturio wrth ddallineb ysbrydol cyfrinwyr camweiniol fel Pantycelyn ac Ann Griffiths, a gresynu fod ein cenedl annwyl wedi dibynnu arnynt cyhyd, a hyd yn oed wedi dal i ddysgu eu penillion i'n plant hyd yr oes olau hon. Tra parhaom i wneuthur hyn, pa ryfedd ein bod yn magu to ar ôl to o basiffistiaid meddal, a'n gwna yn ddirmyg yng ngolwg pob gwir Imperialydd trwy'r byd gwareiddiedig?
>
> Hyderaf y bydd ein Llyfr Emynau nesaf yn fwy gofalus. Dylai hwnnw gynnwys o leiaf un adran go helaeth o 'Emynau Rhyfel'. Lle

Gerwyn Wiliams 231

hwylus iawn i'w dodi i mewn fyddai tan 'Achlysuron Neilltuol', dyweder o flaen 'Y Cynhaeaf' a'r 'Ysbytai'.

Addefaf fod emynau rhyfelgar ar hyn o bryd yn brin yn Gymraeg, ond efallai y gellid gwneuthur apêl daer at ein beirdd cyfoes i fyned ati i gyfansoddi nifer ohonynt fel gwasanaeth cenedlaethol. Yn y cyfamser, oni ddylem symud ymlaen ar unwaith i gyhoeddi llawlyfr hwylus o'r rhai mwyaf poblogaidd o'n hemynau hen ffasiwn wedi eu diwygio a'u diweddaru fel y bônt yn fwy cydnaws â chwaeth y dyddiau milwrol ac ardderchog hyn. Ped ymgymerai Cyhoeddwyr *Y Faner* â'r gwaith angenrheidiol hwn, y mae'n sicr yr enillent ddiolchgarwch pur pob un a fynnai weled cadw'n anhyblyg benderfyniad a morale ein gwlad trwy'r rhyfel presennol i-ddiweddu-rhyfel-tan-y-tro-nesaf. Credaf na bydd angen newid llawer ar y tonau adnabyddus, dim ond y geiriau yn unig.

Fel cychwyn i'r llawlyfr, ac fel enghraifft o'r hyn sydd mewn golwg gennyf, amgaeaf gopi o argraffiad diwygiedig o 'Weddi am Sancteiddrwydd', Pantycelyn. Fel y gwelwch, fe fwriwyd allan ryw syniadau hen ffasiwn a ddihangodd o'r Testament Newydd i'r emyn gwreiddiol. Hyderaf ei fod yn awr yn ddigon modern i gydymffurfio â datganiad y Barnwr dysgedig, a hysbysodd i'r gwrthwynebwyr cydwybodol, ex cathedra, 'ei fod mor sicr a'i fod yn eistedd yn eisteddfa cyfiawnder y rhoddai Crist sêl ei fendith ar y rhyfel presennol.'

Yr eiddoch,
Cynan.

Gweddi am Sancteiddrwydd

O! Sancteiddia f'enaid, Arglwydd,
Ym mhob militaraidd ddawn;
Rho egwyddor bur rhyfela
Yn fy ysbryd llesg yn llawn;
Nad i'm frwydro
Heb Dy nwyd ddialgar gre'.

Ti dy hunan all fy nghadw
Rhag im garu'r gelyn cas,
Meddwl eilwaith am blant bychain,
Methu cadw'r Sanctaidd Was.
Gwna fi'n ffyrnig
Mewn amheuon 'rwyf yn byw.

> Planna'r egwyddorion hynny
> Yn fy enaid, bob yr un
> Ag sydd megis du fidogau
> Yn dy natur Di dy hun.
> Bom atomig
> Fo'n disgleirio daer a nef.
>
> Fel na chaffo'r gelyn atgas,
> Mwg a tharth Ei fomio mawr,
> Fyth fy nhroi i lwybyr heddwch
> Cyn cael ysu ei wlad i'r llawr:
> Gwna i mi gerdded
> Yn fy mywyd mwy o'th ôl.[62]

A hwnnw'n dod o enau milwr a oroesodd y Rhyfel i Ddiweddu Rhyfel Am Byth, deifiol yw'r cyfeiriad at 'y rhyfel presennol i-ddiweddu-rhyfel-tan-y-tro-nesaf'. Mae'n amlwg ei fod yn teimlo mor gryf ar fater heddwch nes cyhoeddi ei safbwynt ar dudalennau'r cyfnodolyn Cymraeg mwyaf eofn a radical ar y pryd: dan olygyddiaeth un o gyfeillion a chyd-feirdd Cynan, Prosser Rhys, arddelodd *Y Faner* agenda genedlaetholaidd drwy arwain yn wythnosol â cholofn 'Cwrs y Byd' Saunders Lewis; rhoddai sylw a chefnogaeth i wrthwynebwyr cydwybodol a rhai fel T. E. Nicholas a'i fab a garcharwyd; a chyhoeddai gerddi fel 'Brawdoliaeth' gan yr heddychwr Waldo Williams. A chofier nad cysyniad haniaethol yn ei feddwl mo'r 'Imperialydd': fe'i cynrychiolid gan ddynion o gig a gwaed a chanddynt deitlau milwrol y bu Cynan yn cydweithio â nhw yn rhinwedd ei swydd fel Darllenydd dramâu Cymraeg i'r Arglwydd Siambrlen er dechrau'r 1930au.[63]

Ond yn ogystal â phrotestio cydweithiodd Cynan yn ymarferol yn ystod yr Ail Ryfel Byd gyda Thomas Parry ar *Cofion Cymru*, cylchgrawn Cymraeg a ddosbarthwyd yn rhad ac am ddim i aelodau'r lluoedd arfog, ymdrech i gadw fflam eu hunaniaeth ynghyn a hybwyd, mae'n siŵr, gan rai o'i brofiadau ef yn ystod y rhyfel. Gwyddai o brofiad am y modd y diystyriwyd Cymreictod yr uned Gymreig o'r RAMC yr ymaelododd â hi yn ystod y Rhyfel Mawr, felly cefnogai'r ymdrech hon i gadw cenedligrwydd milwyr yr Ail Ryfel Byd yn fyw. Fel hyn y canodd yn 'Y Ddau Binacl', er enghraifft, sef 'canig i rifyn olaf "Cofion Cymru" yng ngenau milwr o Gymro':

> Gwelais Yr Wyddfa'n codi
> O dywod Libya faith,

A chofiais ymhlith ciwed
A wawdiai'n gwlad a'n iaith
Wrhydri'r ddau Lywelyn
A safodd tros eu gwlad
– Arglwyddi dewr Eryri –
Er gwaethaf trais a brad.[64]

Yn yr un modd, roedd ei ymdrechion i gadw'r Eisteddfod Genedlaethol i fynd drwy gydol yr Ail Ryfel Byd yn deillio o'i benderfyniad ymarferol i gadw gŵyl genedlaethol unigryw Gymreig. Rhaid cofio bod W. J. Gruffydd ar y pryd, yng ngholofnau cylchgrawn dylanwadol *Y Llenor*, yn gwir ofni y rhoddai'r rhyfel y farwol i'r iaith a'r diwylliant Cymraeg.[65]

Fel un o feirdd-filwyr amlycaf y Rhyfel Byd Cyntaf, roedd Cynan o bawb mewn sefyllfa i uniaethu â Hedd Wyn ac i amgyffred arwyddocâd ei golli. Ond roedd ganddo brofiad hyd yn oed fwy uniongyrchol o golled yn sgil ei gyfeillgarwch gyda David Ellis, Penyfed. Dwy flynedd yn unig a oedd rhyngddynt, Dei Ellis wedi ei eni yn 1893 a Cynan yn 1895, cyfoesai'r ddau fel myfyrwyr am gyfnod byr ym Mangor, ac ymuno'r un pryd ag uned arbennig y RAMC a ffurfiwyd yn Ionawr 1916.[66] Gwahanwyd y ddau ym Macedonia ddiwedd Medi 1916 a buont yn gwasanaethu mewn gwahanol rannau o'r wlad; nid oes dystiolaeth i'r ddau weld ei gilydd byth wedyn, ond mae'n amlwg bod y golled wedi pwyso ar feddwl Cynan ar hyd ei oes. Yn Nhachwedd 1946 cyhoeddodd *Ffarwel Weledig*, gwaith ffuglennol a alwodd yn 'Rhamant am Facedonia'; er gwaetha'r ymdrech i adleoli'r hanes i gyfnod yr Ail Ryfel Byd, mae'n amlwg mai'r dirgelwch ynghylch diflaniad Dei Ellis a ysbrydolodd y nofel hon. Yn honno cyfeirir at yr her i heddychiaeth cymeriad Dafidd Morris:

> [g]alwyd nifer ohonom allan on parade gan y Cyrnol a'n hysbysu ein bod i'n trosglwyddo o'r RAMC fel atgyfnerthion i gwmni ymladdol [t. 53]... [profwyd] ymdeimlad o chwerwedd fod yr awdurdodau wedi torri cyfamod â mi. Addawsant inni'n bendant pan ymunodd nifer o heddychwyr Cymru ac eraill â Chwmni R.A.M.C. y Myfyrwyr, na cheisid byth roi gorfodaeth arnom i ddwyn arfau, gan ein bod wedi ymuno'n wirfoddol tan y Groes Goch i wynebu peryglon y gad.[67]

Fel y crybwyllwyd eisoes, yn 1964 cofnodwyd hanes yr uned anymladdol hon gan un o'i chynaelodau sef y Parch. R. R. Williams yn *Breuddwyd Cymro mewn Dillad Benthyg*, cyfrol y gofynnwyd i Cynan ysgrifennu rhagarweiniad ar ei chyfer. Yno y mae'n cadarnhau mai fel cwmni o basiffistiaid yr oeddent yn eu hystyried eu hunain yn yr ystyr fod gennym wrthwynebiad cydbwybodol i ladd ac ymladd ond ein bod yn barod i gymryd ein hanfon i rywle er cario'r clwyfedigion i ddiogelwch a'u hymgeleddu, neu i weini ar y cleifion, a hynny tan yr un amodau o gledi a disgyblaeth â milwyr eraill[68]

Cyfetyb hyn i un o dri math o wrthwynebydd cydwybodol yn ystod y rhyfel, sef y math a oedd yn fodlon ymgymryd â gwaith anymladdol: '"Non-combatants" were prepared to accept call-up into the army, but not to be trained to use weapons, or indeed have anything to do with weapons at all.'[69] Fodd bynnag, ni welai Lewis Valentine ei hun fel gwrthwynebydd cydwybodol: 'Erbyn hyn y mae'n ofid gennyf nad oeddwn yn un o'r gwrthwynebwyr' yw ei eiriau retrosbectif wrth gloriannu ei brofiadau rhyfel, a chyda'r geiriau 'Ymdynghedais i ddal ar bob cyfle i wrthwynebu rhyfel' y daw ei gofnod, a enwir yn ddadlennol yn *Dyddiadur Milwr*, i ben.[70] Cyfeiria Cynan hefyd at y ffordd y torrodd y Swyddfa Ryfel ei hamod i'w cadw'n uned ynghyd. Daeth y criw yn ffrindiau agos yn ystod cyfnod yr hyfforddi yn Llandrindod a Sheffield:

Ond yr oedd gwerthoedd cymrodoriaeth o'r fath y tu hwnt i ddirnadaeth nac i ddychymyg awdurdodau milwrol Lloegr. Torri'r hen gwmni hoff i fyny a wnaethant a'n gwasgar trwy Facedonia rhwng unedau Saesneg a oedd eisoes ar y maes...[71]

Dyma dystiolaeth y mae Cynan yn ei hailadrodd ym mhennod olaf yr hunangofiant byr a ysgrifennodd at ddiwedd ei oes ac a gyhoeddwyd yn *Barn*, Mawrth 1971.[72]

Darn arall o dystiolaeth hunangofiannol ganddo a welodd dydd ar ôl ei farw oedd y ffilm deledu, *Llanc o Lŷn*, a wnaed gan John Roberts Williams; hon oedd y ffilm deledu liw gyntaf i'w gwneud gan y BBC yn Gymraeg. Pan ffilmiwyd hi ddiwedd 1969 doedd iechyd Cynan ddim yn dda, ac erbyn ei darlledu roedd yn ei fedd ers Ionawr 1970:

mi ges i ddod adra'n ddianaf o'r Rhyfel Mawr ar wahân i glefyd y malaria a deffro mewn hunllefau erch am flynyddoedd wedi hynny.

Athrist iawn i mi ydi teithio pentrefi bach Llŷn a gweled yno'r cofebau i'r bywydau ifainc a afradwyd yn y Rhyfel Mawr drwy styfnigrwydd gwleidyddion a chamgymeriadau cadfridogion twp. Dwbl athrist cofio wrth gofeb tref Pwllheli y rhai a oedd yn gyfoedion i mi yn y dref 'ma gynt.

Bron na ellir clywed ei ddicter yn y ffilm wrth iddo boeri'r geiriau 'twpdra cadfridogion' o'i enau. Mae hyn yn gwbl gyson â sylwadau eironig Cynan am '[L]ywydd y Frigâd' yn 'Mab y Bwthyn': 'Ond dwedai'r coch o gylch ei het | Na thriniai o mo'r *bayonet*', y math o feirniadaeth ar aneffeithiolrwydd uchelswyddogion a leisiwyd gan gyd-fardd i Cynan ar y pryd, Siegfried Sassoon, mewn cerdd fel 'The General'.[73] Mae hi hefyd yn ategu beirniadaeth Lloyd George ar y cadfridogion, a Douglas Haig yn benodol, a fynegodd yn ei *War Memoirs* yn yr 1930au, ac yn gyson â'r farn, boblogaidd os dadleuol, a fynegwyd yn *The Donkeys* gan Alan Clark yn 1961.[74]

Yn y pen draw, felly, nid profiad tymhorol a berthynai i 1916–19 mo'r Rhyfel Mawr i Cynan ond un y bu'n ymrafael ag ef weddill ei oes. Gellir holi, pe na bai wedi ymuno ag uned yr RAMC yn 1916, beth fyddai ei hanes. A fyddai wedi mynd yn ei flaen i wneud cwrs BD a chael gweinidogaeth yn y man gyda'r Bedyddwyr? A fyddai wedi cefnu ar enwad ei fagwraeth a throi at y Methodistiaid? A fyddai wedi cael deunydd ar gyfer cerddi *Telyn y Nos* a phryddestau 'Mab y Bwthyn' a'r 'Tannau Coll'? A fyddai wedi ymadael â'r weinidogaeth gyfundrefnol yn 1931? Bu'n brofiad cwbl ffurfiannol, un a'i mowldiodd a'i gyfeirio, profiad y dychwelodd ato mewn deunydd creadigol, anerchiadau, ysgrifau a darllediadau hyd y diwedd un. Ac wrth i ddetholwyr fynd ati i ddewis o'i waith ar gyfer blodeugerddi, y cerddi rhyfel sydd flaenaf: o'r pedair cerdd sy'n ei gynyrchioli yn *Oxford Book* (1962) Thomas Parry, 'Hwiangerddi' a 'Monastîr' yw dwy ohonynt; 'Hwiangerddi' a detholiad o 'Mab y Bwthyn' yw dwy o'r cerddi sy'n ei gynrychioli yn *Blodeugerdd o Farddoniaeth Gymraeg yr Ugeinfed Ganrif* (1987) Gwynn ap Gwilym ac Alan Llwyd; a 'Monastîr' a detholiad o 'Mab y Bwthyn' sydd gan Menna Elfyn a John Rowlands yn *The Bloodaxe Book of Modern Welsh Poetry* (2003). Ac mae ei gyfraniad fel bardd rhyfel mor rymus fel bod hyd yn oed rai na welai lygaid yn llygaid ag ef yn ystod ei oes yn barod i gydnabod ei gyfraniad. I genhedlaeth ifanc yr 1960au, roedd cefnogaeth weithredol Cynan i'r arwisgo yng nghastell Caernarfon yn dân ar eu croen a lleisiwyd protest amryw gan y cerddi angerddol ac ergydiol a gyfansoddodd Gerallt Lloyd Owen a gyfeiriai at y Tywysog Siarl fel 'estron ŵr' a'r rhai a'i cefnogai, fel Cynan, fel 'gwerin o ffafrgarwyr'.[75] Ond y mae'n arwyddocaol mai un o'r cyfraniadau mwyaf arhosol i ddathliadau canmlwyddiant geni Cynan yn 1995 oedd cywydd gan Gerallt Lloyd Owen o bawb, cywydd coffa sy'n cloi gyda'r geiriau cwpled: 'Ym mhob iaith, Mab y Bwthyn | ydyw Mab Duw ym mhob dyn.'[76] Hynny yw, yn achos bardd mor ymrwymedig ei genedlaetholdeb â hyd yn oed Gerallt, Cynan ifanc 'Mab y Bwthyn' sy'n ailymffurfio'n bresenoldeb mwy arhosol ac arwyddocaol na Cynan oedrannus arwisgo'r 1960au. Yn ôl y darlleniad hwn, mae hi fel petai brwydr Cynan i beidio â chael ei ddiffinio'n ormodol, fel bardd ac unigolyn, gan y rhyfel wedi methu, ond efallai nad drwg o beth o reidrwydd mo hynny.

Nodiadau

1. John Davies, *Hanes Cymru* (Llundain: Allen Lane, 1990), t. 493.
2. 'Hunangofiant Cynan: 4. Prentisiaeth Prydydd', ailgyhoeddwyd yn Ifor Rees (gol.), *Dŵr o Ffynnon Felin Bach: cyfrol i goffáu canmlwyddiant geni Cynan* (Dinbych: Gwasg Gee, 1995), t. 44. Noder y cyhoeddwyd hwn gyntaf dros flwyddyn ar ôl ei farwolaeth yn Ionawr 1970.
3. Gw. Bedwyr Lewis Jones, 'Y Llanc o Dref Pwllheli', yn Rees (gol.), *Dŵr o Ffynnon Felin Bach*, tt. 55–74. Cyhoeddwyd gyntaf yn 1981 a'i hailgyhoeddi dan y teitl 'Cynan: I' yn Gerwyn Wiliams (gol.), *Gorau Cyfarwydd: detholiad o ddarlithoedd ac ysgrifau beirniadol Bedwyr Lewis Jones* (Caernarfon: Cyhoeddiadau Barddas, 2002), tt. 225–43.
4. Cynan, *Telyn y Nos* (Caerdydd: William Lewis (Argraffwyr) Cyf., 1921), tt. 47–9 a 51–2; Cynan, *Cerddi Cynan: y Casgliad Cyflawn* (Lerpwl: Gwasg y Brython, 1959).
5. 'Corn Gwlad, 1914', *Telyn y Nos*, t. 47.
6. 'Corn Gwlad, 1914', t. 49.
7. 'Y Muriau Dur', *Telyn y Nos*, t. 52.
8. 'Rhagarweiniad', yn R. R. Williams, *Breuddwyd Cymro mewn Dillad Benthyg: hanes y Cwmni Cymreig o'r Corfflu Meddygol a ymunodd yn y Rhyfel Gyntaf 1914–1918* (Lerpwl: Gwasg y Brython, 1964), t. ix.
9. Yn fwy diweddar, bu Sion ap Tudur wrthi'n cywain gwybodaeth werthfawr am yr uned arbennig hon a'i chynnwys ar wefan y *Great War Forum*. Gw. yr ohebiaeth o 2006 ymlaen ar wefan y *Great War Forum*, http://1914-1918.invisionzone.com/forums/index.php?showtopic=60783 (cyrchwyd 5 Medi 2014).
10. Diolch i D. Densil Morgan ac Ieuan Elfryn Jones am eu cymorth gyda rhan hon yr ymchwil.
11. 'Dyddiadur Milwr', yn John Emyr (gol.), *Dyddiadur Milwr a Gweithiau Eraill* (Llandysul: Gwasg Gomer, 1988), tt. 5–6.
12. *Caniadau Cynan* (Llundain: Foyle's Welsh Depot, 1927), tt. 66–7.
13. 'Dyddiadur Milwr', t. 6.
14. 'Dyddiadur Milwr', t. 7. Cadarnheir hyn hefyd gan John Rice Rowlands, *Y Coleg Gwyn: Canrif ym Mangor 1892–1992* (Bangor: Coleg y Bedyddwyr, 1992): gw. yn arbennig tt. 21–2 sy'n trafod cyfnod y rhyfel.
15. Gw. llawysgrif ddiddyddiad, eitem 22462 ymhlith papurau Cynan yng Nghasgliad Cyffredinol Archifdy Prifysgol Bangor.
16. 'Rhagarweiniad', t. ix.

17. Mab i William Alfred Pritchard Jones oedd Harri Pritchard Jones, a ysgrifennodd nofel fer o'r enw *Disgyn i'w Lle* yn 2014 yn seiliedig ar y berthynas rhwng y ddau.
18. 'Rhagarweiniad', t. xii.
19. 'Rhagarweiniad'.
20. 'Rhagarweiniad', t. xvi.
21. Llythyr dyddiedig 20 Tachwedd 1920, eitem 19589 ymhlith papurau Silyn Roberts yng Nghasgliad Cyffredinol Archifdy Prifysgol Bangor.
22. Gohebiaeth bersonol â'r awdur presennol.
23. Cynan, dyfynnwyd yn Charles Quant, 'Supplement to the *Liverpool Daily Post*: Cynan – and the 1923 Eisteddfod', *Daily Post* (30 Gorffennaf 1969), 6, toriad mewn llyfr lloffion, LL11, Papurau Eisteddfod Genedlaethol Cymru: Swyddfa Ganolog, LlGC.
24. 'Dyddiadur Milwr', tt. 80–1.
25. Williams, *Breuddwyd Cymro*, t. 55.
26. Am drafodaeth berthnasol, gw. J. H. Thompson, 'The Nonconformist Chaplain in the First World War: The Importance of a New Phenomenon', yn Michael Snape ac Edward Madigan (goln), *The Clergy in Khaki: New Perspectives on British Army Chaplaincy in the First World War* (Farnham: Ashgate, 2013), tt. 16–39. Diolch i Ieuan Elfryn Jones am ei gymorth.
27. Gw. Alan Llwyd, *Gwae Fi Fy Myw: Cofiant Hedd Wyn* (Llandybïe: Cyhoeddiadau Barddas, 1991), t. 238.
28. Llythyr gan Cynan a ddyfynnwyd yn 'Y Llanc o Dref Pwllheli', *Y Goleuad*, cix, 16 (24 Ebrill 1981), 1.
29. Llythyr gan Cynan, dyddiedig 4 Awst 1917, rhif 22363 ymhlith papurau Cynan yng Nghasgliad Cyffredinol Archifdy Prifysgol Bangor.
30. Llythyrau preifat o gasgliad Cynan ym meddiant ei nith, Sioned O'Connor.
31. Gw. Cynan, 'Cydnabod', *Lleufer*, 12, 3 (Hydref 1956), 108.
32. 'Hunangofiant Cynan: 3. Y Teulu', *Dŵr o Ffynnon Felin Bach*, t. 28.
33. Gw. Bedwyr Lewis Jones, 'Bedwyr Lewis Jones yn Datrys Dirgelwch Cyfres yr Enfys', *Y Casglwr*, 31 (Mawrth 1987), 17.
34. 'Ym Min y Môr', *Telyn y Nos*, t. 39.
35. 'Anfon y Nico i Lan Dŵr', *Telyn y Nos*, tt. 36–7.
36. Llythyr E. Morgan Humphreys at T. Gwynn Jones, 6 Hydref 1918, rhif 2235 yng Nghasgliad T. Gwynn Jones, LlGC.
37. 'Wrth Fyn'd Heibio', *Y Goleuad* (8 Tachwedd 1918).
38. 'Wrth Fyn'd Heibio'.
39. 'Wrth Fyn'd Heibio'.
40. Llythyr gan Cynan, *Y Goleuad* (24 Ebrill 1981), 1.
41. 'Y Llanc o Dref Pwllheli', tt. 62–3. Y gerdd arall a enwodd oedd 'Awr Arswyd' gan Dyfnallt, sef y Parch. Dyfnallt Owen a fu'n gaplan am ryw dri mis gyda'r fyddin yn Ffrainc.
42. Llythyr gan Cynan, *Y Goleuad* (24 Ebrill 1981), 1–2.
43. 'Mab y Bwthyn', *Telyn y Nos*, t. 18.
44. 'Mab y Bwthyn', t. 20.

45. Dyfynnwyd yn 'Introduction', George Walter (gol.), *The Penguin Book of First World War Poetry* (Llundain: Penguin Books, 2006), t. xxiii.
46. 'Yn Amser Dryllio'r Cenhedloedd', *Caniadau Cynan*, t. 77.
47. 'Beddau a'u Gwlych y Glaw', *Caniadau Cynan*, t. 48.
48. 'Beddau a'u Gwlych y Glaw'.
49. 'Beddau a'u Gwlych y Glaw'.
50. 'Cyfamod Hedd', *Caniadau Cynan*, t. 49.
51. 'Cyfamod Hedd'.
52. 'Balâd', *Caniadau Cynan*, t. 66.
53. 'Balâd'.
54. 'Dulce Et Decorum Est', yn C. Day Lewis (gol.), *The Collected Poems of Wilfred Owen* (Llundain: Chatto & Windus, arg. 1982), t. 55.
55. 'Monastîr', *Caniadau Cynan*, t. 45.
56. 'Monastîr', t. 46.
57. 'Monastîr'.
58. 'Rhai Atgofion am Cynan', yn Rees (gol.), *Dŵr o Ffynnon Felin Bach*, tt. 143–4.
59. 'Mab y Bwthyn', t. 25.
60. 'Hedd Wyn: Pererinion o Gymru uwchben ei Fedd: Anerchiad Cynan', *Y Genedl*, 17 Medi 1934; dyfynnwyd yn Llwyd, *Gwae Fi Fy Myw*, t. 308.
61. Gw. 'Cynan', *Gorau Cyfarwydd*, t. 251.
62. Teipysgrif ymhlith papurau Cynan o gyfnod yr Ail Ryfel Byd, rhif 22545, yng Nghasgliad Cyffredinol Archifdy Prifysgol Bangor. Diolch i Llifon Jones am ei gymorth. Argraffwyd y llythyr ar ffurf ysgrif sef 'Emynau Rhyfel', *Y Faner*, 18 Hydref 1939, 7.
63. Uchelswyddogion a arddelai deitlau milwrol fel y Brigadydd Syr Norman Gwatkin, Lifftenant-Gyrnol Syr St Vincent Troubridge a'r Lifftenant-Gyrnol Syr Eric Penn: gw. John Johnston, *The Lord Chamberlain's Blue Pencil* (Llundain: Hodder & Stoughton, 1990).
64. Teipysgrif ymhlith papurau Cynan o gyfnod 1945 neu 1946, rhif 22352, yng Nghasgliad Cyffredinol Archifdy Prifysgol Bangor.
65. Am gefndir llawn, gw. Alan Llwyd, *Y Gaer Fechan Fach: Hanes Eisteddfod Genedlaethol Cymru 1937–1950* (Llandybïe: Cyhoeddiadau Barddas, 2006).
66. Yng Ngorffennaf 1912 y cyrhaeddodd Cynan Fangor; gadawodd David Ellis Fangor yn ŵr gradd ym Mehefin 1913; gw. Alan Llwyd ac Elwyn Edwards, *Y Bardd a Gollwyd: Cofiant David Ellis* (Llandybïe: Cyhoeddiadau Barddas, 1992), t. 45.
67. *Ffarwel Weledig: rhamant am Facedonia* (Lerpwl: Gwasg y Brython, 1946), t. 55.
68. 'Rhagarweiniad', t. x.
69. Gwefan *CO Project* y Peace Pledge Union, http://www.ppu.org.uk/coproject/coww1a.html (cyrchwyd 20 Awst 2014).
70. 'Dyddiadur Milwr', tt. 6, 81.
71. 'Rhagarweiniad', t. xii.
72. Gw. 'Hunangofiant Cynan: 5. Maes y Gad', yn Rees (gol.), *Dŵr o Ffynnon Felin Bach*, tt. 45–8.

73. 'Mab y Bwthyn', t. 17; gw. 'The General', yn Rupert Hart-Davis, *The War Poems of Siegfried Sassoon* (Llundain: Faber and Faber, 1983), t. 78.
74. Er mai un o'r adain dde yn wleidyddol oedd Alan Clark – gwasanaethodd yng ngweinyddiaeth Margaret Thatcher yn ystod yr 1980au – dywedir i'r llyfr ysbrydoli'r sioe lwyfan *Oh! What a Lovely War* yn 1963 a addaswyd yn ffilm yn 1969. Yn y *Daily Mail* ar 3 Ionawr 2014 ymosododd y gweinidog addysg Ceidwadol, Michael Gove, ar yr hyn a alwodd yn fyth a hyrwyddwyd gan yr adain chwith: 'The conflict has, for many, been seen through the fictional prism of dramas such as *Oh! What a Lovely War*, *The Monocled Mutineer* and *Blackadder*, as a misbegotten shambles, a series of catastrophic mistakes perpetrated by an out-of-touch elite. Even to this day there are left-wing academics all too happy to feed those myths.' Gw. http://www.dailymail.co.uk/news/article-2532923/Michael-Gove-blasts-Blackadder-myths-First-World-War-spread-television-sit-coms-left-wing-academics.html (cyrchwyd 5 Medi 2014).
75. Gerallt Lloyd Owen, 'Fy Ngwlad', *Cerddi'r Cywilydd* (Caernarfon: Gwasg Gwynedd, arg. 1990), t. 24.
76. Gerallt Lloyd Owen, 'Cofio Cynan', *Barddas*, 219–220 (Gorffennaf/Awst 1995), 30.

12

Rhwng Ffaith a Ffuglen: Atgofion Cyn-filwyr Cymraeg mewn Cyfweliadau Ddegawdau wedi Diwedd y Rhyfel

Gethin Matthews

> 'I could go shopping and forget to bring something – that only happened yesterday. But I don't forget what happened in World War One, and the things that I saw.'
>
> Bob Owen, yn siarad yn y rhaglen
> *Shadows on the Western Front*

> 'Weloch chi bethau ofnadwy, mae'n siwr gen i, yn y *trenches*...'
>
> Cwestiwn i'r cyn-filwr Alun Jones, Bethesda,
> yn y rhaglen *Canrif y Werin*

Ers rhai blynyddoedd mae haneswyr wedi sylwi fwyfwy ar bwysigrwydd 'hanes poblogaidd' a 'hanes cyhoeddus', a'r ffyrdd niferus y tu hwnt i lyfrau academaidd y mae trwch y boblogaeth yn derbyn eu syniadau am y gorffennol. Cafwyd llawer o bendroni ynghylch derbynioldeb y sefyllfa, wrth ystyried y bwlch rhwng hanes academaidd a ffurfiau o hanes sydd yn llai llym eu disgyblaeth. Uchelgais hanes academaidd yw bod yn wrthrychol wrth ddehongli'r dystiolaeth, ystyried yn ofalus y safbwyntiau gwahanol a thrafod y ffeithiau yn eu cyd-destun cywir. Ar y llaw arall, mae gweithiau hanes poblogaidd, fel y cyflwyniadau o hanes a geir mewn rhaglenni teledu, yn hoff o gyflwyno naratif clir, uniongyrchol, heb gymylau o gymhlethdod. Yn yr un modd mewn hanes cyhoeddus, a ddiffinnir fel 'the use of history by states and civil society', mae'r pwyslais ar gynnig atebion, gan ddefnyddio mythau adnabyddus i wneud synnwyr o'r gorffennol.¹ Yn ogystal â chyfathrebu stori am y gorffennol i'r cyhoedd, mae hanes cyhoeddus yn ceisio clymu'r cyhoedd yn y broses o gynhyrchu'r naratif: fe all fod yn fwy gwerinol ei naws na hanes academaidd, wrth geisio cwmpasu amrywiaeth o brofiadau a all siarad â'r gynulleidfa gyfan.²

Mae'r mentrau hyn yn cwrdd yn syth â phroblemau ynglŷn â dilysrwydd, cywirdeb a natur y dystiolaeth. Wrth i hanes cyhoeddus ddehongli a rhoi mynegiant i straeon am y gorffennol, gan greu naratif dealladwy i gynulleidfa eang, mae'n bosibl y dibynnir ar dystiolaeth sy'n llai cadarn na'r hyn sy'n dderbyniol i haneswyr academaidd. Defnyddir *short cuts* gan hanes cyhoeddus, megis mythau cyfarwydd am y gorffennol, wrth adrodd stori sy'n gryno ac yn daclus: wrth reswm, nid yw hanes bob tro yn daclus, ond mae'r cyflwyniadau hyn yn osgoi wynebu'r cymhlethdodau.

Mae gennym yng Nghymru enghraifft amlwg i ddarlunio pwysigrwydd a phroblemau hanes cyhoeddus, yn y gyfres o gerfluniau marmor o 'arwyr Cymru' a ddadorchuddiwyd yn Neuadd y Ddinas Caerdydd ym mis Hydref 1916.³ Mae'r dewis o 'arwyr', a'r ffordd y'u portreadir, yn siarad cyfrolau am sut roedd y Cymry (neu, o leiaf byddigion y genedl) yn edrych ar hanes eu gwlad yn y cyfnod.⁴ Yr un o edd y tu ôl i'r fenter oedd y cymeriad lliwgar Owen Rhoscomyl, a'r un a'i hariannodd oedd D. A. Thomas, Arglwydd Rhondda.⁵ Apwyntiwyd rheithgor o dri dyn doeth i ddewis y rhai a oedd yn haeddu eu lle, a chafwyd rhestr o ddeg o ddynion Cymru, ac un wraig o lwyth yr Icenii.⁶ Er nad oes modd dadlau gyda nifer o'r dewisiadau, mae'n siŵr bod cynnwys Syr Thomas Picton (1758–1815), cawr o gadfridog a fu farw ym mrwydr Waterloo, yn adlewyrchu ofnau a dyheadau 1915–16.⁷ Yn ogystal, roedd dewis pwy a ddadorchuddiai'r cerfluniau yn arwyddocaol: 'a 20th Century Welsh hero', ys dywed y tywyslyfr, sef David Lloyd George, a oedd ar y pryd yn Weinidog Rhyfel.⁸ Felly, dyma hanes Cymru yn cael ei bortreadu fel pasiant o arwyr, pob un yn cael ei roi ar bedestal megis cymeriadau delfrydol, a'r cyfan yn cyflwyno naratif clir, yn rhydd o gymhlethdodau. Gwladgarwyr oedd yr arwyr hyn, a byrdwn y cyfan yw'n hysbrydoli i ddilyn eu hesiampl.

Amcan y bennod hon yw trin a thrafod cynnyrch sy'n cynnwys atgofion cyn-filwyr (ar raglenni teledu yn bennaf) fel ffurf o hanes cyhoeddus. Awgrymaf gymhariaeth nad yw'n berffaith, ond sy'n cynnig cyfle i gnoi cil: yn yr 1920au fe godwyd cofebion mewn efydd i dalu teyrnged i'r milwyr a wasanaethodd yn y Rhyfel Mawr; o'r 1960au hyd farwolaeth yr olaf o'r cyn-filwyr, fe gynhyrchwyd rhaglenni a roddodd eu profiadau hwy yng nghanol y darlun. Yn yr achos cyntaf, rhoddwyd delwedd o'r milwyr ar bedestal yn llythrennol; yn yr ail, codwyd y milwyr ar bedestal yn drosiadol.[9] Pa werth, felly, sydd i'r cyfweliadau hyn? Maent yn deimladwy ac yn cyflwyno straeon pwerus, sydd yn aml yn dorcalonnus yn eu manylder am greulondeb y sefyllfa. Ond a ydyn nhw'n ddilys?

Nid oes bwriad yn y bennod hon i ddilorni gwerth hanes poblogaidd na hanes cyhoeddus, oherwydd fe ddylai fod yn amlwg i bawb fod 'dysgu gan y gorffennol' yn rhywbeth positif y mae disgyblaeth hanes yn gallu ei chynnig i unrhyw gymdeithas neu ddiwylliant.[10] Hefyd mae'n glir fod yn rhaid i ddehongliadau hanesyddol gael eu haddasu i gyd-fynd â gofynion y gymdeithas fodern er mwyn i syniadau am hanes gael dylanwad ar bobl.

Canlyniad hyn, felly, yw rhoi haneswyr academaidd mewn cyfyng-gyngor. A ddylid cyfaddawdu â'n safonau er mwyn sicrhau bod ein syniadau yn creu argraff? Neu a fyddai'n fwy boddhaol i aros yn glyd yn ein tyrau ifori?[11] Fodd bynnag, yn yr oes sydd ohoni, nid oes modd i'r academyddion encilio o'r byd mawr: mae'n rhaid profi ein bod yn cael impact ar gymdeithas ehangach.[12]

Felly, er gwaetha'r perygl o gyfaddawdu'n ormodol â safonau, mae'n gyffredin i weld haneswyr ynghlwm wrth brosiectau ar y teledu. Hwyrach eu bod yn rhesymu ei bod yn well cael hanesydd academaidd wrth law i roi cyngor na gadael i rai sydd heb gefndir hanesyddol fod yn gyfrifol am y sgript. Efallai hefyd eu bod yn awyddus i ledaenu eu brwdfrydedd am y pwnc i gynulleidfa ehangach.[13]

Y gwir plaen yw bod rhaglenni hanesyddol ar y teledu yn bwysig oherwydd i rai gwylwyr, dyma'r unig gysylltiad a gânt â hanes mewn fformat y maent yn ei ddeall a'i fwynhau. Yn nhermau gweledol, mae gan deledu sefyllfa freintiedig, bron nad yw'n fonopoli, ar greu'r delweddau cyfarwydd o'n gorffennol.[14]

I ni yng Nghymru, mae agwedd arall i'w hystyried wrth feddwl am rôl teledu yn creu ymwybyddiaeth o'n gorffennol a'n presennol. Datganodd John Davies fod darlledu wedi chwarae rôl ganolog yng Nghymru yn natblygiad y cysyniad o 'gymuned genedlaethol', ac i raddau helaethach nag yn unrhyw wlad arall yn Ewrop, efallai, am na fu gan ein gwlad (tan yn ddiweddar) ystod eang o sefydliadau cenedlaethol swyddogol.[15] Seilir y safbwynt hwn ar y ddealltwriaeth mai cymuned wleidyddol ddychmygedig yw unrhyw genedl, ac felly mae'r broses o greu ymdeimlad cenedlaethol yn un barhaus, a bod modd ymyrryd yn fwriadol yn y broses gan ddyfeisio traddodiadau newydd, a dethol digwyddiadau o'r gorffennol i'w dathlu.[16] Felly os ydym yn derbyn bod swyddogaeth bwysig gan hanes fel 'cof cenedl' i lunio a mireinio hunaniaeth y presennol a'r dyfodol, mae'n dilyn bod gweld ein gorffennol ar y sgrin yn ddylanwad pwysig.

Honna dadansoddiad Stephen Badsey fod rhaglenni nodwedd hanesyddol yn hanfodol geidwadol eu dehongliadau: 'there must be one version of history, and usually it must be the one that is closest to accepted popular myth'.[17] Yng nghyd-destun rhaglenni am y Rhyfel Mawr, golyga hyn fod ffrynt y gorllewin yn derbyn blaenoriaeth, a bod y naratif am 'lewod ac asynnod' yn hanfodol.[18]

Mae'n dilyn fod plethiad rhwng y straeon a adroddir gan dystion a'r ddealltwriaeth o hanes sydd ar led yn eu cymdeithas. Awgryma Jeremy Black nad yw'n hawdd, nac yn wir yn cynorthwyo, i wahaniaethu rhwng 'hanes cyhoeddus' a'r cof torfol.[19] Mae straeon hanesyddol adnabyddus yn ffurfio rhan o'r tapestri o ddealltwriaeth gyffredin o'r gorffennol: dylanwedir arnynt gan y fersiynau o'r gorffennol sydd ar led yn y gymdeithas dan sylw, ac maent yn cyfrannu at sut mae'r gymdeithas honno yn derbyn ac yn deall y gorffennol. Nid ydynt yn sefydlog, ac nid ydynt yn gallu bodoli y tu hwnt i'r ddisgwrs gyffredinol a amgylchyna'r unigolyn sy'n adrodd y stori: 'they are narratives shaped by social conventions of story-telling and verbal expression'.[20]

Yn ôl y sawl sydd wedi astudio gweithrediadau'r cof, mae'n anochel fod unrhyw stori a adroddir gan unigolyn yn cynnwys ond cyfran o'r gwirionedd, a bod y cyd-destun wrth adrodd y straeon yn effeithio ar yr hanesyn a gyflwynir. Felly, mae'r straeon a adroddir gan y cyn-filwyr yn gyhoeddus yn cael eu dylanwadu a'u cyfyngu gan ddisgwyliadau a rhagdybiaethau'r gymdeithas y maent yn rhan ohoni.[21] Gan fod atgofion yn cryfhau wrth iddynt gael eu hailadrodd (a gwanhau pan nad ydynt yn cael eu lleisio), dros gyfnod o amser bydd y fersiwn o'r rhyfel a adroddir gan gyn-filwr yn newid i gydymffurfio â'r fersiwn o'r rhyfel sydd ar led o'u cwmpas. Y canlyniad, yn ôl Dan Todman, yw 'veterans might change what they remembered – or even make it up'.[22] Mae cynnyrch diwylliant poblogaidd, megis ffilmiau a rhaglenni teledu, yn gallu lliwio atgofion unigolion. Dangosodd astudiaeth yn Awstralia sut roedd cyn-filwyr Anzac wedi mabwysiadu golygfeydd o'r ffilm *Gallipoli* (1981) fel eu profiadau hwy eu hunain, mewn cyfweliadau a wnaethpwyd yn yr 1980au.[23]

Pan mae sgwrs yn digwydd wyneb-yn-wyneb, mae'r straeon a adroddir gan y naill berson yn gallu cael eu derbyn neu eu cwestiynu gan y llall. Fodd bynnag, pan mae sgwrs wedi ei recordio a'i golygu, mae'n debygol y bydd y broses olygyddol yn sicrhau bod unrhyw fanylion nad ydynt yn cyd-fynd â sgript neu ddisgwyliadau'r cynhyrchwyr yn cael eu hepgor o'r fersiwn a welir gan y cyhoedd.[24] Felly wrth ystyried sut y bydd y cyhoedd yn dod i ddeall am brofiadau milwyr yn y Rhyfel Mawr wrth wylio rhaglenni teledu, mae perygl bod cylch dieflig yn datblygu. Y dehongliad sy'n cael ei gynnig gan ddiwylliant poblogaidd yw'r naratif o drychineb a gwastraff y ffosydd, ac mae cryfder y naratif hwn yn golygu nad oes modd cynnig unrhyw ddehongliad arall. Yn ogystal, cryfha'r disgwyl i'r sawl sy'n siarad am ei brofiadau ei hunan yn 1914–18 i gydymffurfio â'r naratif hwn. Felly, yn aml yr hyn a geir gan gyn-filwyr yw straeon sydd wedi eu cyfyngu gan ddisgwyliadau'r holwr a'r gynulleidfa, a'u dylanwadu gan gynnyrch diwylliant poblogaidd.

Mewn rhaglenni nodwedd am y Rhyfel Mawr a gynhyrchwyd tra oedd cyn-filwyr yn dal ar dir y byw, fe ddaeth yn arfer i ddibynnu ar atgofion y rhai a fu yno i liwio'r stori am y digwyddiadau. Honnodd Hew Strachan a Jonathan Lewis yn 2003, 'Centenarians are filmed, recording their memories, often for little better reason than the fact that they are centenarians: they have survived.'[25]

Cyn trafod y problemau sydd ynghlwm wrth atgofion rhai cyn-filwyr penodol, mae'n hollbwysig nodi na fwriedir awgrymu am eiliad fod y dynion hyn wedi mynd ati'n fwriadol i ddweud celwydd. Dynion anrhydeddus a wynebodd beryglon enbyd â dewrder ac sy'n haeddu pob parch yw'r rhain. Y broblem yw bod y straeon a adroddir ganddynt ddegawdau wedi'r digwyddiadau yn cael eu dylanwadu gan yr elfennau sy'n dominyddu'r naratif cyfarwydd o'r rhyfel. Yn naturiol, mae angen cymryd gofal gydag atgofion ysgrifenedig sy'n ymwneud â digwyddiadau yn y gorffennol pell, yn ogystal â chyda straeon a adroddir ar lafar. Fodd bynnag, mae angen troedio'n fwy gofalus pan ydym yn ystyried cyfweliadau ar gyfer y teledu a wnaethpwyd pan nad oedd ond ychydig o gyn-filwyr ar ôl ar dir y byw i siarad am eu profiadau, ac felly roedd pwysau ar y rhain i gynrychioli eu cymrodyr. Wrth reswm, nid oedd modd i gynhyrchwyr y rhaglenni herio'r hynafgwyr parchus ynghylch cywirdeb ffeithiol eu hatgofion, ond yn hytrach roedd yn rhaid derbyn pob elfen o'u straeon fel y gwirionedd. Yn wir, mynnai rhai o'r cyfweledigion na ellid amau eu hatgofion. Yn un o'i gyfweliadau dywedodd y cyn-filwr Bob Owen o Landudno fod ei atgofion o'i brofiadau 75 mlynedd yn gynt yn hollol glir, er ei fod yn gallu anghofio digwyddiadau diweddar: 'I don't forget what happened in World War One, and the things that I saw.'[26]

Un cyn-filwr a rannodd ei atgofion ar ffurf ysgrifenedig ac mewn cyfweliadau i'r teledu oedd Ifan Gruffydd. Ganwyd ef yn Llangristiolus, Ynys Môn yn 1896 ac roedd yn was fferm cyn iddo wirfoddoli i ymuno â'r Ffiwsilwyr Brenhinol Cymreig (RWF) ym mis Medi 1914.[27] Gwasanaethodd ar ffrynt y gorllewin ac yna yn yr Aifft. Wedi iddo ddychwelyd i Ynys Môn fe gymerodd swyddi fel labrwr, tra hefyd yn ymwneud â dramâu lleol ac ennill enw iddo'i hun fel adroddwr straeon.[28]

Felly yr oedd yn 67 oed pan gyhoeddwyd ei hunangofiant cyntaf, *Gŵr o Baradwys*, yn 1963.[29] Fel y noda Gerwyn Wiliams, mae agwedd chwareus, mympwyol yn ei ddisgrifiad o'i amser yn y fyddin. Mae ei ysgrifau yn frith o frawddegau pigog, lled-ddoniol: wrth ddisgrifio'i deimladau pan oedd yn y gwersyll hyfforddi, ysgrifennodd 'Teimlwn fy hun wedi gwneud rhyw flyndar dychrynllyd, wedi mynnu gadael Paradwys a dod i ymyl Gehenna.'[30]

Mae ei ysgrifau yn cynnwys agwedd wrth-Seisnig sydd efallai'n adlewyrchu'r ymdeimlad o ddadrithiad a ddaeth yn y blynyddoedd ar ôl y rhyfel, er enghraifft, iddo ddatgan 'Gymaint yn well gennyf fuasai ymladd yn erbyn byddin Lloegr nag o'i phlaid.'[31] Yn sicr, pan mae'n defnyddio'r gair 'cwislingaidd' i ddisgrifio ei weithred o ochri gyda'r hen elyn, rydym yn gwybod ei fod yn gwneud defnydd o air sy'n perthyn i'r cyfnod ar ôl 1940, nid i 1914–18.[32]

Yn yr ail gyfrol o'i hunangofiant, *Tân yn y Siambar*, mae disgrifiad hynod o bwerus ganddo o'r ymosodiad cyntaf y bu'n rhan ohono, ym Mrwydr Loos (Medi 1915):

> Yr oedd y cwbl yn ofer. Gwyddai'r gelyn y funud a'r awr yr oedd popeth i ddigwydd. Syrthiai dynion wrth y miloedd ar randir neb cyn eu bod bron wedi cychwyn. Ceisiai swyddogion â'u gynnau llaw ein gyrru 'mlaen. Gwingai dynion a'u bidogau yng nghyrff ei gilydd. Brwydr fawr i ennill a cholli dim ond ychydig o lathenni yn y diwedd.[33]

Ond er gwaethaf nerth y darn hwn, mae'n hawdd gweld ei fod wedi'i ysgrifennu yn y wybodaeth nad oedd brwydrau 1915 wedi ennill dim ond torcalon. Mae dadrithiad y blynyddoedd wedi 1918 yn amlwg yn y darn.

Felly ffrwyth blynyddoedd o edrych yn ôl a chnoi cil dros ddigwyddiadau 1914–18 yw atgofion Gruffydd. Mae'n debyg iddo ymateb i'r galw am glywed straeon am ei brofiadau a oedd yn ddirdynnol ac yn ddoniol, ac yn cyd-fynd â disgwyliadau'r gynulleidfa.

Mae'n briodol cadw hyn mewn cof wrth ddadansoddi cyfraniad Gruffydd at raglenni Cymru a'r Rhyfel Mawr a ddarlledwyd ar TWW (sef y sianel deledu annibynnol i Gymru) yn 1964. Yn ogystal â chyd-fynd â hanner-canmlwyddiant dechrau'r rhyfel, mae'n debyg bod y cynhyrchiad hwn yn ymateb i gyfres fawr, boblogaidd y BBC, *The Great War*, a ddarlledwyd o fis Mai 1964 ymlaen, gan ddangos bod cynulleidfa frwd ar gyfer rhaglenni a edrychai'n ôl ar yr hanes. Nid oedd lle ar gyfer ystyriaethau am safle Cymru yn y gyflafan yng nghyfres fawreddog y BBC, ac felly gellid deall dwy raglen TWW fel ymgais i gyfleu safbwynt Cymreig ar y digwyddiadau.

Teg nodi bod y rhaglenni'n cynnig llwyfan i'r rheiny a wrthwynebai'r rhyfel a phopeth a gysylltwyd ag ef, pobl fel D. J. Williams, y Parch. E. Tegla Davies a T. E. Nicholas. Ymhlith y casgliad o feirdd, gwleidyddion a gweinidogion, Ifan Gruffydd oedd yr unig filwr a ymladdodd ar ffrynt y gorllewin a siaradodd yn y rhaglenni.[34] Felly gellir awgrymu bod disgwyl iddo gynrychioli'r Tommy cyffredin a chwmpasu holl brofiadau'r dynion a wasanaethodd yn y fyddin yn y Rhyfel Mawr.

Yn ei gyfraniad tair munud o hyd, a recordiwyd mewn stiwdio deledu gyda Gruffydd yn siarad yn syth i'r camera, mae tôn ei atgofion yn chwareus, yn yr un modd â'i lyfr. Eglura sut yr oedd wedi cael 'intensive training' a oedd wedi ei baratoi, er gwaethaf ei ddiffygion yn deall y gorchmynion Saesneg, i deithio i'r ffosydd yn Ffrainc i wasanaethu gydag ail fataliwn y RWF. Ar y cychwyn, mae'n cofio mai yn 'bur dawel' oedd ei amser yno, ond â ymlaen gyda'r stori deimladwy hon, am gadoediad enwog y Nadolig ar ffrynt y gorllewin:

> A mi ges i'r profiad rhyfeddaf, a phrofiad melys hefyd yn wir Nadolig hwnnw – clywed lleisiau o ffosydd y Germans yn galw arnom ni, a rhai o'n pobl ninnau'n eu hateb nhw, yn herio ei gilydd i gyfarfod â'i gilydd ar No Man's Land am ei fod hi'n Ddydd Nadolig.
> Ac felly buo hi, yn llythrennol.
> A dwi'n cofio bod yn siarad â nhw, cyfnewid sigarets â rhyw fân bethau – *souvenirs* fel oeddem ni'n galw nhw.
> Ac yn wir, roeddem ni wedi mynd mor hapus efo'n gilydd nes inni feddwl ein bod ni am gael aros felly, ond yr awdurdodau'n fuan iawn yn ein galw ni 'nôl.
> Pe baen nhw heb wneud, efallai byddai'r rhyfel wedi stopio ar y diwrnod hwnnw...

Mae'n amlwg bod y stori hon yn cyd-fynd â'r ddealltwriaeth gyffredin o gadoediad y Nadolig, fel llygedyn o obaith am yr ysbryd dynol yng nghanol gwallgofrwydd tywyll ffrynt y gorllewin, ond llygedyn a ddiffoddwyd yn llwyr gan yr awdurdodau a fynnai barhau â'r ymladd.

Fodd bynnag, er i hyn gael ei adrodd fel profiad ingol llygad-dyst, nid yw'n bosibl bod Gruffydd ei hun wedi gweld yr hyn mae'n ei ddisgrifio. Nid oes amheuaeth fod rhai o gymrodyr Gruffydd yn ail fataliwn yr RWF wedi profi'r cadoediad, ond dechreuodd ei wasanaeth ef yn Ffrainc ym mis Gorffennaf 1915 ac fe'i clwyfwyd ym mrwydr Loos ym mis Medi 1915: wedi hynny fe dreuliodd fisoedd yn adfer ei iechyd yn Lloegr.[35] Felly nid

Gethin Matthews 247

oedd y gŵr o Baradwys ar ffrynt y gorllewin dros Nadolig 1914 na 1915. Rhydd yr enghraifft hon rybudd ynghylch derbyn tystiolaeth y llygad-dystion, yn enwedig, efallai, pan mae eu straeon yn cyd-fynd â disgwyliadau'r gynulleidfa a'r ffordd y trafodir y testun gan ddiwylliant poblogaidd. Hwyrach fod y broblem yn ddwysach wrth i ni ystyried cyfweliadau a wnaethpwyd o dan bwysau ychwanegol y camerâu teledu: hynny yw, awgrymaf fod y siaradwyr yn fwy tebygol i lynu wrth naratif sy'n cyd-fynd â disgwyliadau cymdeithas.

Trafodais mewn erthygl arall rai agweddau ar y straeon a roddai Griffith Williams yn ei gyfraniadau yntau i raglenni teledu. Archwiliais hanesyn a adroddai (nifer o weithiau) am fod yn llygad-dyst i ddienyddiad un o'i gymrodyr ar faes y gad, ar orchymyn ei swyddog creulon Major Philgate, gan awgrymu ei fod wedi 'cywasgu nifer o atgofion a straeon gwasgaredig i mewn i un stori', a bod ei atgofion wedi'u lliwio gan ei ymdeimlad o ddadrithiad wrth edrych yn ôl a chan y naratifau a ddaeth yn gyfarwydd yn y blynyddoedd canlynol a 'oedd yn pwysleisio barbareiddiwch y rhyfel'.[36]

Mae ymchwil bellach wedi cryfhau fy argyhoeddiad bod problemau sylfaenol gyda'r straeon roedd Williams yn eu hadrodd, er nad oes unrhyw fwriad i gwestiynu ei onestrwydd na'i ddiffuantrwydd wrth adrodd y straeon hyn. Rhoddai Williams yr argraff ei fod wedi gwasanaethu yn y fyddin am y rhan fwyaf o'r rhyfel, gan ddweud iddo wirfoddoli yn 1915, ond ar 16 Mehefin 1917 yr ymunodd â'r Royal Welsh Fusiliers. Awgrymodd ei fod wedi bod yng nghanol baw a bwystfileiddiwch ffrynt y gorllewin am gyfnod maith, ond dengys ei gofnodion milwrol iddo gyrraedd Le Havre ar 25 Mawrth 1918 a chael ei glwyfo ar 16 Ebrill 1918.[37]

Nid oes amheuaeth fod Williams wedi gweld ymladd ffyrnig, ciaidd yn y cyfnod hwn: fe ddioddefodd milwyr y 9fed Gatrawd, RWF, yn enbyd ym mis Ebrill wrth i'r Almaenwyr lansio ymgyrch gynddeiriog i geisio ennill y rhyfel cyn i filwyr America gyrraedd a thrawsnewid y cydbwysedd milwrol. Fodd bynnag, wrth ddisgrifio ei brofiadau ddegawdau'n ddiweddarach, mae'n ymddangos iddo deimlo pwysau i sicrhau bod ei straeon yn cydymffurfio â'r patrymau disgwyliedig ar gyfer atgofion cyn-filwr y Rhyfel Mawr.

Rhaid ystyried dylanwad y gred a dyfodd yn y degawdau wedi'r rhyfel i fod yn un o sylfeini hanfodol dealltwriaeth y cyhoedd o'r brwydro, sef bod milwyr ffrynt y gorllewin yn llewod a arweiniwyd gan asynnod.[38] Ceir nifer o enghreifftiau yn atgofion y cyn-filwyr sy'n pwysleisio bod eu swyddogion yn elynion bron cymaint â'r Almaenwyr.[39] Adroddai Griffith

Williams straeon am fwystfileiddiwch Major Philgate, er enghraifft, wrth iddo ymddwyn fel gwaedgi yn gorchymyn dienyddiad milwr diniwed. Pan adroddai Williams y stori hon ar raglen *Y Rhwyg* fe ychwanegodd fanylion am fwstash y swyddog blin. Hefyd adroddodd stori i *Hel Straeon* am ei gyfnod yn Iwerddon sydd yn cynnwys Major Philgate fel drwgweithredwr yr hanes, sydd eto yn nodi manylion ei fod yn 'hen ddyn mawr hyll oedd e 'chi efo mwstash mawr'. Pan floeddiai Cymry'r gatrawd eu cefnogaeth i Eamon de Valera, fe wylltiodd y Major, a chwarddai Williams wrth gofio'r 'hen fwstash fel brwsh stabl dan ei drwyn'.[40]

Ceir hefyd stori am eironi yr ymladd ac am filwr yn cael ei ladd yn ddisymwth ar ôl datgan ei fod am fyw. Gwrthrych yr hanesyn hwn yw Tom Owen o Fodorgan, Ynys Môn, cyfaill i Griffith Williams a chyd-aelod o'i dîm ar y dryll Lewis.[41] Dywed Williams fod Owen wedi datgan 'Farwa i byth neu mi faswn i wedi clywed rhywbeth bellach', ac yn ddisymwth yn cwympo'n farw gyda bwled yn ei dalcen.[42] Y broblem wrth geisio asesu gwirionedd y stori hon yw bod y cofnodion yn dweud bod Tom Owen wedi marw ar 1 Mai 1918, tra oedd Griffith Williams wedi'i symud i Loegr bythefnos cyn hynny.[43]

Mae stori arall am ragluniaeth a thynged gan Williams pan mae'n adrodd hanes am fynd allan i dir neb i achub milwr clwyfedig, a alwodd allan yn y Gymraeg. Enw'r milwr hwn yw J. R. Richards, ac fe â Williams ymlaen i ddisgrifio sut y daeth i'w gyfarfod ar hap flynyddoedd yn ddiweddarach pan oedd Richards yn pregethu mewn capel cyfagos. Yn ôl stori Williams, adnabu'r gweinidog ef fel y dyn a achubodd ei fywyd. Heb os, John Rowland Richards o'r Friog oedd 'J. R. Richards', un a wasanaethodd gyda'r RWF. Fodd bynnag, yn ôl y cofnodion fe gafodd Richards ei glwyfo ym mis Awst 1918, sydd yn codi amheuaeth ynghylch y stori gyfan.[44]

Mae atgofion Williams yn cynnwys dwy stori am gyfarfod â rhai a ddaeth yn enwog yn ddiweddarach: y cenedlaetholwr Gwyddelig Eamon de Valera a'r bardd Hedd Wyn. Fodd bynnag, nid oes modd i'r cyfarfodydd hyn fod wedi digwydd yn y modd y'u disgrifir gan Williams.[45]

Cwestiwn dyrys fan hyn yw pa bryd yn union y daeth yr atgofion hyn i fod yn 'realiti' i'r dynion. Nid oes awgrym pa bryd y dechreuodd Griffith Williams ddatgan ei fod wedi cyfarfod Hedd Wyn yn y gwersyll hyfforddi, ond noder ei fod yn adrodd y stori flynyddoedd cyn i'r ffilm *Hedd Wyn* ymddangos. Tybiaf fod stori Williams wedi esblygu'n raddol dros y degawdau. Wrth iddo sgwrsio am ei wasanaeth yn y fyddin, tybed a ofynnodd pobl iddo, wrth glywed ei fod wedi gwasanaethu gyda'r RWF, a oedd ef wedi cyfarfod â'r bardd enwog? Efallai, ar ôl ateb yn

Gethin Matthews 249

negyddol am gyfnod, fod disgwyliadau pobl ei fod wedi dod ar draws Hedd Wyn yn golygu bod Williams wedi cyflwyno'r ffaith ei fod wedi gwasanaethu yn yr un gatrawd. Maes o law, fe drodd hyn yn ddatganiad bod y ddau wedi cyfarfod yng ngwersyll hyfforddi Litherland, gan ychwanegu'r manylyn bod y bardd 'yn hoff iawn o fynd am ei lymaid ambell noson i'r cantîn'.[46]

Un peth allweddol i ystyried wrth drafod atgofion yw'r gynulleidfa, ac yng nghyd-destun cyfweliadau ar y teledu mae hyn yn golygu'r holwr yn ogystal â'r gwylwyr gartref. Fel sy'n hysbys i bawb, mae'r modd y gofynnir y cwestiwn yn effeithio'n sylweddol ar yr ateb a roddir, gyda chwestiwn sydd wedi'i eirio i ddisgwyl ymateb negyddol yn debygol o dderbyn ateb negyddol. Felly pan ofynnwyd i'r cyn-filwr Alun Jones o Fethesda ar gyfer y rhaglen *Canrif y Werin* 'Weloch chi bethau ofnadwy, mae'n siwr gen i, yn y *trenches*', mae arwyddion clir am ba fath o ateb a fyddai'n dderbyniol.[47]

Ceir enghreifftiau eraill o ragfarn y presennol yn ymddangos yn y rhaglen hon, fel y sylwadau deifiol am y cadfridogion, a'r ffordd y portreadir Lloyd George fel arwr y dydd.[48] Cyflwynir y ffosydd fel uffern ar y ddaear, lle nad oedd rheolau bywyd gwareiddiedig yn berthnasol. 'Duw ar drai ar orwel pell' yn wir. Meddai Bob Owen: 'Weles i hogiau yn gweddïo am gymorth, wedi cael eu brifo yn y *trenches* – yn gwaeddu am eu mam a phethau felly a neb yn gwneud dim byd â nhw. Weles i neb erioed yn cael atebiad i'w ofynion.'[49] Mae'r lladd yn ddibwrpas ac yn fympwyol: adrodda Owen stori am sut roedd yntau a phump arall yn yr ystafell yn Ramsgate ar y nos Iau cyn croesi'r sianel; ar y dydd Sul fe laddwyd pedwar.[50]

Un cwestiwn hanfodol i'w ofyn i'r cyn-filwyr oedd pam yr oedden nhw wedi ymuno â'r fyddin, pan oedd gwneud hynny mor andwyol i'w bywydau. Yn y fan hon ceir atebion ddegawdau yn ddiweddarach sy'n gwrth-ddweud y dystiolaeth a ddaw o gyfnod y rhyfel. Chwarelwr mewn chwarel wenithfaen oedd Griffith Williams wrth ei alwedigaeth, ond fe aeth i weithio mewn gwaith dur yn Shotton, sir y Fflint, ym mlynyddoedd cynnar y rhyfel. Gan fod ei waith yn ymwneud â chynhyrchu arfau, nid oedd gorfodaeth filwrol yn berthnasol yn ei achos ef, ac felly o'i wirfodd yr ymunodd â'r fyddin yn 1917. Erbyn hynny, nid oedd neb na wyddai am agweddau ciaidd, hunllefus bywyd ar y ffrynt, ond roedd Griffith Williams yn ddigon dewr i'w roi ei hunan mewn perygl. Fodd bynnag, ddegawdau yn ddiweddarach, nid oedd yn gallu cyfiawnhau nac egluro ei benderfyniad. 'Wyddom ni ddim am beth oeddem ni'n cwffio' meddai yn y rhaglen *Y Rhwyg*. Ac eto yn *Canrif y Werin*, 'Wyddom ni ddim byd am beth oeddem ni'n cwffio – doedd gennym ni ddim syniad – dim ond i foddio'r bobl fawr, yndê. Dim yn gwybod am beth oedden ni'n cwffio.' Yr unig eglurhad mae'n ei grybwyll yn y cyfweliad hwn yw ei fod wedi gweld cynifer o ddynion eraill yn mynd fel ei fod yn teimlo'r ddyletswydd i fynd ei hunan.

Ceir llawer mwy o enghreifftiau mewn un rhaglen dra ddiddorol, *Shadows on the Western Front*, a ffilmiwyd yn 1993 gan BBC Wales. Nid oes gair o droslais yn y rhaglen, ond yn hytrach mae'r cynnwys i gyd (ac eithrio nifer fach o gwestiynau) yn dod o enau'r cyn-filwyr, sy'n edrych i fyw llygad y camera wrth adrodd eu straeon. Ymddangosa naw ohonynt, gan gynnwys Bob Owen a Griffith Williams, a'u hoedrannau'n amrywio o 94 i 107 oed. Mae manylion eu straeon yn hynod o nerthol. Disgrifia Harry Hillman y profiad o ddeffro gyda llygod ffyrnig yn cnoi ei glustiau; hefyd y teimlad o gael llond ysgyfaint o nwy, a gweld dynion mewn poen annioddefol yn ymbil am gael eu lladd. Rhydd Ivor Watkins ei hanes yn cael ei ddallu gan y nwy gwenwynig. Mae Hillman a Fred Wall yn adrodd straeon am ladd milwyr Almaenig a oedd wedi ildio. Dywed George Richards ar ôl ei frwydr gyntaf ei fod wedi gweld milwr Prydeinig a milwr o'r Almaen wedi lladd ei gilydd gyda bidog ar yr un eiliad. Edrydd Bob Owen unwaith eto ei stori am bedwar cyfaill yn cael eu lladd ddeuddydd ar ôl croesi'r sianel; disgrifia weld ei gyfaill yn cael llond ei fol o fwledi gan beirianddryll, ac 28 o'i gymrodyr yn cael eu lladd mewn amrantiad gan siel.

Fodd bynnag, er gwaethaf cryfder emosiynol cynnwys y rhaglen, mae'r fformat yn sicrhau nad oes cyd-destun i'r holl frwydro. Ni chynigir unrhyw rheswm pam y gwnaeth y dynion hyn ymladd: yn ôl Harry Hillman, 'we wanted to fight the Germans – that was the main thing, to get at the Germans – I don't know why'. Felly'r unig gasgliad y gall y gwylwyr ei dynnu yw bod y cyfan yn ddibwrpas ac yn ofer.

Mewn un darn, sydd yn hoelio sylw'r gwyliwr, mae'r hynafgwr parchus Griffith Williams yn ymgynhyrfu a mynd yn fwyfwy anesmwyth wrth geisio egluro a chyfiawnhau yn ei ail iaith y broses o ladd ei gyd-ddyn:

> Well, I gotto kill – I gotto kill – our officers behind us 'if you won't do it, you'll get it yourself' and I gotto kill you see – I don't know how many a lot, a lot, a lot for three hours. Yes indeed. I killed a lot. I gotto do it. I gotto be a murderer.

Mae'r dehongliad a gynigir gan y rhaglen hon, a chan raglenni eraill megis *Canrif y Werin* sy'n dibynnu'n helaeth ar atgofion hynafgwyr, yn tynnu ffrynt y gorllewin allan o'i gyd-destun hanesyddol. Efallai yn hynny o beth ein bod yn gweld dylanwad syniadau Paul Fussell a'i lyfr heriol *The Great War and Modern Memory*.[51] I Fussell, roedd anferthedd y rhyfel, ac yn enwedig anferthedd y ffolineb a'r gwastraff ar ffrynt y gorllewin, yn golygu nad oedd yn bosibl amgyffred a deall y cyfanrwydd. Felly i Fussell a'i ddilynwyr, roedd ffrynt y gorllewin yn 'a uniquely unhistorical event', y tu allan i amser a rheolau sefydlog y byd.[52] Roedd y cyfan yn 'dir neb', a'r ffin rhwng bywyd a marwolaeth yn teneuo wrth i'r ffin rhwng ymddygiad gwâr ac ymddygiad bwystfilaidd ddiflannu. Meddai Bob Owen, 'Oedden nhw'n saethu'r hogiau wyddoch chi yn ddeunaw oed am ofn mynd dros y top': nid oedd bywyd yn werth dim byd yn y fath uffern o le.[53]

Dyma'r cyd-destun ar gyfer stori Griffith Williams am farwolaeth Tom Owen, a ffawd yn ei ddewis ef i farw eiliad wedi iddo ddatgan ei fod am fyw.[54] Nid oedd pwrpas i'r lladd: lladd er mwyn lladd oedd hi. Yn ôl Fussell, lladdwyd 8 miliwn o bobl oherwydd i ddau berson gael eu saethu; yn ôl *Canrif y Werin*, dim ond 'un bwled daniodd y Rhyfel Mawr', sef yr hwn a laddodd yr Archddug Franz Ferdinand.[55] Felly mae'r anghydbwysedd rhwng achos y rhyfel a'r canlyniadau yn drasig ac yn eironig.

Mae pwysleisio'r agweddau creulon, mympwyol hyn yn cryfhau'r casgliad anochel bod y cyfan yn ofer ac yn wastraff. Disgrifia Bob Owen gyrraedd Mons y diwrnod cyn y cadoediad, a gweld llwyth o drigolion y dref 'wedi cael eu lladd gan ein gynnau ni'. Onid yw hyn yn adlais o ddamcaniaeth sylfaenol Fussell: 'the Great War was more ironic than any before or since'?[56] Cywair y cyfan yw tristwch uwchben tristwch ac eironi mileinig.

Wedi nodi'r peryglon a'r problemau sydd ynghlwm wrth y defnydd o gyfweliadau â chyn-filwyr mewn rhaglenni teledu, mae'n werth pwysleisio unwaith eto bod gwerth iddynt. Er na allwn dderbyn pob manylyn o ddisgrifiad Bob Owen o'i amser yn y ffosydd, fel cyfanwaith mae ei ddisgrifiad o'i brofiadau yn hynod o emosiynol ac effeithiol. Dyma ddatganiad o ddadrithiad llwyr â'r rhyfel a phopeth a oedd ynghlwm wrtho, gan un sydd â hawl i fynnu gwrandawiad. Er bod dylanwadau allanol wedi gadael eu hôl ar straeon Griffith Williams, mae'r emosiwn y mae'n ei rannu yn ei atgofion yn siarad cyfrolau, ac mae nifer o'i ddatganiadau yn taro deuddeg. Wrth geisio cloriannu effaith eu profiadau andwyol arno ef a'i gyd-filwyr, fe noda: 'a wedi bod trwy'r rhyfel a dod adre, roeddem ni'n dod adre'n wahanol – doeddem ni ddim yr un bobl yn dod adre, y rhai ddaeth adre'n fyw yndê'.[57] Dyma dystiolaeth unwaith eto o'r gagendor rhwng 'cyn 1914' ac 'wedi 1918'.

Cynigaf enghraifft arall o dystiolaeth llygad-dyst, sydd yn rhydd o gyfyngderau amgylchedd y cyfweliad ffurfiol o flaen y camerâu teledu. Hanner canrif wedi dydd y cadoediad, ar 11 Tachwedd 1968, fe ddarlledwyd eitem sylweddol, dros 12 munud o hyd, ar raglen *Heddiw* (BBC Cymru) gydag Ifan Gruffydd yn dychwelyd i'r ffosydd yng nghwmni'r cyflwynydd Mary William. A dweud y gwir, gwrando wnaeth hithau gan mwyaf, gan adael i Gruffydd egluro manion bywyd y milwyr heb ymyrryd yn ei siarad. Felly mae yntau'n cael rhwydd hynt i ddisgrifio peryglon eu bywydau, wrth sôn am siels y gelyn, y llygod mawr a'r llau melltigedig. Mae'n cynnwys stori led-ddoniol am Dafydd o Ddolgellau yn dod ar draws Almaenwyr yn annisgwyl, a stori dorcalonnus o drist am fwled sneiper yn targedu Seth Thomas, 18 oed o Gaergybi.[58]

Yn wir, dyma dystiolaeth nerthol, angerddol am realiti bywyd y milwyr yn 1914–18. Yn wahanol iawn i berfformiad Gruffydd yn y stiwdio deledu yn 1964, dyma gyflwyniad o'i brofiadau sydd yn taro deuddeg. Hwyrach bod y ffaith fod ganddo fwy o amser i ddatblygu ei straeon o gymorth, ond efallai mai'r prif reswm pam y mae hwn yn dal ei afael ar y gwylwyr yw'r ffaith fod Gruffydd yn ôl yn y ffosydd yn gorfforol, a hyn yn amlwg yn sbarduno atgofion y mae yntau eisiau eu rhannu. Tybed a fedrwn ni ddweud mai i faes 'hanes cyhoeddus' y mae cyfweliad 1964 yn perthyn? Hynny yw, nid stori bersonol Gruffydd a gafwyd bryd hynny, ond cynnyrch a oedd wedi'i becynnu i gyd-fynd â disgwyliadau'r cynhyrchwyr a'r gynulleidfa a oedd yn bwydo ar y disgwrs cyhoeddus parthed y rhyfel. I'r gwrthwyneb, yn 1968 gyda symbyliad y fan a'r lle yn atgyfnerthu ei atgofion, roedd perfformiad Gruffydd gymaint yn fwy dilys a phwerus. Yn fy marn i, dyma'r 'gwirionedd': dyma'r hanes personol go iawn.

Felly mae atyniad amlwg gan y cyfweliadau hyn i'r cynhyrchwyr oherwydd eu grym a'u hapêl emosiynol i ni'r gwylwyr. Mae presenoldeb y dynion ar y sgrîn yn hoelio ein sylw: mae'n wefreiddiol clywed gŵr yn disgrifio profiadau dwys a ddigwyddodd ganrif yn ôl. Ond er gwaethaf hyn, ni ellir derbyn y dystiolaeth yn ddiamod. Nid edrychai'r goroeswyr ar y byd yn yr un ffordd fel hen ddynion ag y gwnaethant pan yn ddynion ifainc: roedd gormod o ddylanwadau wedi pwyso arnynt yn y degawdau canlynol iddynt allu cynnig fersiwn anllygredig o'u teimladau ar y pryd. Felly, fel y dywed Hew Strachan, 'such testimony can create not an immediacy but a distance between us and the First World War'.[59]

Fel y mae Emma Hanna wedi dadlau, yn y Brydain gyfoes mae cynhyrchu a gwylio rhaglenni teledu am y Rhyfel Mawr yn ddefod er coffáu a galaru am y dynion a syrthiodd. Cofebau yw'r rhaglenni, gyda'r bwriad o sicrhau nad yw'r aberth a'r erchyllterau'n mynd yn angof.[60] Un o arfau grymusaf y cynhyrchwyr yn y genhadaeth hon yw geiriau'r cynfilwyr eu hunain. Ein greddf ni fel cynulleidfa yw derbyn yn ddigwestiwn eu datganiadau fel 'y gwirionedd'. Pwysleisaf y dylem wrando ar eu lleisiau a pharchu eu neges. Ond mae'n rhaid i ni hefyd fod yn ymwybodol mai rhywbeth llithrig a bregus yw'r cof dynol.

Nodiadau

1. Jeremy Black, *Using History* (Llundain: Hodder Arnold, 2005), t. 1.
2. Faye Sayer, *Public History: A Practical Guide* (Llundain: Bloomsbury Academic, 2015), tt. 7–9.
3. Angela Gaffney, '"A National Valhalla for Wales": D. A. Thomas and the Welsh Historical Sculpture Scheme, 1910–1916', *Trafodion Anrhydeddus Gymdeithas y Cymmrodorion*, cyfres newydd, 5 (1999), 131–44.
4. Gweler R. Rees Davies, *Owain Glyn Dŵr: Hanes a Chof Gwlad* (Caerdydd: Prifysgol Cymru, 1995).
5. Ar gyfer Owen Rhoscomyl (Robert Scourfield Mills), gweler John Ellis, 'Making Owen Rhoscomyl (1863–1919): Biography, Welsh Identity and the British World', *Cylchgrawn Hanes Cymru*, 26, 3 (Gorffennaf 2013), 482–511.
6. Davies, *Owain Glyn Dŵr*, tt. 2–3.
7. Gweler, er enghraifft, sylw T. Senni Davies, 'From the Trenches', *Brecon & Radnor Express*, 20 Ionawr 1916, 6: 'who has not heard of Picton at Waterloo'.
8. *http://www.cardiffcityhall.com/cy/cardiff_city_hall_guide.pdf* (cyrchwyd Mai 2015).
9. Am enghreifftiau o gofebau rhyfel sy'n portreadu milwyr, gweler Alan Borg, *War Memorials from Antiquity to the Present* (Llundain: Leo Cooper, 1991), tt. 108–15; am erthygl sydd yn ystyried cyfres deledu 1964, *The Great War*, fel cofeb fawreddog i'r milwyr, gweler Emma Hanna, 'A small screen alternative to stone and bronze: The Great War series and British Television', *European Journal of Cultural Studies*, 10, 89 (2007), 89–111.
10. Black, Using History, t. 2.
11. Jerome de Groot, *Consuming History: historians and heritage in contemporary popular culture* (Abingdon, New York: Routledge, 2008), tt. 150–2.
12. Gweler, er enghraifft, Jonathan Wolff, 'Nobody wants their research impact to be graded "considerable" in the REF', *The Guardian*, 28 Hydref 2013.
13. Hwyrach mai'r enghraifft ddelfrydol o hyn yn y cyd-destun Cymreig oedd cyfraniadau dysgedig, brwdfrydig a lliwgar y diweddar Dr John Davies at nifer fawr o raglenni teledu. Gweler y teyrngedau iddo, er enghraifft 'Yr hanesydd John Davies wedi marw', *http://www.golwg360.com/newyddion/cymru/177877-yr-hanesydd-john-davies-wedi-marw* (cyrchwyd Ebrill 2015).

14. Robert Dillon, *History on British Television: Constructing Nation, Nationality and Collective Memory* (Manchester: University of Manchester Press, 2010), t. 4.
15. John Davies, *Broadcasting and the BBC in Wales* (Caerdydd: University of Wales, 1994), t. ix.
16. Black, *Using History*, tt. 7–8. Y gweithiau sylfaenol ar gyfer y dehongliad hwn o greu hunaniaeth genedlaethol yw Benedict Anderson ac Eric Hobsbawm.
17. Stephen Badsey, 'The Great War since The Great War', *Historical Journal of Film, Radio and Television*, 22, 1 (2002), 37–45, 40.
18. Gweler, er enghraifft, y dadansoddiad o'r ymateb i'r rhaglen *Haig: the Unknown Soldier* (BBC, 1996) yn Emma Hanna, *The Great War on the Small Screen: Representing the First World War in Contemporary Britain* (Edinburgh: Edinburgh University Press, 2009), tt. 94–6, Dan Todman, *The Great War: Myth and Memory* (Llundain: Hambledon Continuum, 2007), tt. 117–18.
19. Black, *Using History*, t. 9.
20. Penny Summerfield a Corinna Peniston-Bird, *Contesting Home Defence: Men, Women, and the Home Guard in the Second World War* (Manceinion: Manchester University Press, 2007), tt. 207–8.
21. Vincent Andrew Trott, 'Remembering War, Resisting Myth: Veteran Autobiographies and the Great War in the Twenty-first Century', *Journal of War and Culture Studies*, 6, 4 (Tachwedd 2013), 328–42.
22. Todman, The Great War, t. 185.
23. Alistair Thomson, 'ANZAC Memories: Putting popular memory theory into practice in Australia', yn Robert Perks ac Alistair Thomson (goln), *The Oral History Reader* (2il arg.; New York: Routledge, 2006), tt. 244–54, 245.
24. Summerfield a Peniston-Bird, *Contesting Home Defence*, t. 208.
25. Hew Strachan a Jonathan Lewis, 'Filming the First World War', *History Today*, 53, 10 (hydref 2003), 21.
26. *Shadows on the Western Front* (BBC Wales, 1994).
27. Nid oes ddwywaith mai Ifan Gruffydd yw'r 'E J Griffiths' o Langristiolus y nodir ei fod wedi ymuno â'r fyddin yn *Y Clorianydd*, 'Dewrion Mon', 30 Medi 1914, 4.
28. Ifan Gruffydd, *Gŵr o Baradwys* (Dinbych: Gwasg Gee, 1963). Ail gyfrol ei fywgraffiad oedd *Tân yn y Siambar* (Dinbych: Gwasg Gee, 1966); hefyd ceir gwerthfawrogiad o fywyd Gruffydd yn y gyfrol a gyhoeddwyd wedi ei farwolaeth, *Cribinion* (Dinbych: Gwasg Gee, 1971). Mae cofnod iddo yn *Y Bywgraffiad Cymreig* ar-lein: http://yba.llgc.org.uk/cy/c6-GRUF-IFA-1896.html (cyrchwyd Mai 2015).
29. Mae'n disgrifio ei gyfnod yn y fyddin o d. 116 i d. 149.
30. Gruffydd, *Gŵr o Baradwys*, t. 119. Sonia am wneud '[b]lyndar dychrynllyd arall' ar d. 121. Gerwyn Wiliams, *Tir Neb: Rhyddiaith Gymraeg a'r Rhyfel Byd Cyntaf* (Caerdydd: Gwasg Prifysgol Cymru, 1996), tt. 212–16.
31. Gruffydd, *Gŵr o Baradwys*, t. 122.
32. Gruffydd, *Gŵr o Baradwys*, t. 137: ysgrifennodd 'Onid rhywbeth cwislingaidd

Gethin Matthews   255

wedi'r cwbl oedd cymryd swydd ym myddin y Sais.' Noder bod Gruffydd yn gefnogwr brwd o Gwynfor Evans a Phlaid Cymru. Yn ôl Derec Llwyd Morgan fe welir wyneb Gruffydd yn glir yn y llun enwog o Gwynfor Evans yn cael ei hebrwng i Dŷ'r Cyffredin gan ei gefnogwyr yn 1966 (*Cribinion*, t. 12).
33. Gruffydd, *Tân yn y Siambar*, t. 49.
34. Cyfrannwr arall yn y rhaglen oedd yr Archdderwydd Cynan, a oedd wedi gwasanaethu fel caplan ar ffrynt y gorllewin. Fodd bynnag, ni soniodd am hyn yn ei gyfweliad, wrth iddo ganolbwyntio ar fanylion ei wasanaeth gydag uned Gymreig yr RAMC.
35. Gwybodaeth o gerdyn Pte Evan J. Griffith, 5831 RWF, yng nghasgliad British Army Medal Rolls Index Cards (ar gael trwy *www.ancestry.co.uk* (cyrchwyd Mai 2015)) ac Gruffydd, *Gŵr o Baradwys*, t. 137. Rwy'n ddyledus i'r Parch. Clive Hughes am ei gymorth i ddod o hyd i gofnodion milwrol Gruffydd.
36. Gethin Matthews, '"Sŵn yr ymladd ar ein clyw": Cyflwyno'r Rhyfel Mawr yn y Gymraeg', *Gwerddon*, 10, 11 (Awst 2012), 132–57, 143–6.
37. Yn ôl y gwaith papur meddygol (ar gyfer Pte Griffith R. Williams, 69188 RWF, sydd ar gael ar *www.ancestry.co.uk*), 'general Service wound' ydoedd i'w fys bawd: fe'i triniwyd gan yr orsaf feddygol ac fe'i rhoddwyd ar long y diwrnod canlynol i fynd i ysbyty yn Lloegr. Roedd mewn ysbyty yng Nghaer o 19 Ebrill tan 18 Medi, ac fe'i rhyddhawyd o'r fyddin oherwydd ei gyflwr ar 29 Hydref 1918.
38. Fe ddaeth yr ymadrodd 'Lions led by Donkeys' i amlygrwydd yn dilyn cyhoeddi llyfr Alan Clark, *The Donkeys: A History of the British Expeditionary Force in 1915* (Llundain: Hutchinson, 1961). Mae amheuaeth fawr dros darddiad yr ymadrodd: awgrymir bod Clark ei hunan wedi ei ddyfeisio.
39. Gweler sylwadau negyddol Bob Owen am yr uwch-swyddogion yn Matthews, 'Sŵn yr ymladd ar ein clyw', 148.
40. *Clasuron Hel Straeon* (rhifyn 59, darlledwyd gyntaf Ionawr 2000), tua 3'30 i mewn i'r rhaglen. Gweler hefyd Griffith Williams, *Cofio Canrif* (Caernarfon: Gwasg Gwynedd, 1990), tt. 54–5.
41. Roedd angen tîm o dri i fwydo a gweithredu'r dryll Lewis, a oedd yn gallu saethu hyd at 500–600 o fwledi bob munud. Gweler *Y Rhwyg*, 18'00 i mewn i ran 2.
42. Williams, *Cofio Canrif*, t. 66. Hefyd, *Y Rhwyg*, 18'30 i mewn i ran 2; *Canrif y Werin*, rhaglen 2: 'Y Rhyfel Mawr', tua 9'40 i mewn i'r rhaglen.
43. Pte Thomas Owen, 33098 RWF. Gweler ei enw ar gofeb rhyfel Niwbwrch.
44. Pte John Rowland Richards, 75545 RWF. Ar gyfer ei ysgrif goffa, gweler *Blwyddiadur y Methodistiaid Calfinaidd*, 1955, t. 250.
45. Am fanylion yr honiadau am Eamon de Valera, gweler Williams, *Cofio Canrif*, tt. 53–5; ei gyfweliad i raglen *Hel Straeon*, Mehefin 1988, a'm herthygl 'Sŵn yr ymladd ar ein clyw', 146. Ysgrifennodd Williams ei hun ei fod wedi gwasanaethu yn Lloegr am naw mis ac yn Ffrainc am un mis cyn cael anaf: 'Statement by a soldier concerning his own case', a arwyddwyd ar 23 Hydref 1918 (dogfennau ar gael ar-lein trwy *www.ancestry.co.uk*).

46. Williams, *Cofio Canrif*, t. 51; dyfynnwyd y darn hwn o wybodaeth gan Alan Llwyd yn *Gwae Fi Fy Myw: Cofiant Hedd Wyn* (Felindre, Abertawe: Barddas, 1991), t. 212.
47. *Canrif y Werin*, rhaglen 2: 'Y Rhyfel Mawr' (S4C, 2000), tua 9'50 i mewn i'r rhaglen.
48. Matthews, 'Sŵn yr ymladd ar ein clyw', 148.
49. *Canrif y Werin*, rhaglen 2: 'Y Rhyfel Mawr', tua 8'40 i mewn i'r ail ran.
50. *Canrif y Werin*, rhaglen 2: 'Y Rhyfel Mawr', tua 14'20 i mewn i'r rhaglen.
51. Paul Fussell, *The Great War and Modern Memory* (Llundain: Oxford University Press, 1975).
52. Stephen Badsey, 'Blackadder Goes Forth and the "Two Western Fronts' Debate"', yn Graham Roberts a Philip M. Taylor (goln), *The Historian, Television and Television History* (Luton: Luton University Press, 2001), tt. 113–26, 117. Hefyd, gweler Brian Bond, *The Unquiet Western Front: Britain's Role in Literature and History* (Caergrawnt: Cambridge University Press, 2002), t. 76.
53. *Canrif y Werin*, rhaglen 2: 'Y Rhyfel Mawr', tua 10'20 i mewn i'r rhaglen.
54. Gweler t. 249.
55. Fussell, *The Great War and Modern Memory*, tt. 7–8; *Canrif y Werin*, rhaglen 2: 'Y Rhyfel Mawr', tua 1'48 i mewn i'r rhaglen.
56. Fussell, *The Great War and Modern Memory*, t. 8.
57. *Y Rhwyg*, tua 24'30 i mewn i'r ail ran.
58. Ganwyd Seth Thomas yng Nghaergybi ar 13 Ionawr 1897, ac fe ymunodd â'r RWF ar 31 Awst 1914, gan honni ei fod yn ddwy flynedd yn hŷn na'i 17 o flynyddoedd. Ar ôl iddo fod yn y fyddin am 340 o ddiwrnodau fe gyrhaeddodd y ffosydd, ger Laventie; pum niwrnod yn ddiweddarach fe'i lladdwyd. Rwy'n ddiolchgar i'r Parch. Clive Hughes ac Aled L. Jones am y wybodaeth. Cyfeiria Gruffydd at Seth Thomas a'i farwolaeth yn *Tân yn y Siambar*, tt. 45–7.
59. Hew Strachan, *The First World War: A New Illustrated History* (Llundain: Simon & Schuster, 2003), tt. xv–xvi.
60. Hanna, 'A small screen alternative to stone and bronze', 108.

13

'Buddugoliaeth'/Dadrithio/Creithiau

Gethin Matthews

> 'Dyma'r Armagedon fawr drosodd'
> Henry Radcliffe, Tachwedd 1918

> 'Marw dros ei Wlad – Dydd Iau daeth newydd trist o Ffrainc fod un eto o fechgyn ieuainc cymeradwy ein hardal wedi syrthio yn aberth ar allor gwasanaeth ei wlad, sef Private Owen Arthur Jones'
> Ysgrif goffa yn *Y Dinesydd Cymreig*, 13 Tachwedd 1918

> Ohonom nid oes un yn awr, –
> Aeth bidog drwy y galon lân,
> Mae'r ffosydd dros y dewrder mawr,
> Mae'r bwled wedi tewi'r gân
> W. J. Gruffydd, 'Yr Ieuainc wrth yr Hen'

Ym mis Tachwedd 1918 fe ddathlodd y rhan fwyaf o'r Cymry 'fuddugoliaeth'. Mae'r adroddiadau yn y papurau newydd yn llawn manylion am gymunedau yn gorfoleddu mewn llawenydd. O'r diwedd, roedd rhyddhad o'r gwewyr a'r ofnau di-dor. Gallwn ddweud i sicrwydd hefyd fod y mwyafrif wedi dathlu 'buddugoliaeth' ym mis Mehefin 1919 pan lofnodwyd Cytundeb Versailles. Yna, dros y blynyddoedd a'r degawdau canlynol fe ddaeth y dadrithio. Proses oedd dadrithio, nid rhywbeth a ddaeth megis taranfollt i agor llygaid y Cymry i'r addewidion gwag a'r twyllo. Ni ddigwyddodd yn unffurf ar draws Cymru chwaith, gyda gwahaniaethau rhwng ardaloedd, rhwng dosbarthiad cymdeithasol a rhwng cenedlaethau. Wrth reswm, fe allai unigolion a theuluoedd a brofodd galedi a galar yn 1914-18 ddod i'r casgliad bod yr ymdrech yn ofer yn gynt na rhai nad effeithiwyd cymaint arnynt gan yr ymladd.

Fodd bynnag, mae'n rhaid pwysleisio mai yn y dyfodol y byddai'r dadrithio i fwyafrif llethol y Cymry ym mis Tachwedd 1918. Yn y man cawn ystyried safbwynt y lleiafrif, ond yn gyntaf, edrychwn ar y dystiolaeth a awgryma gryfder y farn gyhoeddus a barhaodd i weld y rhyfel fel gornest gyfiawn.

Yn ei ddadansoddiad ef o'r sefyllfa i gynulleidfa capel Salem, Treganna, a gyhoeddwyd ddeuddydd wedi'r cadoediad, fe drawodd Henry Radcliffe yr un nodau ag ysgrifau O. M. Edwards ar hyd y rhyfel. Yn wir fe allai rhai o'i ddatganiadau berthyn i Awst a Medi 1914: 'Pe buasai'r Almaeniaid wedi concro buasai'r wlad hon mewn caethiwed annioddefol am oesoedd lawer. Yr oedd y cadwynau wedi eu ffurfio'n barod ganddynt.' Ystyriai Radcliffe y cyfan fel proses annymunol ond angenrheidiol i lanhau'r genedl. 'A rhaid oedd i ninnau ddioddef a chymeryd ein disgyblu a'n puro fel hen genedl Israel gynt.' Beirniadwyd y Caiser am ei greulondeb ac felly hefyd 'y Twrc annynol' am iddynt ladd 750,000 o Armeniaid. Fodd bynnag, gyda '[Ch]ymro glân' bellach yn Brif Weinidog, y gobaith oedd y byddai Prydain a'r Unol Daleithiau yn gallu arwain y byd 'ar hyd llwybrau cyfiawnder'.[1]

Roedd papurau newydd Cymru â'r ddyletswydd drist o gofnodi nifer fawr o farwolaethau milwyr yn wythnosau olaf yr ymladd, ond mae'r iaith a ddefnyddir i'w mawrygu yn gyson â 'iaith 1914'. 'Aberth'; 'allor gwasanaeth ei wlad'; 'gwron'; 'arwr'; 'dyletswydd' – nid oes cwyno cyhoeddus am oferedd y marwolaethau yn nyddiau olaf yr ymladd ar ffrynt y gorllewin. Yna, pan ddaeth y newyddion am y cadoediad, fe'i croesawyd gyda chyfres o ddigwyddiadau llawen digymell ar hyd a lled Cymru. Mynegodd y trigolion ryddhad bod y cyfan drosodd a hefyd falchder yn y rhan a gymerodd eu cymunedau hwythau yn yr ymgyrch.

Do, fe lwyddodd y rhan fwyaf o Gymry i ddathlu'r 'fuddugoliaeth'. Yr un a fanteisiodd fwyaf ar y don o orfoledd oedd y Prif Weinidog. Tridiau wedi'r cadoediad cyhoeddodd Lloyd George y byddai Etholiad Cyffredinol, ac nid oedd amheuaeth am ei fuddugoliaeth yn yr ornest hon yng Nghymru. Rhoddodd papurau newydd Cymru eu barn mewn erthyglau â theitlau megis 'Mr Lloyd George am Fynnu Prydain Well' a 'Dyledswydd Cymru tuag at Mr. Lloyd George'; ysgrifennodd gohebydd at *Y Gwyliedydd Newydd*, 'Yr wyf yn edrych ar Lloyd George fel dyn wedi ei godi gan Dduw ar gyfer yr argyfwng mwyaf fu yn hanes y byd er dyddiau y Croeshoeliad.'[2] Fe'i danfonwyd yntau i'r Gynhadledd Heddwch â chanmoliaeth ormodieithol ei gyd-wladwyr yn atseinio yn ei glustiau. Mynegodd colofn olygyddol *Y Cymro*'r farn mai'r 'unig wleidyddwr sydd yn debyg o ddwyn adref yr ysbail drwy y Gynhadledd Heddwch yw Mr Lloyd George'.[3] Yna, pan ddaeth y cytundeb, a'r gelynion yn cael eu darostwng wrth i'r buddugwyr eu gorfodi i dderbyn y gosb am eu gweithredoedd, cafwyd mwy o loddesta a gorfoledd yng Nghymru.[4]

Yn y misoedd hyn, pan oedd gweinyddiaeth Lloyd George ar fis mêl estynedig, ac arweinwyr cymdeithasol Cymru'n ceisio dychwelyd i ryw fath o 'normalrwydd', testun cyffredin iawn ar gyfer eisteddfodau Cymru oedd 'Dychweliad y Milwr' neu 'Ddychweliad y Milwyr'. Wrth astudio cyfres o'r pryddestau a gyhoeddwyd ym mhapurau newydd Cymru, fe ddaw'n amlwg bod y beirdd yn ceisio portreadu'r dynion yn dod yn ôl o'u profedigaeth i'r 'Gymru Wen' roedden nhw wedi'i gadael. Ysgrifennodd T. R. Jones o Lansannan, 'Daeth ein gwroniaid o'r difäol dân | Adref, a bywyd i Gymru lân.' Hefyd, mae'n amlwg bod y beirdd hyn ynghlwm wrth y cywair a dra-arglwyddiaethai ym marddoniaeth 1914 i 1918. Dychmyga Gwilym Seiriol, Brynsiencyn, y milwr yn 'Dychwelyd yn llawen, yn ysbryd y gwron, | Ar ôl diogelu gwiw Ryddid ei wlad', ac mae 'iaith 1914' yn parhau:

> Mae'n dychwel drwy ferw y dorf yn orlonol,
> Tra gelyn ei famwlad yn sarn o dan draed,
> Ac Iawnder a Rhyddid i oesau dyfodol
> Ennillodd, er colli rhudd-ddafnau ei waed.

Clywir atseiniau hefyd o rethreg recriwtwyr 1914 yn eu geiriau: yn ôl J. Jones o Ffarmers, 'Yn ysbryd "Llywelyn" gorchfygaist yr Ellmyn, | Daeth rhyddid i'r werin, ffy gormes o'r tir.'[5]

Gallwn ddyfalu mai rhai na fu'n agos at faes y frwydr oedd y beirdd hyn. Hawdd fyddai adleisio beirniadaeth Tecwyn Lloyd arnynt, fel rhai heb ddirnadaeth o 'wirionedd' y rhyfel.[6] Fodd bynnag, ysgrifenasai ambell filwr a oedd wedi dychwelyd yn yr un cywair. Efallai ei bod yn syndod i ddarganfod bod Ifan Gruffydd yn un ohonynt. Ar ôl mwynhau gwledd a roddwyd i filwyr dychweledig Llangristiolus ysgrifennodd Ifan Gruffydd benillion sy'n gorffen 'A chofier am golofn i ddewrion y gad | Sy dan y dywarchen ymhell o'u hen wlad.'[7]

Fodd bynnag, gwyddom yn iawn gydag ôl-ddoethineb nad yr un wlad oedd Cymru 'wedi 1918' ag oedd hi 'cyn 1914'. Nid yr un dynion oedd y dychweledigion â'r rhai a aeth i ryfel. Ystyrier yr hyn a ddigwyddodd yn nathliadau Pontardawe ar 'Ddiwrnod Dathlu Heddwch', 19 Gorffennaf

1919, y diwrnod y daeth cymunedau ar draws y deyrnas at ei gilydd i ymfalchïo bod Cytundeb Versailles wedi'i lofnodi a'r cyfan drosodd. Ar y platfform ym maes chwarae'r dref roedd cynulliad o bwysigion y cylch, ac yn eu plith roedd y Parch. Llewelyn Boyer, gweinidog Dan-y-Graig, a fu'n ymgyrchydd brwd dros heddwch yn ystod y rhyfel. Achosodd ei bresenoldeb ymhlith y breintiedig anfodlonrwydd i nifer o gyn-filwyr, a aeth i fyny ato a gofyn iddo â chryn bendantrwydd i ymadael â'r lle. Gwrthododd Boyer symud ar y cychwyn, ond nid ildiodd y cyn-filwyr a bu'n rhaid iddo adael ei sedd ymhlith y gwahoddedigion. A fedr unrhyw un ddychmygu gweinidog yn cael ei fychanu yn gyhoeddus yn y fath fodd yng Nghymru 'cyn 1914'?[8]

Agwedd arall a welir yn glir wrth ddarllen yr adroddiadau am y diwrnod arbennig hwn yw nad oedd mynegiant cyhoeddus o ddadrithiad oherwydd cost ddynol y rhyfel. Nid dim ond y cyn-filwyr ym Mhontardawe a oedd yn mynnu bod hon wedi bod yn frwydr deilwng. Gweler ysgrif olygyddol *Y Clorianydd*:

> Gallwn yn awr alw i gof, gyda chydwybod dawel, ddechreu'r rhyfel fawr. Yr oedd llwybr yn agored inni i'w hosgoi – a gwadu'n anrhydedd – ond buasem yn lled fuan wedi gweld Ffrainc dan draed, a Germani'n allu cryfach nag erioed yn paratoi i ymosod ar Brydain er ei darostwng – ei hen uchelgais. Er ein clod, nid llwybr gwaradwydd a thrychineb gymerasom, a thrwy bum' mlynedd o boen a phryder ac o aberth enillodd Prydain y fuddugoliaeth a dethlid ddydd Sadwrn.[9]

Nid anghofiwyd am y meirw – i'r gwrthwyneb, cydnabuwyd eu 'haberth' ar lwyfannau 'Diwrnod Dathlu Heddwch', ac yn nhudalennau'r papurau newydd. Yn yr un rhifyn o'r *Clorianydd* cyhoeddwyd penillion gan S. P. Jones o Rostrehwfa i '[f]lechgyn cu' y pentref na ddeuai fyth yn ôl.

> I arwyr bro fy mebyd
> Boed bythol glod a bri,
> Am roddi eu bywydau'n rhad
> I gadw'n bywyd ni;
> Ac wrth groesawu heddwch
> Yn ôl mewn gwlad a thref,
> Wel, cofied pawb ym miri'r dydd,
> Mai beddau Ffrainc wnaeth Gymru'n rhydd,
> A'r byd yn nes i'r Nef.[10]

Hyd yn oed o enau'r sawl a oedd â'r rhesymau mwyaf dwys i amau gwerth y rhyfel, sef y rhai a oedd wedi colli anwyliaid, cafwyd tipyn o 'iaith 1914' i geisio gwneud synnwyr o'u colled a'i gweld fel rhan annatod o'r ymgyrch angenrheidiol. Bu farw Tom Davies, Glanaman, yn Ffrainc ar 4 Tachwedd 1918. Yn y garden er cof amdano, mae'r darn o farddoniaeth yn datgan 'Bu farw yn filwr di-ymwad, / Yn aberth dros ryddid a gwlad.'[11] Ysgrifenasai Elizabeth Rees o Aberteifi nifer o gerddi yn ystod y rhyfel i'w brawd, Lemuel Thomas Rees. Bu yntau farw o'i glwyfau ddeuddydd wedi'r cadoediad, ac fe ysgrifennodd hithau gerddi iddo ar 13 Tachwedd yn y blynyddoedd canlynol. Un o linellau o ddarn 1919 yw 'Ymladdodd fel gwron dros ryddid ei wlad.'[12]

6. Cerdyn coffa Lemuel Thomas Rees

Wedi'r diwrnod arbennig a glustnodwyd ar gyfer dathlu heddwch, roedd nifer fawr o weithgareddau ledled Cymru i groesawu milwyr yn ôl. Mae tudalennau'r papurau enwadol yn 1919 yn frith o adroddiadau am seremonïau i ddadorchuddio cofebion capeli i'r 'dewrion' a aeth i'r rhyfel, yn amlach na pheidio gyda the parti a chyflwyniadau i'r dynion. Mae cywair y 'rhestrau anrhydedd' hyn yn tueddu i adleisio 'iaith 1914': 'Cofres y Gwroniaid'; 'Dros Ryddid a Chyfiawnder'; 'Cofeb Eglwys Jerusalem, Ton, o Barch, Edmygedd a Chlod i'w Gwyr Ieuainc a Aberthodd eu Bywyd yn y Rhyfel Fawr'.[13]

Ac eto, nid oes raid chwilota trwy lawer o bapurau newydd Cymru cyn dod o hyd i ddatganiadau o anfodlonrwydd sydd yn awgrymu fod y broses o ddadrithio ar gychwyn. Darn grymus a digyfaddawd o farddoniaeth yw 'Yr Ieuainc wrth yr Hen' gan W. J. Gruffydd: honnodd iddo ysgrifennu'r gerdd hon ar ddydd y cadoediad ac fe'i cyhoeddwyd yn wreiddiol yn *Welsh Outlook* Chwefror 1919. Fodd bynnag, optimistiaeth a ffydd y byddai'r trafodaethau heddwch yn esgor ar fyd gwell yw cywair llywodraethol erthyglau golygyddol y cyhoeddiad hwn ym misoedd cynnar 1919. Ymylol oedd y rhai a wrthwynebai broses Versailles a pholisïau'r llywodraeth yn 1919 mewn gwirionedd, ond yn eu plith roedd nifer o leisiau cadarn. Mae bywgraffiad y Prifathro Thomas Rees yn canmol 'ei feddwl proffwydol, treiddgar' wrth iddo rybuddio bod Cytundeb Versailles yn '[c]ynnwys hadau rhyfeloedd eraill'.[14] I'r rheiny ar yr asgell chwith (ac yn enwedig y rhai a oedd wedi gwrthwynebu'r rhyfel) roedd yr ymgyrch filwrol yn erbyn y Bolsieficiaid yn dystiolaeth mai dros y cyfalafwyr roedd Prydain yn ymladd.[15] Ceir erthygl yn y *Merthyr Pioneer* ym mis Mai 1919 â'r teitl heriol 'Marx or Churchill' sy'n cynnwys sylwadau hallt yr undebwr Robert Williams yng nghynhadledd yr ILP ym Merthyr. Taranodd yn erbyn:

> the peace that was no peace; a peace which, if allowed to remain unchallenged would give us a crop of wars for the children that came after us more disastrous in their effects than had been the 4½ years of war through which we had just passed.[16]

Wrth nodi hyn, mae'n briodol pwysleisio bod yr ymladd wedi parhau yn Ewrop trwy 1919 a'r blynyddoedd canlynol: dim ond cadoediad rhannol a gafwyd ym mis Tachwedd 1918. Ar ddiwrnod y dathliadau, gofynnodd yr *Aberdare Times* 'A oes heddwch?', a'r ateb oedd 'Ar gyfandir Ewrob nag oes'.[17] Yn nhudalennau *Cymru* yn 1919, yn ogystal â mwy o erthyglau am brofiadau milwyr Cymreig ar gyfandiroedd estron yn 1914–18 ceir adroddiad am y sefyllfa a oedd ohoni gan Frederick Evans yn disgrifio ei brofiadau yng ngogledd Rwsia.[18] Y Cymro olaf i ennill V.C. yn y Rhyfel Mawr oedd Samuel Pearse, gynt o Benarth, a fu farw yng ngogledd Rwsia ar 29 Awst 1919, yn 22 oed. Felly er bod rhethreg am 'Gynghrair y Cenhedloedd' i'w chael ym mhapurau newydd Cymru a chyhoeddiadau fel y *Welsh Outlook* a *Cymru*, mewn ffordd a fyddai'n siŵr o blesio David Davies, roedd digon o dystiolaeth mai ar seiliau o dywod y codwyd yr adeiladwaith hwnnw.

Fe barhaodd milwyr i farw o drais yng Nghymru. Hwyrach mai'r achlysur trist enwocaf yw terfysg y milwyr Canadaidd ym Mae Cinmel ar 4 a 5 Mawrth 1919, pan laddwyd pump ac anafu 23 wedi i'w hanfodlonrwydd ferwi drosodd.[19] Hefyd, heb anghofio'r elfen hiliol amlwg, gellir gweld anfodlonrwydd y milwyr yn glir yn y terfysg yng Nghaerdydd a'r Barri ym mis Mehefin 1919. Cyn-filwyr oedd y ddau a laddwyd yn y terfysgoedd hyn.[20]

Carfan sylweddol a gafodd resymau digonol i deimlo'n anniddig yn fuan wedi'r dathliadau heddwch oedd y glowyr. Roeddent yn ffyddiog y byddai'r diwydiant glo'n cael ei wladoli, ond er i Gomisiwn Sankey awgrymu mai dyma fyddai'r ateb, roedd rhaniadau'r comisiwn yn cynnig 'esgus i Lloyd George i wrthod y polisi', chwedl John Davies.[21] Cwynodd arweinwyr y glowyr yn hallt am y brad, ond roedd gwaeth i ddod. Mae'n bosibl fod triniaeth y glowyr yn 1921 yn agoriad llygaid i'r sawl yn y cymunedau glofaol a oedd o hyd yn credu bod yr awdurdodau yn defnyddio grym am resymau anrhydeddus megis gwarchod y gwan rhag y rheibus. Cynigodd y perchnogion delerau i'r glowyr a olygai ostyngiad o rhwng 40 a 50 y cant yn eu cyflogau, ac fe arweiniodd gwrthodiad y gweithwyr at *lock out* a barodd am dri mis. Danfonwyd milwyr arfog i gymoedd y de, a'u bidogau bygythiol yn barod i'w defnyddio ar flaen eu reifflau, i amddiffyn buddion y perchnogion glo rhag eu gweithwyr. Tybed pa ganran o'r glowyr ar streic a oedd yn gyn-filwyr eu hunain?

Etholwyd Morgan Jones i'r Senedd yn isetholiad Caerffili ym mis Awst 1921. Ef oedd y gwrthwynebwr cydwybodol cyntaf i gael ei ethol wedi 1918, ond ar ôl hyn fe ddaw enghreifftiau o ddadrithio â'r rhyfel yn aml ac yn glir. Pan ddewisodd graddedigion Prifysgol Cymru George M. Ll. Davies yn 1923 fel eu cynrychiolydd ar gyfer sedd y Brifysgol, rhoesant arwydd digamsyniol bod *intelligentsia*'r wlad yn cefnu ar egwyddorau ymladdgar 1914–18. Wrth i'r 1920au fynd yn eu blaenau fe ddaeth mwy o ddatganiadau cryf gan ddeallusion y wlad yn ffieiddio rhyfel a phopeth a oedd ynghlwm wrth hynny. Nid oes sicrwydd pryd yn union yr ysgrifennodd Cynan 'Balâd', ei daranfollt yn erbyn cyflwyno'r rhyfel fel ymgyrch anrhydeddus, gyfiawn, ond mae'n ymddangos yn y casgliad *Caniadau Cynan* a gyhoeddwyd yn 1927. Un o wirfoddolwyr 1914 oedd Tom Nefyn Williams, ond wrth edrych yn ôl ar ei brofiadau yn 1928 fe arllwysodd ei ddadrithiad, ei siom a'i ddicter i mewn i erthygl nerthol sydd yn collfarnu'r cyfan fel gwastraff a nacâd o bopeth sy'n dda yn y byd: 'The War-God soon destroys his worshippers.' Un agwedd i'w nodi yn ei ysgrif yw'r bai a roddwyd ar y swyddogion. Doedd Williams a'i gymrodyr yn ddim mwy na 'human cards in the hand of military blunderers and gamblers'.[22] Weithiau awgrymir mai yn yr 1960au y datblygodd y syniad bod milwyr Prydain yn llewod a arweiniwyd gan asynnod, ond roedd Williams wedi cyrraedd y casgliad ddegawdau ynghynt.

Dros y degawdau y tyfodd y dyb bod ymgyrch ac ymdrech y Rhyfel Mawr yn ofer, ond heb os yr hyn a grisialodd y syniad oedd dyfodiad yr Ail Ryfel Byd. Gyda thwf Natsïaeth a Ffasgaeth, diflannodd y cyfiawnhad mai'r Rhyfel Mawr fyddai'r ornest olaf. Gweler y dicter sydd ynghlwm wrth lith ddychanol Cynan (a ddyfynnir ar dudalennau 231–2 o'r gyfrol hon) sy'n awgrymu y dylid cynnwys adran o 'Emynau Rhyfel' mewn llyfrau emynau. Gweler y dadrithiad yng ngeiriau W. J. Gruffydd, a ysgrifennai yn 1941, wrth iddo resynu at 'effaith gatastrophig' y Rhyfel Byd Cyntaf ar ei wlad. Niweidiwyd diwylliant Cymru am byth pan symudodd 'miloedd o feibion Cymru o ganol tawelwch a sicrwydd hyder yr hen heddwch Cymreig i ganol dadwrdd ac anwadalrwydd ac ansicrwydd bywyd o ryfela mewn gwledydd tramor, mewn achos nad oeddem yn ei ddeall nac yn credu rhyw lawer ynddo'.[23] Noder mai i 1941 mae'r geiriau hyn yn perthyn: yn 1914 a 1915, yr *oedd* gan y rhan fwyaf o wirfoddolwyr syniad paham roedden nhw'n ymladd, ond o safbwynt y flwyddyn pan oedd Prydain yn colli'r ail ornest yn erbyn yr Almaen, nid oedd modd gwneud synnwyr o'u cymhellion.

Ar ôl yr Ail Ryfel Byd, gyda newidiadau sylfaenol yn parhau i drawsnewid cymdeithas a diwylliant yng Nghymru, fe ddyfnhaodd y teimladau o ddadrithiad a dicter wrth edrych yn ôl ar gyflafan 1914–18. Mae cyfrol dreiddgar Tom Nefyn Williams, *Yr Ymchwil*, a gyhoeddwyd yn 1949, yn ehangu ar yr hyn a ysgrifennodd yn 1928. Mae ei ddisgrifiad o'i obeithion wrth iddo gyrraedd yn ôl i'w gynefin ym mis Mawrth 1919, a sut y'i dadrithiwyd gan y dirywiad a welodd ym mhob man, yn nerthol a thorcalonnus:

> Ond ar ôl cyrraedd gwlad Llŷn ni fûm i ond byr amser cyn sylweddoli mai ffantasi noeth oedd fy nisgwyliad, ac nad oedd un mymryn mwy o gyswllt rhyngddo a ffeithiau bywyd na rhwng Abaty Tintern a'r erwau lludw ar gyrion Abertawe. Canys nid i fyd 1904–1914 y dychwelaswn, eithr i fyd dadrithiol a chaled 1919.[24]

Sylwer ar gyfeiriad Williams at 'yr erwau lludw' a chofier ei fod yn ysgrifennu hwn rai blynyddoedd wedi Hiroshima a Nagasaki. Yn oes y bom atomig, pan fyddai rhyfel arall yn sicr o olygu difodiant gwareiddiad, pa werth oedd i eiriau uchelfrydig megis 'aberth' ac 'anrhydedd' yng nghyswllt rhyfel? Pa werth oedd i syniadau uchelfrydig am 'ryddid' y cenhedloedd bychain pan fyddai un camgymeriad difrifol gan wleidyddion y gwledydd mawr yn gallu arwain at ddinistr pob cenedl? A beth am y gwledydd bychain lluosog yn nwyrain Ewrop a oedd wedi profi eu hannibyniaeth am y tro cyntaf yn dilyn cytundebau 1919, dim ond i gael eu sathru dan draed 20 mlynedd yn ddiweddarach, a heb unrhyw obaith o ryddhau eu hunain o hualau'r Undeb Sofietaidd?

I'r dynion a oedd wedi mynd i amddiffyn eu mamwlad a'i diwylliant yn y Rhyfel Mawr, onid oedd yn hawdd iddynt deimlo chwerwder wrth edrych o'u cwmpas a gweld y Gymru a oedd yn annwyl iddynt yn dadfeilio? Syrthiodd y niferoedd a siaradai Gymraeg; dirywiodd y capeli a'u dylanwad ar gymdeithas; diflannodd yr hyder a nodweddai economi Cymru 'cyn 1914'. Beth yn union a enillodd Cymru allan o'r Rhyfel Mawr? Dros beth roedd ein dewrion wedi ymladd yn 1914–18? Dros bwy roedden nhw'n ymladd? Nid oedd yn hawdd cynnig ateb positif i'r cwestiwn hwn wrth edrych yn ôl o safbwynt y degawdau wedi'r Ail Ryfel Byd. Felly dyma Griffith Williams, gŵr anrhydeddus, parchus a dewr, yn ystyried ei hun yn llofrudd am yr hyn a wnaeth yn 1918, ac yn adrodd y geiriau dro ar ôl tro: 'Wyddom ni ddim am beth oeddem ni'n cwffio.'

Mae creithiau'r Rhyfel Mawr i'w synhwyro mewn sawl man yn niwylliant a chymdeithas Cymru, hyd yn oed ganrif yn ddiweddarach, er nad yw'r cysylltiad bob tro yn uniongyrchol. Nid yw economi'r wlad byth wedi ei adfer yn iawn ers Dirwasgiad Mawr yr 1920au a'r 1930au: fe gafodd hyn effaith hynod o ddwys ar Gymru oherwydd sgil-effeithiau'r Rhyfel Mawr. O ran gwleidyddiaeth yng Nghymru, amlinellwyd yn gynt yn y gyfrol hon sut yr hwylusodd y rhyfel dwf y mudiad Llafur, a sut y cyflymwyd tranc y Blaid Ryddfrydol. Yn ogystal, gellir ystyried ffurfio Plaid Cymru i raddau helaeth fel adwaith yn erbyn y datblygiadau a welwyd a'r addewidion a dorrwyd yng nghyfnod y Rhyfel Mawr. Yn sicr, roedd y rhyfel hwn yn ddigwyddiad ffurfiannol ym meddyliau nifer o enwau pwysicaf y blaid.

O ran newidiadau cymdeithasol a diwylliannol, mae'n amhosibl datgymalu effeithiau'r rhyfel oddi wrth ddylanwadau eraill a adawodd eu hôl ar ddiwylliant Cymru maes o law, ond gellir mentro dweud bod y diffyg hyder sydd yn nodweddiadol o lawer o agweddau diwylliant Cymru 'wedi 1918' yn deillio'n uniongyrchol o brofiadau 1914–18. Er gwaethaf ei ofnau, roedd O. M. Edwards yn gyson ei ffydd yn neffroad Cymru, a gwawr newydd yn dyfod i hybu iaith, llenyddiaeth a bywyd diwylliannol ein gwlad. Mae'n ymddangos mai'r cyfan y gobeithiwyd amdano gan ein harweinwyr cenedlaethol am y rhan fwyaf o'r degawdau canlynol oedd arafu'r dirywiad rywsut.

Fodd bynnag, fel y tystia cofebau niferus ein gwlad, nid fel rhywbeth haniaethol y profodd y Cymry effeithiau'r rhyfel yn gymaint ag ar lefel bersonol: yn gymunedol a theuluol. Roedd y 'rhwyg o golli'r hogiau', chwedl R. Williams Parry, yn ffactor beunyddiol ym mywydau miloedd o ddeuluoedd Cymreig am flynyddoedd maith. Derbyniodd pob teulu a oedd wedi colli mab arwyddion o werthfawrogiad y wladwriaeth a'i Brenin. Yn ei dystysgrif brintiedig, dangosodd ei Fawrhydi George V ei gydymdeimlad â'r teulu, gan nodi bod eu hanwyliaid wedi teithio ar hyd 'the path of duty and self-sacrifice, giving up their own lives that others might live in freedom'. 'He died for freedom and honour' meddai'r placiau efydd. Derbyniwyd y rhain gan o leiaf 38,000 o ddeuluoedd Cymru. Cadwyd rhai o'r placiau yn ddihalog yn y blwch cardfwrdd. Cafodd eraill eu rhoi mewn mannau amlwg yn y cartref, a rhai yn cael eu sgleinio bob dydd i gadw atgof o'r un a gollwyd yn ffres, nes bod ei enw yn diflannu o'r efydd.

Ond nid dim ond y teuluoedd a gollodd feibion a welodd eu ffawd yn newid yn sgil y rhyfel. Ar glawr y gyfrol hon mae llun o'm tad-cu, Daniel Eustis Matthews, a'i frawd hŷn, Thomas Henry Matthews. Roedd 12 mlynedd rhwng y ddau: ganwyd Tom yn 1890 a Dan yn 1902, felly nid oedd y brawd iau yn ddigon hen i gael ei glymu'n uniongyrchol yng ngweithredoedd y rhyfel. Ond yn amlwg ddigon, roedd effaith ar y teulu. Derbyniodd Dan a'i rieni nifer o gardiau post a lluniau gan Tom wrth iddo gael ei hyfforddi'n filwr yn Lloegr. Aeth un chwaer, Annie, i weithio yn ffatri arfau Pen-bre. Tybed a oedd Dan yn un o'r llu o scowtiaid Treboeth a ymunodd â gorymdaith recriwtio ysblennydd ym Mrynhyfryd a Threboeth ym mis Gorffennaf 1915, gan chwifio Jac yr Undeb a chanu 'patriotic airs'?[25] Yna fe hwyliodd Tom tua'r dwyrain, i brofi'r un erchyllterau ym Mae Suvla ag a ddisgrifir mor ingol gan Tom Nefyn Williams. Rhoddodd y dysentri ddiwedd ar ryfel Tom, ac wedi iddo gael ei ryddhau'n feddygol, roedd yn ôl yn gweithio gyda'i dad ym mhwll glo Mynydd Newydd yn 1917. Ond er iddo ddychwelyd i'r capel ac ailgychwyn ei yrfa addawol fel chwaraewr rygbi, mae'n amlwg nad yr un person ydoedd ag o'r blaen, a bod ei brofiadau wedi gadael creithiau nad oedd yn hawdd eu hanwybyddu. Priododd â'i gariad ond tua diwedd 1920 fe redodd i ffwrdd i ben draw Canada, i weithio ar longau pysgota. Mae gan y teulu ffotograff ohono, yn beiriannydd llong gydag ynysoedd Queen Charlotte yn y cefndir y tu ôl iddo. Ni ddychwelodd i Gymru, er iddo gadw cysylltiad â'i deulu'n achlysurol. Yn ôl un stori, roedd yn rhyfeddu pan aeth i gefnogi tîm Cymru yng Ngemau'r Ymderodraeth yn Vancouver yn 1954, a darganfod bod ychydig iawn o'r athletwyr yn medru'r Gymraeg. Bu farw yn 1979. Felly amddifadwyd ei deulu, ei gymuned a'i famwlad o'i egni a'i dalentau am bron i 60 mlynedd. Nid yw Thomas Henry Matthews ar unrhyw restr o golledigion y rhyfel, ond heb os fe deimlodd rai ei golled. Yn wahanol i'w frawd iau, ni chafodd y cyfle i hybu parhad diwylliant ac iaith ei famwlad trwy fagu teulu ar aelwyd Gymraeg.

Nodiadau

1. Parch. Evan Price, 'Salem, Canton, Caerdydd', *Y Cymro*, 13 Tachwedd 1918, 6.
2. 'Mr Lloyd George am Fynnu Prydain Well', *Yr Herald Cymraeg*, 3 Rhagfyr 1918, 4; 'Dyledswydd Cymru tuag at Mr. Lloyd George', *Amman Valley Chronicle*, 12 Rhagfyr 1918, 4; M. E. Jones, 'Lloyd George', *Y Gwyliedydd Newydd*, 3 Rhagfyr 1918, 1.

3. 'Buddugoliaeth Mr Lloyd George', *Y Cymro*, 1 Ionawr 1919, 4.
4. Mae'r hyn a ddigwyddodd yn y trafodaethau yn Versailles yn destun pwysig a chymhleth: ymysg y goreuon o'r dadansoddiadau mae gwaith wyres i Olwen, merch David Lloyd George: Margaret Macmillan, *Peacemakers: the Paris Conference of 1919 and its attempt to end war* (Llundain: J. Murray, 2001). Ar gyfer y dathliadau yng Nghymru gweler Paul Methven, '"Heddwch o'r diwedd!" – Dathliadau, coffâd, diolchgarwch', ar gael ar-lein: *http://www.caerdydd.ac.uk/share/research/projectreports/welshvoices/documents/Heddwch%20o%27r%20diwedd.pdf* (cyrchwyd Rhagfyr 2014).
5. T. R. Jones, 'Dychweliad y Milwyr', *Baner ac Amserau Cymru*, 17 Ionawr 1919, 15; John F. James, 'Dychweliad y Milwyr', *Amman Valley Chronicle*, 27 Chwefror 1919, 4; Gwilym Seiriol, 'Dychweliad y Milwr', *Y Clorianydd*, 14 Mai 1919, 2; E. Phillips, 'Dychweliad y Milwyr', *Y Darian*, 5 Mehefin 1919, 2; J. Jones, 'Dychweliad y Milwr', *Baner ac Amserau Cymru*, 12 Gorffennaf 1919, 7.
6. Gweler y dyfyniad o Tecwyn Lloyd, 'Llenyddiaeth Cyni a Rhyfel' ar d. 176 y gyfrol hon.
7. 'Llangristiolus', *Y Clorianydd*, 14 Mai 1919, 4.
8. 'Unwelcome Pacifist', *South Wales Weekly Post*, 26 Gorffennaf 1919, 2; 'Pontardawe's Crowning Effort', *Llais Llafur*, 26 Gorffennaf 1919, 6. Gweler hefyd y llythyron yn rhifynnau canlynol *Llais Llafur*: 'Pontardawe's Peace Day Incident', 2 Awst 1919, 5; 'Pontardawe Peace Celebrations', 9 Awst 1919, 5.
9. 'Dydd o Lawen Chwedl', *Y Clorianydd*, 23 Gorffennaf 1919, 4.
10. S. P. Jones, 'Arwyr Bro fy Mebyd', *Y Clorianydd*, 23 Gorffennaf 1919, 3. Yn syth o dan hwn, ceir y gerdd 'Y Bechgyn na Ddeuant yn Ol' gan Traethlanydd.
11. Ar gael ar-lein: *http://www.casgliadywerin.cymru/items/32399* (cyrchwyd Gorffennaf 2015).
12. Ar gael ar-lein: *http://www.casgliadywerin.cymru/items/25411* (cyrchwyd Gorffennaf 2015).
13. Tabernacl, Cwmrhydyceirw a Seion, Treforys (Bedyddwyr); Soar, Treforys (Bedyddwyr); Jerusalem, Ton Pentre (Methodistiaid Calfinaidd).
14. S. B. Jones, 'Y Golygydd', yn T. Eurig Davies (gol.), *Prifathro Thomas Rees* (Llandysul: Gwasg Gomer, 1939), t. 146.
15. Un a ddadleuodd felly oedd y Parch. T. E. Nicholas: gweler 'Hands off Russia', *Merthyr Pioneer*, 26 Gorffennaf 1919, 4.
16. 'Marx or Churchill', *Merthyr Pioneer*, 31 Mai 1919, 3.
17. *Aberdare Leader*, 19 Gorffennaf 1919, 6.
18. Frederick Evans, 'Archangel', *Cymru*, 57, 336 (Gorffennaf 1919), 17–18.
19. Colonel G. W. L. Nicholson, *Official History Of The Canadian Army In The First World War: Canadian Expeditionary Force 1914–1919* (Ottawa: Dumahel, 1962), t. 532; 'Gwrthryfel ym Mharc Kinmel', *Dinesydd Cymreig*, 12 Mawrth 1919, 7.
20. Neil Evans, 'The South Wales Race Riots of 1919', *Llafur*, 3, 1 (1980), 5–29.

21. John Davies, *Hanes Cymru* (Llundain: Allen Lane, 1990), tt. 512–13.
22. Tom Nefyn Williams, 'War –the modern Crucifixion', *Welsh Outlook*, 15, 11 (Tachwedd 1928), 328–31.
23. W. J. Gruffydd, 'Blwyddyn Fawr', *Y Llenor*, Haf 1941, 64.
24. Tom Nefyn Williams, *Yr Ymchwil* (Dinbych: Gwasg Gee, 1949), t. 60.
25. 'Recruiting for 3rd V.T.C.', *South Wales Daily Post*, 23 Gorffennaf 1915.

Llyfryddiaeth Ddethol

Llyfrau Cymraeg

ap Dafydd, Myrddin, *Beirdd ffosydd y gwledydd Celtaidd 1914–1918* (Llanrwst: Gwasg Carreg Gwalch, 2014)
Davies, Dewi Eirug, *Byddin y Brenin* (Abertawe: Tŷ John Penry, 1988)
ap Glyn, Ifor (addasiad Lyn Ebenezer), *Lleisiau'r Rhyfel Mawr* (Llanrwst: Gwasg Carreg Gwalch, 2008)
Hughes, Clive, *'I'r Fyddin Fechgyn Gwalia!' Recriwtio i'r Fyddin yng Ngogledd-Orllewin Cymru 1914–1916* (Llanrwst: Gwasg Carreg Gwalch, 2014)
James, Gerwyn, *Y Rhwyg: Hanes y Rhyfel Mawr yn ardal Llanfair Pwllgwyngyll 1914–1932* (Llanrwst: Gwasg Carreg Gwalch, 2013)
Jenkins, Gwyn, *Cymry'r Rhyfel Byd Cyntaf* (Talybont: Y Lolfa, 2014)
Llwyd, Alan, *Gwae Fi Fy Myw: Cofiant Hedd Wyn* (Felindre, Abertawe: Barddas, 1991)
Llwyd, Alan, ac Elwyn Edwards (goln), *Gwaedd y Bechgyn* (Cyhoeddiadau Barddas, 1989)
Llwyd, Alan, ac Elwyn Edwards, *Y Bardd a Gollwyd: Cofiant David Ellis* (Llandybïe: Cyhoeddiadau Barddas, 1992)
Parri, Harri, *Gwn Glân a Beibl Budr: John Williams, Brynsiencyn a'r Rhyfel Mawr* (Caernarfon: Gwasg y Bwthyn, 2014)
Vittle, Arwel, *Valentine: Cofiant i Lewis Valentine* (Talybont: Y Lolfa, 2006)
Wiliams, Gerwyn, *Y Rhwyg: Arolwg o Farddoniaeth Gymraeg ynghylch y Rhyfel Byd Cyntaf* (Llandysul: Gwasg Gomer, 1993)
Wiliams, Gerwyn, *Tir Neb: Rhyddiaith Gymraeg a'r Rhyfel Byd Cyntaf* (Caerdydd: Gwasg Prifysgol Cymru, 1996)

Llyfrau Cymraeg gan gyn-filwyr

Gruffydd, Ifan, *Gŵr o Baradwys* (Dinbych: Gwasg Gee, 1963)
Gruffydd, Ifan, *Tân yn y Siambar* (Dinbych: Gwasg Gee, 1966)
Nefyn Williams, Tom, *Yr Ymchwil* (Dinbych: Gwasg Gee, 1949)
Williams, Griffith, *Cofio Canrif* (Caernarfon: Gwasg Gwynedd, 1990)
Williams, R. R., *Breuddwyd Cymro mewn dillad benthyg: hanes y Cwmni Cymreig*

o'r Corfflu Meddygol a ymunodd yn y Rhyfel Gyntaf 1914–1918 (Lerpwl: Gwasg y Brython, 1964)

Llyfrau yn Saesneg gyda chynnwys am y Rhyfel Mawr yng Nghymru

Barlow, Robin, *Wales and World War One* (Llandysul: Gomer, 2014)
Beddoe, Deirdre, *Out of the Shadows: A History of Women in Twentieth-Century Wales* (Caerdydd: University of Wales Press, 2000)
Cragoe, Matthew, a Chris Williams (goln), *Wales and War: Society, Politics and Religion in the Nineteenth and Twentieth Centuries* (Caerdydd: University of Wales Press, 2007)
Gaffney, Angela, *Aftermath: Remembering the Great War in Wales* (Caerdydd: University of Wales Press, 1998)
Grigg, John, *Lloyd George: From Peace to War, 1912–1916* (Llundain: Methuen, 1985)
Llwyd, Alan (gol.), *Out of the fire of hell: Welsh experience of the Great War 1914–1918 in poetry and prose* (Llandysul: Gomer, 2008)
Morgan, Kenneth O., *Rebirth of a Nation: Wales 1880–1980* (Caerdydd: University of Wales Press; Rhydychen: Oxford University Press, 1982)

Llyfrau Saesneg eraill am y Rhyfel Mawr

Audoin-Rouzeau, Stéphane, ac Annette Becker, *14–18: Understanding the Great War* (Efrog Newydd: Hill and Wang, 2002)
Bond, Brian (gol.), *The First World War and British Military History* (Rhydychen: Clarendon Press, 1991)
Bond, Brian, *The Unquiet Western Front: Britain's Role in Literature and History* (Caergrawnt: Cambridge University Press, 2002)
Clarke, Alan, *The Donkeys: A History of the British Expeditionary Force in 1915* (Llundain: Hutchinson, 1961)
Corrigan, Gordon, *Mud, Blood and Poppycock: Britain and the First World War* (Llundain: Cassell, 2004)
Fussell, Paul, *The Great War and Modern Memory* (Llundain: Oxford University Press, 1975)
Hanna, Emma, *The Great War on the Small Screen: Representing the First World War in Contemporary Britain* (Caeredin: Edinburgh University Press, 2009)
Marwick, Arthur, *The Deluge: British Society and the First World War* (Basingstoke: Macmillan, 1991)
Oram, Gerard, *Military Executions during World War I* (Basingstoke: Palgrave Macmillan, 2003)
Pennell, Catriona, *A Kingdom United: Popular Responses to the Outbreak of the First World War in Britain and Ireland* (Rhydychen: Oxford University Press, 2012)

Sheffield, Gary, *Leadership in the trenches: officer-man relations, morale and discipline in the British Army in the era of the First World War* (Basingstoke: Macmillan Press, 2000)
Strachan, Hew, *The First World War: A New Illustrated History* (Llundain: Simon & Schuster, 2003)
Todman, Dan, *The Great War: Myth and Memory* (Llundain: Hambledon Continuum, 2007)
Terraine, John, *The Smoke and the Fire: Myths and Anti-Myths of War, 1861–1945* (Llundain: Sidgwick & Jackson, 1980)
Winter, Jay, ac Antoine Prost, *The Great War in History: Debates and Controversies, 1914 to the Present* (Caergrawnt: Cambridge University Press, 2005)

Erthyglau a phenodau yn y Gymraeg

Birtwistle, Meic, 'Rhyfelgan', *Y Traethodydd*, 711 (hydref 2014), 253–73
Eirug, Aled, 'Agweddau ar y Gwrthwynebaid i'r Rhyfel Byd Cyntaf yng Nghymru', *Llafur*, 4, 4 (1987), 58–68
Eirug, Aled, 'Mametz – Bedydd Tân Byddin Lloyd George', *Barn*, 310 (Tachwedd 1988), 8–10
Jôb, Aled, 'John Williams, Brynsiencyn a'r Rhyfel Byd Cyntaf', *Barn*, 310 (Tachwedd 1988), 10–12
Jôb, Aled, 'John Williams, Brynsiencyn a'r Rhyfel Byd Cyntaf (2)', *Barn*, 311 (Rhagfyr 1988), 32–4
Jones, Geraint, 'Porthmon Moloch', yn ei *Epil Gwiberod: Detholiad o Ysgrifau 'Sêt y Gornel'* (Caernarfon: Gwasg y Bwthyn, 2009), tt. 60–3
Lloyd, D. Tecwyn, 'Pan fu "Gwaedd y Bechgyn Lond y Gwynt" 1914–18', *Y Faner*, 31 Awst 1984, 8–9
Lloyd, D. Tecwyn, 'Llenyddiaeth Cyni a Rhyfel, 1914–1939', yn ei *Llên Cyni a Rhyfel a Thrafodion Eraill* (Llandysul: Gwasg Gomer, 1987), tt. 12–42
Matthews, Gethin, '"Aberthu eu bywyd dros rhyddid eu gwlad": Agweddau ar ymateb y Cymry i'r Rhyfel Mawr a ddatgelwyd gan brosiect "Cymry'r Rhyfel Mawr Ar-lein"', *Y Traethodydd*, CLXVII (701) (Ebrill 2012), 69–81
Matthews, Gethin, '"Sŵn yr ymladd ar ein clyw": Cyflwyno'r Rhyfel Mawr yn y Gymraeg', *Gwerddon*, 10, 11 (Awst 2012), 132–57
Morgan, D. Densil, 'Ffydd yn y ffosydd: bywyd a gwaith y Caplan D. Cynddelw Williams', *Cylchgrawn Llyfrgell Genedlaethol Cymru*, 29 (1995), 77–100
Morgan, D. Densil, 'Y proffwyd ymhlith y praidd: Lewis Valentine (1893–1986)', yn *Cedyrn Canrif: Crefydd a Chymdeithas yng Nghymru'r Ugeinfed Ganrif* (Caerdydd: Gwasg Prifysgol Cymru, 2001), tt. 68–104
Parry, Cyril, 'Gwynedd yn ystod y Rhyfel Mawr', yn Geraint H. Jenkins (gol.), *Cof Cenedl II* (Llandysul: Gomer, 1987), tt. 153–81
Pope, Robert, '"Duw ar Drai ar Orwel Pell": Capeli Cymru a'r Rhyfel Mawr', *Y Traethodydd*, 711 (Hydref 2014), 213–30

Rees, D. Ben, 'Cloriannu'r Parchedig Ddr John Williams, Brynsiencyn', *Cylchgrawn Hanes Cymdeithas Hanes y Methodistiaid Calfinaidd*, 35 (2011), 108–27

Rees, D. Ben, 'Y Rhyfel Byd Cyntaf a Chyfundeb y Methodistiaid Calfinaidd Cymreig (1914–1918)', *Cylchgrawn Hanes Cymdeithas Hanes y Methodistiaid Calfinaidd*, 38 (2014), 125–55

Roberts, Kate, 'Bardd a Gollwyd', *Taliesin*, 11 (Rhagfyr 1965), 15–27

Wiliams, Gerwyn, 'Dechrau Deall y Rhyfel Mawr', *Barn*, 310 (Tachwedd 1988), 13–15

Wiliams, Gerwyn, 'Chwilio am Albert Evans-Jones: Ailedrych ar Gerddi Rhyfel Cynan', *Llên Cymru*, 33, 1 (2010), 151–77

Wiliams, Gerwyn, '"Ymladd brwydr fawr y gwir": Emynau'r Rhyfel Mawr', *Y Traethodydd*, 711 (hydref 2014), 231–52

Erthyglau a phenodau yn Saesneg ar bynciau yn ymwneud â Chymru a'r Rhyfel Mawr

Barlow, Robin, 'Did Wales go willingly to the First World War?', yn Huw V. Bowen (gol.), *A New History of Wales: Myths and Realities in Welsh History* (Llandysul: Gomer, 2011), tt. 150–8

Griffith, Llewelyn Wyn, 'The Pattern of One Man's Remembering', yn George A. Panichas (gol.), *Promise of Greatness* (Llundain: Cassell, 1968), tt. 285–94

Hopkin, Deian, 'Patriots and Pacifists in Wales, 1914–18: The Case of Capt. Lionel Lindsey and the Rev. T. E. Nicholas', *Llafur*, 1, 3 (1974), 27–41

Jones, Ieuan Elfryn, 'A Welsh perspective on army chaplaincy during the First World War: the letters of Abraham Rees Morgan MC', yn Michael Snape a Edward Madigan (goln), *The Clergy in Khaki: New Perspectives on British Army Chaplaincy in the First World War* (Farnham: Ashgate, 2013), tt. 57–73

Lloyd, D. Tecwyn, 'Welsh Public Opinion and the First World War', *Planet*, 10 (1972), 25–37

Matthews, Gethin, 'The Responses of Welsh Baptist Churches to the First World War', yn Larry Kreitzer (gol.), *The First World War and Baptist Life and Thought* (Rhydychen: Centre for Baptist History and Heritage, 2014), tt. 83–109

Mòr-O'Brien, Anthony, 'Patriotism on Trial: The Strike of the South Wales Miners, July 1915', *Cylchgrawn Hanes Cymru*, 12, 1 (1984), 76–104

Mòr-O'Brien, Anthony, '"Conchie": Emrys Hughes and the First World War', *Cylchgrawn Hanes Cymru*, 13, 3 (Mehefin 1987), 328–52

Morgan, Kenneth O., 'Peace movements in Wales, 1899–1945', *Cylchgrawn Hanes Cymru*, 10, 3 (Mehefin 1981), 398–430

Phillips, Bethan, 'A Fine Day's Work: the Death of Hedd Wyn', *Planet*, 72 (1988/9), 59–64

Phillips, Gervase, '"Dai Bach y Sowldiwr": Welsh Soldiers in the British Army', *Llafur*, 6, 2 (1993), 94–105

Snook, Lisa, '"Out of the Cage?" Women and the First World War in Pontypridd', *Llafur*, 8, 2 (2001), 75–88

Toye, Richard, 'Lloyd George's War Rhetoric, 1914–1918', *Journal of Liberal History*, 77 (gaeaf 2012–13), 24–9

Erthyglau a phenodau yn Saesneg ar bynciau eraill sy'n ymwneud â phynciau a drafodir yn y gyfrol hon

Badsey, Stephen, '*Blackadder Goes Forth* and the "Two Western Fronts' Debate"', yn Graham Roberts a Philip M. Taylor (goln), *The Historian, Television and Television History* (Luton: Luton University Press, 2001), tt. 113–26

Badsey, Stephen, 'The Great War since the Great War', *Historical Journal of Film, Radio and Television*, 22, 1, 1 Mawrth 2002, 37–45

Eksteins, Modris, 'All Quiet on the Western Front and the Fate of a War', *Journal of Contemporary History*, 15, 2 (Ebrill 1980), 345–66

Hanna, Emma, 'A small screen alternative to stone and bronze: "The Great War" (BBC, 1964)', *European Journal of Cultural Studies*, 10, 1 (Chwefror 2007), 89–111

Mombauer, Annika, 'The First World War: Inevitable, Avoidable, Improbable Or Desirable? Recent Interpretations on War Guilt and the War's Origins', *German History*, 25, 1 (2007), 78–95

Prior, Robin, a Trevor Wilson, 'The First World War', *Journal of Contemporary History*, 35, 2 (Ebrill 2000), 319–28

Roper, Michael, 'Re-remembering the Soldier Hero: the Psychic and Social Construction of Memory in Personal Narratives of the Great War', *History Workshop Journal*, 50 (hydref 2000), 181–204

Strachan, Hew, a Jonathan Lewis, 'Filming the First World War', *History Today*, 53, 10 (hydref 2003)

Todman, Dan, 'The First World War in History', ar gael ar-lein: http://ww1centenary.oucs.ox.ac.uk/war-as-revolution/the-first-world-war-in-history/ (cyrchwyd Awst 2015)

Winter, Jay, 'Catastrophe and Culture: Recent Trends in the Historiography of the First World War', *Journal of Modern History*, 64, 3 (Medi 1992), 525–32

Mynegai

Aberdâr 70, 74, 78, 79, 81, 82, 142, 145, 150, 157
Abertawe 22, 40, 50–1, 100, 102, 104, 112, 142, 150, 265
Aberystwyth 25, 49, 104, 156, 186, 187–8, 205
Ablett, Noah 83–4, 147
Abraham, William (Mabon, AS) 36
Anghydffurfiaeth 5–6, 13–4, 23, 24, 26–8, 30, 34–9, 54, 141, 198–9, 200, 222; agweddau ar ddechrau'r Rhyfel 39–40, 48, 142; ymryson â'r Eglwys Anglicanaidd 40–3, 55; *gw. hefyd* Datgysylltu (yr Eglwys yng Nghymru); Williams, Y Parch. John (Brynsiencyn)
Aifft, Yr 102, 103, 104, 143, 178, 220, 246
Almaen, Yr 4, 6–9, 12, 39, 49, 54, 55, 65, 120, 123, 124–5, 128, 134, 159, 169, 177; byddin yr Almaen 45, 129, 132–3, 172, 175, 211, 248, 251, 253, 265; straeon am greulondeb milwyr 12–13, 45–6, 48, 54, 142, 170
Amanwy (Griffiths, David Rees) 71
Anderson, W.C. 67, 79
Andrews, Elizabeth 78, 82
ANZAC 171, 244
Armenia 170, 259
Apsimon, Thomas (milwr) 173
Awstralia 52, 105, 127, 131, 171, 244
Awstria-Hwngari 7, 8, 9, 54, 178,

Bae Cinmel 108, 154, 263
Bae Suvla 105, 267
Barnes, George 69
Barri, Y 79, 83, 225, 263
Belg, Gwlad 6, 12, 39, 45, 96, 98, 104, 106, 123, 142, 171, 174
Bevan, Aneurin 83
Bevan, Edward Latham 47
Bevan, Margaret (nyrs) 102–3
Beynon, Hal 158
Blatchford, Robert 65, 73
Boston, Y Fonesig Cecilia 95
Boyer, Y Parch. Llewelyn 146, 261
Brace, William (AS) 47, 68, 70, 71,
British Expeditionary Force (BEF) 1
BSP (British Socialist Party) 64–5
Brown, Pryce 153
Brynmor-Jones, Syr David (AS) 47

Caerdydd 24, 29, 47, 66, 75, 79, 83, 99, 104, 108, 142, 150, 159, 184, 187, 242, 263
Caiser (Wilhelm II) 1, 8, 119–20, 123, 124, 128, 133–4, 138, 146, 259
Canada 14, 52, 121, 127, 263, 267
Casnewydd 78, 79, 82, 98, 99, 101, 106
Carey-Evans, Capten T. J. 175
Cook, A. J. 83–4, 147
Cox, Idris 207, 216 n.11
Cymru (cylchgrawn) 163–78 *passim*
Cynghrair y Cenhedloedd 159, 184, 187–9, 193, 195, 263; Cyngor Cymreig o Undeb Cynghrair y Cenhedloedd 183, 187

Cynan (Evans Jones, Albert) 16, 156, 256 n.34, 264; gyrfa gynnar 217–8; ymuno â'r RAMC 218–20; gwasanaeth yn Salonica 220–1; gwasanaeth fel caplan 222–3; cynnyrch barddonol 223–5; 'Mab y Bwthyn' 226–7, 230, 236; *Caniadau Cynan* 227–30; agweddau wedi'r Rhyfel Mawr 230–1; agweddau yn ystod yr Ail Ryfel Byd 231–4; cyfeillgarwch â David Ellis 234; gweithiau hunangofiannol 234–5

chwareli, ardaloedd y 22, 25, 29, 51, 53, 76, 122, 146

Dardanelles 104–5; *gw.* hefyd Bae Suvla; Gallipoli
Dardis, George 150, 158
Datgysylltu (yr Eglwys yng Nghymru) 13, 26–7, 36, 37–42, 55
Davies, A. W. (Caplan) 179 n.10
Davies, David (AS, Arglwydd yn ddiweddarach, 1880–1944) 15, 96, 263; ei gefndir 183–6; ei syniadau am sicrhau heddwch 187–92; dylanwadau athronyddol ar ei syniadau 192–200; ei lyfr *The Problem of the Twentieth Century* 188, 194–5; etifeddiaeth ei syniadau 200–1
Davies, David (Llandinam, 1818–1890) 96, 183, 184
Davies, David (milwr) 174
Davies, Y Parch. E. Tegla 143, 247
Davies, Edgar 153
Davies, George M. Ll. 144, 151, 155–6, 157, 159, 230, 264
Davies, Gwendoline 96, 110, 111
Davies, Gwilym 183
Davies, Iorwerth M. (milwr) 175
Davies, Ithel 153
Davies, John (milwr) 174, 176

Davies, Yr Athro Joseph Morlais 41–2
Davies, Lewis E. (milwr, byddin UDA) 125, 135
Davies, Margaret 96, 110, 111
Davies, Owen (milwr, byddin UDA) 132
Davies, Rose 78, 82
Davies, S. O. 83
Davies, Tom (milwr) 262
Davies, Vaughan (AS) 50
de Valera, Eamon 249
Deolali, Ysbyty Cyffredinol Cymreig 99, 102, 103
Douglas Pennant, Violet 96, 99

Ebsworth, Emily (nyrs) 101
Edwards, Alfred George (Esgob Llanelwy) 40–1, 47
Edwards, Ifan ab Owen 172
Edwards, Owen Morgan 15, 17, 36–7, 47, 259, 266; a chylchgrawn *Cymru* 163–6; agwedd tuag at yr Ymerodraeth Brydeinig 166–7; ffydd Gristnogol 166, 178; agwedd tuag at Lloyd George 168–9; 'At Ohebwyr' 169–71, 177; agwedd tuag at Dwrci 170; ei ddewis o farddoniaeth ar gyfer *Cymru* 175–7; ysgrif ar ddiwedd y Rhyfel 178
Edwards, Ness 74, 83, 157
Edwards, Philemon 153
Edwards, W. J. 83
Eidal, Yr 6, 11, 24, 121
Ellis, David (RAMC) 220, 234
Ellis, Thomas Edward 36, 166
Evans, Beriah Gwynfe 129, 142
Evans, D. Tecwyn 168
Evans, Miss E. G. (nyrs) 99
Evans, Ellis Humphrey *gw.* Hedd Wyn
Evans, Frederick (milwr) 263
Evans, Gwynfor 1, 59 n.57, 256 n.32
Evans, Harry (milwr) 121
Evans, John 158

Evans, Robbie (milwr, byddin UDA) 136
Evans, Tom 144, 150
Evans Jones, Albert *gw.* Cynan

FANY (First Aid Nursing Yeomanry Corps) 96–7
Forbes, Mrs H. S. 112
Franz Ferdinand, Archddug 63, 252

Ffederasiwn Glowyr De Cymru 29, 70–1, 83–5, 146–7
Ffiwsilwyr Brenhinol Cymreig (RWF, Royal Welsh Fusiliers) 190, 245, 247, 248, 249
Fflandrys 1, 13, 127, 173, 177, 228, 231
Ffrainc 1, 4, 5–9, 12, 96–7, 98–100, 103–6, 108, 110, 111, 119, 121, 126–30, 132, 135–7, 171–7, 186, 204, 207, 210–1, 220–1, 223, 225, 247, 258, 261–2

Gallipoli 103, 171, 244; *gw. hefyd* Bae Suvla; Dardanelles
Gamwell, Hope (nyrs) 97
Gamwell, Marian (nyrs) 97
George, William 47, 60 n.71
Gill, Edward 70, 71
Glasier, (John) Bruce 73, 79
Glasier, Katharine Bruce 78, 79
glo, diwydiant 4, 21, 22–4, 29, 36, 69–71, 84, 146, 206, 263–4; glowyr fel milwyr 51–2, 53, 71; streic y glowyr (1915) 72
Griffith, E. L. 124
Griffith, Hughie (milwr, llu Canada) 14, 121, 138
Griffiths, David Rees *gw.* Amanwy
Griffiths, James 85
Groeg, Gwlad 172–3, 220, 223
Gruffydd, Ifan 245–8, 253, 260
Gruffydd, W. J. 5, 224, 229, 234, 258, 262, 264–5
Gwenallt (Jones, David James) 146, 157

Hardie, Keir (AS) 65–6, 68, 70, 73–5, 77–9, 141, 145, 153

Hartshorn, Vernon 70, 71, 207
Hay, W. F. 72
Hemingway, Ernest 121
Henderson, Arthur 67, 68, 69, 85
Hedd Wyn (Evans, Ellis Humphrey) 177, 222, 224, 231, 234, 249–50
Herbert, Syr Ivor (AS) 47
Hewlett, Will 83
Hillman, Harry (milwr) 251
Hodge, John 68, 69
Hodges, Frank 71
Hopkin, Rowena (nyrs) 100
Horner, Arthur 83–4, 146
Hughes, Agnes 82
Hughes, Emrys 74, 153, 157
Hughes, John Llywelyn (RAMC) 220
Hughes, John Owen (milwr) 5
Hughes, Y Parch. Thomas 42
Humphreys, E. Morgan 224
Hyndman, H. M. 65, 73

ILP (Independent Labour Party) 63, 65–7, 73–83, 85, 141–2, 144–6, 148, 150, 153, 155, 157, 159, 263
India 7, 15, 24, 99, 103; T. B. Phillips yn genhadwr ym Mryniau Casia 205, 209, 213
Inglis, Dr Elsie 99
Inglis Jones, Winifred 75

James, May (nyrs) 105
James, John 78
Japan 7, 11
Johnson, Francis 77
Jones, Alun (milwr) 241, 250
Jones, Alwyn (milwr) 223
Jones, D. J. (RAMC) 219
Jones, David James *gw.* Gwenallt
Jones, David Morris (RAMC) 222
Jones, Y Parch. E. K. 158
Jones, Evan G. (milwr, byddin UDA) 125–6, 128, 130–3, 137–8
Jones, Henry (Hank) (milwr, byddin UDA) 135–6
Jones, J. 260
Jones, Y Parch. J. Tywi 142

Mynegai 277

Jones, J. W. 177
Jones, Canon Jesse 34, 41–2
Jones, James Idwal 157
Jones, John (milwr) 121
Jones, Y Parch. John Morgan (Bangor) 143, 219
Jones, Y Parch. John Morgan (Merthyr) 143, 146
Jones, Y Parch. Melville 213–14
Jones, Morgan 74, 150, 157, 159, 264
Jones, Owen Arthur (milwr) 258
Jones, Owen Caradoc (milwr, llu Awstralia) 127–8
Jones, Owen J. (milwr, byddin UDA) 136
Jones, Percy Ogwen 145, 149, 154, 157, 159
Jones, Y Parch. Puleston 47, 143, 223
Jones, S. P. 261
Jones, Sid 83
Jones, T. Gwynn 143, 224, 227, 229
Jones, T. R. 260
Jones, Thomas Harri (milwr) 175
Jones, Thomas William 74, 157, 158
Jones, W. O. (milwr) 121
Jones, William Alfred Pritchard (RAMC) 220
Jowett, Fred 75, 77

Kant, Immanuel 196–7, 198, 199, 203 n.29
Kenyon, Arglwydd 47

Lansbury, George 79
Lewis, Y Parch. D. Wyre 144
Lewis, Olive (nyrs) 101
Lewis, Mrs R. M. 99
Lewis, Saunders 233
Lewis, T. H. (milwr) 172–3
Lewis, W. J. 148
Lindsay, Lionel 75
Lloyd George, David 4, 21, 42, 46–7, 52, 56, 69–70, 78, 98, 106, 110, 142, 157, 219–20, 222, 236, 242, 250, 263; araith yn y Mansion House (1911) 8; safbwynt adeg Rhyfel y Boer 38–9; araith yn y Queen's Hall (1914) 39, 43; cyfeillgarwch â'r Parch John Williams 43, 44–5, 54; ysgrif 'Apêl at Gymru Wen' 43–4; araith yng Nghricieth (1914) 49–50; agwedd tuag at wrthwynebwyr cydwybodol 151–2, 155; yng nghylchgrawn *Cymru* 166–8; perthynas â David Davies AS 185–6, 189–91, 197; ac etholiad 1918 259–60
Lloyd George, Margaret 60 n.71, 98, 99
Lloyd George, Megan 110
Lloyd George, Olwen (nyrs) 98 105–6, 110, 175
Lloyd George American Relief Fund 122

Llandinam, Barwn *gweler* Davies, David (1880–1944)
Llansawel (Morgannwg) 63, 76, 80–1, 144, 145–6
Llynges Frenhinol 4, 7, 9, 45, 71–2, 129

MacDonald, Ramsay (AS) 67, 73, 75, 79, 141, 145
Macedonia 172, 175, 220–1, 223, 230, 234
Mackinnon, Cadfridog Syr Henry 47
Maelor, Arglwydd *gw.* Jones, Thomas William
Maesteg 204–6, 208–9, 214
Mainwaring, Sam 76
Mainwaring, W. H. 83
Mann, Tom 79
Matthews, Daniel Eustis 267
Matthews, Thomas Henry (milwr) 62 n.104, 267
Mesopotamia 102, 173
Merthyr Tudful 28, 36, 66, 73–5, 79, 80, 144, 145–6, 150, 157, 263
Morgan, Chris 153
Morgan, Dai Watts 71
Morgan, Evangeline 102, 110

Morris, Prifathro Silas 219, 222
Morris-Jones, John 43, 47, 217, 219
Mort, E. D. 153
Muller, Mrs Lilian 98–9

NCC (Non-Combatant Corps) 154
NCF (No-Conscription Fellowship) 144, 149–51, 153
Neighbour, George 78, 82
Netley, Ysbyty Cymreig 99, 101, 102
Nicholas, Nun 147, 157
Nicholas, Y Parch. Thomas Evan 66, 73, 75, 79, 85, 145–6, 150, 159, 233, 247

OTC (Officers' Training Corps) 219, 229
Otoman, Ymerodraeth 2, 7, 9, 170–1
Owen, Bob (milwr) 241, 245, 250–2
Owen, D. R. 83, 144
Owen, Y Parch. Dyfnallt 238 n.41
Owen, James H. (milwr) 215 n.3
Owen, Robert 201
Owen, Tom (milwr) 131
Owen, Tom (milwr, Bodorgan, Ynys Môn) 249, 252
Owen, Wilfred 229

Palesteina 103, 196
Pankhurst, Sylvia 79, 111
Parry-Williams, J. O. (RAMC) 220
Parry-Williams, T. H. 143, 157, 220
Passchendaele 64
Penrhyn, Arglwydd 47, 53, 96
Phillips, Thomas Bevan 15–6, 204–15 *passim*
Picton-Turbervill, Violet 108
Plymouth, Arglwydd 47
Powell, Y Parch. Rees 146
Price, James 148
Price, Richard 200
Prwsia 1, 171, 173, 178
Pwyllgor Pelham 151, 154–5

Radcliffe, Henry 258, 259
RAMC (Royal Army Medical Corps) 16, 151, 156–7, 175, 218–19, 229, 233–4, 236
Redmond, John (AS) 55
Rees, Elizabeth 262
Rees, J. L. 83
Rees, Lemuel Thomas (milwr) 262
Rees, Prifathro Thomas 47–8, 142–3, 145, 150, 151, 219, 262–3
Rees, Y Parch. W. J. 144, 146
Richard, Henry 36–7, 38–9, 66, 73, 141, 143, 188, 192, 198, 200
Richards, David (milwr, byddin UDA) 134
Richards, George (milwr) 251
Richards, John Rowland (milwr) 249
Richards, J. H. (milwr) 175
Richards, Tom 71
Roberts, Arthur (milwr, llu Awstralia) 171
Roberts, D. D. 40
Roberts, Elwyn (milwr) 121
Roberts, John Henry (milwr, byddin UDA) 125
Roberts, Y Parch. Richard 144
Roberts, Samuel 141, 143
Roberts, R. Silyn 47, 173, 221, 223, 227
Rochester, Esgob 41
Rudall, Albert 158
Russell, Bertrand 79, 154
RWF (Royal Welsh Fusiliers) *gw.* Ffiwsilwyr Brenhinol Cymreig
Rwmania 100, 107
Rwsia 7–8, 11, 54, 100, 129, 171, 263; chwyldro (1917) 84–5, 134, 146, 169
Rygbi 30, 51, 54, 267

Rhondda 36, 51, 66, 70, 71, 72, 78, 83
Rhoscomyl, Owen 242
Rhys, Prosser 233

Salonica 104, 220, 223, 225; *gw. hefyd* Macedonia
SDF (Social Democratic Federation) 144
Serbia 99–100, 104

Mynegai 279

Shakespeare, Y Parch. J. H. 222
Snowden, Ethel 79
Snowden, Philip 68, 79, 141
Somme 11, 64, 171, 175,
Stanton, Charles Butt (AS) 68, 70, 71, 73, 75
Starr, Mark 83, 147, 157
Statton, Alfred 158

Teml Heddwch 159, 183–4, 187, 189, 191–2
Thomas, D. A. (Arglwydd Rhondda yn ddiweddarach) 95, 100, 242
Thomas, David 66, 73–4, 76, 144, 150, 157
Thomas, Edward (milwr a bardd) 177
Thomas, Gwendoline 102
Thomas, Jimmy 68
Thomas, John 150, 157
Thomas, Margaret Haig 95–6, 107–8, 110, 111, 112
Thomas, Owen (Brigadydd-Gadfridog) 39, 156, 218
Thomas, Seth (milwr) 253
Thomas, Sybil 100
Treboeth 267
tunplat. diwydiant 22, 53–54
Tupper, Edward 75
Twrci *gw.* Otoman, Ymerodraeth

Unol Daleithiau America 2, 14, 119–38 *passim*, 169, 187, 248, 259

VADs (Voluntary Aid Detachments) 100–2, 104–6, 110, 112
Valentine, Lewis (RAMC) 219–21, 235
Versailles, Cytundeb 4, 258, 261, 262–3

WAAC (Women's Army Auxiliary Corps) 96, 107–8
Wall, Fred (milwr) 251
Wallhead, R. C. 77
Watkin Williams, Annie 95
Watkins, Harold 151
Watkins, Ivor (milwr) 251
Wilhelm II *gw.* Caiser
Wilson, E. H. 154
Wilson, Arlywydd Woodrow 124–5, 189
Williams, Christopher 5
Williams, D. J. 247
Williams, Dafydd Rhys (Index) 120
Williams, Dewi (milwr) 173, 180 n.14
Williams, E. J. 73
Williams, George 176
Williams, Griffith R. (milwr, RWF) 45, 248–52, 266
Williams, Gwilym (milwr) 224
Williams, Hugh (milwr, Byddin UDA) 129–30
Williams, Y Parch. John (Brynsiencyn) 13, 34–5, 40, 42–8, 51–2, 54–5, 156, 218,
Williams, W. Llewelyn (A.S.) 157–8, 165
Williams, R. Bryn 230
Williams, R. Morris 120, 126
Williams, Robert 263
Williams, Y Parch. R. R. 156–7, 219, 220, 222, 234
Williams, Y Parch. Thomas Charles 47–8,
Williams, Tom Nefyn (milwr) 264–5, 267
Williams, William (milwr, 2nd Pioneer Infantry, Byddin UDA) 119–20, 138
Williams, William Thomas (milwr, Byddin UDA) 131
Williams Parry, R. 224, 266
Williams-Wynn, Syr Watkin 47
Winstone, James 75, 78
Wright, Joe (milwr) 171–2
WRNS (Women's Royal Naval Service) 107–8

Ymerodraeth Brydeinig 3, 6–9, 15, 21, 30, 37, 38, 44, 65, 129, 166–7, 218; *gw. hefyd* Awstralia; Canada; India

280   *Mynegai*